Karl Bruno Leder

Todes Strafe

Ursprung, Geschichte, Opfer

Meyster

1. Auflage 1980
M 59

Konzeption und Lektorat
Offizin Hopf & Partner, München
Umschlag Zembsch' Werkstatt, München
Papier und Gesamtherstellung
Salzer - Ueberreuter, Wien
ISBN 3 7057 2009 0
Printed in Austria 1980

Inhalt

Sterben für die Gerechtigkeit?

Die Todeskandidatin, eine gewisse Barbara Graham, wurde auf dem Stuhl der Gaskammer von St. Quentin festgebunden. Sie war wegen Mordes zum Tode verurteilt, hatte jedoch ihre Schuld stets geleugnet. Jetzt blieb ihr noch eine Minute zu leben, eine knappe Minute noch – da traf die Nachricht vom Hinrichtungsaufschub ein. Als man die Verurteilte losband, brach sie ohnmächtig zusammen.
Während sich der Arzt und der Gefängnisdirektor noch um Barbara Graham kümmerten, kam schon der Gegenbefehl: Die Verurteilte sei doch unverzüglich hinzurichten!
Dann erwacht die Frau aus ihrer Ohnmacht. Sie sieht sich verwirrt um und stammelt: »Ich lebe. Mein Gott, ich danke dir!« Doch der Gefängnisdirektor, selbst am Rand seiner Fassung, muß ihr verkünden, daß die Hinrichtung nun doch vollzogen wird. Und er fordert sie auf – nein, er fleht sie an –, stark zu sein. Barbara Graham aber bricht mit einem Schreikrampf zusammen. Und immer wieder beteuert sie ihre Unschuld.
Man schleppt sie in die Gaskammer zurück, fesselt sie abermals auf den Stuhl. Die Tür der Kammer schließt sich bereits – da wird telefonisch ein erneuter Aufschub durchgesagt. Das Gericht berät zwanzig Minuten lang über einen neuen Berufungsantrag, lehnt ihn dann ab. Und zum drittenmal muß Barbara Graham in die Gaskammer zurück, wird auf dem Todesstuhl festgeschnallt. Sie ist jetzt am Ende ihrer Kräfte, ihres Verstandes. Als diesmal das tödliche Gas aufsteigt und ihrem Schicksal ein Ende setzt, ist es ihr fast eine Erlösung.

So geschehen in Kalifornien, USA, im Jahre 1955. Ein Tod für die Gerechtigkeit?
Derartige und ähnliche Szenen gehören keineswegs der Vergangenheit an. Fast jeden zweiten Tag berichtet die internationale Presse von Exekutionen, die rund um den Erdball stattgefunden haben.

Die näheren Umstände werden meist schamvoll verschwiegen. An der Spitze dieser Meldungen stand im Jahr 1979 der Iran, wo Erschießungen zur nachrevolutionären Tagesordnung gehörten. Aber auch aus Afghanistan, aus dem Irak, aus Ghana, Algier, Mozambique, aus der Sowjetunion, der Volksrepublik China und Nepal sind Hinrichtungen gemeldet worden. In Südafrika hat man sechs Verurteilte gehängt, in Saudi-Arabien einen geköpft. In Pakistan starb der Ex-Premier Bhutto am Galgen, in den USA ein Verurteilter auf dem elektrischen Stuhl. Und die Zahl der nicht bekannt gewordenen Exekutionen mag vielleicht noch größer sein als die der gemeldeten.

Wie ist es möglich, so stellt sich immer wieder die Frage, daß ein Staat einen seiner Bürger töten lassen kann? Gibt es dafür eine ausreichende Legitimation? Hat der Staat dazu das moralische Recht, oder besteht dazu etwa gar ein Auftrag, eine Notwendigkeit? – Seit der Epoche der Aufklärung, also seit rund 250 Jahren, werden diese Fragen von Philosophen, Rechtswissenschaftlern, Politikern und ganz allgemein von der breitesten Öffentlichkeit diskutiert. Doch einer befriedigenden Antwort, das heißt einer endgültigen Einordnung des Problems der Todesstrafe in unser heutiges Weltbild, ist dieser Meinungsstreit immer noch nicht nähergekommen. Der Grund dafür liegt darin, daß die Todesstrafe immer als ein juristisches Problem angesehen und diskutiert wurde. Sie ist aber viel mehr; sie ist ein allgemein gesellschaftliches Problem, bei dem es ganz offenkundig nicht um die Frage der Gerechtigkeit, sondern um ganz andere soziopsychische Bedürfnisse geht. Daher ist auch die Justiz mit der Frage der Todesstrafe stets überfordert gewesen. Gerechtigkeit zu üben verlangt nach unserem heutigen Verständnis nüchterne Rationalität und Objektivität. Die Forderung nach der Todesstrafe aber kommt aus tiefliegenden emotionalen Schichten. Alle rationalen Erwägungen für und wider müssen als untaugliche Mittel an diesem Sachverhalt scheitern.

Die vorliegende Arbeit hat sich zur Aufgabe gesetzt, gerade jene psychischen Schichten aufzudecken, aus denen die Forderung nach der Todesstrafe erwächst. Nur am Rande sollen dabei die Ausschreitungen blutiger Tyrannei erwähnt werden. Bei ihnen liegen die Verhältnisse einfach. Außer dem Tyrannen selbst gibt es niemand, der sie verteidigen würde. Zu offensichtlich ist, daß es sich dabei um Perversionen des Machttriebes handelt, denen auch die kleinste Spur von Berechtigung fehlt.

Verschiedene Arten der Todesstrafe.
Aus der »Carolina«, 16. Jh. Man beachte die Doppelleiter am Galgen.

Anders steht es mit der legalen Hinrichtung, also jener Tötung von Staats wegen, die durch Gesetz vorgeschrieben und oft von der Mehrheit des Volkes gebilligt wird. Diese »legale« Todesstrafe ist ein weltweites Phänomen. Jede uns bekannte Gesellschaft hat sie angewandt, keine war frei von ihr. Diese weltweite Verbreitung der Todesstrafe läßt darauf schließen, daß sie mit einer Grundbedingung der menschlichen Gesellschaft und des menschlichen Zusammenlebens in engstem Zusammenhang steht.

Welche gesellschaftlichen und psychischen Bedürfnisse aber sind es, die nach Blut schreien? Um dies zu beantworten, um also das innerste Wesen der Todesstrafe zu erkennen, soll im vorliegenden Buch ihr gesamter geschichtlicher Werdegang verfolgt werden, von den frühesten Wurzeln bis zur Gegenwart. Wie immer bei gesellschaftlichen Erscheinungen lassen gerade die Frühformen den Urgrund gut erkennen, aus dem sie sich entwickelt haben. Er liegt zwar auch heutigen Formen noch zugrunde, ist aber unterdessen unkenntlicher geworden, entstellt und überwachsen. Die Frühformen zeigen uns die eigentlichen Triebkräfte noch ungetarnt und unverschleiert. Insofern ist es wichtig, eine Untersuchung der Todesstrafe bei ihren frühesten Wurzeln zu beginnen.

Auch die weitere Entwicklung der Todesstrafe bis zur Gegenwart soll immer wieder auf ihre Urmotive untersucht werden, denn nicht nur das Was, sondern vor allem das Warum verhilft zu Einsicht und Verständnis. Und wenn einzelne, beispielhafte Hinrichtungen geschildert werden, so deshalb, weil ihre Umstände auf gewisse Teilaspekte ein bezeichnendes Licht werfen.
Im Lauf der menschlichen Geschichte hat die Todesstrafe Millionen von Opfern gefordert, ja fordert sie noch immer, und stets im Namen hehrer Begriffe. Im Namen Gottes, des Kaisers, des Volkes, des Vaterlandes oder der Gerechtigkeit haben zahllose Menschen ihr Leben lassen müssen. Es gilt endlich herauszufinden, welche innergesellschaftlichen Probleme es sind, von denen die Gemeinschaft zur Gewalt gegen den einzelnen getrieben wird. Und es gilt zu fragen, ob andere gesellschaftliche Verhältnisse vielleicht diese uralte Forderung nach Blut zu besänftigen vermögen.

Die Geburt der Todesstrafe

Erstes Kapitel

Der Nährboden

Die Todesstrafe ist die älteste aller Strafen innerhalb der menschlichen Gemeinschaften. Lange vor Einsetzung von Freiheitsstrafen oder Geldbußen gab es sie bereits. Die ersten frühen Gesellschaften kannten für jene, die sich gegen ihre Gesetze vergangen hatten, nur diese Form der Buße – oder die Verstoßung aus der Gemeinschaft, die in der praktischen Auswirkung einer Verurteilung zum Tode gleichkam.

Die Todesstrafe stammt aus archaischer Zeit, aus der Zeit vor dem Beginn der Geschichtsschreibung, vor allem aber aus einer Zeit, die lange vor den ersten Versuchen zu einer rationalen, objektiven Rechtsfindung liegt. Die Todesstrafe ist selbst eine archaische Strafe; die Züge des Archaischen und Irrationalen hat sie nie ablegen können, so sehr sich auch Politiker und Juristen bis in die neueste Zeit bemühten, diese Strafart mit rationalen Begründungen zu verteidigen. Alle diese Versuche mußten scheitern. Was mit seinen Wurzeln tief im Bereich des Irrationalen steckt, läßt sich nun einmal nicht nachträglich noch zu einem Produkt logischer, objektiver Erwägungen umformen.

Um diese grundsätzliche Wesensart der Todesstrafe, also ihre Verwurzelung im Irrationalen, vollauf zu verstehen, müssen wir uns etwas ausführlicher mit dem Bewußtseinsstand der Menschen beschäftigen, in deren frühen Gemeinschaften die Forderung nach der Todesstrafe, das heißt also die Forderung nach legaler, bestrafungsfreier Tötung eines Mitmenschen, geboren wurde.

Das Weltbild jener Menschen war der Animismus – geprägt und maßgeblich bestimmt vom Seelenglauben. Das Gesetz jener Zeit aber, welches das Verhältnis der Menschen zueinander und zum Universum bestimmte, waren die Tabu-Gebote. Die drei Begriffe Animismus, Seelenglaube und Tabusystem sind weltweite Bedingungen früher menschlicher Existenz. Sie gelten für die Gesellschaften der alten Griechen wie die der Amazonasindianer, für Eskimos wie für Zulus, für die alten Germanen wie für die Maoris. Wir werden mit der Blutrache, aber auch mit dem Menschenopfer noch weitere universale Gegebenheiten der frühen menschlichen Gemeinschaften kennenlernen. Es zeigt sich an ihnen, daß sie weitgehend unabhängig von äußeren Bedingungen gelten. Zumindest hier ist also der Marx'sche Satz, wonach das Sein das Bewußtsein bestimme, ungültig.

Vielmehr gilt für den frühen Menschen, daß er sich sein Weltbild und so sein gesamtes Alltagsleben, vor allem aber seine Beziehungen innerhalb der Gemeinschaft, nach dem jeweiligen Stand seines Bewußtseins gestaltet. Sein Ich ist das einzige Element, das er zu kennen glaubt; dessen Gesetzmäßigkeiten überträgt er bedenkenlos auf die Außenwelt, von der er als selbstverständlich annimmt, daß sie ebenso funktioniere oder zu funktionieren habe wie sein, des Menschen, Denken und Fühlen.

Der wesentliche Zug des Animismus besteht also darin, die gesamte Welt und alle Gegenstände in ihr als belebt anzusehen. Alles, was der frühe Mensch um sich herum wahrnimmt, hält er für Leben. Schließlich geschehen in der Welt ständig irgendwelche Veränderungen; jede Handlung selbst bedeutet schon Veränderung. Hinter diesen Veränderungen aber müssen Kräfte stecken, die sie bewirken. Kräfte wiederum konnte sich der Frühmensch nicht anders als von Lebewesen ausgehend vorstellen.

Bedenken wir folgendes: Seit etwa vierzigtausend Jahren gibt es Menschen unserer Art, also der Art *homo sapiens,* auf der Erde. Das bedeutet, seit dieser Zeit lebten Menschen, die uns heutigen an Körper und Geist glichen, die also höchstwahrscheinich »dieselbe« Intelligenz besaßen wie auch wir. Was ihnen fehlte, war lediglich der reiche, durch lange kulturelle Tradition weitergegebene Schatz an Erfahrungen, nach denen wir unser heutiges Weltbild – und eben auch *unser* Alltagsleben – gestalten.

Der frühe Mensch sah um sich eine Welt, die offenbar in ständiger Veränderung begriffen war. Die Gesetze dieser Veränderungen jedoch blieben ihm dunkel und undurchschaubar. Sie zu objektivieren und als Naturgesetze zu entschleiern, dazu fehlten ihm noch alle Voraussetzungen. Das einzige bekannte Gebiet im weiten Reich des Unbekannten war dem Menschen sein eigenes Selbst. Dies zu verstehen, besaß er mit Sprache und Denken die geeigneten Instrumente. Naheliegend, ja zwingend mußte es für ihn sein, die von ihm durch-

schauten menschlichen Verhaltensweisen auch auf die gesamte Außenwelt zu übertragen. Nichts kannte er von der Welt als den Menschen; also mußte das gesamte Universum nach Menschenart funktionieren. Menschen konnten zornig oder freundlich sein; auch die Elemente schienen gleiche Regungen zu kennen. Menschen wurden geboren, entwickelten sich, vergingen wieder – das gleiche galt für Tiere und Pflanzen, ja für alle Erscheinungen der Umwelt.
Wenn die Dinge der Außenwelt aber »auf menschliche Weise« reagierten, so mußte es auch möglich sein, sie wie Menschen zu beeinflussen. Man schmeichelte ihnen oder drohte ihnen, bat sie, verfluchte sie, brachte ihnen Geschenke oder suchte sie mit Hilfe anderer, stärkerer Mächte zu besiegen, so wie man mächtige Menschen durch noch Mächtigere bezwingen lassen kann. Die Mittel, mit denen auf die Mächte der Außenwelt Einfluß genommen werden sollte, waren Magie und Zauberei. Wir werden ihnen im Zusammenhang mit der Todesstrafe noch oft begegnen.
Der Animismus ist nach Freud[1] der erste große Versuch des Menschen, die Welt als ein Ganzes zu verstehen.
Nach dem Animismus hat die Menschheit noch zwei große Arten von Weltanschauungen hervorgebracht: die religiöse und die wissenschaftliche. Doch das folgerichtigste, geschlossenste und erschöpfendste Denksystem, das die Welt »restlos« erklärt, bietet nach Freuds Meinung der Animismus. Für ihn funktionieren Welt und Mensch nach gleicher Art, nach gleichen Gesetzen. Wer also die Dinge der Welt beeinflussen will, muß sie wie Menschen ansehen und wie Menschen behandeln.
Diese Verhaltensweise ist zwar im praktischen Leben selten erfolgreich, doch das schrieb der Mensch des Animismus nur irgendeinem eigenen Fehlverhalten, nicht aber seinem Denksystem zu.
Am Anfang also hielt der Mensch die gesamte Umwelt für belebt; später dann, auf einer weiteren Entwicklungsstufe des Bewußtseins, hielt er sie für beseelt. Von den Tieren, aber auch von Pflanzen, von den Elementen, von Flüssen und Bergen, von stehenden Gewässern, Mooren, öden Orten und allem, was ihm auffiel, nahm er an, daß es von Geistwesen bewohnt und beseelt sei. Diese Geistwesen sind ursprünglich wohl die Seelen der Verstorbenen gewesen; da der Frühmensch sie sich als unsterblich dachte, mußten sie nach dem Tode des Körpers einen neuen Aufenthalt suchen. Sie fanden ihn in Bäumen, Pflanzen, Felsen, Tieren, Gewässern und wurden zu Geistern, später zu Dämonen. Aus diesen entwickelten sich die Götter.

Wir stoßen damit auf die zweite Tragsäule des animistischen Weltbildes, den Seelenglauben. Für den Frühmenschen – und zwar aller Rassen, aller Erdgegenden[2] – steht die Existenz einer unsterblichen Seele ganz außer Zweifel. Offenbar sind es die Phänomene des Schlafes und des Todes, die ihn zu dieser Überzeugung bringen. Ursprünglich hält sich der Frühmensch ganz selbstverständlich für unsterblich – wie Kinder das tun. Jede Art Tod ist für ihn gewaltsamer Tod, auch das ganz natürliche Lebensende. Freud hat darauf hingewiesen[3], daß die nicht zu übersehende Existenz des Todes nur sehr zögernd akzeptiert wird und daß auch für uns Menschen der Gegenwart noch die Vorstellung des Sterbenmüssens leer und unvollziehbar sei. Andererseits wurde jedoch der Frühmensch in viel schockierenderer, brutalerer Weise mit dem Tod konfrontiert als wir. Er war in weit höherem Maße »mitten im Leben vom Tod umgeben«, und durch das sehr viel engere Zusammenleben, durch die stärkere Abhängigkeit voneinander innerhalb des Familien- und Sippenverbandes mußte ihn ein Todesfall weit stärker treffen, viel tiefer noch erschüttern als uns.

Da lag ein Wesen vor ihm, das eben noch geatmet, reagiert, gelebt hatte. Nun aber, nur einen winzigen Augenblick später, war aus dem Lebewesen plötzlich ein Klumpen Materie geworden. Eine unheimliche Veränderung war mit ihm vorgegangen. Irgend etwas schien zu fehlen, was diese Materie wieder zum lebenden Wesen gemacht hätte. Und doch fehlte nichts Stoffliches. Etwas Geistiges mußte von ihm gegangen, aus ihm entwichen sein. Das Wesentliche am Leben schien nicht das Stoffliche, sondern das Geistige zu sein.

Und auch die Phänomene des Schlafes und des Traums schienen das gleiche zu bezeugen. Während der Schläfer träumt, kann seine Seele anscheinend den Körper verlassen und auf Wanderschaft gehen. Für sie als Geistwesen gibt es dabei keine Grenzen von Raum und Zeit. Sie kann in der Zukunft weilen wie in der Vergangenheit; sie kann schneller als das Licht von einem Ende der Welt zum anderen eilen, sie kann in verschiedene Gestalten schlüpfen. Kehrt sie wieder zu ihrem eigenen Körper zurück, so erwacht der Schläfer und führt sein normales Leben weiter. Erst im Tod verläßt die Seele den Körper für immer und sucht sich einen neuen Aufenthaltsort, eine neue Form der Manifestation.

Dieser frühe Seelenglaube ist bei allen Völkern in fast gleichen Grundformen anzutreffen. Er erwächst und entwickelt sich offenbar aus der psychischen Grundstruktur des Menschen. Für das Alltagsleben und für die Beziehungen innerhalb der frühen Gemeinschaften ist er von allergrößter Bedeutung. Alle Lebensäußerungen des frühen Menschen, die allerbanalsten ebenso wie natürlich alle kultischen Rituale, sind geprägt von diesem Glauben. Immer und in allen Lebenslagen fühlt sich der Mensch der animistischen Zeit von Geistern umgeben. Alle seine Handlungen richtet er deshalb auf die Geister aus und fragt sich beständig, ob sie jenen angenehm sein oder mißfallen werden. Sein Handeln steht stets in Korrespondenz mit den allgegenwärtigen Geistern, die für ihn das bewegende Moment im großen Getriebe der Welt sind.

Eine psychologisch äußerst bemerkenswerte Tatsache gilt es dabei noch hervorzuheben: Das ist die allgemein verbreitete Überzeugung, wonach aus der Seele des Verstorbenen mit Sicherheit ein *böser* Dämon werde, der den Überlebenden, ganz besonders aber den nächsten Angehörigen, mit allen Mitteln nachstelle, ihnen Übles zufügen, ja sie am liebsten ins Totenreich nachholen wolle[4]. Wir werden Gelegenheit haben, im Kapitel über die Blutrache etwas ausführlicher auf diese frappierenden Phänomene einzugehen. Im Augenblick soll nur noch einmal betont werden, daß für das animistische Bewußtsein die Seelen der Verstorbenen zunächst als böse Geister umgehen, von denen Übles zu befürchten sei, und vor denen man sich schützen müsse.

Diese Überzeugung hat ihren Niederschlag auch in mancherlei Hinrichtungsritualen gefunden.

Der dritte Begriff der animistischen Weltauffassung, das Tabu, ist für unsere Untersuchung der Todesstrafe von noch größerer Bedeutung als die beiden zuvor genannten Begriffe, denn das System der Tabuvorschriften ist die unmittelbare Voraussetzung der Forderung nach der Todesstrafe.

Das Wort *Tabu* kommt, das ist allgemein bekannt, aus dem Polynesischen. Seine Bedeutung umfaßt sowohl die Begriffe »heilig« wie andererseits auch »unrein, gefährlich, verboten, unheimlich[5].« Eine Person oder ein Gegenstand, die *tabu* sind, können also Furcht wie auch Ehrfurcht erwecken. Die Brücke zwischen diesen anscheinend gegensätzlichen Bedeutungsinhalten liegt im Begriff des *Gefährlichen,* Unheimlichen.

Dies gilt sowohl für das Heilige wie für das (kultisch) Unreine. Das altrömische Wort *sacer* hatte offenbar den gleichen Doppelsinn von heilig und unrein, wie es auch in manchen anderen Sprachen Bezeichnungen für analogen Sinngehalt gab (oder noch gibt). Daraus, daß *Tabu* ein polynesisches Wort ist, darf man nicht fehlschließen, das durch das Wort bezeichnete Phänomen habe es nur im Südseeraum gegeben. Ganz im Gegenteil haben wir es auch hier wieder mit einer weltweiten Erscheinung zu tun, die sich bei allen Völkern in fast identischer Weise äußerte, wenn auch zu verschiedenen Zeiten – von der absoluten Zeitrechnung aus gesehen. Von der individuellen Entwicklung her aber entspricht das Tabu-Denken jeweils einem ganz bestimmten Bewußtseinszustand, der sich bei den Vorfahren alter Kulturvölker ebenso und auf gleiche Art äußerte wie bei den heutigen Naturvölkern.

Was also ist das Tabu? Die Antwort gibt uns Freud, indem er feststellt, daß wir im Tabu die erste und älteste Form einer allgemeinen Gesetzgebung (wenn auch einer ungeschriebenen) sehen müssen[6]. Er nennt zugleich die wichtigsten Tabus, die wir weltweit antreffen und die offensichtlich für alle Menschen verbindlich sind (oder zumindest waren).

Das erste betrifft den Inzest und verbietet als Blutschande den sexuellen Verkehr unter Verwandten –, worunter man heutzutage nur noch nahe Blutsverwandte versteht, während sich in der Frühzeit der Begriff auf alle Angehörigen des gleichen Totems bezog, also bedeutend weiter gezogen war. Es ist hier nicht der Raum, auf die sehr komplizierten Begriffe des Totems und des Totemismus einzugehen. Nur soviel sei, vereinfachend, gesagt, daß es sich dabei um Formen des Sippenverbands handelte, die sich jeweils von einem bestimmten Symbol, meist einem Tier, ableiteten. Das Verbot des sexuellen Verkehrs mit Angehörigen des gleichen Totems betraf also einen größeren Kreis von Menschen, die oft in unserem heutigen Sinne gar nicht miteinander verwandt waren. Da sich in der (sehr frühen) Zeit des Totemismus die Verwandtschaft (und somit die Totemzugehörigkeit) nur über die mütterliche Linie ableitete, waren andererseits sexuelle Verbindungen mit der väterlichen Linie nicht tabuisiert.

Es ist über den Ursprung und die Stärke des weltweit manifesten Inzest-Tabus viel gerätselt und geforscht worden, doch eine schlüssige Erklärung dafür steht noch aus. Keinesfalls kann, wie man bisweilen versucht, das Inzest-Tabu mit rationalen Erwägungen erklärt werden: als ob die frühen Gemeinschaften aus Angst vor angeblicher Degeneration durch Inzucht das Inzest-Tabu errichtet hätten, aus reinem Nützlichkeitsdenken also. Aber einmal ist die behauptete Degeneration durch Inzucht kaum erwiesen und schlägt allenfalls nach mehreren Generationen durch; zweitens hatte der Frühmensch gar nicht die Möglichkeit, eine eventuelle Degeneration festzustellen, weil er keine Mittel besaß, sachliche Erfahrungen unverfälscht über Generationen hinweg weiterzugeben. Zum dritten jedoch sahen wir, daß es dem Inzestverbot durchaus nicht streng auf Blutsverwandtschaft ankam, sondern daß andere, totemistische Maßstäbe wichtiger waren.

Später dann verschob sich das Inzest-Tabu mehr und mehr und deckte schließlich den heutigen Begriff der nahen Blutsverwandtschaft[7]. Es verbietet sexuellen Verkehr zwischen Eltern und Kindern sowie unter Geschwistern; es verbietet dies mit einer Rigorosität und Macht, die kaum ihresgleichen hat und das Inzest-Tabu als eines der stärksten überhaupt ausweist. Wir werden ihm in der Geschichte der Todesstrafe immer wieder begegnen, weil der Inzest fast in allen älteren Gesellschaften zu den todeswürdigen Verbrechen gezählt wurde. Die Tatsache, daß in einigen Gesellschaften die Geschwisterehe erlaubt war – so etwa für die Angehörigen der altägyptischen Dynastien oder des Inka-Herrscherhauses – spricht nicht gegen die strenge allgemeine Tabuisierung. Vielmehr beweist dies nur das hohe Maß an Privilegierung, das die Angehörigen solcher Dynastien genossen. Göttern gleich, durften sie eines der strengsten Tabus verletzen; eine Tat, die gewöhnlichen Sterblichen den Tod gebracht hätte.

Als nächstes mächtiges und allgemein verbindliches Tabu treffen wir auf das *Tötungstabu,* das in enger (psychologischer) Verwandtschaft zu jenem Tabu steht, mit dem die Toten und der gesamte Bereich des Todes belegt ist. Dieses ganze Geflecht von Tabus wurde für die Entwicklung der Todesstrafe von größter Bedeutung, wie man sich leicht vorstellen kann.

Daß der Mensch gegenüber seinen Angehörigen, aber auch gegenüber Stammes- oder Gruppengenossen *Tötungshemmungen* besitzt, wird uns nicht weiter verwundern. Er entwickelt in diesen Fällen Gefühle wie Liebe, Sympathie und Zusammengehörigkeitssinn; er gliedert sich in eine Gemeinschaft ein, mit der er sich weitgehend identifiziert und in der die natürliche Aggressivität gegen die Mitmenschen ins Unterbewußtsein abgeschoben wird.

Erstaunlicher muß es uns aber erscheinen, wenn wir die Tötungshemmung auch gegenüber Feinden wirksam sehen, gegenüber Menschen also, die uns bedrohen und denen die geballte, unverhohlene Aggressivität in Form blanken Hasses entgegengebracht wird. Trotz-

dem ist diese Aggressivität immer aber auch noch durch Tötungshemmungen gemildert.
Zumindest bei den noch relativ unverbildeten Naturvölkern finden wir klare und unzweideutige Beweise dafür. Mit Verblüffung haben die Völkerkundler, als sie diesen Themenkreis zu erforschen begannen, registrieren müssen, daß die angeblich so blutrünstigen Wilden schwere Skrupel zeigen, wenn sie einen Feind töten müssen oder getötet haben[8]. Sie unterwerfen sich sowohl vorher wie nachher umständlichen Ritualen, die auf eine Versöhnung des getöteten Feindes, auf Sühnehandlungen und selbstauferlegte Entsagungen hinauslaufen. Von nordamerikanischen Indianern ist zum Beispiel bekannt, daß sie, wenn sie einen Feind töteten, sich monatelangen schweren Entsagungen unterwarfen und in gewissem Sinne »Trauerarbeit leisteten[9]«.
Auch von den Dayaks, einem eingeborenen Volk auf Neuguinea, weiß man, daß die siegreichen Krieger nach ihrer Heimkehr sich tagelang absondern, in ihre Hütten einschließen, keinen Verkehr mit ihren Frauen haben, sich nicht einmal selbst ernähren dürfen, sondern von anderen Personen gefüttert werden müssen[10]. Bei anderen Naturvölkern galten die Krieger nach der Schlacht für eine gewisse Zeit als »unrein« und durften weder Frau noch Kind berühren. Erst weitläufige kultische Waschungen und Rituale ließen sie wieder »rein« werden.
Seinerzeit schrieb Freud[11], daß diese Absonderung und kultische »Unreinheit« vergleichbar sei mit der Unehrlichkeit des Henkers, der in den spätmittelalterlichen Städten wie ein Aussätziger lebte und dessen Berührung bereits in höchstem Maße schändete.
Die angeführten Beispiele von Tötungshemmung auch gegenüber dem Feind ließen sich beliebig erweitern. Die Beispiele, vor allem das der Entsagung, lassen keinen Zweifel daran, daß es sich dabei um eine Art Selbstbestrafung handelt. »Wir erblicken in ihnen Äußerungen der Reue, der Wertschätzung des Feindes, des bösen Gewissens, ihn ums Leben gebracht zu haben«, schreibt Freud[12]. »Es will uns scheinen, als wäre auch in diesen Wilden das Gebot lebendig: Du sollst nicht töten!, welches nicht ungestraft verletzt werden darf . . .«
Hinter jenem Gebot aber, das auch (oder gerade) von Naturmenschen als verpflichtend, ja in gewissem Sinne als »heilig« empfunden wird, steht die erwähnte Tötungshemmung.
Seit den Arbeiten der Verhaltensforscher um Konrad Lorenz[13] wis-

sen wir, daß diese Tötungshemmung zur psychischen Grundausstattung des Menschen gehört. Beim Naturmenschen funktioniert diese Hemmung noch weitgehend. Er empfindet nach der Tötung eines Menschen, selbst eines Feindes, tiefe Reue und echtes Schuldgefühl. Er versucht, wie beispielsweise manche Stämme auf Borneo, den getöteten Feind (oder besser: dessen Seele) nachträglich zum Freund zu gewinnen. Dort, bei den See-Dayaks, wird der abgeschnittene Kopf eines Feindes monatelang mit größter Freundlichkeit behandelt. Man schiebt ihm Leckerbissen in den toten Mund und bittet ihn um seine Freundschaft[14]. Die Kennzeichen einer Art Wiedergutmachung sind dabei nicht zu übersehen.

Erst der moderne Mensch hat es verstanden, die Tötungshemmung außer Kraft zu setzen, indem er die Reichweite seiner Waffen ins Gigantische erhöhte. Denn leider hat die Tötungshemmung einen fatalen Mangel: Sie funktioniert nur, wenn sich die Kontrahenten Auge in Auge gegenüberstehen. Das Leid des Gegners (oder des Mitmenschen) muß aus allernächster Nähe mit angesehen werden; dann schlägt auf dem Wege über die Identifizierung die angelegte Tötungshemmung voll durch. Der Augenzeuge identifiziert sich also selbst mit dem Leiden des anderen. Er empfindet Mit-Leid, Mit-Gefühl, sieht sich plötzlich selbst in der Rolle des Opfers, und seine Aggressivität verraucht schnell.

Wird das Leiden des Gegners jedoch nicht mehr unmittelbar miterlebt, wie heute in den modernen Kriegen üblich, so kann sich keine Identifizierung mehr einstellen. Leid und Tod werden durch den Knopfdruckkrieg unpersönlich, ja völlig abstrakt. Der Appell an das Mitgefühl bleibt aus – und so kann auch die schlummernde Tötungshemmung nicht aktiviert werden. Der Weg zum technisierten Massenmord ist frei.

Es leuchtet ein, daß die Tötungshemmung für die meisten Arten von Hinrichtungen ein schweres Hindernis darstellt. Ein Zusammentreffen von Henker und Opfer ließ sich dabei kaum vermeiden, und es bestand für die Exekutive stets die »Gefahr« eines unerwünschten Anfalles von Tötungshemmung beim Henker. Ja, man kann sagen, daß die Tötungshemmung überhaupt als stärkste Widersacherin der Todesstrafe auftritt.

Daher werden wir immer wieder den verschiedensten Vorkehrungen von seiten der Henker wie auch der Behörden begegnen, die sich gegen derartige Anfälle von Menschlichkeit zu wappnen suchten.

Das Tabu der Toten äußerte sich als ein System von sehr strengen Verboten, die besonders die Berührung des Toten und seiner Besitztümer tabuisierten. Aber auch die nächsten Hinterbliebenen, also Witwen oder Witwer, waren für eine gewisse Zeit tabu und kultisch »unrein«. Bei manchen Naturvölkern, so bei den Maori, durfte derjenige, der eine Leiche berührt oder an einer Beerdigung teilgenommen hatte, kein Haus betreten und keiner Person nahe kommen, ohne diese ebenfalls zu verunreinigen. Er durfte auch keine Nahrung selbst zu sich nehmen. Seine Hände waren ihm durch ihre Tabuisierung fast »unbrauchbar« geworden. Man stellte ihm die Nahrung auf den Boden, und er mußte mit dem Mund davon essen, die Hände weit zurückgebogen[15].

Was den Witwer betrifft, so lebte er auf Neuguinea für einige Zeit nach dem Tod seiner Frau wie ein Ausgestoßener und durfte weder das Dorf noch einen Weg betreten. Seitwärts schleicht er im hohen Gras oder im Gebüsch daher und muß jeder Begegnung ausweichen, besonders der mit einer Frau[16].

In diesem letzteren Verbot wird deutlich, daß es die sexuelle Begehrlichkeit des Witwers (oder auch der Witwe) ist, die nicht in Versuchung geführt werden soll. Würde sich der Witwer mit einer neuen Frau trösten, so wäre damit die Trauer um die Verstorbene unterbrochen, ihr Geist wäre aufs höchste erzürnt und beleidigt und würde schweres Unheil über den Witwer, ja vielleicht über das ganze Dorf hereinbrechen lassen.

Bei vielen Naturvölkern liegt auch ein schweres Tabu auf dem Namen des Toten, auf seinem Grab und auf allem, was an ihn erinnern könnte. Unbedachtes Aussprechen des Namens eines Verstorbenen löst bei manchen Völkern sogar Blutrache aus. Bei anderen wird es als schwere Beleidigung empfunden[17].

Als Vorkehrung gegen die Gefahr, die durch eine Unachtsamkeit oder bereits auch durch bloße Ahnungslosigkeit heraufbeschworen werden kann, haben manche Naturvölker originelle Methoden gefunden. Die Massai beispielsweise ändern den Namen des Verstorbenen und glauben, damit seinen bösen Geist gebannt zu haben.

Andere Stämme gehen einen noch umständlicheren Weg und geben den Angehörigen des Toten, ja bisweilen sogar allen Stammesangehörigen neue Namen. (So bei einem Indianerstamm in Paraguay[18].)

Der Sinn dieser Maßnahme ist klar: Der Geist des Verstorbenen, von dem man Böses fürchtet, soll seine Angehörigen und seine einstigen Stammesgenossen nicht wiedererkennen. Damit wird dem

Namen eines Menschen also eine große Bedeutung zugemessen: Der Name gehört ganz wesentlich zum Menschen (und auch zum Dämon). Er ist Teil und zugleich Symbol für das ganze Individuum. Den Namen eines Dämons zu kennen gibt Macht über ihn, wie wir im »Faust«, aber auch im Märchen vom »Rumpelstilzchen« sehen. Den Namen eines Menschen zu ändern bedeutet, ihm eine neue Identität zu geben – eine Identität, die der böse Geist nicht kennt.

Der Geisterglaube bietet sich als naheliegende Begründung an für die verschiedenen Tabus, die sich auf die Toten beziehen. Nun hat aber Freud sehr zu Recht darauf verwiesen, daß die Geister nicht als letzte Ursache akzeptiert werden können, weil es Geister in der Realität schließlich nicht gibt. Sie sind Geschöpfe der menschlichen Einbildung, besser gesagt, der menschlichen Psyche[19]. Es muß also gewisse allgemeinmenschliche seelische Grundbedingungen geben, die zur Ausbildung des Geisterglaubens und darüber hinaus zur Einsetzung des Tabus der Toten führten.

Da dieses Tabu auch für das Verständnis der Blutrache wesentlich ist, werden wir uns später mit seinen psychischen Wurzeln noch ausführlich befassen. Allgemein ist das Tabu der Toten für die Weltsicht und für das gesamte Leben des Frühmenschen von erheblicher Bedeutung.

Das dritte große Einzeltabu, das wir zu erwähnen haben: das Tabu des Mächtigen, also das Tabu, das auf Königen, Häuptlingen und Priesterherrschern liegt. Von ihnen geht eine magische Kraft aus, die mit dem austronesischen Wort *mana* bezeichnet wird; eine Macht, die man keinesfalls mit der Willkürherrschaft eines Diktators verwechseln darf, ja, die eigentlich kaum über weltliche Herrschaftsmittel verfügt und daher auch weltliche Macht nur indirekt ausüben kann. Vielmehr bezieht derjenige, der *mana* besitzt, seine Macht von den Göttern oder von den Schicksalsmächten. Er ist der Mittler zwischen ihnen und dem Volk; er sorgt für gutes Wetter, gute Ernten – allgemeines Wohlergehen. Ihm wird Macht im übermenschlichen Sinn zugesprochen. Da er mit den Geistern und den Schicksalsmächten verkehrt, ist es äußerst gefährlich ihm nahe zu kommen. Ihn oder irgendwelche Gegenstände, die ihm gehörten – etwa Körperteile wie Haare, Fingernägel usw. –, zu berühren kann den Tod bringen. Von einem jungen Maori wird berichtet, daß er einmal ahnungslos von den Speiseresten eines großen Häuptlings aß. Als man ihn voller Entsetzen darüber aufklärte, woran er sich vergangen habe, erschrak er so sehr, daß er von gräßlichen Zuckungen befallen

wurde und am nächsten Tag tot war[20]. Die Tabuverletzung hatte sich selbst gestraft.
Noch einmal sei betont: Das Entsetzen, das den jungen Maori befiel, war nicht die Furcht vor einem blutgierigen Tyrannen. Es war die Furcht vor dem Zorn der Schicksalsmächte, den er ahnungslos (also nach unserem Verständnis eigentlich unschuldig) herabbeschworen hatte.
Wie machtlos im weltlichen Sinne die Priesterkönige oder Häuptlinge waren, läßt sich zum Beispiel daran ermessen, daß bei zahlreichen afrikanischen Völkern der König äußerst strengen Beschränkungen unterliegt. Er muß entweder gefesselt in dunkler Hütte sitzen und darf weder Sonne noch Mond erblicken[21]; oder ihm ist, wie bei den Zulus, verwehrt, eines natürlichen Todes zu sterben. Sobald er grau wird und damit nach Überzeugung des Volkes sein *mana* verliert, erschlägt man ihn, um Platz für einen Jüngeren zu machen[22].
Auch dem Oberpriester ergeht es bisweilen so[23]. Ganz allgemein kann gesagt werden, daß von den Königen oder Priestern der Frühzeit Opfer und Entsagungen erwartet wurden, die bis zur Selbstaufopferung gingen. Geriet das Volk in schwere Not, so war es Pflicht des Königs, den Schicksalsmächten sein Leben darzubringen und damit das Unheil vom Volk abzuwenden.
Freud hat darauf hingewiesen, daß eine der Triebfedern für das strenge Tabu der Mächtigen eine tief ins Unterbewußtsein verdrängte Feindseligkeit gegen den Machthaber sei. Wenn es streng verboten ist, den Mächtigen zu berühren, so bedeutet das, daß im Unterbewußsein ein starker Drang vorhanden sein muß, gerade dies zu tun, den Mächtigen zu schlagen – und zu erschlagen. Wir kennen aus der Geschichte genügend Beispiele, bei denen sich diese Aggression Bahn gebrochen hat.
Da im übrigen der Mächtige zugleich auch, nach den Erkenntnissen der Psychoanalyse, einem überhöhten Vaterbild entspricht, haben wir es hier also mit einer Version des allbekannten Ödipuskomplexes zu tun: Der Haß auf den Vater wird auf den Mächtigen übertragen. Menschheitsgeschichte und Individualgeschichte korrespondieren hier eng miteinander.
Neben den großen Tabus, die alle aus ganz bestimmten psychischen Grundbedingungen hervorgehen und so bei allen Völkern dieser Erde während ganz bestimmter Entwicklungsstadien ihres Bewußtseins anzutreffen sind, gab es noch eine Unzahl von anschei-

nend ganz willkürlichen und regellosen Tabugeboten, die uns modernen Zivilisationsmenschen allzu schnell als Auswüchse wilden Aberglaubens erscheinen. So ist es etwa bei den verschiedenen Völkern verboten, bestimmte Pflanzen zu essen, bestimmte Bäume zu beschädigen, bestimmte Orte zu betreten, bestimmte Dinge zu tun.
Den Bewohnern der Alëuten ist es verboten, die Sterne zu zählen, weil dies den Tod bringe[24]. Die Leute der Andamanen dürfen einen bestimmten Baum nicht verbrennen; es würde Unglück nach sich ziehen[25]. Sie sollen auch kein Bienenwachs verbrennen, weil sie damit einen Wirbelsturm heraufbeschwörten[26]. Wenn die Frauen Feuer machen, während die Männer auf der Jagd sind, müßten die Jäger versteinern[27].
Den Gesang der Zikade zu stören ist verboten; auf Celebes darf man nicht über eine Katze lachen[28] – und so fort; dergleichen Beispiele ließen sich unzählige anführen.
Doch müssen wir nicht in die Ferne schweifen. Im Aberglauben unseres Volkes, der noch bis zum Anfang dieses Jahrhunderts ungebrochen in voller Blüte stand, treffen wir zahllose Überreste ehemaliger Tabuverbote an. So werden wir an das Sternzählverbot der Alëuten erinnert, wenn es im Böhmischen hieß, daß derjenige bald sterben müsse, der *seinen* (!) Stern am Himmel entdecke, oder der einen besonders hellen Stern neben dem Mond stehen sehe. Gegen Unglück ganz allgemein kann man sich am besten schützen, indem man die unheilherbeirufenden Handlungen unterläßt. So darf man nach altem Volksaberglauben nicht über ausgegossenes Wasser hinwegschreiten, um nicht früh zu sterben. Bei einer neuen Totenbahre darf man nicht fragen, wer zuerst darauf liegen werde, weil man das dann selbst sein wird. Man sollte niemandem sein Alter sagen, sich nicht malen lassen, keine Schwalbe töten, mit keiner anderen Person die Hände messen[29]. Man darf nicht während des Begräbnisläutens essen, auch nicht während eines Gewitters oder während einer Sonnenfinsternis. Das Brot darf nicht verkehrt auf dem Tisch liegen; man darf nicht mit dem Messer hineinstechen, es darf auch nicht über Nacht auf dem Tisch liegen bleiben; man soll nicht darauf treten. Gefundenes Brot darf man nicht essen, weil es verhext sein könnte. Während des Begräbnisläutens darf man nicht schlafen, sonst stirbt man bald. Daher weckt man während einer Beerdigung alle Schlafenden auf; und so weiter und so fort[30].
Der Beispiele sind Legion. Immer heißt es: Du sollst nicht . . ., weil dir sonst Unglück droht.

Manche dieser alten Tabuverbote lassen sich in ihrem Ursprung auf die oben angeführten großen und universalen Tabus zurückführen, bei anderen dagegen bleibt die Herkunft dunkel, sie scheinen das Werk puren Zufalls.

Tabugebote waren die erste und älteste Form einer Gesetzgebung, der sich die Menschen unterordneten. Doch diese Gesetze hatten keinen Gesetzgeber; sie waren gewissermaßen als Notwendigkeit aus den psychischen Grundgegebenheiten der Menschen heraus geboren worden. Noch wichtiger für uns aber ist, daß diese Gesetze auch keine Exekutive brauchten. Niemand mußte mit Androhung von Zwangsmaßnahmen dafür sorgen, daß die Tabugebote eingehalten wurden. Die Menschen waren fest davon überzeugt, daß sich eine Verletzung der Tabus durch unausweichlich hereinbrechendes Unheil rächen würde. Der Zwang, der zur Einhaltung des Tabus drängte, war die Unheilserwartung; eine Erwartung, die durch das tägliche Leben nur allzu oft bestätigt wurde und sich daher als »richtig« erwies.
Andererseits wurde die Einhaltung der Gebote als ein Mittel angesehen, die Schicksalsmächte günstig zu stimmen und somit das Unheil zu bannen. Die Tabus sind demnach auch ein Versuch, Einfluß auf den Lauf der Welt zu nehmen und das eigene Leben zu meistern.
Bei genauerer Betrachtung der Tabus fällt auf, daß es sich dabei in den meisten Fällen um Verbote, viel seltener aber um positive Gebote handelt. »Du sollst nicht dies – du sollst nicht jenes« könnte ihr freilich nie formulierter Tenor lauten. Dieses Überwiegen der Verbote gilt selbst noch für das Gesetz des Moses, in dessen sogenannten Zehn Geboten immerhin acht Verbote nur zwei positiven Geboten (»Du sollst den Feiertag heiligen« und »Du sollst Vater und Mutter ehren«) gegenüberstehen.
Freud zog den naheliegenden Schluß, daß keine Handlungen verboten werden müßten, die ohnehin niemand zu tun begehrt[31]. Anders ausgedrückt: Zu den Handlungen, die am strengsten verboten sind, muß eine starke und allgemeine Neigung bestehen. Der Naturmensch erlegt sich also eine Entsagung auf, wenn er ein Tabu befolgt. Er leistet Verzicht, man könnte auch sagen, er zahlt Tribut an die Schicksalsmächte, die ihn ständig mit Unglück bedrohen.
Versuchen wir, uns das Lebensgefühl des frühen Menschen noch einmal kurz zu vergegenwärtigen. In viel höherem Maße als etwa wir heutigen Zivilisationsmenschen war er ständig von realen Ge-

fahren umgeben. Wilde Tiere, feindliche Nachbarn, die Unbilden des Klimas oder Unfälle des gefahrvollen Alltags konnten ihm täglich, ja stündlich den Tod bringen. Vor allem anderen aber bedrohten ihn Hunger und Krankheiten als seine beständigsten Feinde, gegen die er nicht die kleinste Waffe besaß. Eine geringfügige Verletzung bereits konnte Blutvergiftung und Tod bedeuten; ausbleibendes Jagdglück oder eine vernichtete Ernte brachten vielleicht einer ganzen Sippe den Untergang. Seine Lebenserwartung lag zwischen zwanzig und dreißig Jahren; dann spätestens hatte ihn das überall lauernde Unheil ereilt. Die Angst war das bestimmende Moment in seinem Lebensgefühl. Besonders das Bewußtsein der Hilflosigkeit gegenüber zahllosen Gefahren muß den frühen Menschen geprägt haben.

Das Unheil wurde seiner Überzeugung nach von übermächtigen Dämonen gesandt. Er besaß keinerlei Mittel, die er den realen Gewalten hätte entgegensetzen können. Er war ausgeliefert in einem Maße, wie wir es längst nicht mehr kennen. Ihm blieb nichts als der Versuch, die Dämonen zu beeinflussen, sie zu bitten, zu besänftigen oder zu beschwören, wie ein rechtloser Sklave seinen Herrn um die Gnade anfleht, weiterleben zu dürfen.

Auf die Ähnlichkeit im Verhalten von Angstneurotikern und Naturmenschen hatte bereits Freud aufmerksam gemacht[32]. Diese Ähnlichkeit liegt in den Zwangshandlungen, die der Neurotiker sich auferlegt, um damit ein befürchtetes Unheil zu bannen, und die den Tabugeboten der Naturvölker überraschend ähneln. Der Unterschied zwischen dem Neurotiker und dem Frühmenschen liegt demgegenüber aber darin, daß der Frühmensch ein sehr begründetes Angstgefühl durchleidet und sich vor realen Gefahren ängstigt, während beim Neurotiker verdrängte Triebregungen sich in Angstgefühlen manifestieren. Beide, der Frühmensch wie der Neurotiker, entwickeln dann sehr ähnliche Abwehrmechanismen, obwohl die jeweiligen Ursachen für ihre Ängste von grundlegend verschiedenem Charakter sind.

Das Tabu ist eine Verzichtsforderung, ein Verlangen nach freiwilliger Entsagung und nach Verzicht auf die Erfüllung einer Regung, der man gern nachgegeben hätte. Diese freiwillige Entsagung wird als ein Tribut an die Schicksalsmächte empfunden, so wie sich jedes Unglück dem Frühmenschen als eine Art Raub darstellt. Jedesmal, wenn ihn das Unglück ereilt, wird ihm von den Schicksalsmächten etwas genommen: sein Leben, seine Gesundheit, seine Angehörigen

oder sein Besitz. Die Schicksalsmächte scheinen habgierig und neidisch zu sein. Indem er ihnen freiwillig etwas gibt, was sie sich sonst ohnehin und in größerer Menge nehmen würden, hofft er, ihre Habgier und ihren Neid besänftigen zu können. Die Entwicklung dieser Vorstellung führt von der Entsagung, also vom freiwilligen Verzicht, zum Opfer, zum freiwilligen Darbieten eines geschätzten Gutes, und darüber hinaus schließlich zum Menschenopfer. Immer handelt es sich dabei um eine Art Abschlagszahlung an die Schicksalsmächte, eine Vorauszahlung, die Schlimmeres verhüten soll.
Wir dürfen bei diesem rationalen Erklärungsversuch allerdings nie vergessen, daß es sich um eine »heilige Scheu« handelte, die der Frühmensch vor den Tabugeboten empfand. Verstieß er gegen diese Verbote, dann betrog er gewissermaßen die Schicksalsmächte um einen ihnen zustehenden Anteil, ihr Zorn mußte die unvermeidliche Folge sein. Dieser Zorn fragte nicht nach individueller Schuld. Auch ein unwissentlich verletztes Verbot zog gnadenlose Strafe nach sich, wie im Beispiel des jungen Maori.
Außerdem traf der Zorn der Schicksalsmächte bisweilen auch die Familie, ja oft den ganzen Stamm, die gesamte Gemeinschaft. Schuld, so schien es, zieht unweigerlich das Unglück an, und dieses schlägt blindlings zu; es trifft den Schuldigen wie alle, die mit ihm zusammen leben, mit ihm in Berührung kommen.
So ist es nur zu verständlich, wenn der Schuldige ängstlich gemieden, ja, aus der Gemeinschaft ausgestoßen wird. Es ist dies ein Akt der Vorsorge, des Selbstschutzes, der Sozialhygiene.
Doch neben der Schuld und dem durch sie herbeigezogenen Unheil wird am Tabuisierten noch etwas anderes gefürchtet: die Gefahr der »Ansteckung«. Wir kommen damit zur letzten wesentlichen Eigenheit des Tabus. Sie hat sich auch auf alle späteren Gesetzgebungssysteme des Menschen überlagert und ist daher für das Problem Todesstrafe von größter Bedeutung.
Daß der Tabuisierte ängstlich gemieden, seine Nähe gescheut, seine Berührung gefürchtet wird, gilt nicht nur für den Mächtigen, den siegreichen Krieger oder für Witwen und Witwer; es gilt im besonderen Maße auch für den, der »schuldig« geworden ist, also ein Tabu verletzt hat. Man meidet ihn wie einen Pestkranken, von dem die Gefahr der Ansteckung ausgeht. Dieses Bild der Ansteckung ist so treffend und wird durch das Verhalten der Beteiligten so sehr gedeckt, daß man es wörtlich nehmen kann. Doch erhebt sich die Frage, welche Art Ansteckung das sein mag, die man vom Tabuisier-

ten zu befürchten hätte? Die Antwort darauf ist nicht schwer zu finden: Es ist die Versuchung zur Nachahmung der schuldhaften Tat, die man befürchtet. Diese Versuchung wirkt in der Tat ansteckend und aufreizend.

Das ohnehin vorhandene Begehren, eben das Verbotene zu tun, würde naturgemäß durch das Beispiel eines anderen, der diesem verbotenen Begehren nachgegeben hat, einen gewaltigen zusätzlichen Antrieb erhalten. Sein »schlechtes« Beispiel würde fast unwiderstehlich zur Nachahmung reizen, wenn sein schuldhaftes Tun gar straffrei geblieben wäre. Das ganze Ordnungssystem der Gemeinschaft würde damit aufs schwerste erschüttert. Die gesamte Autorität der Verhaltensnormen geriete ins Wanken, die Gemeinschaft würde in Anarchie gestürzt. Es ist daher für den Bestand jeder Gemeinschaft von höchster Wichtigkeit, daß die jeweiligen Gesetzesnormen nicht straffrei gebrochen werden können. Das gilt für die Stammesgesellschaft der animistischen Periode wie für die moderne Industriegesellschaft.

Man fürchtet also vom Gesetzesbrecher das ansteckende »schlechte« Beispiel, weil es diesen Trieben zum Durchbruch verhelfen könnte, die nur mühsam gebändigt und ins Unterbewußtsein abgedrängt sind. Zugleich hegt man gegen den Gesetzesbrecher auch eine kraß feindselige Empfindung, und das ist der Neid.

Wer gegen die Gesetze (oder gegen die Tabus) verstößt, hat damit etwas gewagt, was man selbst auch gern getan hätte – oder wozu zumindest tief im Unterbewußtsein eine starke Neigung lebt. Aus diesem Neid heraus soll der Gesetzesbrecher um den Lohn seiner Tat gebracht werden. Er soll sich ihrer nicht erfreuen können, soll entweder entsagen wie wir oder soll dafür büßen, daß er sich dem Zwang zur Entsagung glaubte entziehen zu können.

Wenn sich also das verletzte Tabu nicht selbsttätig rächte und die Schicksalsmächte etwa vergessen hatten, das strafende Unglück zu schicken, so mußten schließlich die Mitglieder der Gemeinschaft selbst dazu schreiten, den Missetäter zu bestrafen. Diese Bestrafung gab ihnen leicht Gelegenheit, unter dem Vorwand der Sühne ebenfalls das Gesetz zu brechen und eine eigentlich tabuisierte, jetzt aber legitimierte Tat zu begehen – oftmals sogar die gleiche Freveltat wie der Schuldige, etwa töten. Es ist dies, wie Freud bemerkt[33], eine der Grundlagen der menschlichen Strafordnung. Sie hat zur Voraussetzung, daß sich beim Gesetzesbrecher wie bei der rächenden Gesellschaft dieselben verbotenen Regungen finden.

Wir ersehen daraus, daß auch unsere heutigen Strafrechtsprinzipien noch auf den gleichen psychischen Grundgegebenheiten beruhen wie dereinst das alte System der Tabuverbote. Auch heute noch sind die Furcht vor der Versuchung zur Nachahmung eines (straffrei ausgehenden) Gesetzesbrechers und der Neid auf seinen »Erfolg« die Triebfedern zur Strafverfolgung. Auch die Forderung nach der Todesstrafe wird von ihnen maßgeblich genährt.

Fassen wir noch einmal kurz zusammen, welche geistigen und psychischen Voraussetzungen in der Frühzeit der menschlichen Gemeinschaften zur Forderung nach der Todesstrafe führten. Diese Voraussetzungen zu erfassen ist unumgänglich nötig für den, der sich ein fundiertes Urteil über das Problem Todesstrafe machen will. Im übrigen haben sich die Voraussetzungen zumindest auf psychischem Gebiet kaum gewandelt, wenn auch unser Weltbild heute von den Wissenschaften geprägt ist. Doch der alte animistische Adam steckt noch tief in uns. So ist es auch ein Akt der Selbsterkenntnis, sich über die Frühformen des menschlichen Bewußtseins klarzuwerden.

Das Weltbild jener Frühzeit also war vom Animismus geprägt; er sah alle Objekte der Umwelt entweder als Lebewesen oder als von Geistwesen beseelt. Diese Geistwesen waren Schicksalsmächte; sie konnten dem Menschen Unheil schicken und ihn vernichten. Aus ihnen sind später die Dämonen und Götter der Religionen geworden.

Der Mensch der Frühzeit war von der Unsterblichkeit der Seele überzeugt. Nach dem Tode des Körpers wurde die Seele zu einem bösen Geist, der den Lebenden nachstellte und sie ins Totenreich nachholen wollte. Die Seele des Verstorbenen gesellte sich also zu den Schicksalsmächten, wurde eine von ihnen.

Eines der Mittel, um die Schicksalsmächte zu beeinflussen, war das Tabusystem. Es bestand aus einer Anzahl von Verboten, die eigentlich Entsagungen waren und die Schicksalsmächte freundlich stimmen sollten.

Vom Bruch der Tabuverbote dagegen befürchtete man den ungezügelten Zorn der Überirdischen. Zur Strafe würden sie dem Gesetzesbrecher, ja der ganzen Gemeinschaft schweres Unheil schicken. Daher mußte sich die Gemeinschaft von jedem Gesetzesbrecher lossagen und für immer von ihm trennen.

Wir sehen, wie diese Voraussetzungen mit Zwangsläufigkeit auf die

Forderung nach der Todesstrafe hinauslaufen. Doch bevor wir zu den Formen der Tötung von Staats wegen kommen, müssen wir uns erst noch mit zwei Vorläufern, der Blutrache und dem Menschenopfer, befassen.

Zweites Kapitel

Die Blutrache

Wenn wir heute in unseren angeblich so aufgeklärten und zivilisierten Zeiten bisweilen noch von Fällen der Blutrache hören, so meistens aus Ländern des Nahen Ostens, vom Balkan oder den Inseln Sardinien, Korsika und Sizilien. Wir halten dann diese Fälle wohl für letzte Überreste eines längst überwundenen, barbarisch-ritterlichen Ehrenkodex, demzufolge sich der Mann bei einer Bluttat nicht auf die Gerichte verlassen dürfe, sondern selbst zum Rächer des vergossenen Blutes werden müsse. Ein Hauch von Räuberromantik weht um die Blutrache und läßt sie uns als Ausdruck von Leidenschaft und Temperament erscheinen. Da wir Zivilisationsmenschen uns derartige Temperamentsausbrüche versagen müssen, romantisieren und heroisieren wir sie und trauern ihnen bisweilen sogar wohl noch ein wenig nach als einer ursprünglichen, natürlichen Lebensweise.

Bei genauer Betrachtung jedoch erweist sich das Phänomen Blutrache als ein höchst kompliziertes System von Zwängen und Ängsten, das ganz bestimmte psychische und soziale Aufgaben erfüllt. In den frühen Gesellschaften gehörte die Blutrache zu den Ordnungsfaktoren des sozialen Lebens.

Beispiele von Blutrache sind uns aus allen Kontinenten und aus den entlegensten Winkeln der Erde überliefert. Eskimos und australische Ureinwohner, Amazonasindianer und Mongolen, Turkvölker und afrikanische Stämme: sie alle kennen die Blutrache. Die alten Griechen übten sie ebenso wie die heutigen Malaien.

Die Germanen, Kelten, Römer und die alten Israeliten folgten ihren strengen Gesetzen oft bis zum selbstmörderischen Exzeß. Im Alten Testament, im 4. Buch Mose, Kapitel 35, Vers 19 und 21, wird die Blutrache sogar ausdrücklich gefordert. Es heißt dort: Der Rächer des Bluts soll den Totschläger zu Tode bringen. Wo er ihm begegnet, soll er ihn töten!

Aus der Fülle des überlieferten Materials dürfen wir folgern, daß es

kein Volk auf dieser Erde gibt, das nicht irgendwann im Lauf seiner Entwicklung der Blutrache anhing oder gar immer noch anhängt.
Dies gilt auch für Völker, die seit Jahrtausenden in weltferner Isolation lebten, wie etwa die Ureinwohner Australiens. Von ihnen kann man mit Sicherheit ausschließen, daß sie die Institution Blutrache von irgendwelchen Nachbarn übernahmen, da sie seit schätzungsweise fünfzehntausend Jahren oder länger ohne Kontakt zu Nachbarvölkern lebten. Trotzdem entwickelten sie ein System von Blutrachevorschriften, das denen anderer Völker in ganz anderen Weltgegenden sehr ähnelt.
Noch eine Tatsache genereller Art fällt bei Betrachtung der Materialien auf: Die Blutrache ist offensichtlich nicht an eine bestimmte Entwicklungsstufe der Produktionsverhältnisse gebunden. Sie wird bei Jäger- und Sammlervölkern ebenso geübt wie bei wandernden Nomaden, bei Fischern ebenso wie bei Bauernvölkern. Sie macht zwar als Institution eine gewisse Entwicklung durch, aber diese Entwicklung verläuft nicht erkennbar synchron mit der Entwicklung der Produktionsverhältnisse.
Auch hier zeigt sich, daß für die Frühzeit der menschlichen Gesellschaft das Sein, das heißt die jeweiligen Produktionsverhältnisse, für die Entwicklung des allgemeinen Bewußtseins relativ zweitrangig blieben.
Die Institution der Blutrache ist demnach ein weltweites gesellschaftliches Phänomen, das *nicht* von irgendwelchen äußeren Umständen, welcher Art diese auch sein könnten, abhängt. Vielmehr scheint die Blutrache einem ganz bestimmten Stadium des menschlichen Bewußtseins zu entsprechen.
Betrachten wir zunächst einige wenige Beispiele, die als typisch gelten können für die verschiedenen Entwicklungsstufen der Institution Blutrache.
Sie wurden um die Jahrhundertwende gesammelt, als die ursprünglichen Sitten der Naturvölker vom Einfluß der westlichen Zivilisation noch nicht so korrumpiert waren wie heute.
Bei zahlreichen Naturvölkern folgt Blutrache bereits dem natürlichen Tod eines nahen Angehörigen, da diese Völker jeden natürlichen Todesfall auf Schadenszauber zurückführen. Sie halten sich im Grunde für unsterblich. Wenn trotzdem jemand aus der Sippe an Krankheit oder Alter stirbt, so muß ihrer Überzeugung nach ein Zauberer daran die Schuld haben[1].
Bei mehreren afrikanischen Stämmen wurde dieser Zauberer durch

magische Rituale oder durch ein Gottesurteil ermittelt. Sein Tod war dann unumgänglich.
Auch die Negritos der Philippinen führen den (natürlichen) Tod eines der Ihren auf Zauberei ihrer Feinde, der Malaien, zurück und töten daher einen oder mehrere von ihnen[2].
Ähnliches gilt auch für die Dakotah-Indianer, für die Fischindianer Britisch-Kolumbiens, für australische Stämme[3].
Beim afrikanischen Stamm der Arawaks wird die Blutrache so streng geübt, daß ein zufälliger Tod oft die Ausrottung ganzer Familien zur Folge haben kann[4]. Bei den Stämmen Westaustraliens war nach dem natürlichen Tod eines Mannes sein nächster Verwandter verpflichtet, ein beliebiges Mitglied eines anderen Stammes zu töten. Da diese Tat wiederum Blutrache auslöste, waren die Stämme ständig auf Wanderschaft, um den Rächern zu entgehen[5].
Lag eine echte Bluttat vor, so mußte durchaus nicht der wirkliche Mörder getötet werden, um den Forderungen der Blutrache zu entsprechen. Es genügte, wenn stellvertretend für den Täter ein Mitglied seiner Sippe mit dem Leben büßte.
Die Viktoria-Australier etwa gaben sich zufrieden, wenn irgendein Mitglied aus der Sippe des Mörders, mochten es auch Frau oder Kind sein, für den Täter getötet wurden. Der Forderung nach Blutrache war damit genügt.
Wenn auf den Philippinen bei den Igorrote ein Mann eine Frau aus einem fremden Stamm getötet hatte, wurde nicht etwa an ihm Rache genommen, sondern statt seiner tötete man eine Frau aus seiner Sippe[6].
Wenn ein Mann der Dorej-Papuas von einem Bewohner eines anderen Dorfes erschlagen wurde, so fühlte sich das ganze Dorf zur Rache verpflichtet. Die Männer legten sich in der Nähe des feindlichen Dorfes in den Hinterhalt und warteten, bis sie irgend jemand – Mann, Frau oder Kind – hinterrücks meucheln konnten. Den Kopf nahmen sie als Trophäe mit nach Hause[7].
Da sich bei der Blutrache immer Gruppen, also Familien oder Stämme, gegenüberstehen, nie aber Einzelpersonen, konnte die Blutrache sehr oft zu erbitterten Stammeskriegen ausarten. Die besiegten Männer, bisweilen auch Kinder, wurden abgeschlachtet, um Ruhe vor späteren Rächern zu haben.
Aus dem Gruppendenken heraus kommt es oft zu anscheinend völlig unmotivierten Morden; in Wahrheit jedoch ist Blutrache das treibende Motiv.

So wird von einem Eskimostamm berichtet[8], daß er nach einer schlimmen Seuche allen Weißen den Tod geschworen hatte, weil die Eskimos das Auftreten der Seuche den Weißen zuschrieben (vielleicht nicht einmal zu Unrecht).

Als einige Männer der Cheyenneindianer von amerikanischen Truppen getötet worden waren, nahmen die Cheyenne an einem Trupp zufällig daherkommender weißer Feldmesser Rache[9].

Auch der Mord an weißen Missionaren oder Wissenschaftlern, der bisweilen gemeldet wird und anscheinend völlig unmotiviert war, erweist sich bei genauerer Betrachtung als eine Tat der Blutrache.

Auf dem Höhepunkt ihrer Entwicklung führt Blutrache fast immer zu Stammeskriegen. Dann jedoch schlägt die Tendenz plötzlich um; die ausgelöste Aggression nimmt nicht mehr zu, sondern eher ab und wird ritualisiert.

Bei bestimmten Papuastämmen folgte auf den Tod eines Mannes ein Scheinkampf zwischen den Dorfarmeen, bei dem es zwar noch Verwundungen, aber keine Toten mehr gab. Eine ähnliche Sitte finden wir auch bei einigen Kaukasusvölkern[10].

Schließlich wird die Blutrache bei manchen Stämmen durch Ersatzhandlungen aufgehoben. Entweder verdingt sich der Mörder beim fremden Stamm als Sklave, oder er wird gar als Sohn adoptiert. Auch Frauen und Kinder können zur Sühne eines Totschlages in die fremde Sippe aufgenommen werden.

Bisweilen werden aber auch Sklaven für den Täter geopfert. In ihrer Endphase wird die Blutrache allgemein durch Zahlung eines sogenannten *Wergeldes* ersetzt. So konnte im polynesischen Archipel eine Blutrache durch Zahlung eines auszuhandelnden Betrages in Muschelgeld beigelegt werden.

Die Germanen gingen im frühen Mittelalter von der Blutrache zur Zahlung eines Wergeldes über, bis schließlich die erstarkende staatliche Gewalt die Gerichtsbarkeit über Bluttaten an sich zog und jede Form von Blutrache ganz unterband.

Bei den Kenayerindianern in Alaska (und bei südamerikanischen Indianern) genügte es bereits, den Namen des Verstorbenen unachtsam auszusprechen, um der Blutrache zu verfallen[11].

Auch wer auf das Grab eines Verstorbenen trat – ob absichtlich oder versehentlich –, zog Blutrache auf sich[12].

Von dem Kaukasusvolk der Schahsewenzen ist bekannt, daß sie eine Bluttat nur durch Blut gesühnt sehen. Eine Verurteilung des Täters durch staatliche Gerichte gilt ihnen nichts[13].

Eine Legende aus der Südsee schließlich berichtet von einem Helden, der Streit mit seiner Mutter bekam. Diese verfluchte ihn; daraufhin packte ihn der Jähzorn, und er erschlug sie. Als sich der Held seiner Tat bewußt wurde, suchte er selbst sie zu rächen, indem er auf Kopfjagd ging und willkürlich einige (völlig unschuldige) Angehörige eines fremden Stammes tötete[14].
Die folgenden Merkmale der Institution Blutrache sind natürlich aus einer sehr viel größeren Zahl von Beispielen abgeleitet, als wir hier anführen konnten. Die wichtigsten Resultate der sehr viel umfangreicheren Detailuntersuchungen seien hier angeführt. Zunächst einmal: Die Blutrache hat nichts mit unserem heutigen Begriff von Rache gemein. Es handelt sich bei ihr nicht um jene bekannte Aufwallung von Haß, Zorn und Aggressivität, die wir Rache nennen – oder wenn, dann doch nur sehr am Rande.
Was der Blutrache zugrunde liegt, ist magisches Denken, und was ihr die mörderischen und selbstzerstörerischen Energien verleiht, ist Geisterfurcht. Der Geist des Toten ist es stets, der nach Rache verlangt. Und wenn die Lebenden sein Verlangen nicht befriedigen, dann, so glauben und fürchten sie, wird er sie quälen und plagen, bis sie endlich seinem Verlangen nachkommen und seinen Tod durch Blut gesühnt haben. Dann erst wird er Ruhe geben und sie nicht länger beunruhigen.
Ein gutes Beispiel für das Wesen der Blutrache bietet die fünfte Szene des ersten Aktes aus Shakespeares »Hamlet«. Dem Dänenprinzen erscheint der Geist seines Vaters und offenbart ihm, daß er meuchlerisch ermordet wurde – ein Tatbestand, den Hamlet offenbar als dumpfen Verdacht ohnehin geahnt hatte. Der Geist ruft Hamlet zur Rache auf, weil er sonst keine Ruhe im Jenseits finden könne, und Hamlet glaubt, sich dieser Forderung nach Rache nicht entziehen zu können.
Ganz genau so ist bei den Völkern, die der Blutrache anhängen, die Situation des Rächers. Im allgemeinen handelt es sich dabei um den nächsten männlichen Angehörigen des Verstorbenen, meist also um den Sohn. Er folgt, wenn er Blutrache übt, kaum eigenen Impulsen, sondern er befolgt ein Gebot, und zwar ein von ihm als zwingend und unausweichlich empfundenes. Da er, wenn er Blutrache übt, langandauernde Familienfehden und sogar Stammeskriege auslöst, sich dabei auch selbst in größte Gefahr begeben muß, möchte er das Gebot der Blutrache am liebsten umgehen oder wenigstens nur im kleinstmöglichen Rahmen, also risikoarm, erfüllen. Diesem Bestreben steht aber die Furcht entgegen, vom Geist des Verstorbenen ge-

plagt und mit Unglück verfolgt zu werden, wenn die Rachepflicht nicht oder nur ungenügend erfüllt wird.
Im übrigen darf man nicht glauben, daß die Blutrache nur Männersache sei. Die Frauen sind zwar von der Pflicht zur tätigen Rache ausgenommen, doch auf ihnen sowie auf der gesamten Familie lastet ein schweres Tabu, solange die Rache nicht vollzogen ist.
Die Drohung kommenden Unheils umwittert die Familie und oft den ganzen Stamm, bis das vergossene Blut gerächt ist. Es leuchtet also ein, daß von den Familienmitgliedern oder Stammesgenossen auf den ausersehenen Rächer der allerstärkste Zwang ausgeübt wird. Diesem Zwang kann er nicht entrinnen, weil er außerhalb der Gemeinschaft, in die er hineingeboren ist, nicht überlebensfähig wäre.

Der nächste Aspekt wird diejenigen, die von unserem heutigen Rachebegriff ausgehen, noch mehr verwirren: Die Blutrache kennt nämlich nicht, oder man muß sagen: noch nicht, den Begriff der individuellen Schuld.
Um dem Gebot der Blutrache zu genügen, muß durchaus nicht der wirkliche Täter erschlagen werden. Es genügt oft, irgendeinen Unschuldigen zu töten, wenn er nur der Sippe des Täters angehört. Aber im Notfall muß auch diese Bedingung nicht erfüllt sein. Auch irgendein unglücklicher Fremder, der dem Rächer zufällig in die Hände läuft, ist dazu geeignet, diesen auf bequeme Art von seiner unseligen Verpflichtung zu erlösen. Und ein nach unseren Begriffen feiger Meuchelmord gilt durchaus als ehrenhaft.
Um die Denkweise zu verstehen, die zu Rachemorden an offenbar ganz unschuldigen Personen führt, muß man sich folgendes vor Augen halten: Der frühe Mensch sieht sich in einer unauflösbaren Schicksalsgemeinschaft mit seinem Familien- oder Stammesverband. Das Individuum als eigenverantwortliche Person ist noch nicht entdeckt. Innerhalb der Schicksalsgemeinschaft der Sippe aber ist jeder für jeden verantwortlich und kann demnach auch stellvertretend für ein anderes Mitglied der Sippe büßen.
Man kann diesen Sachverhalt auf die kurze Formel bringen: Schuldig im Sinne der Blutrache ist, wer für die Bestrafung geeignet erscheint. Im System der Blutrache gibt es also noch keine moralische Wertung. Ein Mord wird nicht grundsätzlich als eine schlechte Tat empfunden. Er gilt als schädlich, weil er die Blutrache auslöst und weil der Geist des Erschlagenen als böser Dämon zu fürchten ist.
Doch der Mord an einem Fremden oder an einem Vogelfreien gilt

durchaus als erlaubt; er wird zumindest mit Gleichmut angesehen. Ein Vogelfreier wird von niemandem gerächt; der Täter muß also keine künftige Gefahr fürchten, weder für sich noch für seine Familie. Also kann er, wenn er mag, den Vogelfreien getrost erschlagen. Niemand wird ihn deshalb verurteilen.

Ein interessantes Merkmal des Phänomens Blutrache ist schließlich darin zu sehen, daß das Gebot der Rache im allgemeinen nur nach außen gilt, innerhalb der Sippe aber seine zwingende Kraft verliert. Bei Bluttaten zwischen Angehörigen fremder Sippen sind diese sofort in den Sog der Rache gezogen. Bei Bluttaten innerhalb der Sippe jedoch entscheidet das Sippenoberhaupt ganz nach Gutdünken. So kommt es vor, daß oft gerade Verwandtenmord, also die nach unseren Moralbegriffen verwerflichste Tat, im System der Blutrache ungesühnt bleibt.

Eine Bluttat innerhalb der Familie interessiert die Gemeinschaft nicht. Sie kümmert sich nicht darum, weil eben hinter der Forderung nach Blutrache noch kein moralisches Gesetz steckt.

Eine gesellschaftliche Institution wie die Blutrache, die über Jahrtausende hinweg in den frühen menschlichen Gemeinschaften wirksam war, hat natürlich ihre Entwicklung mit Frühzeit, Höhepunkt und Ende. Vier große Phasen lassen sich innerhalb dieser Entwicklung erkennen.

Am Anfang steht die ungerichtete Rache, die sich gegen keinen bestimmten Personenkreis wendet, also auch nicht gegen die Sippe des Täters. Irgendeine, möglichst wehrlose Person ist ihr gerade recht. Es widerstrebt einem, hier von »Rache« zu sprechen, denn uns heutigen Menschen ist Rache eigentlich nur denkbar an einem Individuum, das wenigstens eine Spur von Schuld trägt. Doch der Blutrache geht es – gerade in der Frühzeit wird das deutlich – nicht um die persönliche Schuld.

In der zweiten Phase schränkt sich der Kreis derer, die der Blutrache unterliegen, auf die Sippe des Täters ein. Das bedeutet, daß sich jetzt Sippenverbände gegenüberstehen und sich die Sippenhaftung herausbildet.

In der dritten Phase wird der Kreis der in die Blutrache Einbezogenen wieder größer. Ganze Stammesverbände stehen jetzt einander gegenüber, und ihre Auseinandersetzungen nehmen oft den Charakter von Stammeskriegen an.

Im vierten Stadium aber deutet sich eine Bewußtseinswandlung an. Ganz unvermittelt und überraschend bricht die Eskalation von Gewalt ab. Die Blutrache wird ritualisiert. Ihren Forderungen wird durch Scheinkämpfe, Einheirat in die fremde Sippe, Sühnearbeit und schließlich auch durch Zahlung eines Sühnegeldes genügt. Die zunächst so unversöhnlich scheinenden Parteien, die ursprünglich dem Grundsatz huldigten: »Blut kann nur durch Blut gesühnt werden«, lassen sich plötzlich ihre Toten bezahlen.

Parallel zu dieser Entwicklung, einem Bewußtseinswandel, hatte die Blutrache mit der zunehmenden Gegnerschaft der sich bildenden Staatswesen zu rechnen.

Zu ihrem Machtanspruch gehörte die Gerichtsbarkeit über alle Kapitalverbrechen; die Blutrache aber ignoriert jede staatliche Autorität. Vom Staat verhängte Strafen über den Täter besitzen für sie keinerlei Bedeutung. Kein Staatswesen kann dies hinnehmen, ohne sich selbst aufzugeben. Überall dort also, wo die Stammesverfassungen durch Staatenbildungen abgelöst wurden, ist die Blutrache von der staatlichen Macht bekämpft, dann langsam zurückgedrängt und schließlich abgeschafft worden. Bezeichnenderweise konnte sich Blutrache nur dort erhalten, wo die Staatsmacht als schwach oder gar als Fremdherrschaft empfunden wurde. In den meisten Staaten aber hat die Obrigkeit die Aufgabe übernommen, Verbrechen gegen das Leben zu verfolgen.

So mündet die Blutrache direkt in die vom Staat verhängte und vollzogene Todesstrafe.

Daß die Institution Blutrache über Jahrtausende hinweg und bei allen Völkern der Erde wirksam war, legt die Frage nach ihrer gesellschaftlichen Bedeutung nahe. Hatte die Blutrache vielleicht deshalb eine so weltweite und lang andauernde Verbreitung, weil sie für die frühen Gesellschaften besondere Vorteile brachte? Diese Frage kann man nur bedingt bejahen. Vorteile und Nachteile heben sich zunächst weitgehend auf. In der Phase des Höhepunkts der Blutrache jedoch überwiegen entschieden deren Nachteile.

Beginnen wir mit den Vorteilen.

In den frühen Gesellschaften gab es keinerlei Form von Justiz, keinerlei Form von richterlicher oder polizeilicher Gewalt. Der Einzelne war völlig der Willkür des Stärkeren ausgesetzt. Lediglich im Familien- oder Sippenverband fand er Schutz und Hilfe.

Entfernte er sich aber vom Verband oder verirrte er sich gar auf das Gebiet eines fremden Stammes, dann war sein Leben aufs höchste gefährdet.

Hier setzte die Schutzwirkung der Blutrache ein. Wer den Angehörigen einer fremden Sippe angriff, machte sich die ganze Sippe zum Feind. Er mußte damit rechnen, daß er von den Rächern bis an sein Lebensende verfolgt wurde. Außerdem wußte der Gewalttäter, daß er seine Nächsten gefährdete wie sich selbst und auf sie den Fluch der Rache lenkte, wenn er sich eine Bluttat erlaubte. Die Blutrache schützt also das Leben des einzelnen, indem sie es unter den Schirm eines »heiligen Gebotes« stellt.

Im übrigen knüpfte die Verpflichtung zur Rache unter den Rächern starke zusätzliche Bande und ließ sie zur sprichwörtlichen »verschworenen Gemeinschaft« werden.

Die Blutrache hatte so auch eine gemeinschaftstärkende Wirkung, sobald ihr Gebot in Kraft trat.

Mit fortschreitender Entwicklung der Gesellschaft treten jedoch die nachteiligen Folgen der Blutrache immer stärker hervor.

Gewichtigster Minuspunkt waren die nicht endenden Fehden zwischen den Familienverbänden. War eine solche Kettenreaktion von Rache und Widerrache erst einmal ausgelöst, so zog sie sich nicht selten über mehrere Generationen hin und führte oft zur Ausrottung ganzer Familien. Schon ein zufälliger Todesfall konnte zur auslösenden Ursache einer solchen Kettenreaktion werden. Man hat errechnet, daß in manchen Gegenden ein Viertel der männlichen Stammesmitglieder und mehr zu Opfern der Blutrache wurden[15].

Da diese Institution nicht nach moralischer Verantwortung des einzelnen fragte, sondern lediglich nach vordergründigen, äußerlichen Kriterien funktionierte, wurde sie schließlich zum kulturhemmenden Faktor. Sie stand einer höheren Gesittung im Wege und wurde überall dort, wo sich eine höhere Form der gesellschaftlichen Organisation durchsetzte, als ein archaisches Relikt relativ schnell überwunden.

Wenn aber die Blutrache so wenige Vorteile für die Gesellschaft brachte und diese Vorteile sogar noch von den Nachteilen aufgewogen wurden, was war dann für die weltweite Verbreitung dieser Institution verantwortlich?

Was machte sie für den frühen Menschen so notwendig? Mit unserem Verständnis von Gerechtigkeit hatte sie ja nichts gemein.

In vielen Fällen von Blutrache gab es keine Schuld und keinen Schuldigen. Trotzdem war die Mechanik der sogenannten Rache erst zufriedengestellt, wenn ein Opfer gefunden und gemeuchelt worden war. Was also mochten die wirklichen Motive sein, die hin-

ter all den für uns so verwirrenden und unverständlichen Handlungsweisen steckten?
Die früheren Ethnologen gaben sich mit dem Hinweis auf den Geisterglauben als Motiv der Blutrache zufrieden. Es sei eben die Furcht vor dem Geist des Toten, die unerbittlich zur Blutrache treibe. Wie der Geisterglaube uns heute lebenden Menschen nicht mehr nachvollziehbar sei, könnten wir eben auch das Wesen der Blutrache nicht mehr begreifen.
Nun haben wir aber von Freud bereits gehört, daß wir die Geister der Toten als die gestaltgewordene Erinnerung an den Verstorbenen ansehen müssen. Wir kommen damit wieder zum Tabu der Toten zurück.
Erinnern wir uns: Das Tabu der Toten verbot die Berührung des Toten und aller seiner Besitztümer. Tabu waren aber auch die Hinterbliebenen und diejenigen, die an der Beisetzung teilgenommen hatten. Tabu war schließlich das Grab; verboten war es, den Namen des Toten auszusprechen.
Die Naturvölker selbst geben als Erklärung für diese Verbote an, daß der Geist des Toten böse Absichten habe und nur darauf warte, den Lebenden Unheil zu schicken. Deshalb dürfe man seinen Namen nicht nennen, weil man ihn damit herbeirufe. Man dürfe ihn überhaupt in keiner Weise reizen, weil er sich sofort rächen werde.
Was mit der Erinnerung an den Toten demnach geschehen soll, ist ganz offensichtlich:
Sie soll verdrängt, der Tote so schnell wie möglich vergessen werden.
Dieser Befund deutet ganz klar auf ein Schuldgefühl, auf ein »schlechtes Gewissen« hin. Und in dieselbe Richtung weist die Frage, wieso von den Toten – und gerade von den nächsten Angehörigen – erwartet wird, daß sie sich nach dem Tod zu mißgünstigen, bösen Geistern wandeln. Warum sollen sie nach dem Tod feindselige Absichten gegen ihre Familienmitglieder haben? Wofür eigentlich wollen sie sich rächen? Die Frage so stellen, legt die Antwort nahe. Offenbar wollen sich die Toten an den Lebenden für irgendeine Bosheit, eine Gemeinheit rächen. Worin aber bestand diese Bosheit? Es kann keine *bestimmte* Tat, keine spezifische Handlung gewesen sein, denn *alle* Toten hegen diesen Groll. Ihnen allen scheint etwas zuleide getan worden zu sein; deshalb sind sie zu bösen Geistern geworden. Was aber mag der Anlaß zum Groll der Toten gewesen sein?

Eine befriedigende Antwort auf diese verzwickte Frage gibt uns die Psychoanalyse – und nur sie.
Insbesondere ist es Freuds Hinweis auf die Zwiespältigkeit der Gefühle gegenüber nahen Angehörigen, der uns den richtigen Weg weist[16]. Jeder Mensch hegt, wie die Psychoanalyse erwiesen hat, in seinem Unterbewußtsein verborgene feindselige Wünsche gegen seine nächsten Angehörigen. Dieser *Todeswünsche* ist er sich selbst nicht bewußt, weil sie dem Verdrängungsmechanismus unterliegen. Je stärker die feindseligen Wünsche im Unterbewußtsein rumoren, desto offenkundiger wird dem Angehörigen die zärtlichste Fürsorge erwiesen. Doch die Todeswünsche sind da, und sie melden sich nach dem Tod der geliebten Person in Form von Selbstvorwürfen, von Reue und nagendem Schuldbewußtsein. Dabei bleibt es bedeutungslos, daß für echte Vorwürfe gar kein Grund vorliegt. Das Schuldbewußtsein ist sogar oft um so bohrender, je mehr sich der Betroffene in Fürsorge für den Verstorbenen zu dessen Lebzeiten erschöpfte. Aber das Unterbewußtsein kennt die verdrängten Todeswünsche und bewertet sie fast wie eine böse Tat.
Besonders für den frühen Menschen haben Wünsche ohnehin magischen Charakter. Aber auch wir hegen noch Reste frühen Bewußtseins, indem wir uns etwa scheuen, ein Unglück »zu berufen«. Auch wir glauben zuweilen noch, daß Worte oder Gedanken die magische Kraft besäßen, dieses Unheil herbeizurufen.
Für den frühen Menschen ist ein böser Wunsch absolut gleichbedeutend mit der bösen Tat. Der Todeswunsch wiegt für ihn so schwer wie wirklich töten.
Die auch im Unterbewußtsein des frühen Menschen vorhandenen Todeswünsche gegen die nächsten Angehörigen mußten daher die allerstärksten Wirkungen hervorrufen, sobald einer dieser Angehörigen wirklich starb. Der Konflikt zwischen den Todeswünschen und dem Schuldbewußtsein wurde für das Individuum unerträglich. Es brauchte ein Ventil, einen Ausweg.
Damit tritt ein Mechanismus in Kraft, den man in der Psychologie die *Projektion* nennt: Die eigenen feindseligen Regungen gegen den Anverwandten werden nun, nach dessen Tod, dem Geist des Verstorbenen zugeschoben[17]. Nicht *ich* bin es mehr, der dem Verstorbenen Böses wünschte, sondern *sein Geist* ist es, der *mir* nachstellt. Er ist neidisch auf uns, die Lebenden. Deshalb schickt er uns Unheil.
Er wird, wie Freud es formuliert, zum Feind der Überlebenden. Diese schreiben jedes Unglück, das ihnen zustößt, den Nachstellun-

gen des Geistes zu. Doch in dieser Haltung drückt sich lediglich ihr schlechtes Gewissen gegenüber dem Verstorbenen aus.

Im Falle der Blutrache setzt nun noch eine weitere Form der Projektion ein: Das schlechte Gewissen, also die eigenen Schuldgefühle, werden auf einen anderen, dazu passenden Menschen abgewälzt. Mit anderen Worten: *Nicht ich* trage mehr die heimliche Schuld am Tod meines geliebten Angehörigen – wie mir mein Gewissen ständig einflüstern will –, sondern *ein anderer,* ein Zauberer vielleicht, oder das Mitglied einer fremden Sippe, gegen die man ohnehin schon immer Abneigung hegte, kurz: schuldig ist jemand, der sich dafür eignet, Träger meiner Schuldgefühle zu werden. In Zukunft werde ich ihn für schuldig am Tod meines geliebten Angehörigen erklären. Damit ist mein Gewissen endlich von den nagenden Selbstvorwürfen befreit. Gelingt es gar, den neuen Schuldträger in den Tod zu schicken, so gehen mit ihm auch meine Schuldgefühle zugrunde, da sie jetzt an ihn gebunden sind. Deshalb und nur aus diesem Grunde ist es erforderlich, daß »Blut nur durch Blut gesühnt wird«. Denn nur mit dem Tod, und nicht etwa mit der Gefängnishaft des neuen Schuldträgers, bin ich endgültig von meinen quälenden Schuldgefühlen befreit.

Das Phänomen Blutrache und dessen verschiedene Erscheinungsformen lassen sich so als Dokumentationen eines Systems zur Bewältigung schwerer Schuldgefühle deuten.

Das beginnt damit, daß Blutrache nur beim Tod naher Verwandter einsetzt. Nur ihnen gegenüber hegen wir verdrängte Todeswünsche; nur bei ihrem Tod also werden wir von Schuldgefühlen gequält und brauchen ein Objekt, auf das wir diese Schuldgefühle abladen können.

Wir verstehen jetzt auch, weshalb der Rächer gar keinen besonderen Wert darauf legt, den wirklichen Täter zu finden. Irgendein schwacher Gegner, den man nicht fürchten muß, ist durchaus ebensogut geeignet, als Sündenbock zu dienen. Und wir begreifen das Verhalten der Kenayerindianer in Alaska, die bereits denjenigen mit Blutrache bedrohen, der nur den Namen des Verstorbenen nennt. Er würde damit die mühsam gebändigten Schuldgefühle seiner Angehörigen wecken; er würde, mit anderen Worten, den bösen Geist des Verstorbenen herbeirufen und Unheil auf die Überlebenden herabbeschwören. Sein Tod ist das naheliegende Mittel, den bösen Geist wieder zu bannen – diesmal für immer.

Beim Mord an Stammesfremden oder an Vogelfreien setzt keine

Blutrache ein. Wir sehen, warum: Niemand war diesen Personen je in Liebe verbunden und mußte deshalb seine aggressiven Wünsche ihnen gegenüber ins Unterbewußtsein verdrängen. Deshalb meldeten sich nach ihrem Tod auch weder Reue noch Schuldgefühle. Die Feindseligkeit ihnen gegenüber war nicht verboten, also mochte man sie ruhig totschlagen. Vor ihren Geistern fürchtete man sich nicht, da man ihnen nichts schuldig geblieben war.

Besonders aufschlußreich ist die Südseelegende vom Muttermörder. Bei ihm sind, wie oft im Mythos oder im Märchen, die unbewußten, verdrängten Regungen zur Tat geworden. Die feindseligen Wünsche, die vom »normalen« Menschen ins Unterbewußtsein verdrängt werden, geraten beim mythischen Helden als Muttermord zur Tat. Aber dieser Held ist auch ein Meister des Schuldabladens. Er reinigt sich von seinem ungeheuerlichen Verbrechen, indem er seine Schuld anderen zuschiebt. Dann tötet er diese anderen und vernichtet damit seine eigene Schuld. Ein perfektes Beispiel für das Wesen der Blutrache.

Innerhalb der Familie gilt die Blutrache nicht, weil die positiven Bindungen zu den anderen Familienmitgliedern sehr stark sind und die nahen Angehörigen sich daher nicht als Sündenböcke eignen. Selbst wenn ein Familiengenosse eine Bluttat begangen haben sollte, sind die Gefühle der Zuneigung zu ihm doch stärker als die Aggressionen, und diese bleiben verdrängt, falls sich nicht ein anderer, Dritter findet, der die Rolle des Sündenbocks übernimmt.

Verständlich wird nun vielleicht auch, weshalb die Blutrache nichts mit der Suche nach Gerechtigkeit zu tun hat. Sie fragt ja keine Sekunde nach der Individualität oder nach möglichen Motiven des anderen, des Schuldigen. Selbst wenn er tatsächlich der Mörder des nahen Angehörigen sein sollte, geht es nicht um die Aufhellung oder um die Sühne dieser Tat. Es geht vielmehr stets um die Bewältigung eigener Schuldgefühle. Die fremde Tat (und Schuld) wird also insgeheim wie eine eigene Tat angesehen. Im Unterbewußtsein nagt das Wissen, daß man die gleiche verwerfliche Tat auch hätte begehen können, wenn man den eigenen bösen Wünschen nachgegeben hätte. Von diesen Selbstvorwürfen kann man sich nur befreien, wenn man die eigenen bösen Regungen und damit die eigene Schuld einem Dritten auflädt und dann mit diesem vernichtet.

Die Blutrache ist demnach nichts anderes als ein perfektes Sündenbock-System: eine Methode zur Tilgung *eigener* und nicht etwa *fremder* Schuld.

Im Alten Testament, aus dem der Begriff stammt, heißt es 3. Buch Mose, Kapitel 16, Vers 20 bis 22:
»Und wenn Aaron vollbracht hat das Versöhnen des Heiligtums, soll er einen lebendigen Bock bringen.
Da soll dann Aaron seine beiden Hände auf dessen Kopf legen und bekennen alle Missetaten der Kinder Israel, alle ihre Übertretungen und ihre Sünden, und soll sie dem Bock auferlegen und ihn durch einen Mann in die Wüste bringen lassen; daß also der Bock alle ihre Missetaten in die Wildnis trage.«
Die Austreibung dieses »Sündenbocks« ist wohl das Relikt eines früheren Menschenopfers. Ursprünglich war sicher ein Mensch dazu ausersehen gewesen, die Missetaten des Volkes auf sich zu nehmen und durch seinen Tod zu sühnen.
Wichtig für uns ist das Moment des Schuldabladens auf ein dazu geeignetes Objekt, wodurch man selbst Befreiung von drückenden Unlustgefühlen und Befreiung auch von Angst vor den Folgen eigener Schuld erfährt.
Die Blutrache erfüllte so in der Frühzeit des menschlichen Bewußtseins eine wichtige Funktion, indem sie ein Ventil für komplizierte seelische Konfliktsituationen anbot. Dies, und sicher nur dies allein, ist der Grund, weshalb sie bei allen Völkern und über Jahrtausende hinweg ausgeübt wurde. Die seelischen Konfliktsituationen, von denen die Rede war, sind eben allgemeinmenschlicher Natur, und daher reagiert auch jeder Mensch auf sie in gleicher Weise.
Ein weiter entwickeltes Bewußtsein und vor allem die Entdeckung des Individuums und seiner persönlichen Verantwortung haben schließlich zur Überwindung der Blutrache geführt.
Doch das psychische Bedürfnis, einen Sündenbock für eigene Schuld zu finden, blieb unverändert erhalten und suchte sich andere Realisierungsmöglichkeiten, so nicht zuletzt die Todesstrafe als eine Art staatlich vollzogener Blutrache.

Drittes Kapitel

Das Menschenopfer

Das sakrale Menschenopfer, also die Tötung von Menschen zu kultischen Zwecken, ist ein weitverbreitetes, rund um die Welt anzutreffendes Phänomen. Doch kann man von ihm nicht wie von der Blutrache behaupten, daß es bei allen Völkern zu finden wäre. Vielmehr scheint es an einen ganz bestimmten Entwicklungsstand des Bewußtseins gebunden zu sein, den manche Völker nicht oder noch nicht erreicht haben, so daß ihnen auch das Menschenopfer unbekannt blieb.

Als Voraussetzung für sakrale Menschenopfer läßt sich erkennen, daß es in der religiösen Vorstellung des jeweiligen Volkes bereits Götter und einen ihnen gewidmeten Kult geben muß. Jene Jäger- und Sammlervölker, deren Vorstellungen noch vom reinen Animismus geprägt sind, die also die Natur zwar von zahllosen Geistwesen beseelt sehen, aber noch keine Götter und keinen Götterhimmel kennen – diesen Völkern scheinen Menschenopfer, zumindest in ritualisierter Form, unbekannt gewesen zu sein. (Von mehr zufälligen Erscheinungen, etwa des rituellen Kannibalismus, der vielleicht schon bei den Neandertalern geübt wurde, sei hier abgesehen.)

Das Menschenopfer als kultischen Akt finden wir erst nach der Geburt der Götter. Diese frühen, barbarischen und rohen Götter haben einen unverhohlenen Blutdurst; sie sind Menschenfresser, und ihre Gier scheint unersättlich.

Das gilt für die meisten Hauptgottheiten der alten Religionen. Zeus, Dionysos, Kronos, aber auch Wotan, Baal und Moloch waren zumindest in ihrer Frühzeit menschenverschlingende Dämonen; ebenso die keltischen, ägyptischen, slawischen Gottheiten. Nach und nach erst emanzipierten sich einige von ihnen zu hehren Göttervätern. Allerdings dauert die Epoche der Menschenopfer nicht allzulange. Sie endet im allgemeinen in vorgeschichtlicher Zeit. Nur vereinzelt, bei wenigen Völkerschaften, ragt sie noch in geschichtliche Zeiten hinein. Überall sonst aber hat sich das Menschenopfer zu Anbruch der überlieferten Geschichte bereits zum Tieropfer oder zu anderen Ersatzopfern gewandelt.

Da es kaum Möglichkeiten gibt, Mythologie und Kult der vorgeschichtlichen Epoche zu rekonstruieren, werden uns wohl die meisten blutigen Einzelheiten jener düsteren Feste, bei denen Menschen zur Besänftigung der Götter geschlachtet wurden, vom Schleier der Vergangenheit verhüllt bleiben. Keinen Zweifel allerdings kann es daran geben, daß die meisten Kulturvölker in ihrer archaischen Vergangenheit das sakrale Menschenopfer kannten und übten. Neben einigen historischen Quellen, die leider sehr spärlich fließen, sind es vor allem die Mythen, Sagen und Märchen der Völker, die unwiderlegbar auf den einstigen blutigen Opferbrauch hinweisen.

Aber auch alte Rituale, Gebräuche und selbst folkloristische Sitten lassen bisweilen heute noch erkennen, daß sie nichts anderes sind als abgewandelte, abgeschliffene Formen eines uralten Menschenopfers. Es ist daher eine ganz unangebrachte Ziererei, wenn manchmal noch an der einstigen Realität des Menschenopfers, besonders bei den Kulturvölkern, gezweifelt wird. Unsinnigerweise scheint man sich dieser Vergangenheit zu genieren und möchte sie, wenn überhaupt, dann nur bei den benachbarten »Barbaren« gelten lassen. Aber Barbaren waren wir irgendwann alle einmal. Und auf jeden Fall ist es unangebracht, die Bräuche vergangener archaischer Zeiten, als die Menschheit gerade erst zu Bewußtsein erwachte, mit heutigen moralischen Wertmaßstäben zu messen.

Für das alte *Griechenland* ist noch eine ganze Anzahl von Menschenopfern belegt. Von einem der spektakulärsten berichtet der antike Schriftsteller Plutarch in der Biographie des athenischen Feldherrn Themistokles[1], der die Streitmacht der vereinigten Griechen gegen die gewaltige Übermacht des Perserkönigs Xerxes führte. Bei der Insel Salamis trafen die beiden Flotten im September des Jahres 480 vor Christus aufeinander. Eine Seeschlacht stand bevor, die das Schicksal Griechenlands entscheiden mußte.
Themistokles war eben mit dem normalen Opfer beschäftigt, als ihm drei edle gefangene Perser vorgeführt wurden – angeblich Neffen des Königs Xerxes. Als der Opferpriester Euphrantides die drei Perser erblickte, loderte das Opferfeuer plötzlich hell auf. Daraufhin erklärte er dem Themistokles, daß die Männer dem Dionysos geweiht und geopfert werden sollten, dann sei den Griechen der Sieg sicher.
Der kultivierte Athener Themistokles war, wie Plutarch schreibt, über diese Weissagung bestürzt. Aber die Krieger, die einer Schlacht auf Gedeih und Verderb entgegensahen und sich daher in einem nachfühlbaren Zustand nervöser Überreizung befanden, verlangten ungestüm das Opfer, riefen gemeinsam den Dionysos an und schleppten die Gefangenen zum Altar. Dort erzwangen sie von Themistokles das Menschenopfer.
Wie bekannt, errangen die Griechen in der folgenden Schlacht tatsächlich einen glorreichen Sieg und zwangen Xerxes zum Rückzug.
Jener Gott Dionysos trug übrigens den Beinamen »der Rohessende«, der »rohes Fleisch ißt«, was nichts anderes als ein schönfärberischer, häufig gebrauchter Ausdruck für Menschenfresser war. Da auch seine Anhänger zu seinen Festen die Eingeweide der geop-

ferten Böcke roh verschlangen[2], kann man wohl als sicher annehmen, daß es sich um einen alten Kult handelte, dessen Gottheit früher regelmäßig Menschenopfer dargebracht wurden. Möglicherweise kam es dabei auch zu rituellem Kannibalismus.
Bei dem von Plutarch berichteten Menschenopfer handelte es sich um eine einmalige, aus der besonderen Situation heraus motivierte Handlung. Es gab aber daneben auch noch zu Beginn der geschichtlichen Zeit regelmäßig vorgenommene, kultische Menschenopfer, von denen uns mehrere Schriftsteller der Antike berichten. Einige dieser archaischen Bräuche sind im Hinblick auf die Todesstrafe von größtem Interesse.
So herrschte im alten Athen die bemerkenswerte Sitte, zwei arme verlassene Menschen – möglichst Mann und Frau – ein Jahr lang auf Staatskosten zu ernähren. Zum Fest der Thargelien, das kurz vor der Ernte gefeiert wurde und die Bedeutung eines Sühnefestes hatte, schmückte man die beiden Opfer mit Feigen, geißelte sie mit Feigenruten[3] und führte sie unter den Klängen einer feierlichen Musik durch die Straßen der Stadt. Ihre Aufgabe war es, alle Sünde, alle Unreinheit und Schuld, also alles *Miasma,* auf sich zu nehmen. Dann wurden sie aus der Stadt geführt und draußen vom Felsen herabgestürzt oder verbrannt. Die Asche wurde ins Meer gestreut[4]. Mit der Auflösung der Körper dieser Opfer, so glaubte man, sei auch alle Schuld der Bürger ausgelöscht und ins Nichts versunken.
Was bei der Betrachtung dieses alten Kultes unübersehbar auffällt, das ist seine Ähnlichkeit mit dem Sündenbock – Ritus der alten Israeliten. In beiden Fällen wird eine Entsühnung angestrebt, wobei die Schuld des Volkes wie etwas Stoffliches angesehen wird. Man kann sie einem anderen aufladen – einem Menschen oder einem Tier – und sie dann mit dem neuen »Schuldträger« vernichten. Diese psychische Mechanik, die also eigene Schuld nicht selbst verarbeitet, nicht selbst zu bewältigen sucht, sondern sie anderen auflädt – diese Mechanik hat sich bis heute unverändert erhalten. Sie bleibt die Hauptquelle für die Forderung nach der Todesstrafe.
Die stoffliche Wesenheit der Schuld ist bezeichnend für das frühe, naive Bewußtsein. Herder hat es seinerzeit dahingehend charakterisiert, daß es stets in anschaulichen Bildern denke und noch nicht abstrahiere, also noch nicht von bildhaften Vorstellungen zu rein gedanklichen Begriffen gekommen sei[5]. Dies betrifft auch die alten Anschauungen von Krankheit und Unglück, die so stofflich gedacht werden wie die Schuld, und die als unmittelbare Folge

von Schuld mit dieser in engster Verbindung stehen. Sie können also auch mit dieser ausgetrieben und vernichtet werden – jedenfalls nach alter animistischer Überzeugung.

Ähnliche Sühnefeste kurz vor der Ernte wie die Thargelien der alten Athener wurden übrigens auch bei anderen Völkern gefeiert, und oft waren sie mit Menschenopfern verbunden. Selbst bei den alten Azteken treffen wir sie an.

Der Zeitpunkt kurz vor der Ernte schien für das Leben des ganzen Volkes höchst wichtig. Noch drohte die Gefahr, daß irgendeine feindlich gesonnene Gottheit in letzter Minute ein Unheil schickte und die neue Ernte, die Lebensgrundlage des Volkes, vernichtete. Noch konnte irgendwo eine ungesühnte Schuld lauern und Unglück brüten. So lag es nahe, an diesem spannungsreichen Zeitpunkt die Götter vorsorglich zu versöhnen und ihnen ein Opfer darzubringen. Vielleicht begnügten sie sich mit dem einen und standen ab, viele zu fordern.

In der griechischen Kolonie Massilia, dem heutigen Marseille, suchte man immer dann, wenn in der Stadt eine Seuche herrschte, Zuflucht beim entsühnenden Menschenopfer. Auch dort hatte man für Opferzwecke einen Armen auf Staatskosten durchgefüttert. Bei Bedarf führte man ihn, mit Kränzen und festlichen Kleidern geschmückt, durch die Straßen der Stadt. Dabei wurde er vom Volk mit Flüchen und Verwünschungen überschüttet. Jeder versuchte, ihm alles Übel aufzuladen, von dem er sich bedrückt fühlte. Dann stürzte man den *Pharmakos,* den menschlichen Sündenbock, vom Felsen[6].

Auch von der nordgriechischen Insel Leukas werden Menschenopfer berichtet. Dort wurde alljährlich vom (heute noch sichtbaren) rund dreihundert Meter hohen Felsen zur Entsühnung des Volkes ein Opfer ins Meer gestürzt. Überlebte es den Sturz, so mußte es sofort das Land verlassen und das ihm aufgeladene Übel außer Landes tragen[7].

Von Abdera, von Kolophon, von Milet sind ähnliche Sühnerituale überliefert. Auf Rhodos opferte man dem Kronos einen zum Tode verurteilten Missetäter. Dem Zeus wurden auf Zypern Menschen geopfert, ebenso dem Diomedes[8], der nach der Sage vier menschenfressende Stuten besaß, was bereits hinlänglich auf die Menschenopfer verweist. An anderen Kultstätten waren die ursprünglichen Menschenopfer in geschichtlicher Zeit bereits so weit gemildert, daß man sich damit begnügte, den Altar der Gottheit mit Blut zu besprengen oder das Menschenopfer nur noch symbolisch darzubringen. Beispiele dafür gibt es mehr, als hier aufgezählt werden können. Es sei noch die Sitte der spartanischen Knaben erwähnt, die sich auf dem Altar der Artemis so lange geißelten, bis das Blut aus ihren Wunden tropfte und den Altar besprengte[9]. Auch hier ist das ursprüngliche Menschenopfer noch hinter dem abgemilderten Brauch deutlich erkennbar.

In Rom gibt es in geschichtlicher Zeit keine regelmäßigen kultischen Menschenopfer mehr, wohl aber noch verschiedene Einzelfälle. So wurden im Jahr 226 vor Christus je ein Gallier und ein Grieche sowie eine Gallierin und eine Griechin lebendig auf dem Rindermarkt zu Rom vergraben. Mit dieser Tat sollte eine unheilkündende Prophezeiung im Wortsinne erfüllt werden, wonach Gallier und Griechen Rom einnehmen würden[10].
Im Jahr 97 vor Christus verbietet der römische Senat alle Menschenopfer. Das hindert jedoch Caesar nicht daran, nach einer Meuterei seiner Truppen noch im Jahr 46 vor Christus zwei Soldaten auf dem Marsfeld unter den üblichen religiösen Riten dem Mars opfern zu lassen[11].
Und fünf Jahre später soll Augustus einige hundert Gefangene auf dem Altar des unterdessen zum Gott erhobenen Julius Caesar haben opfern lassen[12].
Dem wüsten Kaiser Heliogabal schließlich, der um 220 nach Christus regierte und einem orientalischen Sonnenkult anhing, wird nachgesagt, daß er seinem Gott zahlreiche Kinder opferte und aus ihrem Blut weissagte[13]. Auch dem Mithraskult werden Menschenopfer nachgesagt.
Eine altrömische Sitte war ein jährlich am 15. Mai gefeiertes Sühnefest. Dabei wurden in Anwesenheit des Magistrats und der *Pontifices,* also der römischen Priesterschaft, von der Brücke über den Tiber vierundzwanzig Strohpuppen in den Fluß gestürzt. Sie waren lebensgroß und an Armen und Beinen zusammengeschnürt[14]. Es gehört keine unzulässig schweifende Phantasie dazu, um in ihnen die ehemaligen Menschenopfer zu erkennen. Sie wurden seinerzeit dem Flußdämon dargebracht als Sühne dafür, daß man seinen Herrschaftsbereich durch den Bau der Brücke eingeschränkt und verletzt hatte.
Auch die beim römischen Volk so beliebten Gladiatorenkämpfe sind wohl abgewandelte Formen alter Menschenopfer. Sie wurden übri-

gens von den als blutdürstig verschrienen Etruskern übernommen und fanden bisweilen auf den Grabmälern angesehener Verstorbener statt. Auf den einstigen Opfercharakter deutet die Tatsache hin, daß man das Blut von gefallenen Gladiatoren für heilkräftig besonders gegen Epilepsie hielt[15].
Dieser Glaube übertrug sich später auf das Blut von Enthaupteten. Er blieb im Volk jedenfalls bis ins vorige Jahrhundert hinein lebendig.

Zahlreiche Hinweise auf Menschenopfer finden sich auch im *Alten Testament*. Da ist zunächst einmal die bekannte Erzählung von der beabsichtigten Opferung Isaaks durch seinen Vater Abraham (1. Mose 22). Ein Engel des Herrn hatte dieses Menschenopfer in letzter Sekunde verhindert und Isaak, Abrahams einzigen rechtmäßigen Sohn, gegen einen Widder ausgetauscht. In diesem Bericht spiegelt sich ganz eindeutig die Entwicklung wider, die vom Menschenopfer zum Tieropfer führte (was offenbar nicht ohne heftige religiöse Kämpfe vonstatten ging). Auch das Eifern der Propheten gegen die »blutigen Greuel der Heiden« deutet darauf hin, daß in archaischen Zeiten bei den alten Israeliten das Menschenopfer durchaus bekannt war und geübt wurde.
Einen eindeutigen Fall schildert die schon weniger bekannte Geschichte von Jephta, dem großen Richter und Feldherrn der Israeliten (Richter 11, 30). Vor einer Schlacht gegen die Ammoniter gelobt er, das erste, was ihm bei der Heimkehr aus seiner Haustür entgegenkommen wird, dem Herrn zu opfern, wenn ihm Jahwe den Sieg schenke. Dieses Gelübde scheint Jahwe zu gefallen; die Israeliten siegen. Als erste kommt dem heimkehrenden Sieger Jephta seine Tochter entgegen und ist damit dem Tod verfallen. Nachdem sie vom Gelübde des Vaters erfahren hat, bittet sie um eine letzte Frist von zwei Monaten, um mit ihren Gespielinnen »ihre Jungfernschaft zu beweinen«. Nach Ablauf dieser Frist erfüllt Jephta sein Gelübde.
Im 2. Buch der Könige (3, 27) finden wir einen anderen Bericht über ein Menschenopfer. Bei einer Belagerung durch die Israeliten opfert der König der Moabiter in einer verzweifelten Lage seinen erstgeborenen Sohn und Thronfolger. Er bringt ihn im Angesicht der Feinde auf der Stadtmauer als Brandopfer dar, und die angreifenden Israeliten sind von der Kraft eines so außerordentlichen Opfers so sehr überzeugt, daß sie die Belagerung abbrechen und abziehen.
Auch im 2. Buch Samuel, im 21. Kapitel, wird von einem Men-

schenopfer berichtet. Als Strafe für eine Blutschuld des Königs Saul ist eine Hungersnot über das Land hereingebrochen. Die Gibeoniter hängen daraufhin zur Entsühnung sieben Männer aus dem Hause Sauls. Ob dieses Mittel geholfen hat, wird nicht mehr berichtet. Im 1. Buch Könige (16, 34) schließlich wird berichtet, daß Hiel, als er das von Josua zerstörte Jericho wieder aufbaute, seinen ältesten Sohn bei der Errichtung der Mauern und seinen jüngsten beim Bau der Tore opferte. Offensichtlich handelte es sich dabei um Bauopfer, die den von Josua einst über die Stadt ausgesprochenen Fluch (Josua 6, 26) bannen sollten.

Im 2. Buch Chronik (28, 3) erfahren wir, daß der altisraelitische König Ahas dem Baal opferte und »seine Söhne mit Feuer verbrannte, nach den Greueln der Heiden«. Dasselbe wird von Manasse berichtet (2. Chronik 33, 6). Der Prophet Jesajas wirft den von Gott Abgefallenen vor, daß sie für ihre Götzen »Kinder schlachten an den Bächen, unter den Felsklippen« (Jesaja 57, 5); ebenso der Prophet Jeremias (7, 31), bei dem sich Gott beklagt, daß die Kinder Juda »Altäre bauen, um ihre Söhne und Töchter darauf zu verbrennen, welches ich nie geboten«. Diese Klage wiederholt er nochmals; wir erfahren (19, 5), daß die Bürger Jerusalems dem Baal Kinder opferten. Auch der Prophet Ezechiel erhebt Klage darüber, daß die Bürger von Jerusalem fremden Götzen Altäre bauen und »Kinder schlachten, um sie zu verbrennen« (16, 20 f.).

Und noch an anderer Stelle (23, 37) ist ausführlich von Kinderopfern die Rede.

Die Anzeichen sprechen dafür, daß wir in den Kinderopfern die wohl ursprünglichste und älteste Form des Menschenopfers vor uns haben. Hinter dieser grausig anmutenden Sitte steht die Vorstellung, dem Gott nur das Beste, Reinste und Makelloseste darzubringen; zugleich auch das Liebste, was man besaß: Nur solch ein aus dem Herzen gerissenes Opfer schien der Gottheit wirklich würdig zu sein.

Auch bei den *Phöniziern* und *Karthagern* waren die Menschenopfer, und wieder speziell die Kinderopfer, ein allgemein geübter Brauch. Zuverlässige Berichte darüber finden sich bei zahlreichen alten Autoren. Die Opfer galten dem Baal oder dem Moloch, in Karthago auch dem Kronos. Ihm hatte man in Karthago eine große eherne Statue errichtet; sie wurde glühend gemacht, die Kinder warf man dann in diesen »Ofen«[16].

Die Kinderlosen kauften den Armen ihre Kinder ab, um sie zu opfern. »Die Mutter steht dabei, ohne eine Träne zu vergießen«, schreibt Plutarch[17]. »Läßt sie aber nur einen Seufzer oder eine Träne bemerken, so ist ihr Geld verloren, und das Kind wird dennoch geopfert. Um die Bildsäule des Gottes aber ist alles voll Lärm des Flötenspiels und der Pauken, damit das Schreien und Jammern (der Kinder) nicht gehört werde.«
Und an anderer Stelle lesen wir, daß man die Tränen der Kinder vor der Opferung durch Liebkosungen zu besänftigen suchte[18]. Für den Wert des Opfers war es äußerst wichtig, daß es freiwillig gebracht wurde. Jeder Anschein von Widerstand, auch bei Tieropfern, entwertete die heilige Handlung. Deshalb suchte man unter allen Umständen wenigstens den Anschein der Freiwilligkeit aufrechtzuerhalten.
Erst unter Tiberius hörten im nunmehr römischen Karthago die öffentlichen Opfer auf; in aller Heimlichkeit jedoch wurden noch lange Zeit Kinderopfer dargebracht.
Von den punischen Bewohnern Sardiniens heißt es, daß sie dem Kronos nicht nur Gefangene, sondern auch ihre eigenen Eltern, sobald sie das siebzigste Lebensjahr überschritten hatten, zum Opfer brachten[19].

Daß auch die *germanischen Völker* dem Brauch des Menschenopfers anhingen, dafür gibt es etwa vierzig Berichte alter Autoren. Wir wollen nur einen davon herausgreifen – nicht den bekanntesten, also den des Tacitus (Germania 9, 38), sondern einen sehr charakteristischen. Er stammt von Sidonius Apollinaris, dem Bischof von Chermont. Ende des fünften Jahrhunderts nach Christus berichtet er von sächsischen Seeräubern, die zu jener Zeit die Küsten Galliens gebrandschatzt hatten. Bevor sie wieder in See stachen, um die Heimfahrt anzutreten, opferten sie jeden zehnten Gefangenen ihren Göttern. Die Opfer wurden durch das Los bestimmt[20].
Auch von anderen seefahrenden Völkern wissen wir, daß sie den Göttern des Meeres Menschenopfer darbrachten. Eine Seereise war zu jener Zeit ein äußerst gefährliches und ungewisses Unternehmen. Ob und wann man sein Ziel erreichte, blieb beim damaligen Stand von Technik und Navigationskunst völlig offen – man denke an die Irrfahrten des Odysseus. So lag es diesem Denken nahe, vor Antritt einer so gefährlichen Fahrt die Götter durch Opfer freundlich zu stimmen. In der Südsee wurden noch in der Gegenwart die Kriegs-

Der Mann von Tollund – vor zweitausend Jahren ins Moor versenkt.

kanus über eine Walzenstraße von lebenden Menschen zu Wasser gelassen[21], und die feuchtfröhliche Sitte der Äquatortaufe hat wohl auch einen sehr viel ernsteren Ursprung und geht sicher auf ein altes Menschenopfer zurück.

Einen handgreiflichen Beweis für den Brauch der Germanen, ihren Göttern Menschen zu opfern, bieten uns möglicherweise die sogenannten Moorleichen, die seit Jahrhunderten bereits aus nordeuropäischen Mooren geborgen werden. Es handelt sich dabei um menschliche Körper, die vor zwei Jahrtausenden ins Moor versenkt wurden – ob zur Strafe oder als Opfer an die Erdgötter, kann nicht eindeutig entschieden werden. Die Säure des Torfs hat in vielen Fällen die Leichname so gut erhalten, daß selbst winzige Details, so etwa die Linien der Finger, noch zu erkennen sind. Drei Exemplare dieser Moorleichen sind für uns von besonderem Interesse: der Mann von Grauballe (im Museum Arhus), der Mann von Tollund (Museum Silkeborg) und das Mädchen aus dem Domlandmoor (Museum Gottorp). Alle drei sind eindeutig eines gewaltsamen Todes gestorben. Die beiden Männer tragen noch die Schnur um den Hals, mit der sie offenbar erdrosselt wurden. Dem Mädchen vom Domlandmoor aber wurden vor ihrem Tod die Haare zur Hälfte geschoren und die Augen durch einen schmalen Gewebestreifen verbunden. Auf ihrer Brust lag ein Steinbrocken, der sie offenbar unter das Moorwasser drücken sollte. Bei ihrem Tod war sie zwischen vierzehn und fünfzehn Jahre alt. Ob es sich bei diesem Mädchen um eine Rechtsbrecherin oder um ein Opfer handelte, können wir kaum noch klären. Die beiden männlichen Moorleichen jedoch wiesen einen interessanten Befund auf. Ihr Mageninhalt war noch so gut erhalten, daß er analysiert werden konnte. Er bestand hauptsächlich aus den Samen von Ackerunkräutern, enthielt jedoch keinerlei Fleisch oder tierische Bestandteile. Aus diesem Befund schloß man, daß die beiden Männer vielleich während des Frühlingsfestes der Erdgöttin Nerthus geopfert wurden, die auch Tacitus schon erwähnt.

Zumindest bei dem Mann von Tollund handelt es sich, fast möchte man sagen um einen intellektuellen Typ. Seine Hände weisen jedenfalls keinerlei Schwielen auf; er kann also keinen Beruf mit harter Handarbeit, wie etwa den eines Bauern, ausgeübt haben.

Es tauchte die Vermutung auf, daß es sich bei beiden Männern um Diener (also Priester) der Nerthus gehandelt haben könne. Eine Statue (mehr ein Fetisch) dieser Göttin wurde im Frühjahr von deren

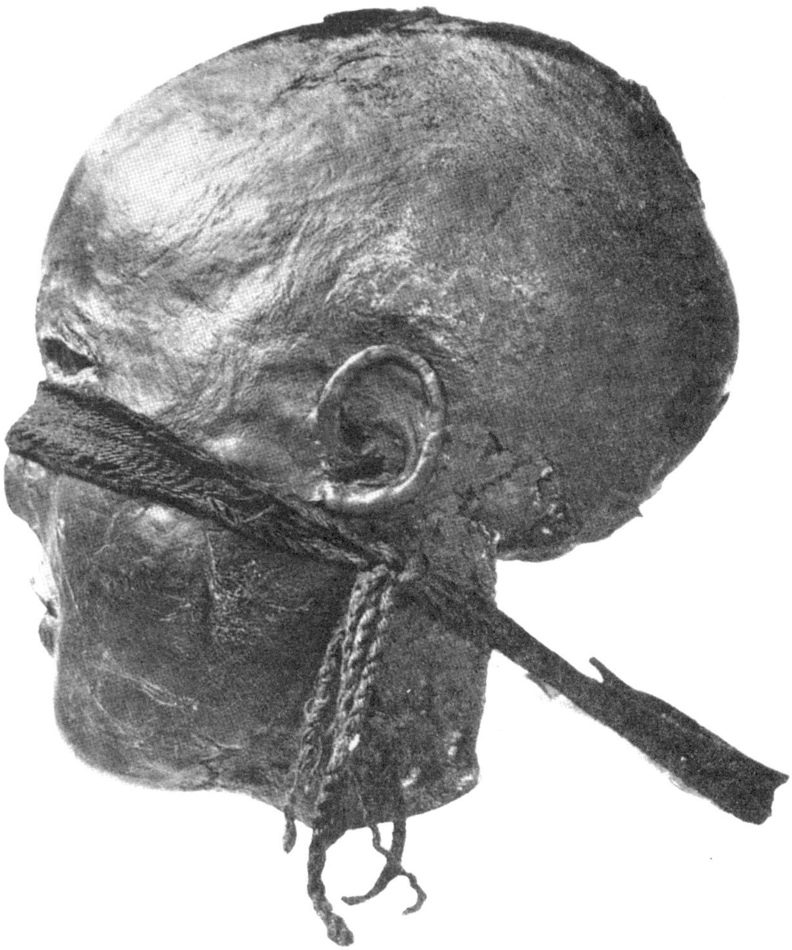

Das Mädchen aus dem Domlandmoor, mit der Binde, die die Augen bedeckte.
Opfer oder verurteilte Rechtsbrecherin?

Priestern durchs Land gefahren, um dessen Fruchbarkeit zu sichern. Das Götterbild war verhüllt, kein Mensch durfte es ansehen oder gar berühren. Wer dieses Verbot übertrat – wenn auch schuldlos, aus Zufall — war tabu und mußte beseitigt werden. Vielleicht also handelt es sich bei den beiden Moorleichen um Tabuierte. Die Versenkung ins Moor – also an einem öden Ort, weit entfernt von den Wohnstätten der Menschen – würde für diese Vermutung sprechen. Sie hatte den Sinn, den Geist der Toten an diese Ödnis zu bannen und ihn von den Lebenden fernzuhalten[22].
Insgesamt sind aus den nordeuropäischen Mooren bisher Hunderte von Moorleichen geborgen worden. Eine Vielzahl der Funde aber mag noch im Moor ruhen. Die meisten Moorleichen wurden während der germanischen Zeit ins Moor versenkt; zu einer Zeit also, da Menschenopfer und Todesstrafe sich noch weitgehend überdeckten, weil die Tötung eines Menschen durch die Gemeinschaft nur unter dem Schutz sakraler Riten denkbar war.

Auch von den meisten anderen Völkern der Alten Welt sind Menschenopfer überliefert. So berichtet beispielsweise Caesar in seinem »Bellum Gallicum« (VI, 16) von Menschenopfern bei den *Galliern* und *Britanniern*. Dasselbe hören wir von den *Kelten*, den *Skythen*, den *Albanern*, den *Thrakern* und den *Slawen* am Dnjepr. Die *Perser* pflegten ihre menschlichen Opfer angeblich lebendig zu begraben. Die alten *Araber* opferten ihrem obersten Gott, der dem Jupiter entsprach, jeden Donnerstag einen noch säugenden Knaben. Noch zu Mohammeds Zeit sind neugeborene Mädchen lebendig begraben worden[23].
Ferner erfahren wir von Menschenopfern bei den *Indern* und *Ägyptern*. Man kann schließen, daß von den Kulturvölkern der Alten Welt wohl keines in seiner vorgeschichtlichen Epoche vom blutigen Ritus des Menschenopfers frei geblieben war.

Weit bekannter jedoch als alle Menschenopfer der alten Völker sind jene blutigen Rituale geworden, die noch zu Beginn der Neuzeit vollzogen und von entsetzten Chronistenaugen beobachtet wurden. Die Rede ist von den Menschenopfern der *Azteken* und *Mayas*, die es durch die Berichte spanischer Augenzeugen zu einer weltweiten düsteren Berühmtheit gebracht haben. Besonders die kriegerischen Azteken hatten die Opferbräuche zu einem festen System entwickelt. Ihr Bedarf an menschlichen Opfern war so groß, daß sie bisweilen

Kriege führten, nur um Gefangene machen und diese später opfern zu können.
Doch trotz dieser Inflationierung, trotz dieses Blutdurstes zeigten gerade die aztekischen Opferrituale einige sehr charakteristische Züge, die unserer Einsicht in das Wesen des Menschenopfers weiterhelfen werden.
Die meisten, wenn nicht alle Opferrituale schienen mit dem Jahreslauf und dadurch mit den einzelnen Phasen des bäuerlichen Lebens, wie Aussaat, Wachstum, Reife und Ernte, in engster Verbindung zu stehen.
Vor der Aussaat des Maises wurde zum Beispiel dem Mondgott ein Kriegsgefangener geopfert. Es handelte sich dabei um ein sogenanntes Pfeilopfer:
Der Mann wurde an ein Holzgerüst gebunden und dann durch Pfeilschüsse getötet. Das herabfließende Blut sollte den Boden befruchten[24].
Bekannter geworden in ihren schaurigen Details sind dagegen die sogenannten Herzopfer. Ihre rituelle Bedeutung lag darin, die Kraft der Sonne zu erhalten und auf magische Weise zu erneuern. Das Opfer – ebenfalls meist ein Kriegsgefangener – wurde entkleidet und rücklings auf einen Steintisch gelegt. Fünf Priester hielten es dann fest. Ein sechster öffnete ihm mit einem Messer aus Obsidian die Brust, schnitt das Herz heraus und hielt es der Sonne entgegen. Dann wurde es in ein Becken gelegt und mit Räucherwerk verbrannt. Der Körper dagegen wurde enthäutet und, wenn es sich um einen tapferen Feind gehandelt hatte, von den Kriegern in einem kultischen Kannibalenmahl verzehrt[25].
Doch blieb es während dieser Rituale meist nicht bei einem einzigen Opfer. Es liegen Berichte vor von Opferfesten, bei denen die Schlange der zu Opfernden mehrere hundert Meter lang war.
Das Hauptfest der Azteken jedoch fand im April statt. Ein auserwählter Kriegsgefangener, schön von Gestalt und Gesicht, war ein ganzes Jahr lang gehegt und gepflegt worden. Man hatte ihn mit erlesenen Speisen genährt, prächtig gekleidet und behandelte ihn mit höchster Ehrfurcht – als ein Wesen, das zwischen König und Gott stand. Drei Wochen vor dem Fest wurden ihm vier junge Mädchen zugeteilt, die als seine Bräute galten und vier Göttinnen verkörperten: die Göttin der Blumen, des jungen Korns, des Salzes und der Mutter in den Wassern. Am Tage des Festes endlich wurde er in einem besonderen Tempel am See von Mexiko City nach dem Ritual

des Herzopfers geopfert. Unmittelbar nach seinem Tod wurde bereits sein Nachfolger bestimmt[26].
Kurz vor der Ernte schließlich (man erinnere sich an die griechischen Thargelien) wurde ein junges Mädchen, das die Göttin des reifen Maises verkörperte, im Lauf eines Festes geopfert. Das Mädchen tanzte den ganzen Tag und die Nacht vor dem Fest bis zur völligen Erschöpfung. Dann wurde ihm von den Priestern der Kopf abgeschnitten[27].
Auch Kinder sollen von den Azteken geopfert worden sein, und zwar den Regengöttern, im Monat Februar.
Die Mayas brachten bei langanhaltender Dürre ihren Regengöttern Opfer dar, indem sie Menschen, meist junge Sklavenmädchen, in Wasserlöcher oder in die See warfen. Eine dieser Opferstätten ist der heilige Cenote (Brunnen) in der weltbekannten Ruinenstadt Chichen Itzá, auf der Halbinsel Yukatan gelegen. Der Cenote ist ein wassergefüllter, fast kreisrunder Krater von etwa fünfzig Metern Durchmesser; die Wasseroberfläche liegt etwa fünfzehn Meter tief. Die Wände sind steil und unersteigbar. Die auserwählten Opfer wurden in feierlicher Zeremonie an den Rand des Kraters geführt; man gab ihnen Botschaften an den Regengott mit und stürzte sie dann ins Wasser, zusammen mit wertvollen Gegenständen. Sie schwammen im Krater herum, bis ihre Kräfte sie verließen und sie untergingen.
Eine archäologische Expedition der amerikanischen Peabody-Universität hat aus dem Cenote Skelettreste von etwa fünfzig Menschen geborgen, daneben Goldschmuck und Ritualgeräte[28].
Zum Schluß dieser Aufzählung sei der Kuriosität halber noch erwähnt, daß auch die weltberühmten Niagarafälle einstmals Opferstätten waren. Dort sind von den umwohnenden Indianerstämmen alljährlich zur Erntezeit drei junge Mädchen geopfert worden; zum letztenmal angeblich noch im Jahr 1780[29].

Wie tief verwurzelt die Erinnerung an den einstigen blutigen Kult des Menschenopfers in den Völkern fortlebt, davon zeugen zahllose Sagen und Märchen aus allen Kulturkreisen. Denken wir nur an die überall anzutreffenden Erzählungen von Jungfrauen oder Prinzessinnen, die an Drachen, Zauberer, Riesen oder andere Unholde ausgeliefert werden müssen – stets steckt die verhüllte Erinnerung an alte Formen des Menschenopfers, wahrscheinlich des Kinderopfers, als historischer Kern in diesen Sagen. Unser schönes altes

Hausmärchen von Hänsel und Gretel dagegen berichtet fast unverhüllt vom alten Kinderopfer.
Aus der einstigen Priesterin des alten Kultes ist (spätestens nach dem Sieg des Christentums) die Hexe geworden. Das Einsperren des Jungen und das Mästen durch die Hexe erinnert verblüffend an die Azteken und ihre Sitte, das auserwählte Opfer ein Jahr lang mit Speisen zu verwöhnen. Auch die Griechen, erinnern wir uns, ernährten ihr Sühneopfer auf Staatskosten mit guten Speisen – eine Sitte, die ihren allerletzten Niederschlag noch heute in der sogenannten Henkersmahlzeit findet, die sich der Verurteilte meist nach eigenem Wunsch zusammenstellen kann.
Erwähnt sei schließlich noch der weite Sagenkomplex um Iphigenie, die Tochter des Griechenkönigs Agamemnon, der das griechische Heer gegen Troja führen sollte. Die Flotte der Griechen hatte sich im Hafen von Aulis versammelt und wollte zum Zug gegen Troja in See stechen. Doch die Göttin Artemis, die dem Agamemnon nicht wohlgesonnen war, sandte Windstille und Pest und hinderte die Flotte am Auslaufen. Daraufhin verkündete der Seher Kalchas, daß Agamemnon seine Tochter Iphigenie der Göttin opfern müsse, um deren Zorn zu besänftigen. Agamemnon erklärte sich, von Odysseus überredet, dazu bereit. Im letzten Augenblick aber ersetzte die versöhnte Göttin das Mädchen durch eine Hirschkuh und verhinderte so das Menschenopfer.
Diese Erzählung spiegelt ebenso wie der bereits erwähnte biblische Bericht von Abraham und Isaak die Epoche des Übergangs vom Menschenopfer zum Tieropfer. Die Parallelen in den beiden Erzählungen sind frappierend. Hier wie dort soll auf Verlangen der Gottheit ein geliebtes Kind geopfert werden; hier wie dort greift im letzten Augenblick die göttliche Macht selbst ein, um das Leben des Opfers zu retten; der Wille zur Tat wird als hinreichendes Zeichen des Gehorsames genommen; hier wie dort ersetzt die Gottheit das menschliche Opfer durch ein Tier.
All diese Mythen beweisen nur, wie tief das Menschenopfer im Weltbild und in der religiösen Überzeugung der Völker verwurzelt war. Nur durch ein Eingreifen der Gottheiten selbst konnte es abgelöst und durch das Tieropfer ersetzt werden.

Die historische Entwicklung, die das Menschenopfer von seinen Anfängen bis zum Ausklingen genommen hat, ist nach Sichtung des vorliegenden Materials nicht schwer zu erkennen. Am Anfang standen die Tabuverbote. Sie waren ein selbstauferlegter Verzicht; mit dieser passiven Haltung brachte man den Schicksalsmächten das Nicht-Tun bereits als eine Art Opfer dar. Späterhin wandelte sich aus der gleichen Grundauffassung heraus die Passivität zum aktiven Tun; man verzichtete jetzt nicht mehr nur, sondern man spendete sogar freiwillig den Schicksalsmächten, was sie sich sonst (in größerer Menge) selbst genommen hätten. Dieser Gedanke, logisch weitergedacht, mußte dahin führen, daß man als Opfer zum Besten kam, was man überhaupt besaß. Dieses Beste und Wertvollste mußte für die Schicksalsmächte gerade gut genug sein. Je wertvoller die Gabe, desto sicherer würde sie den Zorn, den Neid oder die Habgier der Überirdischen besänftigen.

In der Blütezeit der Menschenopfer waren es also zweifellos Kinder, die als Gaben für die Gottheit am geeignetsten erschienen. Ihre Schuldlosigkeit, ihre Reinheit und Makellosigkeit waren den Göttern wohlgefällig. Jeder Makel dagegen, auch jede Form von Schuld hätte die Gottheit beleidigt; sie hätte dann wie ein menschlicher Geschenkeempfänger reagiert, der entdecken muß, daß man ihm etwas Minderwertiges »angedreht« hat.

Einen zusätzlichen Wert schien es darzustellen, wenn es sich bei dem Opfer um das erstgeborene oder das einzige Kind handelte – siehe Isaak, einziger Sohn Abrahams; siehe auch den Erstgeborenen des Königs der Moabiter. Auch Jungfrauschaft wird sehr hoch geschätzt; ihr wohnt noch die magische Kraft eines nicht gelebten Lebens inne – siehe Jephtas Tochter und Iphigenie.

Können die Götter angesichts einer solchen Gabe länger zürnen? Ist ihr Blutdurst, der sich normalerweise darin äußert, daß sie die Menschen mit Unglück überfallen und ins Totenreich holen – ist dieser Blutdurst durch ein solches Opfer nicht gestillt?

Die höchste und wertvollste Gabe aber ist der König. Er opfert sich – oder wird geopfert –, wenn dem ganzen Volk schwere Not droht. Als wertvollster Sündenbock, den das Volk aufzubieten vermag, nimmt er dann die Schuld des ganzen Volkes auf sich und opfert sein Leben den zürnenden Göttern.

Vom Tabu des Mächtigen her wissen wir, daß dem König zwiespältige Gefühle entgegengebracht werden. Einerseits verehrt man ihn und bezeigt ihm Ehrfurcht, andererseits aber sitzt tief im Unterbewußtsein ein beständig nagender Haß auf den Mächtigen. Indem man den König zum Sündenbock macht, erhalten beide seelische Regungen eine Möglichkeit der Abreaktion: Vordergründig gese-

hen, erlebt der König höchste Verehrung, weil er sich für sein Volk opfert; andererseits aber kann sich die unterschwellige Aggression gegen ihn austoben, sie triumphiert bei seiner physischen Vernichtung.
Daß auch der Tod des Jesus von Nazareth natürlich ein Sühneopfer war, ganz wie der Opfertod eines Königs, der sich für sein Volk der Gottheit darbringt, wurde von Jesus und der Kirche immer so verstanden. Die Situation scheint so eindeutig; und doch muß man es sich mühsam bewußt machen, daß wir es hier mit einem vergeistigten Menschenopfer zu tun haben.

Das öffentliche Bewußtsein wird stets von zahlreichen Faktoren bestimmt. Nur vorübergehend kann es von einer einzigen Vorstellung beherrscht werden. Doch die widersprüchlichen Regungen melden sich irgendwann wieder, bohren und steigen zur Oberfläche empor und arbeiten so lange, bis sich das Bewußtsein wandelt. Eine derartige widersprüchliche Regung war die *Tötungshemmung*, die im Fall der Kinderopfer noch durch die natürliche Elternliebe verstärkt wurde. Ein so »widernatürliches« gesellschaftliches Phänomen wie das Kinderopfer konnte nicht lange widerspruchslos hingenommen werden. Da jedoch andererseits das Motiv, das zu seiner Einsetzung geführt hatte – nämlich die Angst – viel zu stark war, um das Opfer ersatzlos abschaffen zu können, mußte ein Ausweg, ein Kompromiß zwischen diesen beiden starken seelischen Triebkräften gefunden werden. Er bot sich an im Gedanken der Stellvertretung.
Statt des Königs wurde zunächst dessen Sohn geopfert, angetan mit den Insignien der Königswürde – so bei den Karthagern, die in allen Notlagen, ob im Krieg, bei Dürre, Pest oder Hungersnot den Zorn des strafenden Baal zu besänftigen glaubten, indem sie ihm den Sohn des Königs als dessen erklärten Stellvertreter opferten[30]. Bei anderen Völkern jedoch hatte man sich bereits statt der makellosen Kinder, der Jungfrauen und erstgeborenen Söhne mit Sklaven, Kriegsgefangenen oder gar Missetätern als Opfern begnügt. Allerdings versuchte man oft noch, diese nach damaliger Auffassung »minderwertigen« Menschen als recht hochstehend erscheinen zu lassen, indem man sie vor ihrem Opfertod festlich aufputzte, wie bei den Griechen und Azteken, als ob es sich noch um die früheren Königssöhne oder Prinzessinnen gehandelt hätte.
Dieser Versuch, die Götter (und sich selbst) zu betrügen, mag uns heute naiv erscheinen. Er wurde aber aus dem einen, alles beherr-

schenden Gefühl geboren, das auch uns Menschen der Gegenwart noch oft zu Unsinnigkeiten treibt: aus der Angst.
Doch die Gegenkräfte nagten weiter an der etablierten Überzeugung und zersetzten sie immer mehr. Das Tötungstabu manifestierte sich in einem neuen sittlichen und religiösen Bewußtsein. Jenes psychische Bedürfnis, das sich einst nur durch Menschenopfer besänftigen ließ, mußte immer mehr und immer öfter mit Ersatz und Schein vorliebnehmen. Doch ging dies nicht reibungslos, nicht ohne Kampf vonstatten. Daher war dieser Übergang zu neuen Bewußtseinsformen auch immer wieder von Rückfällen gezeichnet. Die tiefverwurzelte Angst gebot noch lange, zumindest zum Schein, Menschen zu opfern.
Von den Strohpuppen, die im alten Rom von der Tiberbrücke aus in den Fluß geworfen wurden, haben wir bereits gehört. Doch noch im vorigen Jahrhundert hat man im Harz alljährlich ein Kinderkleid in das Flüßchen Bode geworfen – letzter Überrest eines uralten Kinderopfers.
Bei den Ägyptern wurde den Opfertieren ein Siegel aufgebrannt, das einen knieenden, an Händen und Füßen gefesselten Menschen darstellte; ein Schwert war ihm an die Kehle gesetzt. Die Umstehenden beklagten den Tod des Stiers, jammerten und schlugen sich an die Brust[31]. Daß hier eigentlich ein geopferter Mensch beklagt wurde, ist ganz offensichtlich. Die Nachahmungen der menschlichen Gestalt wurden jedoch immer einfacher, immer schlichter. Die Entwicklung führte zu Opferkuchen, zu gemalten Menschendarstellungen, ja schließlich zu Geldgaben. Den letzten Rest eines einstigen Menschenopfers können wir etwa in der Sitte sehen, in den Grundstein eines zu errichtenden Bauwerkes irgendwelche Gaben einzumauern. Auch der obligatorische Brauch, am Bug eines vom Stapel laufenden Schiffes eine Sektflasche zu zerschmettern, ist zweifellos Überrest eines alten Opfers, wahrscheinlich eines Menschenopfers. In der Liturgie steht Wein immer für Blut, wie wir vom christlichen Abendmahl wissen.
Und es ist anzunehmen, daß in ihren Anfängen keine Seefahrt ohne sakrale Menschenopfer auskam.

Drei grundsätzliche Situationen lassen sich erkennen, in denen Menschenopfer gebracht wurden.
Erstens: in unmittelbarer Gefahr, also im Krieg, während einer Belagerung, einer Seuche, einer Hungersnot, einer Dürre.

Zweitens: vor unmittelbarer Gefahr; also vor einer Schlacht, vor einem Feldzug, vor Antritt einer Seereise.
Drittens: in Befürchtung einer (nicht akuten) Gefahr; also vor der Ernte, vor der Sonnenwende; bei der Grundsteinlegung eines großen Bauwerkes, beim Bau eines Deiches, als jährliche Entsühnung.
Allen drei Situationen ist gemeinsam, daß sie von allgemeiner Angst geprägt sind, von Angst vor zukünftigem realen Unheil – wenn auch die Grade der Angst abgestuft sind. Gefürchtet wird jeweils der Zorn der Götter, der sich in verschiedenen Formen des Unglücks auswirkt oder auswirken könnte. Dieser Götterzorn wiederum kann nur durch eigene Verfehlung oder durch die Schuld eines Mitglieds der Gemeinschaft ausgelöst worden sein; keineswegs tobt er grundlos.
Wir sehen wieder, welch enge Verbindung zwischen Angst und Schuldbewußtsein besteht. Dieses Schuldbewußtsein findet zwar vordergründige Ursachen: etwa die Verletzung irgendeines Tabus, eines Gebotes. In Wirklichkeit sind es jedoch tiefliegende verdrängte Triebregungen, die durch die Verdrängung zu »bösen« Wünschen geworden sind und die danach verlangen, aus der Verdrängung befreit zu werden. Den einzigen Weg dazu bietet die Projektion, also das Abladen der eigenen »bösen« Triebregungen – die ja als Schuld empfunden werden – auf einen anderen, auf einen Sündenbock.
Dieses Abladen geht ursprünglich ganz bildhaft vor sich, weil die Schuld als etwas Stoffliches aufgefaßt wird: Durch Handauflegen oder, im Fall des menschlichen Sündenbocks, durch Verfluchung kann alles Schuldbewußtsein auf den Sündenbock abgeleitet werden. Wenn dieser dann vernichtet wird, und zwar möglichst spurlos, so wird auch die stofflich gedachte Schuld mit vernichtet. Man fühlt sich befreit von Schuld (und damit auch von Angst). Diese Befreiung, die in Wahrheit eine nur vorübergehende Besänftigung der quälenden verdrängten Triebregungen darstellt, bewirkt ein orgiastisches Wohlbefinden, eine Hochstimmung, wie sie von kultischen Sühnefesten, aber auch von öffentlichen Hinrichtungen allgemein berichtet wird.
Das Menschenopfer hatte also eine vordergründige soziale Funktion: Es sollte die Gemeinschaft vor dem Zorn der Götter schützen, vor Unglück bewahren. Diese Funktion war aber natürlich nur fiktiv und entsprang dem animistischen Bewußtsein; in der Praxis des alltäglichen Lebens konnte sie nicht sehr erfolgreich sein.

Die wahre Bedeutung des Menschenopfers lag denn auch in der sozialpsychologischen Wirkung, das heißt in der Möglichkeit, für die Ängste, das Schuldbewußtsein und generell für alle Unlustgefühle in der Gemeinschaft, die bisweilen unerträglich zu drücken begannen, ein Ventil zu öffnen. Daß dabei auch die unterdrückten und eigentlich verbotenen, aggressiven Regungen, die im Unterbewußtsein gegen die Mitglieder der eigenen Gemeinschaft bestanden, eine erlaubte und straffreie Ableitung fanden, trug der Neigung zum Menschenopfer zusätzliche Impulse ein.

Es überrascht dabei nicht, daß sich die Rituale des Menschenopfers, seine Anlässe und Formen bei den verschiedenen Völkern ähneln, trotz sonst sehr verschiedener jeweiliger Kulturen, die von den Völkern herausgebildet wurden. Das Menschenopfer ist eben kein Produkt kultureller, sozialer oder politischer Entwicklungen, sondern es ist die Antwort auf sozialpsychologische Bedürfnisse, die bei *allen* Menschen auftreten, weil die menschliche Seele offenbar bei allen Menschen dieser Erde gleich konstruiert, wenn auch verschieden weit entwickelt ist.

Die innere Verwandtschaft des Menschenopfers mit der Blutrache ist natürlich schon längst offenkundig geworden: Hier wie dort existieren quälende, angsteinflößende Schuldgefühle; hier wie dort besteht das dringende Bedürfnis nach einem Sündenbock, dem man die eigene Schuld aufladen kann. Der Unterschied zwischen beiden Phänomenen liegt jedoch im Charakter der Schuldgefühle: Einmal, bei der Blutrache, handelt es sich um sehr subjektive Bedrückungen, die von der Allgemeinheit kaum geteilt werden, sie also unbeteiligt lassen. Beim Menschenopfer dagegen geht es um kollektives Schuldbewußtsein, das von konkreter Angst stimuliert wird. Für diese unerträgliche Situation bietet das Menschenopfer zumindest eine vorübergehende Lösung an und wird daher zum »öffentlichen Anliegen«.

Die bekannte Tötungshemmung sowie die fortschreitende Emanzipation des öffentlichen Bewußtseins haben das offenkundige Menschenopfer nach und nach verdrängt und schließlich als unmenschlich gebrandmarkt. Die seelischen Bedürfnisse jedoch, die nach Schuldabladung und daher nach einem geeigneten Sündenbock verlangten, waren von dieser Entwicklung unberührt geblieben. Es gab sie nach wie vor in unverminderter Stärke. Sie mußten nicht lange nach einem neuen Sündenbock suchen, die Entwicklung war bereits angebahnt. Sie verlief vom einst makellosen, unschuldigen Opfer zu

immer »minderwertigeren« Individuen und landete sehr schnell beim Rechtsbrecher, bei dem es sich anbot, die Strafe mit der Sündenbockfunktion zu verbinden.
An dieser Stelle also mündet das Menschenopfer in die Todesstrafe. Die Sündenbockfunktion muß nun der Rechtsbrecher übernehmen. Aus dem einst unverhohlenen, offenen Menschenopfer ist ein verborgenes geworden, das unter dem Deckmantel der Strafe auftritt, aber seine alte Funktion, die Befreiung der Gemeinschaft vom Schuldbewußtsein – und damit von der Angst vor drohendem Unheil – beibehalten hat.
Wir werden noch sehen, wie sehr sich die Gemeinschaft zieren und winden wird, um einerseits die Sündenbockfunktion des zum Tode Verurteilten nicht zugeben zu müssen, andererseits die Todesstrafe aber als notwendig und unverzichtbar zu verteidigen.

Viertes Kapitel
Die ältesten todeswürdigen Verbrechen

Die ersten wirklichen Gesetze, die sich aus den Tabubestimmungen entwickelt hatten, kamen von den Göttern – jedenfalls nach der Überzeugung der Menschen jener Zeit. Die Gesetze waren Ausdruck einer Weltordnung, in der ohnehin alles von den Göttern geschaffen war; also auch die Gesetze, die das menschliche Zusammenleben regelten. Etwas anderes war dem Menschen der Frühzeit nicht vorstellbar. Die Gesetze schienen ihm direkter Ausdruck des Willens der Götter (oder des einen Gottes); sie waren daher von der Aura höchster Heiligkeit umstrahlt.
Das überrascht nicht: gaben sich doch bereits die Tabubestimmungen als Ausdruck des Willens der Geister und waren somit von großer »Heiligkeit«. Gegen sie zu verstoßen bedeutete bereits, sich gegen die Weltordnung zu stellen. Eine solche Sünde mußte schweres Unheil heraufbeschwören.
Diese Grundtendenz verstärkte sich noch, nachdem aus dem Heer der namenlosen Geister und Dämonen einige Hauptgottheiten herausgewachsen waren. Mit der Macht und der Bedeutung der Götter wuchs auch die Heiligkeit ihres Willens. Dieser Wille aber drückte sich in Vorschriften und Geboten, also in Gesetzen, aus. Alles Recht war daher ursprünglich heiliges Recht; es war identisch mit der jeweiligen Religion, und seine Hüter waren die Priester. In priester-

lichen Händen lag die Aufgabe, für die Wahrung der Weltordnung zu sorgen; wer wäre anders dazu befähigt gewesen? Also oblag es auch den Priestern, den göttlichen Gesetzen Gehorsam zu verschaffen, auf ihre Einhaltung zu achten, ihre Verletzung zu sühnen.
Überall in den frühen Gemeinschaften war das älteste Recht ein sakrales Recht und so unmittelbarer Ausdruck religiöser Vorstellungen.
Das wird am deutlichsten im Alten Testament belegt, wo sich die gesamte Gesetzgebung der alten Israeliten als Gottes Wille darstellt. Die berühmten Zehn Gebote, die später zu einem Grundpfeiler abendländischer Gesittung werden sollten, erhält Moses auf dem Berg Sinai unmittelbar von Gott selbst (2. Mose 20). Aber auch die Alltagsvorschriften, gewissermaßen die »Zivilgesetze«, legitimieren sich als Gottes Wille.
Diese Tatsache gilt ebenso für die Frühzeit der anderen alten Kulturvölker, von denen wir Nachricht haben. Das älteste Recht der Römer, noch vor den Zwölftafelgesetzen, also in der Königszeit vor dem sechsten Jahrhundert herrschend, war sakrales »heiliges Recht«; ebenso das der Griechen zum gleichen Zeitraum. Auch für das älteste ägyptische, assyrische, indische und chinesische Recht gilt das gleiche[1]. Die ältesten Gesetze der Germanen galten als heilig und gottgegeben und es muß sich auch bei allen anderen Völkern, von denen keine konkrete Nachricht zu diesem Problemkreis überliefert ist, ebenso verhalten haben. Denn der frühe Bewußtseinszustand ließ ja ein anderes, ein »weltliches« Gesetz gar nicht zu. Ihm war das Recht ganz selbstverständlich eine Verwirklichungsform religiöser Vorstellungen, die wiederum für allein wahr und über jeden Zweifel erhaben galten. Wer also gegen die göttlichen Gesetze verstieß, machte sich nicht nur an den Menschen schuldig, sondern lästerte zugleich die Götter.
In die Frühzeit des »heiligen Rechts« fällt, man möchte sagen notwendigerweise, die allgemeine Einsetzung der Todesstrafe. Die Wertung der Gesetze als Akte göttlichen Willens ließ einfach keine Lässigkeit gegenüber Rechtsbrechern zu. War der Zorn der Götter einmal erregt, so drohte er dem ganzen Volk. Scheinbar blindlings und ohne nach individueller Schuld zu fragen, schlugen die Götter dann zu. Aus dem Alten Testament wissen wir, daß Jahwe rachsüchtig und höchst ungerecht sein konnte.
»Er straft die Sünden der Väter an den Kindern bis ins dritte und vierte Glied«, heißt es im 2. Buch Mose 20, 5.

Für einen allwissenden, allmächtigen Gott eine merkwürdige Auffassung von Gerechtigkeit. Ähnliches ließe sich auch von den Göttern der Griechen und Römer sagen. Aber hierin beweist sich eben nichts anderes, als daß der jeweilige Bewußtseinsstand der Menschen in ihren Göttern widergespiegelt wird.
Dem Missetäter also, der sich gegen die Gesetze und damit gegen göttlichen Willen vergangen hatte, mußte eine »heilige« Strafe auferlegt werden. Durch seine Tat war das Volk verunreinigt worden; das *Miasma* der Schuld hatte es befleckt. Und das konnte nur durch den Tod des Missetäters vom Volk genommen werden. Da seine Tat eine Beleidigung des Gottes gewesen war, erschien es nur logisch, den Missetäter dem Gott als Sühneopfer darzubringen. Er, der Schuldige, sollte durch seinen Tod den Gott besänftigen. Er sollte die Gemeinschaft damit vor künftigem Unheil bewahren und den Frieden zwischen dem Gott und seinem Volk wiederherstellen.
Die frühen Formen der Todesstrafe waren demnach Sakralstrafen, »heilige Strafen«, die in den Ritualen des gottesdienstlichen Sühneopfers vollzogen wurden. Sie waren mit dem Menschenopfer eng verwandt. Der Unterschied zwischen beiden bestand darin, daß beim Menschenopfer den Göttern ein Unschuldiger als Sühneopfer für die Verfehlung der Allgemeinheit dargebracht wurde. Selbst wenn es sich dabei um einen Rechtsbrecher handeln sollte, so war sein Tod doch nicht als Sühne für seine Tat gedacht. Bei der Todesstrafe dagegen stellte eben diese Sühne für einen Bruch der Gesetze das eigentliche Motiv dar. Allerdings überlagern sich mit fortschreitender Entwicklung diese beiden Komplexe immer mehr, und nach Abschaffung der Menschenopfer wird dem Rechtsbrecher auch die Sühne für die Verfehlungen der Gemeinschaft aufgeladen. Er muß also die Rolle des Sündenbocks mit übernehmen, und diese Aufgabe wird im Gesamtproblem Todesstrafe wichtiger als die Sühne für die eigenen Verbrechen.

Welche Handlungen galten nun in der Frühzeit der Todesstrafe, also in der Epoche des »heiligen Rechts«, als todeswürdige Missetaten? Wieder treffen wir dabei auf eine Übereinstimmung bei allen Völkern.
Fünf Kategorien von Unrechtshandlungen sind es, die in jenen frühen Zeiten als in jedem Fall todeswürdig galten: Das sind einmal Vergehen gegen die Tabuverbote, dann der Inzest, Zauberei und Hexerei, Beleidigung der Gottheit und Verrat.

Der Mord, als das Verbrechen, das uns heute als verwerflichste Untat gilt, ist nicht unter den todeswürdigen Taten der Frühzeit. Seine Sühne unterlag dazumal noch der Blutrache.
Im übrigen galt der Mord als Privatsache, von der sich die Gemeinschaft nicht betroffen fühlte. Das galt noch für die Griechen des fünften vorchristlichen Jahrhunderts[2].
Die aufgezählten Verbrechen zeichnen sich demgegenüber dadurch aus, daß sie alle eine gemeinschaftsbedrohende Wirkung besitzen.
Da in der Frühzeit des »heiligen Rechts« die alten Tabubestimmungen noch sehr lebendig waren und ohnehin der Übergang vom Tabu zum Gesetz sehr fließend ist, kann uns die Todeswürdigkeit einer Übertretung der Tabugebote nicht verwundern. Bei den Maoris auf Neuseeland, so erfahren wir, wurden noch in jüngster Zeit alle Tabuverletzer mit dem Tode bestraft[3].
Auch die Todeswürdigkeit des Inzests kann nicht überraschen. Dieses mächtige und universale Tabu halten manche Forscher für das älteste aller und für die Wurzel der meisten anderen Tabus[4]. »Nichts ist bei den Naturvölkern so stark wie die Überzeugung von der Unerlaubtheit des Inzests«, schreibt Josef Kohler, Erforscher des Rechts der orientalischen Völker[5].
Tatsächlich gibt es Beispiele, daß der Inzest bei zahlreichen Naturvölkern auch in jüngster Zeit noch immer mit dem Tode bestraft wird – so auf den Watubela-Inseln, auf den Alëuten, auf den Mortlock-Inseln, bei den Indianern Floridas. Auf den Tanenbar-Inseln wird die Todesstrafe nach Inzest sogar durch die Männer der eigenen Familie vollzogen[6]. Dies deutet klar auf den »Neid« der strafenden Männer hin, die den eigentlich Beneideten um den Lohn einer Tat bringen wollen, zu der jeder von ihnen ebenfalls ein starkes Begehren hat.
Der Begriff Inzest wurde in der Frühzeit sehr viel weiter gezogen und verbot keinesfalls nur wie heute den Sexualverkehr unter allerengsten Blutsverwandten. Vielmehr wurde unter Inzest oft bereits die Heirat oder der Sexualverkehr von Angehörigen derselben exogamen Gruppe oder des gleichen Totems verstanden und daher bestraft, so etwa auf den Banks-Inseln und bei den nordamerikanischen Ojibway-Indianern[7].
Auch im Alten Testament wird für Inzest die Todesstrafe angedroht (3. Mose 20). Der Kreis der betroffenen Personen ist weit gezogen; so gilt Sexualverkehr mit der Schwiegertochter oder mit der Frau des Onkels, also mit blutsfremden Personen, als todeswürdig.

Mit dem Inzestverbot in engem inneren Zusammenhang stehen wohl die Verbote einiger anderer Sexualtatbestände, die ebenfalls als todeswürdig galten[8]; so in den meisten Kulturkreisen der Ehebruch, der auch in Mitteleuropa noch bis zu Beginn der Neuzeit mit dem Tode bestraft wurde. Von den Karaiben, einem Indianervolk in Mittelamerika, erfahren wir, daß sie noch Anfang unseres Jahrhunderts den Ehebruch mit dem Tode bestraften, ebenso die Einwohner Neukaledoniens. Bei ihnen werden die Schuldigen öffentlich erdrosselt, und zwar jeweils durch einen Freund des Mannes und einen der Frau[9].

Die Mirditen, ein albanischer Stamm, strafen bei der Verführung eines Mädchens sowohl den Verführer als auch sein Opfer mit dem Tode, wobei das Mädchen von den Männern der eigenen Familie umgebracht werden soll, weil es sonst der öffentlichen Steinigung verfiele[10].

Durch die strengen Strafen für Sexualdelikte soll natürlich das verdrängte starke Begehren, gerade das Verbotene zu tun, kompensiert werden. Der Eifer, Sexualtäter zu verfolgen und hart zu bestrafen, wird also vom Sexualneid genährt, aber auch von dem auf den Täter übertragenen eigenen Schuldgefühl, das aus den verdrängten »bösen« Wünschen herrührt. Da Sexualverbote die am härtesten zu ertragende Entsagung forderten, wurden sie entsprechend dieser psychischen Mechanik auch stets am strengsten verfolgt.

Seit den ältesten Zeiten und bei allen menschlichen Gemeinschaften gelten auch angebliche Zauberei und Hexerei als schwerste Verbrechen; und überall wurden sie mit dem Tode bestraft. Der Hexenwahn ist also keineswegs eine Ausgeburt des späten Mittelalters; er fand damals nur seine krasseste Form, war aber in seinen Grundzügen schon angelegt, seit die Menschen zu denken begannen. »Die Zauberinnen sollst du nicht leben lassen!« heißt es bereits im Alten Testament (2. Mose 22, 17).

In den frühen Gemeinschaften wurde jeder natürliche Todesfall als durch Zauberei herbeigeführt angesehen. Auch Krankheiten und sonstige Unglücksfälle, die sich nicht aus einem Vergehen gegen die Tabus erklären ließen, mußten das Werk eines Zauberers oder einer Hexe sein. Und da an Unglücksfällen im Leben des frühen Menschen nie Mangel war, hatte er stets Bedarf an Zauberern, durch deren bösen Schadenszauber er sein Unglück erklären konnte.

Wie die Menschheit je auf die Vorstellung von Zauberern und Hexen kommen konnte, ist nicht schwer zu erklären. Zauberei und Magie gehören ganz allgemein zur animistischen Weltauffassung; sie sind deren Instrumentarium, um Einfluß auf den Gang der Welt zu nehmen. Der Mensch der animistischen Epoche hat, wie Freud schreibt[11], ein großes Zutrauen zur Macht seiner Wünsche. Er ist von der Allmacht seiner Gedanken überzeugt. Einen letzten Überrest dieser Anschauungen finden wir noch im Märchen. »In den alten Zeiten, als das Wünschen noch half«, heißt es dort. Somit sind zauberische und magische Handlungen in den animistischen Gemeinschaften ganz alltägliche Erscheinungen; ja, ohne derartige Manipulationen wäre das Leben des Frühmenschen gar nicht vorstellbar. Er versucht mit magischen Mitteln, das Wetter zu beeinflussen, die Fruchtbarkeit der Felder zu erhöhen, die Geister zu beschwören, die Sonne zum Wiederaufgehen zu veranlassen. Er glaubt, mit diesen magischen Mitteln *alles* zu können. Er kämpft mit der Sonne gegen die Dämonen der Finsternis, indem er ein Abbild der Dämonen bildet, dieses dann bespuckt, mit Messern sticht und schließlich verbrennt[12], wie die ägyptischen Priester des Sonnengottes Ra. Ihr alltäglicher Kampf gegen die Dämonen verhalf ihrer Überzeugung nach dem Sonnengott zum Sieg.

Ebenso wie den Dämonen kann man aber auch einem menschlichen Feind schaden, indem man sich ein Abbild von ihm macht oder ein beliebiges Objekt zu seinem Abbild ernennt. Alles, was man dann diesem Abbild antut, stößt auch der gehaßten Person zu. An welchem Körperteil man das Abbild verletzt, dort erkrankt die Person; ja, selbst ihren Tod kann man mit dieser Prozedur bewirken.

Diese magische Technik ist uralt und gehört zu den Grundmustern allen magischen Denkens. Der bedeutende englische Völkerkundler Frazer vermutete, daß das biblische und islamische Verbot »Du sollst dir kein Bild machen . . .« (2. Mose 20, 4) nur erlassen wurde, um dieser Magie den Boden zu entziehen[13].

Wo magische Techniken so sehr den Alltag bestimmten wie in den Gemeinschaften der animistischen Zeit, da war natürlich auch die Grenze zum Schadenszauber völlig verwischt. Durch Magie kann Gutes wie Böses bewirkt werden: naheliegender Gedanke also, daß sehr vieles vom Unglück, das einen trifft, durch solche »böse« oder schwarze Magie verursacht ist. Naheliegend auch, daß jemand, der über zauberische Macht zu verfügen scheint, in den Verdacht gerät, diese Macht zu mißbrauchen.

Zauberer und Hexen sind die selbstverständlichen Begleiterscheinungen eines magischen Weltbildes. Da dieses an den universalen, allgemeinen Animismus gebunden war, treffen wir den Glauben an Hexen und Zauberer weltweit an: bei den alten Griechen ebenso wie bei den Etruskern; bei Römern, Germanen, Kelten, Israeliten, bei den alten Indern und bei heutigen Naturvölkern. Überall aber finden wir auch, daß sich die Gemeinschaft vom Schadenszauber höchst gefährdet fühlt und daher den ertappten Zauberer oder die Hexe unbarmherzig dem Tod überantwortet.
Die Furcht der Gemeinschaft vor den Zauberern hat dabei etwas Panisches und Hysterisches; sie sprengt bei der Verfolgung alle Rahmen und ist offenbar geneigt, eher zehn Unschuldige zu opfern, als einen einzigen »Schuldigen« entkommen zu lassen.
So hören wir, daß etwa auf dem Barbar-Archipel nicht nur der (angebliche) Zauberer, sondern auch alle seine erwachsenen Verwandten ohne jede Form eines Prozesses mit Knüppeln erschlagen wurden[14].
Von den grönländischen Eskimos wird berichtet, daß ein Mann ungestraft seine eigene Mutter als Hexe umbringen durfte[15], und von den Tlingitindianern an der Küste Alaskas erfahren wir, daß die eigene Familie den als Zauberer Verdächtigten tötet, um nicht weiter in Gemeinschaft mit einem so verhaßten Wesen zu leben, und um auch nicht selbst der Verfolgung zu verfallen[16].
Um diese panische Furcht der Gemeinschaft vor dem Zauberer zu erklären, muß man noch einmal zu dem von Freud geprägten Begriff »Allmacht der Gedanken« zurückkehren. Der Mensch des animistischen Zeitalters ist von dieser Allmacht der Gedanken fest überzeugt. Er glaubt an die Macht der Wünsche, ganz besonders an die Kraft böser Wünsche, denen er sich völlig hilflos ausgesetzt sieht. Zauberische Angriffe zeichnen sich aus durch Heimtücke; sie bleiben zunächst unbemerkt und werden erst offenbar, wenn sie ihr Werk bereits getan haben. Es gilt also, derartigen Angriffen zuvorzukommen, und das wiederum gelingt nur auf einem einzigen Weg: dem der Ausrottung aller als Zauberer oder Hexen verdächtigter Personen. Dieser Gedankengang bildete die Grundlage für alle Zauberer- und Hexenverfolgungen in der menschlichen Geschichte, bis hin zum großen Hexenwahn.
Daß alle Formen des Sakrilegs, Entweihungen von Heiligtümern, Beleidigungen oder Schmähungen einer Gottheit als todeswürdige Verbrechen angesehen wurden, erscheint als ganz selbstverständlich,

wenn man sich vor Augen hält, wie sehr die Menschen der Frühzeit den Zorn ihrer Götter fürchteten. Jene Menschen glaubten sich so vollkommen in der Hand der Götter, daß sie sich nichts Schlimmeres vorstellen konnten, als deren Wohlwollen zu verlieren. Daher sind alle Äußerungen der Religion für die frühen Gemeinschaften von höchster Bedeutung; staatliches und religiöses Leben sind aufs engste miteinander verknüpft. Das stärkste Band, das die Gemeinschaft zusammenhält, ist der Glaube an die gleichen Götter. Demgegenüber treten alle weltlichen Momente weit zurück. In den mosaischen Zehn Geboten befassen sich die ersten drei Bestimmungen nur mit Gott und seiner Heiligung; danach erst rangieren die sozial wirksamen Moralgebote.

Ein Missetäter also, der sich gegen die Heiligkeit der Götter vergangen hatte, war unweigerlich dem Tode verfallen. Eine andere Sühne für dieses schwere Verbrechen schien undenkbar. Der Missetäter hatte durch seine Tat den Fluch der beleidigten Gottheit auf sich, aber auch auf die ganze Gemeinschaft gelenkt und diese aufs schwerste gefährdet. Der Tod nur konnte die Sühne sein.

»Nimm alle Obersten des Volkes und hänge sie dem Herrn an die Sonne«, heißt es im 4. Buch Mose, 25, 4, nachdem die Israeliten sich dem Baal zugewandt hatten, »auf daß der grimme Zorn des Herrn von Israel abgewandt werde.«

Dieses Beispiel leitet über zum letzten großen Verbrechen, das überall in den frühen Gemeinschaften als todeswürdig angesehen wurde, zum Verrat. Wir müssen uns jedoch hüten, diese Straftat allzu rational einzuschätzen und nach heutigen Kriterien zu beurteilen. Das Strafwürdige des Verrats wurde in der Frühzeit weniger in dem materiellen Schaden gesehen, der eventuell der Gemeinschaft durch den Verräter entstand. Strafwürdig in erster Hinsicht war vielmehr, daß der Verräter, indem er zu den Feinden überlief, sich zugleich auch zu deren Göttern bekannte und von der eigenen Gottheit abfiel. In der Frühzeit waren Feindschaften und Kriege zwischen den Völkern immer zugleich auch Kriege zwischen den Göttern, die ihren Völkern gegen die fremden Gottheiten beistanden. Der Kampf auf Erden fand sein Gegenstück im Himmel, wie beim Trojanischen Krieg deutlich wird: Am Kampf zwischen Griechen und Trojanern beteiligten sich auf beiden Seiten verschiedene Gottheiten, die dabei ihre eigenen Zwistigkeiten austrugen. Der Verrat war also seinem Wesen nach Verrat an der Gottheit – der Gotteslästerung sinnverwandt.

Bei genauerer Untersuchung dürfte sich zeigen, daß auch heute noch der Abscheu, der den Verräter trifft, von einer ähnlichen Empfindung genährt wird: Auch wir hassen in erster Linie, daß sich der Verräter von unseren tiefsten und »heiligsten« Überzeugungen losgesagt hat und sich zu einer anderen, uns widerwärtigen Weltanschauung bekennt. Diese Enttäuschung wiegt sicher viel schwerer als der Zorn über möglichen materiellen Schaden.
Einige andere Tatbestände, die bei den Naturvölkern als todeswürdig gelten, liegen zwischen den Kategorien Sakrileg und Verrat und deuten auf deren innere Verwandtschaft hin. So sind bei den südaustralischen Stämmen die Initiationsriten der Knaben streng geheim. Werden Frauen und Kinder dabei ertappt, daß sie ihnen heimlich zuschauen, verfallen sie dem Tode[17].
Von den Queensland-Stämmen wird berichtet, daß sie Stammesgenossen töteten, die einmal im Dienst der Weißen gestanden haben[18]. Sicher wurde dies von ihnen als Verrat gesehen, aber als Verrat an den eigenen Göttern. Von kalifornischen Indianern ist überliefert, daß sie fürchten, sterben zu müssen, wenn sie Fremden etwas von ihren Sitten und Glaubensvorstellungen berichten[19].

Wenn wir den Katalog der in der Frühzeit als todeswürdig geltenden Missetaten nochmals überblicken – also: Tabuverletzung, insbesondere Verletzung des Inzestverbots, dann Zauberei, Sakrileg und Verrat –, so müssen wir feststellen, daß es sich durchweg um sakrale Tatbestände handelte, jedenfalls ihrem inneren Wesen nach. Ein materieller Schaden entstand durch keine dieser Taten, ausgenommen vielleicht beim Verrat; aber auch dort lag der Hauptvorwurf nicht auf diesem materiellen Schaden. Die Schädlichkeit all dieser Verbrechen lag vielmehr darin, daß sie den Zorn der Gottheiten erregten und für die Gemeinschaft schweres Unheil befürchten ließen.
Wir wissen jetzt, was, psychologisch gesehen, hinter dieser Unheilserwartung steckt: Es ist eigenes, aus dem Unbewußten aufsteigendes Schuldgefühl, das wiederum Angst erzeugt. Demnach waren alle frühen Todesstrafen nichts anderes als Möglichkeiten zum Abreagieren kollektiver Schuld- und Angstgefühle. In ihrer sozialpsychologischen Funktion unterschieden sich also die frühen Todesstrafen in nichts von den zu jener Zeit langsam abgeschafften Menschenopfern.
Zur Schuldfindung in jenen Frühzeiten der Todesstrafe:

Das Ziel des frühen, »heiligen« Rechts war es nicht, Gerechtigkeit zu üben, sondern die gestörte göttliche Weltordnung wiederherzustellen. Diese Ordnung war durch die jeweilige Missetat beeinträchtigt worden. Der Missetäter mußte also dafür Sühne leisten. Dabei kam es nicht darauf an, ob er die Missetat absichtlich oder etwa unwissentlich und ahnungslos begangen hatte. Der Kausalzusammenhang zwischen Tat und Täter allein und nicht die persönliche Schuld zählte.

Ein klassisches Beispiel für die frühe Rechtsauffassung liefert uns die Ödipussage:

Dem Vater des Ödipus wird geweissagt, daß er durch Sohneshand sterben soll. Er läßt daher den Ödipus nach dessen Geburt mit durchstochenen Füßen aussetzen. Doch Ödipus wird gerettet und vom König von Korinth aufgezogen. Da auch dem Ödipus geweissagt wird, er werde seinen Vater töten und seine Mutter heiraten, verläßt er seine neue Heimat Korinth. Unterwegs trifft er auf seinen ihm unbekannten Vater Laios und erschlägt ihn im Streit. Dann befreit er Theben von der Sphinx und erhält dafür seine ihm unbekannte Mutter Jokaste zur Frau. Mit ihr hat er vier Kinder. Die Götter jedoch sehen Ödipus als Fluchträger an und strafen das ganze Land (!) mit einer Pest. Das Geheimnis des Ödipus wird daraufhin von einem Seher enthüllt. Jokaste erhängt sich, Ödipus sticht sich die Augen aus und irrt im Land umher, bis er im Hain der Eumeniden bei Athen geheimnisvoll entrückt wird.

Soweit der Inhalt der Sage. Wir sehen, daß Ödipus nach heutiger Rechtsauffassung keine Spur von Schuld trägt. Im Gegenteil, er hat alles in seinen Kräften Stehende getan, um der Schuld auszuweichen. Aber die Schicksalsmächte haben ihn zu ihrem Spielball erkoren; sie lassen ihn schuldig und zum Fluchträger für sein Land, seine Gemeinschaft werden, ohne ihm Gelegenheit zur Rechtfertigung zu geben. Seine Tat allein entscheidet, sein guter, schuldloser Wille zählt nicht.

Auch Jahwe, der Gott des Alten Testaments, war ein unbarmherziger Gott und fragte nicht nach persönlicher Schuld oder Unschuld. »Wenn eine Seele sündigen würde aus Versehen an irgendeinem Gebot des Herrn ... etwa der Priester, daß er seine Schuld auf das Volk brächte ... der soll für seine Sünde einen jungen Stier dem Herrn zum Sündopfer bringen[20].«

Eine solche Auffassung von Schuld erscheint uns heute absurd; sie entsprang aber der Tatsache, daß der Mensch als eigenverantwortliches Individuum noch nicht entdeckt war. Vielmehr erschien er als unlösbar in seine Gemeinschaft eingebundenes Gruppenwesen. Erst sehr viel später, im Hochmittelalter, wurde im Abendland, und zwar im provençalischen Kulturkreis, die persönliche Verantwortung entdeckt[21].

Zum erstenmal tauchte damals das Problem subjektiver Schuld auf, damit also auch die Frage nach dem »bösen«, kriminellen Willen des Missetäters. Wir werden dieser Problemstellung bei der Untersuchung des Kampfes gegen die Todesstrafe wiederbegegnen.

Halten wir fest: Die frühesten Todesstrafen sollten Verstöße gegen »heiliges« Recht sühnen. Sie sollten den Zorn der Götter besänftigen und die gestörte göttliche Weltordnung ins Gleichgewicht zurückbringen; das heißt, sie sollten der Gemeinschaft als Ventile für drückende Schuld- und Angstgefühle dienen. Mit der Suche nach Gerechtigkeit hatten sie nichts zu tun. Nach möglicher Schuld oder Unschuld des Angeklagten wurde nicht gefragt. Wie Ödipus wurde er als Fluchträger angesehen und mußte um des Wohls der Gemeinschaft willen sterben: als Sündenbock.

Die archaischen Strafen

Erstes Kapitel

Friedlosigkeit, Steinigung, Felssturz

Das größte Hemmnis, das der allgemeinen Ausbreitung der Todesstrafe im Wege stand, war die beim Menschen der Frühzeit noch sehr ausgeprägte Scheu zu töten – jene Kraft, die hinter dem Tabu der Krieger steckt. Diese Tötungshemmung steht mit den anderen psychischen Regungen, die zur Aggression und zum Töten treiben, in stetigem Widerstreit. Je nachdem die jeweiligen gesellschaftlichen Zustände die eine oder andere Seite begünstigen, schwankt die Zahl der Todesurteile auf und ab.

Ein besonderes Tabu lag seit alters her auf dem Blut, das als eigentlicher Sitz des Lebens galt und vor dem der Mensch der Frühzeit eine heilige Scheu empfand.

»Und welcher Mensch Blut isset, wider den will ich mein Antlitz setzen und ihn ausrotten aus seinem Volk«, heißt es im Alten Testament (3. Mose 17, 10), »denn des Leibes Leben ist im Blut.«

Alle alten Formen der Hinrichtung vermeiden es denn auch sorgsam, Blut zu vergießen, mit Ausnahme der Enthauptung. Die übrigen alten Hinrichtungsarten aber sind unblutig; und die ältesten von ihnen vermeiden sogar jede Berührung des verurteilten Missetäters. Die Scheu, ihm den Tod direkt zuzufügen, ist unübersehbar. Lieber wollte man den Elementen, also den Dämonen, das Vernichtungswerk überlassen, doch Blutschuld auf sich zu laden, ist man kaum bereit.

Auch eine andere Tatsache unterstreicht noch diese starke Scheu zu töten: In der Frühzeit werden die Hinrichtungen »zu gesamter Hand«, wie es in der juristischen Fachsprache heißt, bevorzugt; das bedeutet: die gesamte Gemeinschaft muß sich an der Tötung des Schuldigen beteiligen. Die Steinigung ist das klassische Beispiel einer Tötung zu gesamter Hand. Sie wäre ohne Beteiligung der Gemeinschaft gar nicht durchführbar. Aber auch bei anderen Hinrichtungsarten wurde versucht, möglichst viele Mitglieder der Gemeinschaft zu beteiligen; etwa, indem man beim Hängen alle Anwesenden den Strick berühren ließ. Unverkennbar ist immer das Bemühen, die Blutschuld möglichst auf die gesamte Gemeinschaft zu verteilen. Psychologisch gesehen, handelte es sich natürlich darum, das schlechte Gewissen und das Schuldbewußtsein auf möglichst viele Mitschuldige zu verteilen.

Am Anfang der Entwicklung steht eine Strafe, die nur mittelbar Todesstrafe war: die Friedlosigkeit. Sie bedeutete, daß der Missetäter aus der Gemeinschaft vertrieben und für vogelfrei erklärt wurde. Auf den ersten Blick erscheint diese Strafe nicht so hart; man muß sich aber vor Augen halten, daß der Mensch jener Zeit außerhalb seiner Gemeinschaft kaum überlebensfähig war. Man trieb ihn in die Wildnis, mochte dies nun Urwald oder Wüste sein, und beraubte ihn aller Mittel, die ihn zum Überleben befähigten. Als Jäger konnte er sein Leben nicht fristen, denn mit den damaligen Jagdwaffen konnte das schnelle und starke Wild nur im Verband der Jäger erlegt werden. Noch weniger aber war es einem Einzelgänger möglich, das Land zu bebauen und ihm den Lebensunterhalt abzuringen – einmal der schweren Arbeit wegen, die nur gemeinschaftlich zu bewältigen war, zweitens aber wegen der langen Wartezeit, die bis zur Ernte überstanden werden mußte. Hinzu kamen die Unzuträglichkeiten der Witterung und die Gefahren durch wilde Tiere. Die Tage eines Einzelgängers waren gezählt; gegen die Gefahren der Umwelt hatte er keine großen Chancen.
Tödlicher wurde ihm jedoch der Fluch, der ihm auferlegt war, indem man ihn für vogelfrei erklärte.
Damit wurden alle Bande der Verwandtschaft, der Freundschaft oder Stammesmitgliedschaft durchtrennt. Vor allem verlor der Vogelfreie den Schutz der Blutrache. Seine Familie hatte sich von ihm losgesagt, um nicht von der Unreinheit seiner Schuld mitbefleckt zu werden, und auch, um nicht gefährdet zu sein. Jedermann durfte den Friedlosen erschlagen; ja, bei manchen Völkern, so bei den Germanen, bestand sogar die Pflicht, ihn zu töten, wo immer man ihn antraf.[1]
Damit war die Friedlosigkeit eine Art ungeregelter Todesstrafe. Die Gemeinschaft schob die selbst auferlegte, aber verabscheute Pflicht zum Töten des Schuldigen auf irgendeinen Zufallshenker, dem dann kaum eine Möglichkeit des Ausweichens vor dieser Pflicht blieb. Dabei wurde – natürlich unbewußt – ein Trick angewandt, um die

stets wache Tötungshemmung zu täuschen und zu unterwandern. Diese Tötungshemmung wirkt nämlich nur innerhalb der gleichen Art; gegenüber artfremden Lebewesen versagt sie oder ist zumindest sehr abgeschwächt[2].

Der Trick besteht darin, das vorgesehene Aggressionsopfer als außerhalb der menschlichen Art stehend, als Nicht-Mensch oder Untermensch darzustellen. Alle großen Mordaktionen in der Geschichte bis in die jüngste Vergangenheit verliefen nach dieser Methode. Das vorgesehene Opfer wurde als Heide, als Ketzer, als Hexe, als jüdischer oder slawischer Untermensch, als kapitalistischer Schmarotzer oder schlechthin als »Ungeziefer« diffamiert und ihm menschliche Qualität abgesprochen. Mit diesem Manöver läßt sich die Aggressionshemmung einlullen; sie gibt ihren Widerstand gegen den Aggressionstrieb weitgehend auf, und dieser kann sich ungehemmt austoben.

Bei der Friedloslegung, also der Vertreibung des Missetäters aus der Gemeinschaft, begegnen wir dieser Technik zum erstenmal. Mit seiner Vertreibung nämlich wurde der Schuldige automatisch zum fluchbeladenen Monstrum, und zwar meist im wörtlichen Sinn. Im alten England zum Beispiel hieß es vom Outlaw, dem Friedlosen, daß er einen Wolfskopf trage und sich unstet wie ein Raubtier in den Wäldern herumtreibe. In einem alten englischen Rechtsbuch wurde der Outlaw als »Wolfskopf« bezeichnet. Man solle ihn als einen Wolf ansehen, wurde gefordert, »damit jedermann ihn töten könne wie einen Wolf[3].«

Auch im alten Griechenland war der Wolf das Symbol des flüchtigen Mörders und wurde mit ihm identifiziert[4].

Die Ausstoßung des Übeltäters gleicht in ihrem Ablauf der Vertreibung des Sündenbocks und war ihrem inneren Sinn nach natürlich auch nichts anderes. Wir wissen, daß die Schuld als eine körperliche Befleckung gedacht wurde, die ansteckend wirkte. Wir wissen auch, daß hinter der Furcht vor Ansteckung nichts anderes stand als die Furcht vor der Versuchung zur Nachahmung der Missetat.

Der gefährlichen Ansteckung durch die Schuld glaubte man am besten zu entgehen, wenn der Schuldige auf das jenseitige Ufer eines fließenden Wassers oder hinter den Wall hoher Berge verbannt worden war. Vor allem fließendes Wasser besaß seit alters her die magische Kraft, Unheil aufzuhalten. Die Geister der Toten konnten fließendes Wasser nicht überqueren. Aber auch Landes- und Gebietsgrenzen hatten unheilabwehrende, magische Kraft.

Damit die Dämonen, die durch die fluchwürdige Tat des Schuldigen angezogen wurden, nicht trotzdem in das Gebiet der Gemeinschaft eindrangen, vertrieb man den Schuldigen und verbannte ihn in fremdes, möglichst ödes und wildes Land. Dies ist die vordergründige Erklärung der Austreibung, die also wieder mit der bekannten Unheilserwartung motiviert wird.

Die Vertreibung des Übeltäters war mit einer Reihe von Maßnahmen verbunden, die von großem psychologischen Interesse sind.

Zunächst einmal folgte in alten Zeiten auf die Vertreibung fast stets die sogenannte Wüstung. Sie bestand, wie es in den alten Quellen heißt, aus der »Verfolgung mit Brand und Bruch«, das hieß, daß das Haus des Verurteilten dem Erdboden gleichgemacht wurde, entweder durch Feuer oder, falls dies ohne Gefahr für die Nachbarn nicht möglich war, durch Abbruch. Kein Stein sollte auf dem anderen bleiben. Nach altfranzösischem und normannischem Recht mußten sogar die Bäume gerodet und der Garten, bisweilen sogar der Acker verwüstet werden[5].

An diesen Wüstungsaktionen hatten alle Einwohner teilzunehmen. Wer sich davor drückte, wurde bestraft. Wir erkennen hieran wieder das Bemühen, die Schuld zu verteilen.

Später wurde die Wüstung oft zu einem symbolischen Akt reduziert. So erfahren wir aus Holland, daß der Richter, während er die Formel der Friedloslegung spricht, vor dem Anwesen des Verfemten dreimal über dem Kopf eine brennende Fackel schwingt[6]. Aber noch in den mittelalterlichen Städten wurde bei besonders schweren Vergehen das Haus des Übeltäters Stein für Stein abgetragen und »aus der Welt geschafft«.

Diesen Bemühungen, das Andenken des Verurteilten zu tilgen, begegnen wir sehr oft in der Geschichte der Todesstrafe. Viele Hinrichtungsformen sind mit Maßnahmen verbunden, die eine »spurlose« Beseitigung des Hingerichteten bezwecken. Das bedeutete in der Praxis, daß der Leichnam möglichst vollständig zerstört werden sollte. War das nicht zu erzielen, so wurden wenigstens die Überreste an einem unbekannten Ort und ohne das geringste Zeichen der Erinnerung verscharrt. Der Verurteilte sollte nach seinem Tode zur Unperson werden; nichts sollte mehr an ihn mahnen. Besonders in der politischen Justiz ist diese Verhaltensweise noch heute allgemein üblich, wie man aus der Praxis aller Diktatoren weiß.

All diese Maßnahmen zur Tilgung des Andenkens an den Verurteilten sind natürlich Aktionen der Verdrängung. Tief im Unbewußten

nagen Selbstvorwürfe, bedingt durch das verdrängte Wissen darum, daß man eine schlechte, unrechte Tat begangen hat. Das sprichwörtliche schlechte Gewissen rumort im Unterbewußtsein; es dokumentiert sich unübersehbar durch derartig offenkundige Verdrängungsaktionen, wie sie die Tilgung des Andenkens an Verurteilte darstellen. Wo immer wir also auf solche Maßnahmen stoßen, können wir sie als entlarvende Anzeichen der Selbstanklage deuten; eine Selbstanklage, zu der auch allmächtige Diktatoren durch die Gesetzmäßigkeit ihrer Psyche gezwungen werden.
Bei Völkern, die am Meer oder an großen Strömen lebten, finden wir häufig die Aussetzung des Übeltäters in einem ruderlosen Boot; so bei den Germanen[7]. An Händen und Füßen gefesselt, übergibt man ihn den Elementen Wasser und Wind. Auch in der späteren Seefahrt blieb die Aussetzung eine oft verhängte Strafe. Der Missetäter wurde entweder in einem Boot auf offenem Meer oder auf einer unbewohnten Insel ausgesetzt. Die Erzählungen von Robinson Crusoe oder von der »Meuterei auf der Bounty« haben diese Strafart weithin bekanntgemacht. In vielen mittelalterlichen Städten gab es die Institution einer regelmäßig wiederkehrenden, öffentlichen Austreibung. Alle lästigen und nicht in das Ordnungsschema passenden Leute, wie etwa Prostituierte, Landfahrer und sonstige unliebsame Elemente – oft auch Geisteskranke darunter – wurden dann unter dem Läuten der Sturmglocken aus der Stadt getrieben. (Das Glokkenläuten hatte ursprünglich eine unheilabwehrende Bedeutung, so wie jeder Lärm die Dämonen verscheucht, man denke auch an Salutschießen und ähnliches.)
Im alten Augsburg des dreizehnten und vierzehnten Jahrhunderts geschah diese Austreibung, die man als eine Art »Stadtreinigung« ansehen muß, einmal im Jahr. Die Stadt zählte damals ungefähr siebzehntausend Einwohner; etwa hundert von ihnen wurden bei der jährlichen Austreibung aus der Stadt gejagt[8].

Neben den eigentlichen Todesstrafen hat sich die Austreibung noch lange Zeit als Strafe erhalten. Die allbekannten mittelalterlichen Wallfahrten, die oft als Strafe für irgendein Vergehen auferlegt wurden, muß man als gemilderte Formen der alten Friedlosigkeit deuten. Diese Wallfahrten mußten oft unter erschwerenden Umständen angetreten werden: barfuß, ohne Pausen einzulegen und ohne Fleisch essen zu dürfen, sollte der Büßer zum fernen Wallfahrtsort, meist nach Rom oder zu spanischen Gnadenstätten, pilgern. Dort

durfte er seine Schuld abladen, was man wiederum sehr wörtlich, jedenfalls nach dem damaligen Verständnis, auffassen muß.
Späterhin konnten diese langen und gefährlichen Wallfahrten durch Geldbußen ersetzt werden.
Auch andere Formen der Friedlosigkeit, etwa Verbannung auf Zeit, ließen sich später durch Geld ablösen. So müssen wir unsere heutigen Geldstrafen, aber auch das System unserer Haftstrafen als direkte Abkömmlinge der alten Friedlosigkeit betrachten. Auch in der Form der Ausstoßung aus einer geschlossenen Gruppe, etwa als unehrenhafte Entlassung aus der Armee, lebt die alte Friedlosigkeit heute noch fort.
Die Entwicklung von der indirekten zur direkten Todesstrafe brachte schließlich als eine der altertümlichsten Hinrichtungsformen die Steinigung hervor.
Der Übergang von der Vertreibung zur Steinigung muß sehr fließend gewesen sein: Der Friedlose wurde zunächst mit Steinwürfen und Verwünschungen aus dem Bereich des Dorfes vertrieben. War er dabei nicht schnell genug oder hatte er den Haß der Dorfbewohner zu sehr gereizt, so mochten ihn einige der Steine auch treffen und vielleicht schwerer verletzen; brach er aber erst zusammen, so entlud sich wohl der ganze Haß der früheren Genossen in einem einzigen wilden Ausbruch. Ihre Steinwürfe trafen den Verurteilten immer schwerer, bis er schließlich von Steinen bedeckt regungslos am Boden lag. Die Steinigung war also im Ursprung wohl ein Akt spontaner Volksjustiz, wie wir sie noch bis in die Gegenwart hinein als Lynchakte kennen.
Im übrigen haben wir, wie bereits gesagt, in der Steinigung die klassische Form der Hinrichtung »zu gesamter Hand« vor uns.
Die *ganze* Gemeinschaft war aufgerufen, den Verurteilten zum Tode zu befördern. Dabei sollten die Hauptbelastungszeugen den ersten Stein werfen; eine Maßnahme, die von psychologischem Raffinement zeugt, denn derjenige, der durch seine Aussage den Verurteilten dem Tode überantwortet hatte, sollte auch maßgeblich helfen, die Konsequenzen durchzusetzen (und damit die Hauptlast der Blutschuld auf sich nehmen[9]).
Ein weiterer Hinweis auf die Altertümlichkeit dieser Hinrichtungsart ist darin zu sehen, daß man während der Exekution den Verurteilten nicht berühren mußte. Ja, man brauchte ihm nicht einmal nahe zu kommen, sondern konnte aus der Ferne töten.
Weil die Schuld als eine Art ansteckender Krankheit galt, war es rat-

sam, nicht in die Nähe des Schuldigen zu kommen. Im Alten Testament (2. Mose 19, 13) heißt es, daß derjenige, der den heiligen Berg Sinai entweiht hatte, nicht angerührt, sondern gesteinigt oder mit Pfeilen getötet werden soll.

Der Frevel kann also offenbar durch Berührung weitergegeben werden. Das haßgetriebene Werfen von Steinen ist im übrigen eine sehr deutliche Veranschaulichung, ja geradezu eine Materialisierung jener Theorie von der *Projektion* der Schuld. Dem Stein wurden magische Qualitäten zugesprochen. Er besaß die Fähigkeit, unheilvolle Ausstrahlungen aufzunehmen, die man dann mit dem Stein von sich werfen konnte[10]

Auch das eigene Schuldgefühl des Werfers nahm der Stein in sich auf. Der Haß, mit dem er geschleudert wurde, war nichts anderes als Selbsthaß; doch mit dem Werfen konnte man sich davon befreien. Eine Entladung, ein Abreagieren fand statt. Bildhaft gesprochen, hatte der Stein das Miasma eigener Schuld in sich aufgenommen und auf den Verurteilten übertragen. Psychologisch war jedoch der Stein nur der bildhafte Ausdruck für einen psychischen Vorgang, nämlich für die erwähnte Projektion unbewußter Schuldgefühle auf den Verurteilten.

Die Steinigung war die klassische Todesstrafe des Alten Testaments. Sie stand vor allem auf die für jene Zeit schlimmsten Vergehen, also auf Abgötterei, Gotteslästerung, Entweihung des Heiligtums und ähnliche Formen des Sakrilegs. Wer Menschenopfer darbrachte, sollte gesteinigt werden; ebenso wer den Sabbath schändete. Auch einige Vergehen gegen die Sexualgebote wurden mit Steinigung geahndet, so Inzest, Ehebruch, Päderastie und Sodomie[11].

Oft war die Steinigung mit Felssturz verbunden, indem der Verurteilte zuerst in eine Schlucht hinabgestoßen und dann von oben mit Steinen beworfen wurde, bis er endlich tot war.

Auf jeden Fall bedeckte man den Leichnam dann so vollkommen mit Steinen, daß nichts mehr von ihm zu sehen war. Der Geist des Toten sollte durch diese Maßnahme eingeschlossen bleiben und daran gehindert werden, umzugehen. Wir erkennen aber natürlich wieder das Bemühen, die schuldhafte Tat – die Tötung des Stammesgenossen – zu verdrängen, sie aus dem Bewußtsein und aus der Erinnerung zu verbannen.

Nicht nur in den alten Kulturländern des Orients, sondern auch bei den germanischen Völkern im Norden war die Steinigung weit verbreitet.

Wir treffen die Steinigung in Skandinavien, im alten England, in Deutschland, auf Island und in Frankreich[12] an. Im angelsächsischen Recht von 930 nach Christus wird gefordert, daß eine Steinigung nur von Geschlechtsgenossen zu vollziehen ist. In Deutschland wird das Werfen der Steine meist von Flüchen und Verwünschungen begleitet. In Skandinavien war eine bemerkenswerte Sonderform der Steinigung bekannt, die offenbar vorwiegend für Diebe vorgesehen blieb: Man schor dem Verurteilten den Kopf kahl, bestrich diesen dann mit Teer und überdeckte ihn mit Federn. Dann bildete das Volk eine Gasse, durch die der Delinquent gejagt wurde. Das Volk bewarf ihn dabei mit Steinen und Knüppeln. Überstand er diese Prozedur und konnte lebend den Wald erreichen, so hatte er seine Strafe ausgestanden und war frei[13].

Das Teeren und Federn ist demnach eine uralte Strafform und nicht etwa eine Erfindung neuzeitlicher Lynchjustiz. Bekanntlich bediente sich aber der Mob in den USA bis in allerjüngste Vergangenheit hinein bei Lynchaktionen gern dieser archaischen Strafe. Amira[14] vermutete, daß der Verurteilte durch das Teeren und Federn ursprünglich als Opfertier gekennzeichnet werden sollte. Wie dem auch sei: ganz eindeutig ist jedenfalls wieder das Bestreben, den Verurteilten zum Unmenschen zu degradieren, um damit die innerartliche Tötungshemmung zu unterlaufen.

Aus dem Gassenlauf ist später die Militärstrafe des Spießrutenlaufens geworden. Sie war die letzte Form der »Hinrichtung zu gesamter Hand«.

Im islamischen Recht, das von der mosaischen Gesetzgebung stark beeinflußt wurde, spielte die Steinigung bis in die Gegenwart eine bedeutende Rolle. In Afghanistan ist sie bis 1933 offizielle Hinrichtungsform gewesen und stand auf Abkehr vom Islam; sie wurde in solchen Fällen auch regelmäßig vollzogen[15].

In Pakistan soll sie sogar neuerdings wieder eingeführt werden, und zwar für Ehebruch, entsprechend den strikten islamischen Sexualnormen[16]. Die allgemeine Wiedererstarkung islamischer Glaubensvorstellungen wird, so steht zu fürchten, auch für die Steinigung wieder ein erneutes Bedürfnis schaffen.

Eine Hinrichtungsform aus ältester Zeit war auch der Felssturz. Vor allem in den gebirgigen Mittelmeerländern kannte man diese Tötungsart, in Griechenland, Rom und in Spanien, wo der Felssturz lange Zeit als hauptsächlichste Todesstrafe galt. Aber auch an der

Verschiedene Hinrichtungsarten.
Albrecht Dürer: Die Marter der Zehntausend, um 1500.

bretonischen Küste, in England, Island und auf den Färöer-Inseln übte man ihn. Auf Island ist der Felssturz noch um 1000 nach Christus als Form des Menschenopfers vorgekommen[17].

Der Verurteilte wurde bei dieser Hinrichtungsart von einer hohen, steilen Felsklippe, bisweilen auch von einem Turm oder der Stadtmauer in den Abgrund gestoßen, oft auch ins Meer gestürzt.

Mit Sicherheit kann man annehmen, daß sich der Felssturz aus einer sakralen Form des Menschenopfers heraus entwickelte. Nach den alten Mythologien wohnten in Abgründen und Schluchten die Götter der Unterwelt. Sie waren die Herrscher über das Totenreich und dabei selbst nichts anderes als die zu Göttern (oder Dämonen) erhobenen Toten, von denen gefürchtet wurde, daß sie den Lebenden feindlich gesonnen waren und ihnen Unheil sandten.

Wenn also Menschen in Abgründe gestürzt werden, so dienen sie den Unterweltsgöttern zum Opfer. Sie stellen jene Abschlagszahlung an die Schicksalsmächte dar, von denen wir im Zusammenhang mit dem Menschenopfer sprachen. Daß der Charakter einer Opferhandlung mit der Zeit verdrängt wurde und die Strafmaßnahme in den Vordergrund rückte, ändert nichts an den sakralen Ursprüngen.

Das gilt übrigens für alle sogenannten qualifizierten Todesstrafen, für alle Hinrichtungsarten, die an bestimmte Formen der Durchführung gebunden sind – mithin alle Hinrichtungsarten außer der Steinigung. Sie alle sind aus Ritualen des Menschenopfers hervorgegangen. Diese These ist viel diskutiert und oft auch bestritten worden.

Allerdings wäre es dem Bewußtseinsstand des frühen Menschen unmöglich gewesen, eine so schwerwiegende Tat wie die Tötung eines Menschen kalten Blutes und aus nüchternen, gewissermaßen »sachlichen« Motiven zu vollziehen. Das starke Tötungstabu konnte nur mit ebenso starken, das heißt magischen Ritualen gebrochen werden. Das aber bedeutet, daß in der Frühzeit zweifellos alle Verurteilten den Göttern geweiht und ihnen gewidmet wurden, so daß die Götter selbst die Tötung verzeihen mußten und die Vollstrecker entsühnten.

Gegenüber der Steinigung stellt der Felssturz eine Weiterentwicklung dar, da nun nicht mehr – oder nur noch in seltenen Fällen – die gesamte Gemeinschaft zur Vollstreckung aufgerufen wird. Zum erstenmal in der Geschichte der Todesstrafe tritt der Henker auf, als von der Gemeinschaft bestellter und beauftragter Vollstrecker. Die Gemeinschaft befreit sich damit von aller Blutschuld und »wäscht ihre Hände in Unschuld«. Wer von nun an die schwere Last der

Blutschuld tragen muß, ist aber, weil er straffrei töten darf, von allerstärksten Tabus umgeben. Er ist verfemt wie ein Aussätziger und wird zugleich als einer, der angeblich über geheimes Wissen verfügt, mit scheuer Ehrfurcht betrachtet. Er steht den Schicksalsmächten nahe und verkehrt mit ihnen durch das Opfer. Es ist also das »Mana« des alten Opferpriesters, das nun den Henker umgibt.

Größere Bedeutung erlangte die Strafe des Felssturzes im alten Rom. Sie wurde bei schwerem Diebstahl, Falscheid, Mord und Hochverrat verhängt und war während der Republik die für den römischen Bürger übliche Hinrichtungsart, während die Sklaven für gleiche Straftaten gekreuzigt wurden[18].

Ort der Exekution war der Tarpejische Felsen, eine noch heute zu findende, steil abfallende Felswand am Südwestrand des Capitols. Zu Zeiten des alten Roms war sie etwa fünfzig Meter hoch. Der Schutt der Jahrtausende hat unterdessen die Umgebung angehoben. Der Felsen hat seinen Namen nach der legendären Römerin Tarpeia, die seinerzeit die Sabiner in die Burg eingelassen haben soll und von diesen als Verräterin getötet wurde. In Wahrheit war Tarpeia wohl eine Totengöttin, deren Heiligtum unterhalb des Tarpejischen Felsens lag. Damit wäre dann der Sachverhalt wieder klar: der Tarpejische Fels als ursprüngliche Opferstätte, an der man der Totengöttin Menschen opferte, später dann zur Hinrichtungsstätte degeneriert.

Allen römischen Hinrichtungsarten und daher auch dem Felssturz ging übrigens stets eine öffentliche Auspeitschung voraus. Sie wurde meist auf dem Forum oder auf dem Weg zur Richtstätte vollzogen. Diese Geißelung war nicht etwa ein Akt des Sadismus, wie man heute annehmen möchte. Sie hatte nicht den Sinn, dem Verurteilten Schmerzen zuzufügen, oder zumindest war dies nicht der ursprüngliche Zweck dieser Nebenstrafe. Vielmehr hatte auch die Geißelung eine magische Bedeutung. Ihr Zweck war die Austreibung und Verjagung des Übels, des Bösen. Sie hatte also eine unheilabwehrende oder apotropäische Bedeutung. Wir kennen eine solche Wirkung schon vom Lärmen, vom Glockenläuten, von gewissen Pflanzen und anderem. Der Verurteilte strahlte als Übeltäter die Kraft des Bösen aus. Die Geißelung konnte diese Kraft brechen, wie man zu jenen Zeiten glaubte. Übrigens war die Überzeugung von der unheilabwehrenden Kraft von Schlägen weit verbreitet. Letzte Reste dieser alten Vorstellungen finden wir noch im Ritterschlag oder im Backenstreich des Priesters, den er dem Firmling versetzt.

Nach dem Absturz vom Tarpejischen Felsen wurde der Leichnam des Verurteilten an Haken über die Gemonische Treppe zum Tiber geschleift und in den Fluß geworfen[19].
Ein ehrliches Begräbnis – und damit die Weiterexistenz im Jenseits – wurde dem Verurteilten versagt. Dies bedeutete eine schwere Strafverschärfung und eine entsetzliche psychische Zusatzbelastung für Menschen, die ihre Jenseitsexistenz von der Einhaltung bestimmter Beisetzungsriten abhängig glaubten. Sie mußten nicht nur Todesangst durchleiden, sondern ihnen wurde auch noch der letzte Trost genommen, der aus einer Jenseitshoffnung erwächst.
Kaiser Tiberius, der in den Jahren 14 bis 37 nach der Zeitenwende das römische Imperium regierte, also zur Zeit von Jesu Kreuzigung, schien ein besonderer Anhänger des Felssturzes gewesen zu sein. Noch heute wird auf Capri der »Salto di Tiberio« gezeigt, jene Stelle also, wo Tiberius seine Gefangenen vom dreihundert Meter hohen Felsen ins Meer stürzen ließ. Unten warteten Matrosen in Booten, die mit Rudern und Stangen die Verurteilten, falls sie noch Leben zeigten, vollends totschlugen[20].
Daß im Altertum auch verschiedentlich die Tötung durch Tiere als Exekutionsart angewandt wurde, ist zumindest im Fall der römischen Zirkusspiele allgemein bekanntgeworden. Die Verurteilten brachte man zu ihrer Exekution aus allen Provinzen des römischen Imperiums in die Hauptstadt, damit sie hier der blutlüsternen Menge das ersehnte Schauspiel liefern konnten. Zweifellos handelte es sich auch bei dieser Exekutionsart, die auf lateinisch »bestiis obicere« hieß, um die Entartung eines uralten Menschenopfers. Die Tiere verkörperten ursprünglich Dämonen oder gar Götter, die ja oft in Tiergestalt dargestellt wurden – etwa Zeus als Stier, der die von ihm begehrte Europa raubt.
Außerdem wird bei der Tötung durch Tiere wieder das Bestreben deutlich, die Blutschuld möglichst zu meiden und sie anderen zuzuschieben, in diesem Fall also dem (dämonisierten oder gar vergöttlichten) Tier. Wenn sich der Gott selbst in Tiergestalt sein Opfer holt, so ist natürlich der verurteilende Mensch nicht schuldig am vergossenen Blut. Im übrigen hatten die Tierkämpfe auch oft den Charakter von Gottesurteilen. Siegte wider Erwarten der Verurteilte über die »Bestien« oder überlebte er zumindest, so bedeutete dies, daß der Gott das Opfer nicht annahm. Für den Verurteilten hieß das bisweilen Begnadigung.
Auch im alten Indien hat es die Tötung durch Tiere gegeben. Die

Verurteilten wurden dabei von eigens dazu abgerichteten Elefanten zertreten[21]. Die alten Germanen ließen manchmal ihre Verurteilten durch Pferde zertrampeln oder die an den Pferdeschweif Gebundenen zu Tode schleifen[22].
Allerdings ist die Tötung durch Tiere nie in breiterem Maße angewandt worden. Dazu war sie wohl zu umständlich und zu aufwendig. In spätere kanonisierte Strafgesetze ist sie (außer der Vierteilung) nicht eingegangen.

Zweites Kapitel
Kreuz und Kreuzigung

Wohl von keiner Hinrichtungsart sind so viele falsche oder halbrichtige Vorstellungen verbreitet wie von der Kreuzigung. Das liegt wesentlich an der christlichen Kunst und ihren zahllosen Kreuzigungsdarstellungen. Die christlichen Künstler hatten aber selbst nie eine Kreuzigung miterlebt. Kein einziger von ihnen war je Augenzeuge einer solchen Hinrichtung gewesen. Sie schöpften also nicht aus selbsterfahrener Anschauung, sondern nährten ihre künstlerische Phantasie aus der legendenüberrankten Überlieferung: Diese aber war äußerst lückenhaft, wenn nicht gar – jedenfalls historisch gesehen – falsch.
Die Kreuzigung als Hinrichtungsart ist um das Jahr 320 nach Christus vom römischen Kaiser Konstantin, genannt der Große, abgeschafft worden. (Der genaue Zeitpunkt läßt sich nicht mehr klären.) Der Kaiser hatte sich dem bis dahin unterdrückten christlichen Glauben zugewandt. In frommer Ehrfurcht wollte er die durch den Kreuzestod des Religionsstifters geheiligte Hinrichtungsart nicht länger durch gemeine Verbrecher entweihen lassen. Die frühesten uns überlieferten Darstellungen einer Kreuzigung stammen jedoch erst aus der Mitte des fünften Jahrhunderts nach Christus: ein Relief an einer Tür der römischen Kirche Santa Sabina und ein Elfenbeinkästchen mit Passionsszenen im Britischen Museum zu London.
Zwischen der Entstehungszeit dieser Darstellungen und den letzten vollzogenen Kreuzigungen klafft eine zeitliche Lücke von reichlich hundert Jahren. Bereits die Schöpfer dieser Darstellungen konnten also keine Kreuzigung mehr selbst erlebt haben. Für alle späteren Künstler aber vergrößerte sich naturgemäß der Abstand zur Realität der Kreuzigung immer mehr. Statt auf eigenes oder übermitteltes Erleben konnten sie nur auf ihre Phantasie zurückgreifen.

Eine der frühesten bekannten Kreuzigungsdarstellungen.
Holzrelief an der Tür der Basilica Santa Sabina in Rom, Mitte 5. Jh.

Aber nicht nur, daß es von der Kreuzigung keine authentischen Darstellungen gibt: es lassen sich in der umfangreichen Literatur des Altertums auch nirgends ausführliche Beschreibungen dieser Hinrichtungsart finden. Lediglich in kleinen Nebensätzen nehmen die klassischen Autoren bisweilen Bezug auf die Kreuzigung.
Wir erfahren aus diesen beiläufigen Bemerkungen manches interessante Detail, aber auch manch Widersprüchliches. Insgesamt jedenfalls will sich kein klares Bild ergeben. Zu viele Ausdrücke bleiben unklar; zu oft beschreiben die Autoren verschiedene Verfahren.
Diese Tatsache ist an sich verwunderlich, da die Kreuzigung eine im ganzen Mittelmeerraum bekannte und oft vollzogene Hinrichtungsart war. Der Mangel an ausführlichen Schilderungen wird aber verständlich, wenn man weiß, daß die Kreuzigung auch eine äußerst schändliche, beschimpfende Strafe war, vorgesehen hauptsächlich für Sklaven, für nichtrömische Rebellen, Straßenräuber und ehrlose Gladiatoren. Römische Bürger blieben von ihr verschont, zumindest in den Zeiten der Republik. Erst unter den späteren tyrannischen Kaisern sind auch römische Bürger ans Kreuz gehangen worden. Immer aber blieb der schändliche Charakter dieser Strafe erhalten. Sie schändete selbst den Zuschauer (den Henker und seine Knechte ohnehin), so daß der römische Schriftsteller und Redner Cicero schrieb, es zieme sich nicht für einen römischen Bürger, einer Kreuzigung beizuwohnen[1].

Die Schändlichkeit dieser Strafe rührte von ihrer Besonderheit her: Der Hingerichtete durfte nach dem Verscheiden nicht vom Kreuz genommen werden. Ein ehrliches und ehrendes Begräbnis wurde ihm verweigert. Sein Leichnam mußte am Kreuz hängenbleiben, bis er sich von selbst auflöste und Vögel, Wind und Wetter ihr Zerstörungswerk getan hatten. Ein Gekreuzigter wurde daher ständig bewacht, damit ihn seine Freunde oder Verwandten nicht vorzeitig vom Kreuz nahmen und beerdigten.

Ein altrömischer Richtplatz – der der Stadt Rom lag auf dem esquilinischen Feld, vor dem heutigen S.-Laurentius-Tor[2] – war von Knochen und Skeletteilen übersät. Streunende Hunde und anderes Getier trieben sich dort herum, nachts suchten abergläubische Zauberheiler nach schaurigen Zutaten für ihre Rituale, und der entsetzliche Gestank, der über diesem Platz hing, vervollständigte die Greuelszenen. Ein Ort des Schreckens und des Abscheus, so bot sich der Richtplatz dar, bestimmt für die niedrigsten Verbrecher: begreiflich also, daß sich kein ehrbarer Bürger freiwillig dorthin begab.

Es gibt noch einen zweiten Grund, weshalb wir über den Vollzug der Kreuzigung nur ungenaue Überlieferungen vorliegen haben: Es existierten keinerlei exakte Vorschriften, was bei einer Kreuzigung zu geschehen habe, wie das Kreuz beschaffen sein müsse oder wie der Delinquent zu behandeln sei.

Während sich bei den sonstigen Todesstrafen eine ziemlich feste Vollzugsform herausbildete, blieb die Kreuzigung der Willkür der Henker überlassen. Die Ursache dafür liegt darin, daß die Kreuzigung weitgehend Sklavenstrafe war. Die Gerichtsbarkeit über die Sklaven lag bei ihrem Herrn und Besitzer. Er konnte mit ihnen verfahren, wie ihm beliebte. Er konnte sie auspeitschen oder auch kreuzigen lassen, ohne daß er deshalb irgend jemandem hätte Rechenschaft ablegen müssen. Erst unter dem Cäsaren Claudius scheinen die Sklaven einen gewissen Schutz vor allzugroßer Willkür genossen zu haben. Er ließ jedenfalls die Tötung eines Sklaven, falls kein ausreichender Grund dafür vorweisbar war, bestrafen[3]. Trotzdem blieb der Sklavenbesitzer noch immer Herr über Leben und Tod seiner Sklaven.

Der Henker der Stadt Rom, der *carnifex*, und seine Knechte waren Staatssklaven. Sie wohnten außerhalb der Mauern und durften die Stadt nicht betreten, weil sie diese durch ihre Anwesenheit verunreinigt hätten. Der Henker nahm den *cruciarius*, den zum Kreuzestod verurteilten Delinquenten, am esquilinischen Tor entgegen. Von da

an war der Verurteilte völlig in die Willkür der Henkersknechte gegeben. Ob sie ihn nun an ein Kreuz hingen oder nur an einen einfachen Pfahl, ob sie ihn annagelten oder mit Weidenruten anbanden, blieb völlig ihrem Belieben überlassen.
Ebenso wurde in den Provinzen verfahren, wo meist Legionäre als Vollstrecker dienen mußten.

Werfen wir zunächst einen Blick auf die Entstehung und Entwicklung dieser Strafart.
Ihre Ursprünge verlieren sich in grauer Vorzeit. Auch das bei den Römern übliche Wort *crux* ist seiner Herkunft nach unklar, vielleicht phönizischen Ursprungs. Jedenfalls war die Kreuzesstrafe schon bei den Assyrern und Babyloniern bekannt, ebenso bei den Persern, Griechen und Karthagern. Was diese Völker jedoch unter Kreuzigen genau verstanden, ist nicht eindeutig. Das Kreuzigen hat sich offenbar ebenso aus der Friedlosigkeit entwickelt wie die Steinigung. Der Missetäter, der durch seine Untat den Zorn der Götter geweckt und auf die ganze Gemeinschaft gelenkt hatte, mußte entfernt werden. Aber man vertrieb ihn jetzt nicht mehr nur, sondern man band ihn an einen Baum oder an einen Felsen und setzte ihn solange der Macht der Elemente aus, bis er tot war.
Dieses Festbinden geschah anscheinend oft mit gespreizten Gliedern, um die Wehrlosigkeit und Anfälligkeit des Verurteilten zu erhöhen. Der gefesselte Prometheus, den die rachsüchtigen Götter an die Felsen des Kaukasus geschmiedet hatten, wird meist mit ausgestreckten Armen dargestellt. Die antiken Schriftsteller bezeichnen diese Fesselung des Prometheus bemerkenswerterweise als eine Kreuzigung.
Häufiger aber als das Fesseln an einen Felsen wird sicher das Festbinden, wohl auch das Hängen an einen Baum vorgekommen sein. Mit dem Hängen wird das Ausgeliefertsein an die Macht der Elemente noch verstärkt. Aus dieser Strafart hat sich dann späterhin die eigentliche Kreuzigung entwickelt, andererseits aber auch das bis in unsere Zeit geübte Hängen. Man kann also Kreuz und Galgen mit Recht als engste Verwandte, ja als Sprossen einer einzigen Wurzel bezeichnen.
Das Strafziel, die Auslieferung an die Macht der Elemente, wurde auf verschiedenen Wegen erreicht. Man konnte den Cruciarius hängen, festbinden oder auch annageln; man konnte ihn gar, wie bisweilen geschehen, in ausgesucht quälender Haltung ans Kreuz hängen, etwa mit dem Kopf nach unten, oder ihm die Hände an die

Wahrscheinliche Kreuzigungsart Christi. – Darstellung des 19. Jh.s

Füße binden. All diese Varianten waren jedoch nur Beiwerk und keineswegs hauptsächliches Strafziel. Sie lagen eben in der Willkür der Henker und hingen von deren Zeit und Stimmung und bisweilen wohl auch vom Bakschisch ab, das die Verwandten des Verurteilten springen ließen, um seine Leidenszeit abzukürzen.

Das strenge Tabu, das auf jeder Tötung und auch auf jedem Getöteten lag, verbot es, das Land durch weitverstreut stehende Hinrichtungsbäume zu verunreinigen. Es wird sich daher sehr früh schon die Sitte herausgebildet haben, einen bestimmten Hinrichtungsplatz zu wählen: einen öden Ort, der ohnehin schon »von Geistern heimgesucht und verflucht« war; einen Ort auch, an dem Wind und Wetter ungehindert toben, die Sonne ungebrochen brennen konnte.

An diesem Ort also wurde der Pfahl in die Erde gerammt, an den man den Unglücklichen hängen wollte. Ein Pfahl war es, jedenfalls ursprünglich und in den meisten Fällen, und kein Kreuz. Schon aus Gründen der Bequemlichkeit (für die Henker) und der Einfachheit wird es ein Pfahl gewesen sein: ein von seinen Ästen befreiter, unten zugespitzter Baumstamm, ohne allen Aufwand oder gar Zimmer-

mannsarbeit hergestellt, denn für ein so niedriges Objekt wie einen Sklaven wäre jede Mühe zuviel gewesen.
Die Griechen übrigens bezeichneten das »Kreuz« immer als *staurós*, was nichts anderes als Pfahl bedeutet, und bei den Römern hieß es auch *arbor infelix*, der »Unglücksbaum«, was deutlich auf seine Herkunft hinweist.
Dieser Pfahl nun, dieser »Unglücksbaum«, wird uns in der Geschichte der Hinrichtungsarten noch einige Male begegnen. Im Orient wurde er auch dazu verwendet, den Delinquenten aufzuspießen. »Auf das Kreuz setzen«, nannten die antiken Schriftsteller diese bestialische Hinrichtungsart, bei der dem Verurteilten der zugespitzte Pfahl durch den Anus in den Leib getrieben wurde, bis die Spitze zur Brust herauskam. Danach richtete man den Pfahl auf und steckte ihn in die Erde. War kein lebenswichtiges Organ verletzt, so konnte es sein, daß der Unglückliche noch einige Stunden überlebte.
Auch diese unmenschliche Quälerei also wurde noch als eine Variante der Kreuzigung angesehen. Sie überlebte übrigens die »normale« Form der Kreuzigung und wurde im Nahen Osten sogar noch im vorigen Jahrhundert angewandt[4].
Zumindest in den frühen Zeiten wird der Pfahl eine sakrale Bedeutung gehabt haben. Auch darauf weist die Bezeichnung »Unglücksbaum« hin. Von Bäumen glaubten die Menschen des animistischen Zeitalters, daß sie von Baumgeistern bewohnt und belebt seien. Selbst Götter wohnten zeitweilig in Bäumen: so der Zeus Lykaios in einer Eiche, Odin in der Weltesche Yggdrasil.
Aus dieser magischen Beziehung zwischen Mensch und Baum ist zu erklären, daß Baumfrevel beispielsweise bis ins hohe Mittelalter mit einer Strenge bestraft wurde, die uns heute unfaßbar erscheint. In England ist gar im Jahre 1814 noch ein Mann hingerichtet worden, weil er unerlaubterweise einen Kirschbaum gefällt hatte. Und in der Oberpfalz baten die Holzfäller noch im vorigen Jahrhundert die Bäume, die sie schlugen, um Verzeihung[5].
Hinzu kommt ein weiteres Argument, das für die ursprünglich sakrale Bedeutung des Pfahles spricht: In der Frühzeit der Religionen wurden die Idole von Göttern und Dämonen oft in Pfahlform gestaltet. Rohe Andeutungen von Gesichtszügen und Gliedmaßen genügten bereits, um den Gott darzustellen. Der gedankliche Weg läßt sich leicht nachvollziehen. Wenn der lebende Baum von einem Gott bewohnt gedacht wird, dann ist es naheliegend, daß der gefällte Stamm zum Abbild des Gottes wird.

Das »patibulum« – der Querbalken, den der Verurteilte zur Hinrichtungsstätte tragen mußte.

Mutmaßliches Verfahren bei der Kreuzigung. Darstellung des 19. Jh.s

Mutmaßlicher Anblick eines römischen Richtplatzes. Darstellung des 19. Jh.s

Der »Unglücksbaum« war in früher Zeit sicher ein geheiligter Stamm gewesen; geheiligt zumindest, weil in ihm noch der Baumdämon wohnte.
Die Kreuzigung, als eine sehr altertümliche Strafart, war zweifellos ursprünglich Menschenopfer – ein Opfer wahrscheinlich an die Gottheiten der Elemente, an den mächtigen Sonnengott und an den Windgott. Dafür sprechen einige Details der Vollstreckung, die noch in römischer Zeit beachtet wurden, obwohl dort der Opfercharakter der Strafe bereits verlorengegangen war.
Schon die Fixierung des Verurteilten in einer Haltung von extremer Wehrlosigkeit deutet auf die beabsichtigte Darbringung hin – eine Darbringung an die Gottheit, der sich der Verurteilte in keiner Weise mehr entziehen konnte. Selbst kleinen und schwachen Tieren war er hilflos ausgeliefert.
Tiere aber sind oft bestimmten Göttern zugeordnet gewesen und waren heilig.
Noch stärker deutet die bei den Römern obligatorische Entkleidung des Verurteilten auf den ursprünglichen Opfercharakter hin.
Die Entkleidung hatte immer schon eine sakrale Bedeutung gehabt. In vielen Kulturen näherten sich die Priester oder auch die anbetenden Gläubigen der Gottheit in heiliger Nacktheit[6]. Das menschliche Opfer wurde entkleidet, um der Gottheit darzutun, daß es ohne Fehl und Makel war. Ein mißwachsenes Opfer etwa hätte die Gottheit aufs äußerste erzürnt und beleidigt. Außerdem wurde dem Opfer mit der Kleidung auch jeder symbolische Schutz, jede Verhüllung, jede Möglichkeit der Tarnung genommen. Reduziert auf das nackte, hilflose Wesen Mensch, wurde er der Gottheit als Opfer dargeboten.
Ebenfalls hierhin gehört die Geißelung, die zu jeder römischen Kreuzigung gehörte. Wir wissen, daß das Auspeitschen eine magische und unheilabwehrende Bedeutung hatte.
Man denke an die Flagellanten des Mittelalters oder an den Brauch, der uns von manchen frühen Gesellschaften der Eingeborenen berichtet wird: Diese bereiten ihren erwählten neuen Priesterkönig auf seine Machtübernahme vor, indem sie ihn am Vorabend gründlich verprügeln[7].
Die Kreuzigung oder, wie man eigentlich genauer sagen sollte, die Auslieferung an die Macht der Elemente, gehört noch den unblutigen Hinrichtungsarten an, trotz der späteren, bisweilen vollzogenen Nagelung. Aber das eigentliche Töten wird noch den Elementen überlassen. Diese Hinrichtungsart stammt also ebenso wie Steini-

gung und Felssturz noch aus jenen frühen Entwicklungsstadien der menschlichen Gesellschaften, in denen das Vergießen von Menschenblut unter einem äußerst strengen Tabu stand. Vielleicht ist sie sogar älter als die beiden eben angeführten Hinrichtungsarten, weil in ihr noch deutlich die Absicht erkennbar ist, das eigentliche Töten anderen, dritten Mächten zu überlassen und die Schuld am Tod des Verurteilten von dem Vollstrecker fernzuhalten.

Daß die Fesselung des Prometheus als Kreuzigung angesehen wurde, ist schon angeführt worden. Auch der aus Schillers Ballade bekannte König Polykrates, der wegen seines Glücks berühmt war, ist am Kreuz geendet, an das ihn ein persischer Satrap hängen ließ[8].

Und von Alexander dem Großen wird uns berichtet, daß er nach Erstürmung der phönizischen Hafenstadt Tyrus zweitausend ihrer Verteidiger kreuzigen ließ. Dies war im Jahr 332 vor Christus, also bereits in geschichtlicher Zeit.

Von den Römern ist uns Widersprüchliches überliefert. Einerseits scheint die Kreuzigung erst in der Zeit der punischen Kriege, also um 250 bis 200 vor Christus aufgekommen zu sein. Andererseits nannte man die Kreuzigung aber offiziell auch die Hinrichtung *more maiorum*, »nach Sitte der Vorfahren[9]«.

Diese Formel deutet auf ein hohes, ja geradezu ehrwürdiges Alter hin. Sicher würde man eine Hinrichtungsart, die zur Zeit der Cäsaren gerade zweihundert Jahre alt und somit jünger als alle anderen damals üblichen gewesen wäre, nicht mit dieser ehrfurchtheischenden Formel benannt haben.

Aus der Zeit der (legendären) Könige Roms, etwa um 550 vor Christus, ist uns die Hinrichtung des Horatius überliefert. Dabei wurde bereits die offizielle Urteilsformel gesprochen: »Liktor, verhülle ihm das Haupt und häng ihn an den Unglücksbaum[10]!«

Ob dieses Hängen aber die Frühform der Kreuzigung oder das strangulierende Hängen war, läßt sich nicht mehr entscheiden.

Zur Weiterentwicklung des »Unglücksbaums« vom Pfahl zum Kreuz trug eine zweite Sklavenstrafe bei, die *furca*, die Gabel. Dies war eine Art Balkendreieck, das man dem zu bestrafenden Sklaven um den Hals hängte. Dann band man ihm die Arme an die beiden Schenkel des Dreiecks und ließ ihn auspeitschen.

Die *furca* ist nicht etwa ein spezifisch für Strafzwecke erfundenes In-

strument, sondern scheint ein landwirtschaftliches Gerät gewesen zu sein, etwa zur Stütze der langen Wagendeichsel bestimmt.
Schließlich waren ja die meisten Sklavenbesitzer vor allem Landwirte und brauchten ihre Sklaven hauptsächlich als landwirtschaftliche Arbeitskräfte.
Es lag also nahe, zu ihrer Bestrafung das schnell verfügbare Gerät zu benutzen[11].
Da zur Kreuzigung ohnehin die Geißelung gehörte, mag es sich dann immer öfter ergeben haben, daß man den Delinquenten zunächst in der *furca* auspeitschen und ihn dann mit dem Gestell an den Pfahl hängen ließ.
Später nahm man statt der *furca* einen einfachen Balken, legte ihn dem Delinquenten auf die Schulter und band rechts und links seine Arme daran fest. Damit war der Verurteilte weitgehend wehrlos. Man brauchte, wenn man ihn jetzt zum Pfahl führte, keinerlei Gegenwehr mehr von ihm zu befürchten. Mit dem Balken hängte man ihn über den senkrechten Pfahl, so daß sich die Form eines T ergab. Es ist jedoch auch denkbar, daß der Querbalken an einem querüber verlaufenden Strick über den senkrechten Pfahl gehängt wurde. Dann hing er etwas tiefer als das obere Ende des Pfahls, und somit ergab sich die Form des lateinischen Kreuzes.
Der Querbalken, lateinisch *patibulum,* kam offenbar in der römischen Kaiserzeit immer öfter in Gebrauch, wird jedenfalls häufig erwähnt. Trotzdem war er noch immer nicht obligatorisch und wurde sicher nur dann verwendet, wenn Zeit und Umstände es zuließen.
Keinerlei Hinweis gibt es für eine Verbolzung oder für eine andere, feste Verbindung der beiden Balken.
Als sicher kann man wohl annehmen, daß es feste, zusammengefügte Kreuze nie gegeben hat. Demzufolge gab es auch keine Kreuztragungen. Der Delinquent mag bisweilen gezwungen worden sein, den Pfahl zum Richtplatz zu schleppen. Meist jedoch wird es sich um das Querholz gehandelt haben, das man dem Verurteilten auf die Schulter legte.
Der Pfahl oder »Unglücksbaum« war meist nicht sehr hoch. Der Delinquent hing im allgemeinen nur fußhoch über dem Boden. Die Verwendung von Leitern wird im Zusammenhang mit Kreuzigungen nicht erwähnt. Es wäre wohl auch zu umständlich gewesen, jeweils eine Leiter mit zum Richtplatz zu schleppen. Sehr wahrscheinlich hat man das Querholz mit dem daran festgebundenen Verurteilten mit Hilfe von Astgabeln auf den Pfahl gehoben.

In der Mitte des Pfahls, also unter dem Gesäß des Verurteilten, war oft ein Pflock in den Pfahl eingelassen, das *sedile.* Auf diesen Pflock konnte sich der Gekreuzigte in seiner Not setzen. Er verlängerte damit jedoch nur seinen Todeskampf.

Stützen unter den Füßen hat es nicht gegeben, obwohl man sie manchmal auf späteren Kreuzdarstellungen entdecken kann. Diese Fußstützen sind eindeutig eine Erfindung späterer Zeiten. Vielleicht sollten sie das vom Maler nicht darstellbare *sedile* andeuten.

Zur Frage der Nagelung: An den Händen scheint sie mit fortschreitender Zeit immer öfter vorgenommen worden zu sein, sofern die Umstände dies erlaubten. Der Verurteilte wurde dann mit dem Querholz auf den Boden gelegt, seine Hände an das Querholz genagelt, und er dann mit dem Holz auf den Pfahl gehängt. Bisweilen mögen auch seine Hände über dem Kopf direkt an den Pfahl genagelt worden sein. Ob der Nagel durch den Handteller oder oberhalb der Handwurzel zwischen Elle und Speiche durch den Unterarm getrieben wurde, hing offenbar ebenfalls von der Willkür der Exekutoren ab. Die bisweilen erhobene Behauptung, bei einer Nagelung durch den Handteller hätte dieser den Körper nicht getragen, sondern wäre ausgerissen, ist nicht ganz stichhaltig. In früheren Jahrhunderten sind Versuche an hingerichteten Räubern vorgenommen worden; dabei ergab sich, daß die durch Nägel festgehefteten Handteller den freihängenden Körper durchaus zu tragen vermochten[12]. Außerdem stützte ja das *sedile* ohnehin den Körper.

Bei Skeletten von Gekreuzigten, die in der Nähe von Jerusalem gefunden wurden, zeigte sich, daß sie oberhalb der Handwurzel genagelt waren. Die Füße hatte man ihnen abgehauen[13].

Ob diese Behandlung der Füße mit dem bisweilen vorgenommenen Brechen der Beine zusammenhängt, das auch in Jesu Kreuzigungsgeschichte erwähnt wird (Johannes 19, 32), muß offenbleiben. Fest steht jedenfalls, daß die Füße des Verurteilten weit seltener angenagelt wurden als die Hände. Eine einzige Stelle im antiken Schrifttum, und zwar bei dem Komödienschreiber Plautus[14], deutet auf gelegentliches Annageln der Füße hin.

Oft ließ man wohl die Füße ganz frei hängen. Von dem antiken Schriftsteller Artemidor wird der Gekreuzigte mit einem Mann verglichen, »der auf einer Anhöhe tanzt[15]«. Dieses Bild kann sich nur auf die freihängenden, von Schmerzen zuckenden Beine des Gekreuzigten beziehen.

Daneben gab es noch die Möglichkeit, die Füße am Pfahl festzubin-

den. Dies geschah in der Weise, daß der Verurteilte die Beine anziehen und die Fußsohlen gegen den Stamm stützen mußte. In dieser Haltung wurden die Füße festgebunden. Der Verurteilte hockte dann auf seinen Unterschenkeln, was seinen Todeskampf verlängerte und ihm mit der Zeit krampfartige Schmerzen in den Beinen bereiten mußte.
Wurden die Füße doch angenagelt, dann sicher nicht übereinandergelegt, was praktisch kaum möglich gewesen sein dürfte. Wahrscheinlicher ist, und Skelettfunde aus Jerusalem haben diese Annahme bestätigt, daß die Füße seitlich an den Pfahl gepreßt und an der Ferse, zwischen Achillessehne und Fußwurzelknochen, angenagelt wurden.

Eine römische Kreuzigung vollzog sich, alle Überlieferungen zusammengenommen, wie folgt:
Nach dem Urteilsspruch wurde dem *cruciarius* das Querholz auf den Nacken gelegt. Man band seine ausgestreckten Arme daran fest, dann führte man ihn hinaus zur Richtstätte. Bisweilen wurde er schon auf dem Weg dorthin ausgepeitscht.
Auf der Richtstätte war der Pfahl bereits in die Erde gerammt. Jetzt entkleidete man den Delinquenten und hängte ihn nackt an den »Unglücksbaum«. (Das Lendentuch ist eine spätere Erfindung.)
War der Verurteilte bisher noch nicht gegeißelt worden, so geschah das jetzt. Man benutzte dazu eine Peitsche aus Lederriemen, in die Knoten geflochten waren. Diese Peitsche riß so schwere Wunden, daß man durchaus einen Menschen damit töten konnte. Auf jeden Fall war der Unglückliche nach der Geißelung in seiner Lebenskraft bereits sehr geschwächt.
Über die Nagelung haben wir gesprochen. Zu erwähnen ist noch der sogenannte *titulus*: ein Schildchen, auf dem die Missetat des Verurteilten aufgezeichnet war und das man über seinem Kopf am Pfahl anbrachte. Von Jesu Kreuzigung her ist dieses Schild allgemein bekannt.
Der *titulus* entstand aus dem alten Brauch, einem Verurteilten bei dessen letzten Gang einen Ausrufer voranzuschicken. Dieser Ausrufer verkündete die Missetat des Sünders und warnte damit die Passanten vor dessen verunreinigender, befleckender Aura. Aus dem Ausrufer wurde später das Schildchen, das man dem Verurteilten vorantrug und schließlich über seinem Kopf am Kreuzesstamm anbrachte[16].

Kreuzigung am griechischen Kreuz.
Lukas Cranach, Martyrium des heiligen Petrus.
Aus: Die Martern der Apostel, um 1512.

Die Kleidungsstücke des Gekreuzigten und, falls vorhanden, sein sonstiger persönlicher Nachlaß gehörten den Exekutoren. Nachdem sie alles aufgeteilt hatten, ließen sie eine Wache am Kreuz zurück und zogen ab.

Woran starb nun ein Gekreuzigter? Keinesfalls an den Nagelwunden, falls er überhaupt genagelt war. Diese Wunden führten nicht einmal zu wesentlichem Blutverlust, sie waren lediglich sehr schmerzhaft.

Dem Kreuzestod, soviel kann man auf jeden Fall sagen, ging ein langwieriges Sterben voraus: es mochte sich je nach der Art der Anheftung ans Kreuz über Stunden, vielleicht über Tage hinziehen.

Berichte sind überliefert, wonach in mindestens drei Fällen Gekreuzigte noch lebend vom Kreuz genommen wurden, sich danach wieder erholten und gesundeten. Beim ersten Fall, den Herodot erzählt, handelt es sich um den persischen Satrapen Sandokes. Wegen ungerechter Urteile hatte ihn der Großkönig Darius ans Kreuz hängen lassen. Doch sehr bald schon reute den König diese Tat, da ihm die große Treue des Sandokes einfiel. Er ließ also den Verurteilten wieder vom Kreuz nehmen; dieser erholte sich und beteiligte sich später noch als Flottenbefehlshaber am zweiten Perserkrieg[17].

Beim zweiten Fall handelt es sich um ein böses Gaunerstück, das seinerzeit der große Redner Cicero aufdeckte. Der damalige Prätor von Sizilien, Gaius Verres, hatte eine originelle Methode erfunden, seine Einkünfte aufzubessern. Unter einem Vorwand ließ er die Sklaven des reichen Landbesitzers Leonidas zunächst kreuzigen, dann aber wieder vom Kreuz nehmen. Anschließend verkaufte er sie dem Leonidas ein zweitesmal. Da die Sklaven trotz des rauhen Verfahrens möglichst unbeschädigt bleiben mußten, um ihren Wert zu behalten, können sie keinesfalls genagelt worden sein.[18].

Den dritten Fall überliefert uns der jüdische Geschichtsschreiber Josephus Flavius. Als Günstling des Feldherrn Titus nahm er im Jahr 70 nach Christus an der Belagerung Jerusalems teil. Er berichtet, daß die Römer, die über die lange Dauer der Belagerung erbittert waren, täglich einige hundert gefangene Juden vor den Stadtmauern kreuzigten – oft in qualvollen Verrenkungen und Haltungen. Als Josephus unter den Opfern einige alte Freunde entdeckte, eilte er zum Feldherrn und bat um die Gnade, sie vom Kreuz nehmen zu dürfen. Der Römer gewährte ihm diese Bitte, und Josephus holte drei noch lebende Juden vom Kreuz herab. Doch trotz aller Pflege überlebte nur ein einziger die Martern; die beiden anderen starben[19].

Nach heutigen medizinischen Erkenntnissen war der Tod am Kreuz wohl in den meisten Fällen durch Kreislaufkollaps und Herzversagen bedingt. Bei einem hängenden, weitgehend bewegungslosen Körper sackt das Blut rasch in die untere Körperhälfte ab. Es kommt dann zu Blutleere im Gehirn, Atembeschwerden durch Verkrampfung der Atmungsmuskulatur, Herzflimmern und Ohnmacht. Bei einem nur an den Armen befestigten und sonst frei hängenden Verurteilten wird also der Tod nicht allzu lange auf sich haben warten lassen.

Der Sitzpflock – das *sedile* – sowie die angehockt gefesselten Füße haben verhindert, daß die genannten Symptome allzu schnell zur Agonie führten. Sie verlängerten also die Qual des Verurteilten und seinen Todeskampf.

Nicht ganz geklärt ist die Frage, welche Rolle bei der Kreuzigung das Brechen der Beine spielte. Diese zusätzliche Mißhandlung wird bei Johannes 19, 31 ausdrücklich in dem Sinn überliefert, daß durch sie das Sterben der Gekreuzigten beschleunigt würde. Nun ist ein gebrochener Knochen ja noch keine tödliche Verletzung. Die Skelettfunde von Jerusalem legen die Vermutung nahe, daß in manchen Fällen die Beine nicht nur gebrochen, sondern abgehauen wurden, was zu Verbluten und damit zu schnellem Tod geführt hätte. Falls die Beine (manchmal offenbar auch die Arme) aber doch nur gebrochen wurden, dann wohl, um den Körper seiner Stütze zu berauben und die oben geschilderten Symptome des Kreislaufkollapses schneller zu erzielen. Nicht vergessen darf man die Sonnenglut, Temperaturschwankungen, Durst und Wundbrand, die den Gekreuzigten quälten. Zu den Todesfaktoren aber zählen sie nicht.

Als Verschärfung der Kreuzesstrafe kam bisweilen noch eine Steinigung oder auch Verbrennung am Kreuz hinzu. So soll der Apostel Philippus, als er bereits am Kreuz hing, vom Pöbel noch gesteinigt worden sein[20]. Die Verbrennung am Kreuz aber schätzte Kaiser Nero und ließ sie nach dem großen Brand von Rom besonders an den Christen exekutieren. In der Art der Ausführung unterschieden sich diese Verbrennungen kaum von den späteren mittelalterlichen Hexenverbrennungen.

Daß der Tote nicht vom Kreuz genommen und auch nicht beerdigt werden durfte, wurde bereits angemerkt. Letztere Vorschrift galt für mehrere andere Hinrichtungsarten ebenfalls.

Sie hatte zum Ziel, dem Verurteilten den Zugang zum Totenreich zu verwehren, und bedeutete für den Verurteilten, wie beim Felssturz, die völlige Auflösung ins Nichts, die Auslöschung aller seiner Jenseitshoffnungen. Diese Vorstellungen sind später auch in christliches Glaubensgut übergegangen. Mit gebrochenen Knochen oder unvollständigem Skelett hielt man die Auferstehung am Jüngsten Tag für unmöglich. Die Verweigerung eines ehrlichen Begräbnisses kam also einem zweiten Todesurteil gleich, einem Todesurteil für die Jenseitserwartung des Armen Sünders.

Bemerkenswert ist noch, daß die Kreuzigung eine reine Männerstrafe war. Frauen wurden nicht gekreuzigt. Die Gründe dafür sind nicht mehr aufzuhellen; sie liegen in der Mythologie der Vorzeit und sind mit ihr verschollen.

Untersuchen wir noch, was wir von der folgenschwersten Kreuzigung der Weltgeschichte, von der Kreuzigung des Jesus von Nazareth wissen.

Um es gleich zu sagen: es ist nicht viel. Wenn man Jesus als historische Person gelten läßt – wofür es immer noch nur sehr dürftige Beweise gibt –, so wissen wir doch von der Kreuzigung dieses Mannes so gut wie nichts.

Diejenigen, die sie beschrieben haben, waren nicht dabei. Auch von seinen Jüngern hat kein einziger diese Kreuzigung als Augenzeuge miterlebt, einige Anhänger sahen sie nur aus der Ferne. Die Berichte über Jesu Kreuzigung sind Jahrzehnte nach dem Ereignis entstanden und widersprechen einander in wichtigen Einzelheiten. Sie wurden niedergeschrieben zu einer Zeit, als bereits die Legendenbildung begonnen hatte und Bedürfnis nach dem Wunderbaren bestand.

Die Tatsache, daß alle Überlieferungen von einer *Kreuzigung* Jesu und nicht etwa von Steinigung, von Felssturz oder Enthauptung erzählen, spricht allerdings dafür, daß in diesen Überlieferungen ein wahrer Kern steckt.

Die Kreuzigung war die schimpflichste Strafe der Römer. Noch schändlicher fast war sie für die Juden. Daß man den Messias, den für Gottes Sohn gehaltenen Heilsbringer ausgerechnet den Tod der Sklaven und Räuber sterben ließ, kann nicht Kalkül irgendwelcher Fabulierer gewesen sein. Dahinter darf man ein reales Ereignis vermuten. Besonders die Tatsache, daß der Leichnam des Gerichteten am Kreuz hängen bleiben mußte, verletzte das religiöse Gefühl der Juden jener Zeit. Ein über Nacht unbegrabener Leichnam verunreinigte das Land, so glaubten sie. Die Römer, die zur Zeit Jesu als Besatzungsmacht über die Juden herrschten, zwangen ihnen ihr Besat-

Jacques Callot, Die Hinrichtung, um 1629.
Nicht realistische Darstellung von Märtyrer-Verfolgungen.

zungsrecht und auch die Kreuzigung auf. Vor allem wenn es galt, Aufruhr gegen die Römerherrschaft zu bestrafen, war das Kreuzigen die übliche Hinrichtungsart.

Daß Jesus als Aufrührer angesehen wurde, dafür sorgten seine jüdischen Ankläger. Das Kreuz war also die ihm gebührende Strafe.

Der Prozeß Jesu soll uns im Rahmen dieser Abhandlung nicht interessieren. Der Angeklagte wird sofort nach dem ergangenen Urteil gegeißelt, was im Rahmen des üblichen Verfahrens liegt. In der Dornenkrönung mag man eine Verhöhnung der jüdischen Messiasidee durch Pilatus sehen. Dann tritt Jesus seinen letzten Gang an.

Er muß, wie die Evangelisten übereinstimmend berichten, sein Kreuz selbst tragen. Doch festgefügte, für alle Eventualitäten bereitstehende Kreuze gab es nicht, wie schon dargelegt wurde. Was also trug Jesus?

Das Querholz? Dieses jedoch ist nie sehr schwer. Nach dem Passionsbericht aber bricht Jesus unter der Last seines Marterholzes zusammen. Man zwingt daher einen vom Felde heimkehrenden Ackerbürger, Simon von Kyrene, für den Verurteilten das Holz zum Richtplatz zu tragen. Die Wahrscheinlichkeit ist groß, daß es sich hier um den Pfahl, den Unglücksbaum selbst handelte. Dies wäre zwar ungewöhnlich gewesen, mochte aber vielleicht mit dem bevorstehenden Passahfest zusammenhängen.

Zu diesem Fest waren Tausende von Pilgern nach Jerusalem gekommen, und es lag in höchstem Maße im Interesse der Römer, diese Leute nicht zu provozieren. Daher auch die Eile und die Besorgnis, daß der oder die Verurteilten auch rechtzeitig gekreuzigt würden. Vor Einbruch der Dunkelheit mußten sie tot und ihre Leichname vom Kreuz abgenommen sein, damit nicht der hohe Festtag geschändet wurde.

Der Trank, den man Jesus kurz vor der Kreuzigung reichte, entsprach altem jüdischen Brauch, wonach dem Todgeweihten vor der Hinrichtung ein starker, mit berauschenden Beigaben gewürzter Wein gereicht wurde. Hinter dieser Handlung steckte sicher eine alte magische Bedeutung, wahrscheinlich eine unheilabwehrende. Da Jesus den Trank ablehnte, empfand er vielleicht diese »heidnische«, abergläubische Bedeutung noch.

Dann kreuzigte man ihn – ob mit *patibulum* oder nur am einfachen Pfahl, ist nicht mehr zu entscheiden. Die Wahrscheinlichkeit spricht eher für den einfachen Pfahl. Die Hände ließen sich jedenfalls auch am Pfahl annageln, über dem Kopf des Verurteilten.

Die Aufteilung der Kleidungsstücke und das Anbringen des *titulus* – des Schildes mit der gegen den Verurteilten erhobenen Beschuldigung – gehörten zur römischen Kreuzigung.
Möglich, daß die Evangelisten erst im nachhinein, aus ihrer Kenntnis der Kreuzigungsgebräuche heraus, diese Momente für die Passionsgeschichte zurechtschneiderten. Das Schild mit der bekannten Aufschrift INRI (Jesus Nazarenus Rex Judaeorum, Jesus von Nazareth, König der Juden) wirkt jedenfalls sehr legendenhaft. Nach den alten Kirchenvätern soll es sogar dreisprachig abgefaßt gewesen sein: lateinisch, griechisch und hebräisch. Gesehen hat es freilich keiner der Chronisten.

Daß Jesu Hände genagelt waren, wird im Johannesevangelium ausdrücklich erwähnt (Johannes 20, 25). Von den Füßen aber weiß die älteste Überlieferung nichts. In keinem der vier Evangelien steht mit zweifelsfreien, klaren Worten, daß Jesu Füße angenagelt waren. Eher ist das Gegenteil herauszulesen. Der ungläubige Thomas will seine Hand erst in die Wundmale der genagelten Hände und des Lanzenstichs legen, ehe er an Jesu Auferstehung glaubt. Von den Wundmalen der Füße sagt er nichts. Erst die Kirchenväter des dritten nachchristlichen Jahrhunderts, unter ihnen besonders Tertullian, vertraten mit Nachdruck die Auffassung, daß Jesu Füße angenagelt gewesen seien. Sie stützten diese Auffassung aber nicht etwa auf irgendwelche uns nicht mehr bekannte Überlieferungen, sondern auf Psalm 22, Vers 17, in dem es heißt:

Wie Hunde haben sie mich umringt,
es bedrängt mich der Bösen Rotte,
sie durchbohrten Hände und Füße mir.

In diesem Vers, der einige hundert Jahre vor Jesu Kreuzigung gedichtet wurde, sahen die alten Kirchenväter eine Prophezeiung der künftigen Leiden des Herrn. Und da sie ohnehin möglichst jeden Satz der heiligen Schriften wortwörtlich auffaßten, nahmen sie also diese symbolhafte Prophezeiung als einen klaren, nicht zu widerlegenden Beweis für die Fußnagelung.
Im Hintergrund stand dabei ihr Bestreben, das Leiden und Sterben Jesu möglichst über das normale Maß der Schandstrafe herauszuheben, ihm den Zug des Besonderen, Einmaligen zu verleihen. Das war zu jener Zeit, da das Christentum noch um seinen Bestand kämpfen mußte, durchaus verständlich. Noch immer wurde im weiten Römischen Reich gekreuzigt, noch immer war das Kreuz die

schimpfliche Strafe der Sklaven, Räuber und Wegelagerer. Ein Heiland, der von diesem Schandholz gestiegen war, mußte es schwer haben, bei den breiten Volksmassen Ansehen zu erlangen.

Sicher ist diese Tatsache auch der Grund dafür, weshalb es aus jener Zeit, als das Kreuz noch fleißig benutzt wurde, keine künstlerischen Darstellungen eines Kruzifixus gibt. Denen, die sie noch selbst erlebt hatten, war eine Kreuzigung eine viel zu anrüchige Sache – im wahrsten Sinne des Wortes. Sie hätten sich für eine künstlerische Behandlung des Themas bedankt. Erst als die Kreuze schon lange verschwunden waren, wagte man sich an eine verklärende Darstellung. Auf den beiden oben angeführten frühen Beispielen sind übrigens bemerkenswerterweise die Füße noch nicht angenagelt.

Über das relativ schnelle Sterben Jesu ist viel gerätselt worden. Ans Kreuz geheftet wurde er nach den Berichten der Evangelien um die dritte Stunde, das ist morgens, neun Uhr nach unserer Zeit. Gestorben ist er nach derselben Quelle um die neunte Stunde, das wäre also nachmittags gegen drei Uhr. Sechs Stunden hätte er demnach am Kreuz gehangen. Diese Zeit kann völlig ausreichend sein am Kreuz zu sterben, erst recht, wenn die Henker in der Eile etwa das *sedile* weggelassen hatten und die Füße des Gekreuzigten frei hingen.

Die Kreuzabnahme war ein Zugeständnis der Römer an den Glauben der Juden, wir dürfen sie also für sehr wahrscheinlich halten. Über die Auferstehung zu rätseln kann nicht in den Rahmen dieser Untersuchung gehören.

Angeschnitten werden soll aber noch kurz die Frage, wie es zum christlichen Symbol des Kreuzes kam, obwohl doch das Kreuz meist nur ein Pfahl war.

Wieder ist hier der Kirchenvater Tertullian zu nennen. Er lebte etwa von 160 bis 220 nach Christus und verteidigte mit Vehemenz die uns bekannte Kreuzesform als diejenige des Marterholzes, an dem Jesus starb. Sein Hauptargument ist auch hier, wie schon bei der Frage der Fußnagelung, daß Jesus »auf eine auszeichnende Art« gekreuzigt worden sein müsse[21]. Diese Argumentation beweist uns heute eigentlich eher das Gegenteil; denn da Christus zumindest von den Römern keineswegs als Außergewöhnlicher angesehen wurde, werden sie ihn mit größter Wahrscheinlichkeit eher auf die normale, übliche Art gekreuzigt haben.

Doch die Ansicht des Kirchenvaters wurde zweifellos noch von einem starken ästhetischen Empfinden und vielleicht auch von unterschwelligen, älteren Mythologie-Resten gestützt. Die gekreuzten

Balken sind eindeutig von viel stärkerer optischer Eindringlichkeit als etwa ein einfacher Strich. Man könnte mit den Worten moderner Werbepsychologie sagen, daß das Kreuz ein erstrangiges optisches Signal darstellt.

Hinzu kommt, daß es das Kreuz als Symbol durchaus schon gab. Bereits zweitausend Jahre vor Christi Tod taucht es auf jungsteinzeitlichen Tontrommeln auf. Bei den Assyrern ist es ein Sinnbild für die Sonne, und damit stößt man wohl auf den tiefsten Grund seiner Symbolkraft.

Im alten Ägypten galt das Kreuz als Symbol des ewigen Lebens. Naheliegend im wahrsten Sinne, daß diese Bedeutung im damaligen Mittelmeerraum nicht unbekannt war. In Herculaneum, dem von der Lava des Vesuvs im Jahre 79 nach Christus verschütteten Ort, wurde an der Wand eines Hauses ein Kreuzeszeichen entdeckt. Daß es sich hier mit weit größerer Wahrscheinlichkeit um ein heidnisches Symbol als um eine frühe Darstellung des christlichen Kreuzes handelt, liegt auf der Hand.

Hinter der Erhebung des Kreuzes zum Symbol des Christentums steckt letztlich das Bedürfnis nach einem einfachen, sinnfälligen, bedeutungsträchtigen Zeichen. Dieses Zeichen war bereits bekannt; aber erst das Christentum erfüllte es mit einem religiösen Gehalt von unerschöpflicher Tiefe. So ist eines der fürchterlichsten Hinrichtungsinstrumente zum Symbol von Liebe und Vergebung geworden.

Nicht verschwiegen werden soll, daß nach einer alten Legende die Kaiserin Helena, die Mutter Konstantins des Großen, um 320 in Jerusalem die drei Kreuze, also das Kreuz Jesu Christi und die beiden der Schächer, aufgefunden haben soll. Die historische Wahrscheinlichkeit dieser Erzählung ist natürlich gleich Null.

Immerhin führen aber zahllose Kreuzreliquien ihren Ursprung auf diesen legendären Fund zurück.

Drittes Kapitel

Hängen

Kreuz und Galgen sind Geschwister und stammen aus der gleichen Wurzel. Während im Süden, in den Mittelmeerländern und im Vorderen Orient gekreuzigt wurde, haben die nordischen Völker gehängt. Doch waren Kreuz und Galgen in der Frühzeit noch so sehr

Instrumente der gleichen Strafe, daß im Heliand, der altsächsischen Nachdichtung des Neuen Testaments, um 830 nach Christus entstanden, das Kreuz Christi als Galgen bezeichnet wird. Auch im Altfriesischen und Altangelsächsischen werden Kreuz und Galgen gleichgesetzt[1]. Zumindest die Schimpflichkeit der Kreuzesstrafe, die uns heute nicht mehr leicht nachempfindbar ist, wurde damit genau getroffen.

Allerdings war der Galgen ursprünglich noch kein »Strafinstrument«, ebensowenig wie das frühe Kreuz, sondern gehängt wurde schlichtweg an einem Ast, und zwar bevorzugt am dürren Ast einer gewaltigen Eiche. Daß es eine Eiche sein mußte, ist vielfach belegt. Überall in den nordischen Ländern standen die »Hängeeichen« oder auch »Diebseichen«, so genannt natürlich nach der Gattung von Übeltätern, die hauptsächlich diese Bäume zierten.

Unter Karl dem Großen wurden dann die ersten echten Galgen erbaut, während im Süden, in den Mittelmeerländern, die *furca* bereits seit Verbot des Kreuzigens zu einem galgenähnlichen Strafinstrument geworden war und die Nachfolge des Kreuzes angetreten hatte.

In der Formelsprache der alten Gerichte hieß das Hängen »das Richten mit trockener Hand«. In dieser Redewendung kommt zum Ausdruck, daß der Henker beim Hängen kein Blut vergießt; ja, in der ursprünglichen Form des Hängens hat er dem Verurteilten wahrscheinlich nicht einmal direkt den Tod zugefügt, sondern hat ihn lediglich wie beim Kreuzigen den todbringenden Mächten der Elemente ausgesetzt.

Das hohe Alter des Hängens als Hinrichtungsart ist unstreitig. Ganz ohne Zweifel stammt es noch aus der Zeit der Menschenopfer und hat alte Opferrituale bis in die Gegenwart beibehalten.

Der Gehängte war ursprünglich dem Sturmgott und dessen Dämonen, im Norden dem Gott Wotan und seinem wilden Heer geweiht. Ihnen gehörten Körper und Seele des Gehängten. Daher war es bis in die Neuzeit verboten, den Toten vom Galgen zu nehmen. Er mußte hängen bleiben, bis sich sein Körper (ebenso wie der des Gekreuzigten) von selbst auflöste und in Einzelteilen herabfiel. Dann erst durften die Henkersknechte die Relikte unter dem Galgen verscharren. In den alten Urteilssprüchen hieß es, der Verurteilte solle »den Vögeln übergeben werden«. »Man hänge ihn für den Wind hin«, damit er »am Galgen reite«, womit das Baumeln des Gehängten im Winde gemeint war.

Der Sturmgott Wotan, als einäugiger Gott auch Verkörperung der Sonne, jagte als Wilder Jäger mit seinen Dämonen im Sturmesbrausen über die Wälder dahin. Er war aber auch Kriegsgott, dem man Opfer bringen mußte, damit einem das Schlachtenglück treu blieb. Raben und Wölfe waren Wotans heilige Tiere; die Raben galten als seine Boten. Wenn also Raben sich auf den Gehängten setzten und an ihm zu reißen und zu picken begannen, so war dies ein glückverheißendes Zeichen: Der Gott hatte das Opfer angenommen, er war den Opfernden gnädig gesonnen. Nach der Schlacht im Teutoburger Wald sollen die Germanen zahlreiche Römer gehängt, dem Gott Wotan geopfert haben[2].
Um dem Sturmgott ungehinderten Zutritt zum Geopferten zu gewähren, standen die Hängebäume und später die Galgen fast immer auf kahlen Höhen, weit draußen vor der Ortschaft und, wenn irgend möglich, nördlich davon, denn der Norden, die Mitternachtsseite, galt von alters her als Unglücksrichtung. Es war die Weltgegend, in der die Schicksalsmächte wohnten. Von Norden her schickten sie Unheil und Tod. Der gen Norden Gehängte sollte also als starkes Opfer ihren Zorn besänftigen, ehe er über die Gemeinschaft kam.
Es sind Reste uralter Kultvorstellungen, die sich auch in späteren christlichen Jahrhunderten noch lange Zeit in verschiedenen magisch-religiösen Vorschriften zum Galgenbau äußerten. Solange der Galgen aus Stämmen und Balken errichtet wurde, mußten diese aus Eichenholz sein. Die Balken sollten astlos und entrindet, der Galgen nicht genagelt sein[3]. Noch lange Zeit hat sich in der Strafjustiz diese Vorliebe für die Eiche gehalten. Bei einer Aufstellung der Sammlung alter Strafinstrumente im Bayerischen Nationalmuseum stellte sich heraus, daß fast alle Holzteile aus Eiche waren[4].
Das im Unterbewußtsein wirkende starke Tötungstabu ließ sich also nur unter Einhaltung strenger Rituale – hier Anwendung des Eichenholzes – straflos übertreten.
Dafür, daß das Hängen ursprünglich eine Variante des Menschenopfers war, gibt es ein schriftliches Zeugnis aus geschichtlicher Zeit. Es wurde uns von Adam von Bremen hinterlassen, einem Chronisten der nordgermanischen Völker, der um das Jahr 1000 nach Christus lebte. Er berichtet neben anderem in seiner Chronik[5] von einem bedeutenden heidnischen Heiligtum, das in der Nähe der heutigen schwedischen Stadt Uppsala lag[6].
»Wenn ein Christ im neunten, zehnten oder noch in einem guten Teil des elften Jahrhunderts das große Heiligtum des Nordens in

Uppsala besucht hätte, wäre er Zeuge von manchen Dingen geworden, die ihm seltsam und abstoßend vorkommen mußten.
Wenn er in den Tempelbezirk eintrat, sah er in den Bäumen die Opfer hängen, die den Göttern dargebracht waren, bald Pferde, bald Hunde oder andere Tiere, bald auch Menschen ...
Aber kam man zu einem der großen Feste, in jedem neunten Jahr etwa um die Zeit der Tag- und Nachtgleiche, da war der ganze Platz angefüllt von unendlichem Menschengewimmel. An jedem neuen Opfertage wurde mindestens ein Mensch geschlachtet und zahlreiche Tiere, die man an den Bäumen aufhängte, mit dem Spieß durchbohrte und in die heilige Quelle des Opferhains warf. Die Priester standen dabei und beobachteten, ob das Opfer wieder auftauchte oder ob es ganz verschwand. Dann hatte die Gottheit die Gabe freudig angenommen ...
Wenn dann die Feiertage um waren, zogen die Tausende wieder heim in der Erwartung, daß die Götter nunmehr Gedeihen für die Menschen und das Vieh schenkten, die Macht der Feinde und alle Krankheiten vom Lande fernhalten würden. Aber in dem Haine hingen die Überreste der Opfer. Ein Augenzeuge zählte einmal 72 Leichen in seinen Bäumen.«
Ob das Hängen von Anfang an als Erdrosselungstod gedacht war, darf man bezweifeln. Es gibt Hinweise dafür, daß die Verurteilten ursprünglich unter der Brust geschnürt wurden und dann noch tagelang am Hängebaum lebten, ebenso wie die Gekreuzigten. Bis ins späte Mittelalter hinein haben sich noch Spezialformen des Hängens erhalten, bei denen der Verurteilte nicht erdrosselt wurde; so etwa das Hängen an den Füßen.
Bei all diesen Formen des »Lebendhängens« handelte es sich durchweg um Strafverschärfungen. Es ist denkbar, daß das Hängen am Hals, also das Erdrosseln, ursprünglich nur ein Gnadenerweis war und erst später zum eigentlichen Strafziel wurde.
Diese These findet Unterstützung durch die Tatsache, daß in germanischer und frühmittelalterlicher Zeit der Verurteilte an zusammengedrehten Eichenzweigen gehängt wurde[7]. Nun kann man sich leicht vorstellen, daß sich aus derart störrischem Material keine elastische Schlinge bilden läßt, die sich ganz eng zuzieht und die Luftröhre fest abschließt. Eher läßt sich vielleicht denken, daß durch eine solche Schlinge die Halsschlagadern abgedrückt werden und der Tod durch mangelnde Versorgung des Gehirns mit Blut eintritt. Aber auch das ist nur eine These. Am wahrscheinlichsten ist wohl, daß der

Mischform zwischen Kreuzigen und Hängen.
Anonyme italienische Darstellung des 17. Jh.s

Gehängte in der Frühzeit ebenso wie der Gekreuzigte noch eine kürzere oder längere qualvolle Zeit durchleiden mußte, ehe der Tod ihn erlöste.

Der Galgen war ursprünglich nur Männern vorbehalten, das Hängen also eine reine Männerstrafe. Dasselbe galt ja für das Kreuz. Da der Verurteilte meist nackt oder nur im Hemd gehängt wurde, hat man angenommen, daß es sittliche Erwägungen gewesen seien, weshalb man Frauen früher nicht hängte. Doch mit dieser Vermutung geht man sicher in die Irre. Schließlich war man bei der Frauenstrafe des Ertränkens auch nicht prüde. Eher dürfte es sich bei diesem Sachverhalt wieder um Auswirkungen alter Überzeugungen aus der Zeit der Menschenopfer gehandelt haben. Der Sturmgott, der zugleich auch Kriegsgott war, nahm nur Männer als Opfer an, weil er deren Seelen einreihen konnte in sein himmlisches Geisterheer. Für Frauen waren andere Gottheiten zuständig.

Des weiteren blieb der Galgen zunächst nur für Diebe vorgesehen. »Diebsgalgen« hieß er daher auch, und jeder Gehängte wurde aus diesem Grund automatisch als Dieb angesehen. Interessant ist die Lösung, die man im frühen Mittelalter für den Fall gefunden hatte, daß eine Frau des Diebstahls überführt worden war. Als Diebin wäre sie eigentlich dem Galgen verfallen gewesen. Da Frauen aber

nicht gehängt werden durften, begnügte man sich in einem solchen Fall damit, daß der Mann oder der Vater der Frau sie auslöste und ein entsprechendes Bußgeld zahlte.
Ohnehin scheint man in der Frühzeit Frauen weit seltener hingerichtet zu haben als Männer; Frauen konnten auch nicht friedlos werden[8].
Die genannten Einschränkungen für den Galgen – also: Strafinstrument nur für Männer und nur für Diebe – fielen im Laufe des Hochmittelalters nach und nach weitgehend weg. Der Galgen erhielt dadurch eine immer größere Bedeutung für die Strafjustiz, ja für das gesamte mittelalterliche Leben.
Zunächst wurden die dem Diebstahl verwandten Delikte wie Hehlerei, Unterschlagung, Fälschung und ähnliche, ebenfalls mit dem Galgen bestraft. Später dann zog man den Kreis noch weiter. In gewissen Gebieten wurde der Galgen schließlich zum Strafinstrument für fast alle Kapitalverbrechen. Das gilt zum Beispiel für die Normandie, in der bereits um das Jahr 1200 nach Christus alle schweren Delikte mit Hängen geahndet wurden[9]. Auch in England wurde der Galgen im Lauf der Zeit zum Hauptstrafinstrument.
Die andere Einschränkung, wonach der Galgen den Männern vorbehalten sein sollte, fiel mit der Zeit ebenfalls: zweifelhafter Erfolg einer zweifelhaften Emanzipation.
Allerdings blieb die Zahl der Frauen, die gehängt wurden, doch immer entscheidend niedriger als die Zahl der am Galgen endenden Männer.
Die älteste Form des echten Galgens – im Gegensatz zur Hängeeiche – war wohl die des sogenannten Kniegalgens. Er besteht aus einem aufgerichteten Stamm oder Pfahl, von dem oben ein waagrechter, verstrebter Arm abzweigt. Diese Form dürfte auch die bekannteste und vertrauteste Galgenart sein; sie war aber keineswegs die verbreitetste. Der entscheidende Nachteil eines Kniegalgens bestand nämlich darin, daß er nur für einen einzigen Delinquenten ausreichte. Da der Verurteilte aber einerseits lange am Galgen hängen sollte, andererseits aber weiterer »Nachschub« an Verurteilten auf das Hängen wartete, bestand ein großer Bedarf an Hängemöglichkeiten. So lief die Entwicklung sehr schnell auf größere Galgen hinaus.
Die nächste Entwicklungsstufe brachte den Gabelgalgen hervor. Auch er war noch recht schlicht und bestand aus zwei senkrecht in die Erde gerammten Stämmen, die oben in Astgabeln oder Lagern einen verbindenden, starken Querbalken trugen. An diesem Quer-

balken konnten nun je nach seiner Länge mehrere Übeltäter gleichzeitig hängen.
Aber auch diese Weiterentwicklung sollte sich noch als ungenügend erweisen. Vor allem der Bedarf der Städte an Hinrichtungsmöglichkeiten konnte mit dem Gabelgalgen nicht lange gedeckt werden, und so entstand schließlich jene für die Strafjustiz des Spätmittelalters und der frühen Neuzeit so charakteristische Galgenstätte, die als sogenanntes Hochgericht gruselig bekannt und berüchtigt wurde.
Das Hochgericht lag ebenso wie die früheren Galgenstätten meist auf einem kahlen Hügel weit draußen vor den Mauern der Stadt. Es bestand im allgemeinen aus drei gemauerten, starken Säulen, die oben durch Querbalken verbunden waren. »Dreischläfrig« nannte der Volksmund diese Galgenform. Häufig standen die Säulen noch auf einem gemauerten Fundament. Wenn auch der dreisäulige Galgen noch nicht ausreichte, dann errichtete man vier- oder mehrsäulige Hochgerichte, die bisweilen auch noch zweistöckig waren, wobei das »Obergeschoß« für besondere Übeltäter reserviert blieb. Je höher jemand gehängt wurde, desto schimpflicher seine Strafe.
Ein wahres Monstrum an Galgen und wohl die umfangreichste Hinrichtungsstätte des Spätmittelalters war der Pariser Hauptgalgen. Er

Hängen eines Juden in Weißenstein, Schwaben, zusammen mit zwei Hunden, 1548.
Aus Johann Stumpffs »Schweizer Chronik«.

erhob sich auf dem Montfaucon, im Nordosten der Stadt, und bestand aus sechzehn Säulen, die ein zweistöckiges Hochgericht bildeten. Seine Höhe betrug etwa fünfzehn Meter[10]. Während des fünfzehnten Jahrhunderts sollen oft einige Dutzend Leichen gleichzeitig an den Balken gehangen haben, im Wind schaukelnd, von Krähenschwärmen umflattert und Verwesungsgestank weithin verbreitend.
Einige Reste des Pariser Hochgerichts, darunter eine etwa zehn Meter hohe Säule, sind in die Trennwand zwischen den Gebäuden Rue de la Grange-aux-Belles, Nr. 53 und Nr. 55, eingemauert worden[11].
Den Eindruck, den die Hochgerichte auf die Menschen jener Zeit – und ganz besonders auf die Armen Sünder – machten, hat der französische Vagantendichter des fünfzehnten Jahrhunderts, François Villon, der selbst zum Galgen verurteilt war, in unübertreffliche Verse gebracht:

Der Regen wäscht uns ab und spült uns rein;
die Sonne trocknet uns und dörrt uns braun,
die Raben hacken uns die Augen ein,
und Elstern zupfen Bart und Augenbrauen.
Und niemals haben Ruhe wir
und wiegen bald hin, bald her,
so wie im Übermut der Wind mit uns
sein Spiel treibt zum Vergnügen[12].

In den deutschen Ländern besaß seinerzeit Lübeck den größten Galgen – wohl für den Fall, daß eine größere Partie Seeräuber zu hängen war. Der Lübecker Galgen bestand zwar nur aus fünf gemauerten Steinsäulen, doch sein zweites Stockwerk ragte bis in eine Höhe von zwanzig Metern empor. Es ist leicht vorstellbar, welch schaurig-imposantes Bild der Galgen bot, wenn er mit mehreren armen Sündern bestückt war.
Der Galgen von London stand in Tyburn, am heutigen Hyde-Park nahe dem bekannten Marble Arch. Als genauer Standort des ehemaligen festen Galgens gilt die Ecke Edgware Road und Bayswater Road. Hier in Tyburn wurde seit dem zwölften Jahrhundert hingerichtet. Allerdings benutzte man bis ins sechzehnte Jahrhundert hinein noch eine Gruppe von alten Bäumen, die auf den Tyburn Fields standen, als Hängebäume. Später erst errichtete man den stationären, dreisäuligen Galgen. Er brauchte nicht groß zu sein, da man in England die Hingerichteten meist nicht lange hängen ließ, sondern

Hängen, 1548.
Aus Johann Stumpffs »Schweizer Chronik«.

nach etwa einer halben Stunde vom Galgen holte. Entweder wurden sie dann den Verwandten und Freunden zur Beeerdigung oder den Medizinern zur Sektion übergeben. Ab 1759 benutzte man dann einen transportablen Galgen, der jeweils auf- und abgebaut werden konnte. Bisweilen, wenn mehrere Delinquenten zu hängen waren, überspannte sein Querbalken die gesamte Edgware Road.
Rechts und links waren Zuschauertribünen aufgeschlagen, deren Plätze besonders bei der Hinrichtung bekannter Persönlichkeiten zu hohen Preisen vermietet wurden[13]. Für sogenannte Schwerverbrecher – oder was man damals dafür hielt – gab es allerdings auch in England das Hängenlassen am Galgen. Man hatte sich dafür sogar eine besondere Prozedur ausgedacht: *hanging in chains,* nannte man das Verfahren. Der Verurteilte wurde zunächst nach der normalen Weise gehängt, dann in Eisenketten geschlagen und anschließend in heißes Pech oder Teer getaucht. Danach hängte man ihn wieder an einen besonderen Galgen, meist außerhalb der Stadt. Diese Prozedur sollte den Körper so lange wie möglich konservieren, damit er den schaudernden Mitmenschen zur Abschreckung diene. So wird von einem gewissen James Hill, der in Portsmouth als Brandstifter gehängt wurde, berichtet, daß sein Leichnam am Hafen noch meh-

rere Jahre in Ketten am Galgen hing und der Auflösung widerstand[14].
Der Galgen in Tyburn war jedoch durchaus nicht der einzige von London. Ein Reisender des achtzehnten Jahrhunderts beschreibt London als »die Stadt der Galgen«, und er schildert, wo überall in und um London man auf Galgen traf. »Wo immer man nach London hineinkommt, muß man stets eine Reihe von Galgen passieren. An den Ufern der Themse stehen sie, beladen mit den verwesenden Resten von Meuterern oder Mördern. Auch am Execution Dock steht ein Galgen für die gleichen Übeltäter. Reist man von Westen über die Oxford Street an, muß man die Galgenbäume von Tyburn passieren. Auf allen Heiden und in allen Wäldern um London herum wird man von quietschenden Ketten geschreckt, an denen Straßenräuber hängen.
Aber selbst mitten in der Stadt, auf der Fleet Street, der Bow Street, dem Strand, in der Old Street oder auf dem Haymarket stehen Galgen[15].«
Dasselbe galt allerdings für ganz Mitteleuropa. Während des ausgehenden Mittelalters und der beginnenden Neuzeit waren die Landschaften Europas von den düsteren Silhouetten der Hochgerichte gekennzeichnet. Nicht nur jede Stadt, sondern auch die Herrensitze, Dörfer und oft sogar die Klöster verfügten über eigene Galgen. Da das Hochgericht zum Symbol der Blutgerichtsbarkeit und somit der landesherrlichen Macht geworden war, gehörte es zu den erstrebten Statussymbolen jener Zeit.
In Yorkshire beispielsweise zählte man Ende des dreizehnten Jahrhunderts mehr als neunzig Galgen[16]. Eine Karte der Markgrafschaft Ansbach aus dem Jahre 1719 verzeichnete 49 Hochgerichte oder Galgen[17].
Ähnlich war es in Osteuropa und Österreich, in Frankreich, Holland, in der Schweiz und in Italien. Überall auf den Hügeln, bei jeder Ortschaft ragten die Galgen auf. Das Hochgericht der Stadt Zürich etwa stand auf einem Hügel namens Kalenberg, das von Bonn in der Nähe des Redemptoristenklosters zu St. Joseph auf der Höh[18].
Die Stadt Bern besaß gleich zwei Hochgerichte: Der Galgen »obenaus« stand auf dem »Galgenhübeli«, heute zum Areal des Inselspitals gehörig; der Galgen »untenaus« stand westlich des heutigen Schoßhaldenfriedhofs auf dem »Oberen Galgenfeld[19]«. Der Nürnberger Galgen samt Enthauptungsstätte stand vor dem Frauentor, der Hamburger Galgen vor dem Steintor, nahe dem Lübecker Tor. Im Rheinland sind zahlreiche alte Galgenberge unterdessen zu

Ein Wippgalgen.
Aus Jacques Callots »Großen Schrecken des Krieges«, 1633.

Weinbergen geworden und bringen renommierte Weine hervor, so der Niersteiner, der Kreuznacher und der Hackenheimer Galgenberg.
Auf einer alten Stadtansicht von Amsterdam (in Braun und Hogenberg, 1572) sind ein Kniegalgen, ein zweistöckiger Gabelgalgen und ein dreiteiliger Galgen zu erkennen; alle drei hängen voller Hingerichteter[20]. Auf Rhodos sah ein Reisender im Jahr 1497 einen Galgen, an dem 63 Türken hingen[21].
Auch das alte New York hatte seine öffentlichen Galgen. Einer stand an der Ecke Broadway und Leonard Street. Dort ist Mitte des vorigen Jahrhunderts noch ein Polizistenmörder gehängt worden. Ein zweiter Galgen, ausschließlich für kriminelle Seeleute bestimmt, stand ausgerechnet an der Stelle, an der sich heute die Freiheitsstatue erhebt. Dort ist noch 1860 ein Mann gehängt worden, der auf einem Schiff einen dreifachen Mord begangen hatte[22].
Der besterhaltene Galgen in Deutschland, der die Jahrhunderte fast unbeschädigt überdauert hat, steht noch heute bei Beerfelden im Odenwaldkreis, nördlich von Eberbach am Neckar. Es handelt sich um einen dreiteiligen Galgen mit soliden Steinsäulen, die durch eiserne Querstreben verbunden sind. Die letzte Hinrichtung fand hier 1804 statt: Eine Zigeunerin wurde gehängt, weil sie zwei Brote und ein Huhn gestohlen hatte. (Allerdings soll auch in den Wirren des Kriegsendes von 1945 hier noch ein Mann gehängt worden sein[23].)

Wie wurde nun das Hängen vollzogen? Es gab dafür zwei Verfahren: Entweder mußte der gefesselte Verurteilte selbst die Leiter hinaufsteigen, und der Henker stieß ihn dann oben, nachdem er ihm

die Schlinge um den Hals gelegt hatte, von der Leiter; oder der Verurteilte wurde von den Henkersknechten an einem Gurt am Galgen aufgezogen. Dieses zweite Verfahren war ziemlich umständlich. Es hatte aber den Vorteil, daß man nicht auf die Gutwilligkeit des Verurteilten angewiesen war.
Immerhin erwartete man ja beim ersten Verfahren, daß der Delinquent selbsttätig und aus freiem Willen die Galgenleiter hinauf und seinem Tod entgegenstieg. Selbst wenn Fälle von verzweifeltem letzten Widerstand selten vorkamen – ein interessantes psychologisches Phänomen –, so mußte man doch damit rechnen, daß der Verurteilte im Aufruhr seiner Gefühle einfach zu schwach und nicht mehr in der Lage war, die Leiter hinaufzusteigen. Das galt besonders natürlich für hohe Galgen. Um das Hinaufsteigen etwas zu erleichtern, war die Leiter manchmal aus drei Bäumen zusammengefügt. Es handelte sich also praktisch um eine Doppelleiter, wobei eine Seite für den Verurteilten, die andere für den Henker bestimmt war.
Der Verurteilte mußte übrigens rückwärts die Leiter hinaufsteigen. Der Grund dafür ist ungewiß. Fürchtete sich vielleicht der obenstehende Henker vor dem »bösen Blick« des Mannes, der seine letzten Sekunden durchlebte? Oder hatte es ganz einfach praktische Gründe, weil man den Verurteilten, falls er schwach werden sollte, von rückwärts besser packen und die Leiter hinaufziehen konnte? Oft wurde dem Verurteilten vor dem Hängen auch eine schwarze Haube über den Kopf gestülpt. Darin ist mit Sicherheit eine alte Vorsichtsmaßnahme gegen den »bösen Blick« zu sehen. Die magische Kraft im Blick eines Menschen, der sich zu sterben anschickt, ist nach uralter Überzeugung unheilbringend und sehr gefährlich. Daher haben die Henker immer wieder Vorkehrungen gegen diese magische Kraft zu finden gesucht.
In Wahrheit sind es natürlich die Anwandlungen des Mitleids und die späteren Gewissensqualen, vor denen sich die Henker fürchten. Nirgends drückt sich der Aufruhr der Gefühle so unmittelbar aus wie im Auge. Hat der Henker nur ein einziges Mal in das Auge des Todgeweihten geblickt, so fällt es ihm anschließend ungeheuer schwer, seine jetzt verstärkten Tötungshemmungen zu überwinden. Dies wird von zahlreichen Henkern bestätigt. Alle mieden sie den Blick des Verurteilten. Gelang ihnen dies jedoch einmal nicht, dann mißlang ihnen meist auch die Hinrichtung.
Der Strick, an dem der Verurteilte gehangen wird, soll nicht dick, sondern möglichst dünn sein, damit er besser einschneiden und wür-

Annibale Carracci, Hängen, um 1590.
Der Verurteilte wird rücklings die Leiter hinaufgezogen.

gen kann. Er wird vom Henker über den Querbalken geführt und dann an einem Haken oder Nagel festgemacht. Der Abstand zwischen dem Kopf des Delinquenten und dem Querbalken ist klein; der Verurteilte soll, wie es bisweilen heißt, »mit dem Schopf den Galgen berühren[24]«.

Dann stößt der Henker den Verurteilten von der Leiter. Manchmal drückt er ihm den Kopf nach unten, um sein Sterben zu beschleunigen und seine Leiden abzukürzen. Außerdem legt er noch zusätzlich eine Kette über den Strick um den Hals des Delinquenten und befestigt sie am Querbalken. Sie dient dazu, den Körper weiterhin zu halten, wenn dereinst der Strick durch Zeit und Witterungseinflüsse morsch wird. Der Körper soll sich ja am Galgen auflösen. Erst wenn er in Einzelteilen herunterfällt, werden diese von den Henkersknechten unter dem Galgen verscharrt. (Am Galgen von Beerfelden sind heute noch solche Ketten zu sehen.)

Bei dem zweiten Verfahren wird dem gefesselten Delinquenten unter dem Galgen ein starker Gurt um den Leib geschnallt. Vom Gurt gehen Riemen unter den Beinen durch, sie dienen der Stabilisierung. Am Gurt befindet sich ein Haken, an dem ein kräftiges Seil befestigt wird. Dieses Seil läuft oben am Querbalken durch einen Haken oder über eine Rolle, und die Henkersknechte ziehen daran den Verurteilten zum Querbalken hinauf. Der Henker steht oben auf der Lei-

ter und erwartet den Delinquenten. Er legt ihm die Schlinge des eigentlichen Hängestricks um den Hals, ebenso die erwähnte Kette, und befestigt beide. Dann gibt er den Knechten ein Zeichen; diese lassen das Zugseil locker, und nun kann der Henker den Gurt vom Leib des Verurteilten lösen. Die Exekution ist vollzogen.
In England wurde noch ein drittes und sehr einfaches Verfahren angewandt. Man fuhr den Verurteilten einfach mit dem Armesünderkarren unter den Galgen und legte ihm die Schlinge um den Hals. Dann trieb der Henker sein Pferd wieder an und fuhr mit dem Karren unter den Füßen des Verurteilten davon. Dieser hing jetzt frei in der Luft und wurde, dem Gesetz entsprechend, erwürgt.
Das Hängen bedeutete also in den meisten Fällen einen Erdrosselungstod. Der Sturz durch eine Falltür oder ähnliches, wodurch ein Genickbruch herbeigeführt wird, war zunächst noch unbekannt und wurde erst 1783 im Londoner Gefängnis Newgate eingeführt[25]. Wir werden ihm bei der modernen Variante des Hängens wieder begegnen.
Das Sterben am Galgen war zumeist qualvoll und zog sich sehr viel länger hin, als man meinen möchte. Zwar gab es auf dem Kontinent kaum Fälle, daß jemand lebend wieder vom Galgen kam, weil der Verurteilte eben von vornherein bis zur Selbstauflösung hängen mußte. In England jedoch, wo die Hingerichteten meist nach kurzer Zeit vom Galgen genommen wurden, kam es immer wieder vor, daß Verurteilte dann noch Leben zeigten und sich nach angemessener Behandlung wieder erholten. Manchmal nur zu ihrem Unglück; denn die Behörden bestanden bisweilen darauf, daß der Elende noch einmal gehängt und diesmal wirklich zu Tode gebracht wurde.
Die Schilderungen jener, die den Galgen überlebten, sind äußerst aufschlußreich und ähneln sich meistens in der Beschreibung jener allerletzten Eindrücke, die ihnen durchs Hirn jagten, bevor sie das Bewußtsein verloren. Als besonders quälend werden von allen die letzten Vorbereitungen zur Exekution geschildert. Man kann sich auch lebhaft vorstellen, daß diese sehr sachlichen, zweckbestimmten Maßnahmen, die zu seinem Tod führen sollen, vom Verurteilten nur mit äußerstem Entsetzen und Grauen beobachtet werden können.
Berühmt geworden ist der Fall eines gewissen John Smith, der am 24. Dezember 1705 in Tyburn gehängt werden sollte. Die Exekution fand auch in der üblichen Weise statt, doch nachdem der Verurteilte bereits etwa fünfzehn Minuten am Galgen gehangen hatte, traf die

Botschaft ein, daß er begnadigt worden sei. Hastig schnitt man den Bewußtlosen vom Galgen, schleppte ihn in ein nahes Haus und ließ ihn zur Ader. Tatsächlich erlangte der Mann auch wieder das Bewußtsein und konnte sich völlig erholen. Man fragte ihn nach den Empfindungen, die er am Galgen gehabt habe, und er berichtete folgendes:

Nachdem man ihn in den freien Raum gestoßen hatte, verspürte er zunächst fürchterliche Schmerzen, die durch das Gewicht seines Körpers verursacht wurden. Alle seine Lebensgeister schienen in Aufruhr; sie drängten sich nach oben und preßten sich schließlich in seinen Kopf. Dann sah er plötzlich ein strahlendes Licht, das seiner Empfindung nach wie ein Blitz aus seinen Augen herausschoß, und danach verspürte er keinen Schmerz mehr. Nachdem man ihn jedoch abgeschnitten hatte und er wieder zu sich kam, drängte das Blut mit solcher Gewalt in seine bis dahin abgeschnürten Kopfadern zurück, daß er es wie einen Schuß empfand. Das verursachte ihm so unerträgliche Schmerzen, daß er all jene an den Galgen wünschte, die ihn abgeschnitten hatten[26].

Mehrere andere Überlebende des Galgens schildern ähnliche Lichterscheinungen, deren sie sich als letztes erinnern. Andere wieder sahen sich auf grünen Wiesen, auf schönen Feldern oder unter einer Allee grüner Bäume.

Ein anderer Begnadigter, den man ebenfalls vom Galgen schnitt, berichtete, daß er sich auf einem grünen Feld sah, das von Flüssen voller Blut durchzogen wurde. Die Blutflüsse nahmen langsam einen grünlichen Schimmer an. Er hatte das Gefühl, daß er einen bestimmten Ort am Fluß erreichen müßte, damit seine Leiden endeten, und er mühte sich verzweifelt ab – doch dann spürte er plötzlich nichts mehr[27].

Wieder andere Opfer des Galgens kamen nicht so gut davon. Von einem Mann namens Reynold wird berichtet, daß er im Jahr 1736 gehängt wurde. Als man ihn nach der vorgesehenen Frist abgeschnitten hatte und in den bereitgestellten Sarg legen wollte, kam er plötzlich wieder zu sich und begann sich zu wehren. Der Henker wollte daraufhin den noch halb geistesabwesenden Mann zum Galgen zurückschleppen und noch einmal hängen. Die Zuschauer jedoch hatten, wie oft bei ähnlichen Gelegenheiten, ihre Sympathien für den Verurteilten entdeckt und hinderten den Henker an seiner Absicht. Reynold wurde in ein benachbartes Haus gebracht, wo er jedoch trotzdem bald darauf starb[28].

Von der Kindsmörderin Anne Green erfahren wir[29], daß sie im Jahr 1650 im Schloßhof von Oxford hingerichtet wurde. Sie hing etwa eine halbe Stunde am Galgen; ihre Freunde zogen an ihren Beinen und schlugen sie auf die Brust, um ihren Tod zu beschleunigen. (Derartige Maßnahmen galten als eine besondere Gnade gegenüber dem Verurteilten.) Nachdem man sie dann vom Galgen geholt hatte, legte man sie in einen Sarg und fuhr mit ihr zur Anatomie, wo sie seziert werden sollte. Doch als man dort den Sarg öffnete, stellte man fest, daß sich ihre Brust hob, obwohl die Schlinge noch immer ungelockert um ihren Hals lag! Aus Mitleid und um ihre vermeintlichen Leiden zu beenden, stellte sich daraufhin ein Mann auf ihre Brust und ihren Leib, und ein Soldat stieß ihr den Kolben seiner Muskete gegen das Herz. Als die Herren Doktoren sich nun endlich an die Sektion machen wollten, hörten sie in der Kehle der Verurteilten ein Röcheln, und nun erst unternahmen sie Rettungsversuche. Man ließ die Frau zur Ader, legte sie in ein warmes Bett, und nach vierzehn Stunden hatte sie sich soweit erholt, daß sie wieder sprechen konnte. Die Behörden wollten sie nun zwar wieder an den Galgen zurückbringen, doch das Volk sah ihre Errettung als einen Hinweis Gottes auf ihre Unschuld an und verlangte stürmisch ihre Begnadigung, welcher Forderung die Behörden sich nicht entziehen konnten.

Derart wunderbare Errettungen von einem Todesurteil wurden vom Volk ganz allgemein und in allen Ländern als Gottesurteil aufgefaßt, und stets plädierten die Zuschauer dann heftigst für eine Begnadigung des Verurteilten. In früheren Zeiten hat es auch wegen dieser allgemeinen Überzeugung den Grundsatz gegeben, daß niemand zweimal hingerichtet werden dürfe. Diese Auffassung führte zurück auf die Zeit der Menschenopfer. Wenn der Gott das Opfer nicht annahm, war dessen Leben gerettet. Hinter dieser uralten Überzeugung jedoch stand der psychologische Sachverhalt, daß in den Emotionen der Zuschauer ein Umschwung eintrat, wenn die Hinrichtung nicht reibungslos und glatt vonstatten ging. Hatten sie bis dahin alle ihre verdrängten Schuld- und Unlustgefühle auf den Verurteilten geladen und ihn zum Sündenbock erwählt, so wurde, im Falle eines Mißlingens der Hinrichtung, das nur betäubte Mitgefühl sofort wach. Man identifizierte sich plötzlich mit dem Delinquenten, man litt mit ihm, und aller vorheriger Haß war plötzlich wie hinweggefegt.

Die Behörden allerdings empfanden sehr viel bürokratisch-kälter

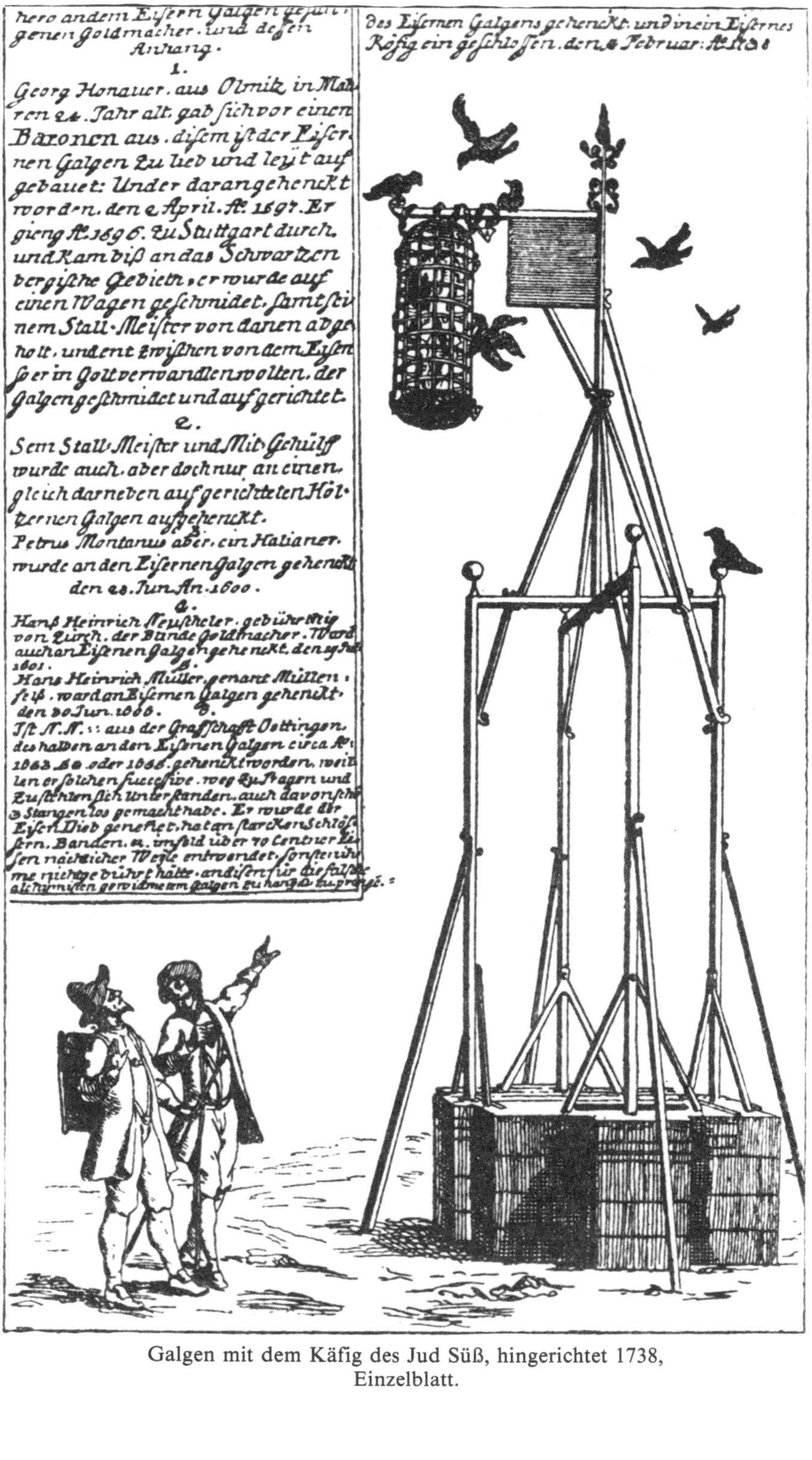

Galgen mit dem Käfig des Jud Süß, hingerichtet 1738,
Einzelblatt.

und bestanden immer öfter auf Durchführung und eventuell Wiederholung der Hinrichtung bis zum Tode des Verurteilten.
Als im Mai 1701 der berühmte Piratenkapitän Kidd auf dem Execution Dock in Wapping gehängt werden sollte, riß das Seil, und der Seeräuber stürzte zu Boden. Ihm wurde unverzüglich eine zweite Schlinge um den Hals gelegt und er noch einmal gehängt, bis er tot war[30].
Ähnliche Fälle hat es oft gegeben. Von unübertrefflicher Grausamkeit geprägt war die Hinrichtung eines gewissen Robert Johnston, der als Räuber 1818 in Edinburgh gehängt werden sollte. Man hatte ihm unter dem Galgen eine Art Tisch aufgebaut, auf den er steigen mußte. Als man den Tisch dann jedoch zum Zusammenstürzen bringen wollte, erwies sich das als schwierig und dauerte fast eine Minute. Endlich gelang es, doch da stellte sich heraus, daß das Seil zu lang war. Der Verurteilte erreichte mit den Zehen den Boden und stand halb, halb hing er in der Schlinge. Sein endloser verzweifelter Todeskampf erfüllte die Zuschauer mit Entsetzen. Schließlich vertrieben die Polizisten sie mit Steinwürfen und schnitten Johnston vom Galgen. Man trug ihn inmitten des Aufruhrs ein Stück die Straße entlang, doch die Polizei kehrte mit Verstärkung zurück und bemächtigte sich wieder des ohnmächtigen Johnston. Man brachte ihn in die Polizeiwache, wo ein Arzt ihn ins Bewußtsein zurückrief. Unter militärischer Bedeckung wurde Johnston wieder zum Galgen gebracht und erneut zum Hängen vorbereitet. Man fesselte ihn, doch offenbar sehr nachlässig, denn als er nunmehr am Galgen hing, konnte er seine Hand befreien und verzweifelt an der Schlinge zerren. Der Henker mußte hinzuspringen, die Hand zurückreißen und fesseln. Dabei fiel die Haube, die Johnstons Kopf verhüllte, zu Boden, und die Zuschauer erblickten sein entsetzlich verzerrtes Gesicht. Sein zweiter Todeskampf dauerte wiederum mehrere Minuten, und nur das Militär konnte die Menge daran hindern, den Delinquenten ein zweites Mal vom Galgen zu holen[31].
Im Normalfall war die Menge der sensationslüsternen Zuschauer keineswegs mitleidig gestimmt. Öffentliche Hinrichtungen hatten im allgemeinen den Charakter von Volksfesten. Schon der letzte Weg des Verurteilten vom Gefängnis zur Richtstätte war von Hunderten von Schaulustigen gesäumt. Bisweilen mußte der Verurteilte laufen, manchmal fuhr er auch auf dem Armesünderkarren. Sehr oft wurde er auf einer Art Schlitten oder Brett zum Galgen geschleift. Dies scheint im Mittelalter sogar die Regel gewesen zu sein.

Der Galgen von Beerfelden – besterhaltener dreischläfriger Galgen Deutschlands.
Um 1550 errichtet.
Letzte Hinrichtung im Jahre 1804 – eine Zigeunerin
wegen Diebstahls eines Huhnes und zweier Brotlaibe.

Wichtiges Detail: Das Schleifgestell wurde mit einer Kuhhaut bedeckt, die als unheilabwehrend galt und den Erdboden vor der Verunreinigung durch die Sünde des Übeltäters schützte. Der Delinquent wurde rücklings auf das Gestell gelegt und festgebunden. Dann spannte man ein Pferd davor, das ein Henkersknecht ritt, und schleifte den Verurteilten zum Hochgericht. Dieses demütigende Verfahren sollte natürlich die Schimpflichkeit der Galgenstrafe noch zusätzlich betonen. Bei hochgestellten Delinquenten war man großzügiger. Sie durften manchmal in der eigenen Kutsche zum Galgen fahren. Der Schlitten wurde dann nur symbolisch hinterhergeschleift.

Auf dem Richtplatz hatte sich meist bereits seit Stunden eine große Menge von Neugierigen versammelt. Besonders wenn der Verurteilte eine bekannte Persönlichkeit war – und sei es auch nur als besonders berüchtigter Räuber –, lockte seine Hinrichtung große Menschenmassen an. In Tyburn sollen 1777 bei der Hinrichtung eines gewissen Dr. Dodd mehr als dreißigtausend Neugierige zusammengekommen sein – viele Menschen, wenn man bedenkt, daß London damals knapp hunderttausend Einwohner hatte[32].

Es ging hoch her bei solchen Gelegenheiten. Bauchladenhändler boten mit wildem Geschrei ihre Ware preis; im Gedränge wurde manch einer verletzt oder sogar zu Tode getrampelt. Besonders die Taschendiebe nutzten die Gelegenheit zu Fischzügen. Die Tatsache, daß vielleicht gerade einer aus ihrer Zunft für gleiche Taten gehängt wurde, bekümmerte sie wenig (was ein bezeichnendes Licht auf die so oft behauptete abschreckende Wirkung der Todesstrafe wirft).
Waren die Vorbereitungen abgeschlossen und begann die eigentliche Hinrichtung, dann starrte die Menge wie gebannt auf den Todeskampf des Sterbenden. »Jede seiner konvulsivischen Zuckungen begleitet sie mit Beifall oder Stöhnen, je nachdem der Verurteilte verhaßt oder beliebt ist«, schreibt ein Zeitgenosse. »Flüche und Verwünschungen erschallen; die Bauchladenhändler bieten noch immer ihre Waren an. Arm und Reich, Diebe und Lords ergötzen sich am Schauspiel des Hängens und reißen Witze über die Leiden des Unglücklichen[33].«
Diese Schilderung gilt übrigens für alle Arten von öffentlichen Hinrichtungen, für alle Völker und für alle Zeiten – selbst für unsere Gegenwart, wenn es heute in gewissen Teilen der Welt noch zu öffentlichen Exekutionen kommt.
Der psychologische Hintergrund für ein solches Massenverhalten ist das erwähnte Abladen eigener Schuld- und Unlustgefühle auf den Verurteilten. Sein Tod vernichtet diese Unlustgefühle und schafft zumindest eine momentane, rauschhaft empfundene Befreiung. So werden öffentliche Hinrichtungen (oder auch Lynchakte) zu Ventilen für angestaute Schuld und zum psychischen Ausweg aus Zwängen, die man eigentlich als unerträglich empfindet.

Bereits seit der Frühzeit war das Aufhängen an den Füßen bekannt. Es wurde in späteren Jahrhunderten häufig gegen Juden angewandt und galt als besonders schimpflich. Neben die Delinquenten hängte man gleichzeitig zwei lebende Hunde, je einen rechts und links vom Verurteilten. Sie wurden ebenfalls kopfabwärts, also an den Hinterpfoten aufgehängt und schufen dem Delinquenten zusätzliche Qualen, indem sie ihn in ihrer Todesnot bissen und zerfleischten. Bei dieser Strafart handelte es sich also eindeutig um Lebendhängen. Es gibt Berichte, wonach derart Gehängte tagelang überlebten, ebenso die Hunde. In Schaffhausen wurde 1585 ein Jude mit zwei Hunden an den Beinen gehängt. Der Jude soll noch drei Tage gelebt und mit Frau und Kind gesprochen haben[34].

Bei einer anderen Exekution in Frankfurt lebte der Jude gar sieben Tage; einer der Hunde starb vor ihm[35].
Das Hängen zusammen mit Hunden ist erst später zur »Judenstrafe« geworden; in der germanischen Zeit war es das keineswegs. Auch diese Variante stammt zweifellos aus der Zeit der Menschenopfer. Die Hunde waren ursprünglich wohl Wölfe, die man natürlich in späteren Zeiten kaum mehr zu Strafzwecken auftreiben konnte. Wölfe waren dem Wotan geheiligte Tiere; sie deuten damit verstärkt auf den Opfercharakter der Exekution hin[36].
Auch das Höherhängen galt oft als besondere Judenstrafe. So wurde das zweite, oberste Stockwerk des Hochgerichts oft der »Judengalgen« genannt. Bisweilen errichtet man jüdischen Übeltätern auch einen eigenen Galgen oder läßt am normalen Hochgericht zumindest einen Balken über die Säulen hinausragen, um jüdische Delinquenten von christlichen auch in beider Todeskampf voneinander abzusondern[37].
Von den spanischen Arabern wird zuerst das einfache An-den-Füßen-Aufhängen berichtet, also ohne Mithängen von Hunden. Diese Strafart wurde später in Italien häufig angewandt. Eine weitere Strafverschärfung führte zum Hängen an nur einem Bein[38]. Auch bei diesen Varianten handelte es sich um Lebendhängen; der Tod sollte lange hinausgeschoben werden und erst nach qualvollem Sterben eintreten. Aus den früheren westindischen Kolonien Englands wurden einige Fälle von Kettenhängen berichtet. In St. Eustatia soll ein Neger, der lebend in Ketten gehängt wurde, erst nach dreizehn Tagen gestorben sein[39].
Zum Hängen ebenso wie zu anderen Hinrichtungsarten gehört sehr oft das Scheren der Haare. Diese Sitte ist ebenfalls aus der Frühzeit überkommen und geht wie die meisten Begleitumstände bei Hinrichtungen auf uralte magische Überzeugungen zurück. Das Haupthaar galt in alter Zeit als der Sitz der Kraft, auch der Persönlichkeit und zugleich als Symbol für Freiheit und Unabhängigkeit. Der Sklave wurde geschoren; der Freie aber ließ, wie heute noch die Sikhs, das Haar unbeschnitten. Bekannt ist die biblische Erzählung von Samson, der mit seinem Haar auch alle seine Kraft verlor. Das Scheren des Haupthaars ist also ursprünglich magische Entkräftung, Brechen des Willens und der Persönlichkeit.

Als einen Abkömmling des Galgens kennen wir die Garrotte, das Würgeisen. Dieses Strafinstrument besteht aus einem Pfahl mit ei-

Der Garrottierte.
Aus Francisco Goyas »Schrecken des Krieges«, 1863.

nem daran befestigten Sitz und Fesselungsvorrichtungen sowie einer in Halshöhe angebrachten Eisenklammer. Der Verurteilte muß sich auf dem Sitzbrett niederlassen und wird angeschnallt. Dann legt sich die Eisenklammer um seinen Hals. Durch eine Schraubvorrichtung hinter dem Pfahl kann der Henker die Eisenklammer so anziehen, daß sie den Delinquenten erdrosselt.
Die Garrotte war vor allem in Spanien und in den spanischen Kolonien in Gebrauch, aber auch in Portugal, in einigen Ländern Mittelamerikas und auf den Philippinen. In Spanien war sie seit Anfang des neunzehnten Jahrhunderts das hauptsächlichste Hinrichtungsinstrument und blieb dies bis in die allerjüngste Vergangenheit.
Die Verwandtschaft der Garrotte mit dem Galgen liegt auf der Hand; lediglich das Material, womit der Delinquent erdrosselt wird, ist verschieden.
Auch im mittelalterlichen Pranger vermutet man einen Verwandten oder vielleicht auch Abkömmling des Galgens. Der Pranger war ja in den meisten Fällen nichts anderes als ein Pfahl, auch Schandpfahl oder Schandsäule genannt, an den der Delinquent für eine befristete Zeit gebunden und dem Spott und der Schande ausgesetzt wurde.

Man kann dies auch als ein befristetes Hängen betrachten. Jedenfalls ist die Abkunft des Prangers vom alten *infelix arbor,* vom Unglücksbaum, nicht zu übersehen.

Viertes Kapitel

Enthaupten

Die Enthauptung oder, wie es in der alten Juristensprache heißt, »das Richten mit blutiger Hand«, war eine der wenigen alten Hinrichtungsarten, bei denen der Tod des Verurteilten unmittelbar durch Menschenhand und nicht durch Einwirkung irgendwelcher Elemente herbeigeführt wurde. Eine so krasse und augenfällige Verletzung des tiefverwurzelten Tötungstabus war zweifellos zunächst nur unter der Voraussetzung denkbar, daß es sich um einen heiligen Opferakt handele. Allerdings gibt es kaum historische Quellen, in denen die Enthauptung noch eindeutig als Kult- oder Opferhandlung dargestellt wird. Eine Ausnahme machen nur Berichte über die heidnischen Slawen des frühen Mittelalters. Von ihnen sind mit Gewißheit Menschenopfer bezeugt, die in Form des Enthauptens vollzogen wurden[1]. Dabei tauchte bereits ein Ritus auf, den wir noch viele Jahrhunderte später immer wieder bei der Enthauptung antreffen: Der abgeschlagene Kopf des Verurteilten wird auf eine Stange gesetzt und noch tagelang ausgestellt. Bisweilen wurde der Kopf auch in Bäumen aufgehangen, auf dem Galgen, der Stadtmauer oder auf Türmen ausgestellt. Hinter dieser Sitte steckt zweifellos die uralte Überzeugung, wonach der Kopf eines Feindes – später dann eines heiligen Tieres – übelabwehrend wirke und die bösen Dämonen fernhalte.

Bei Tierköpfen hat sich diese Überzeugung im bäuerlichen Brauchtum noch bis in die Gegenwart hinein erhalten. Pferdeköpfe am Giebel sollen das Haus vor Blitz schützen; Stierköpfe halten Tierseuchen fern.

Und die Kopfjäger Borneos und Neuguineas sind heute noch der Überzeugung, daß der abgeschlagene Schädel eines Feindes, den sie entsprechend präparieren und aufhängen oder ausstellen, zum Hüter ihrer Hütte wird. Sie behandeln ihn höflich wie einen Gastfreund, setzen ihm bisweilen Speisen vor und sprechen mit ihm. So wird, glauben sie, aus dem einstigen Feind ein Beschützer gegen die Dämonen[2].

Bei vielen alten Völkern kannte man Tieropfer in Form des Enthauptens, so bei den germanischen Stämmen, aber auch bei Griechen, Römern, Kelten, Slawen und Letten[3].

Immer folgte dem Enthaupten die Aufspießung und Ausstellung des Kopfes. Aber auch das Blut, das bei einer Enthauptung in mächtigem Strahl aus dem Hals schießt, muß eine zauberkräftige Bedeutung gehabt haben. Eine altschwedische Sage berichtet, daß das Volk einst in einer Hungersnot den König durch Enthauptung opferte und mit seinem Blut »den Altar rötete[4]«.

Hier klingt einmal das alte Königsopfer wieder an, zum anderen wird dem Blut ein Fruchtbarkeitszauber beigemessen, wie er wohl typisch für frühe Auffassungen war und sich selbst noch in christlicher Zeit in mancherlei Tieropfern ausdrückte, die durch Enthaupten zu vollziehen waren. Es sei hier nur auf das Opfern des Erntehahns, des Erntebocks, des Julebers, der Martinsgans und auf andere alte Tieropfer verwiesen[5], die ursprünglich alle durch Enthaupten vollzogen wurden.

Wir wissen, daß Tieropfer in vielen Fällen die weiterentwickelten Formen von vorangegangenen Menschenopfern darstellen. Auch Iphigenie sollte offenbar mit dem Beil, also durch Enthaupten, geopfert werden, bis die Göttin sie durch eine Hirschkuh ersetzte.

Nach der für sie siegreichen Schlacht im Teutoburger Wald haben die Germanen viele kriegsgefangene Römer ihren Göttern geopfert. Die einfachen Legionäre wurden an die Eichen gehängt; die Offiziere hat man nach Tacitus an Altären hingeschlachtet – was wohl nichts anderes als Enthauptung bedeutet[6]. Caesar ließ zwei Meuterer auf dem Marsfeld in Rom durch Priester des Mars opfern, das heißt enthaupten.

Die Frage, welcher Gottheit der Enthauptete ursprünglich geweiht wurde, erklärt sich, wenn wir die Strafinstrumente betrachten. Die Enthauptung konnte durch das Beil oder durch das Schwert vollzogen werden, wovon jedoch das Beil die sehr viel ältere Waffe war. Das Schwert konnte erst entstehen, nachdem die Technologie der Metallgewinnung gemeistert wurde; seine Erfindung fällt also in die Bronzezeit.

Nun ist in der Religion das ältere meist auch das heiligere. Man kann daher als sicher annehmen, daß die Enthauptungen in der Frühzeit mit dem Beil vollzogen wurden. Das Beil aber war Attribut des Blitzgottes, der im Norden in geschichtlicher Zeit Tiwaz, Tiuz oder Ziu hieß und dem bei den Römern der Kriegsgott Mars ent-

Enthaupten. Aus Albrecht Dürers »Der Ritter von Turn. Von den Exempeln der Gottesfurcht und Ehrbarkeit«, 1493.

sprach. Es liegt also nahe anzunehmen, daß der Enthauptete ursprünglich dem Blitzgott geopfert wurde. Zu dieser Annahme würde auch das Aufstecken des Kopfes passen. Der abgetrennte, auf den Pfahl aufgesteckte Kopf sollte dem Gott entgegengereckt und ihm als Opfergeschenk dargebracht werden.

Bei den Römern war die Enthauptung die wichtigste Hinrichtungsart. Sie kam für den römischen Bürger und auch für freie Nichtrömer, nicht aber für Sklaven in Betracht. Als *poena capitis* gibt sie später allen Todesstrafen überhaupt die Bezeichnung »Kapitalstrafen«. Sie wurde mit dem Beil vollzogen; das Beil und die Ruten für die stets obligatorische Geißelung vor der Exekution bilden zusammen das bekannte Liktorenbündel, das wiederum als Symbol der öffentlichen Macht galt.

Die Enthauptung verlief bei den Römern nach folgendem festen Ritual: Der Verurteilte wurde entkleidet, dann fesselte man ihm die Hände, band ihn an einen Pfahl und geißelte ihn. Danach mußte er sich auf den Boden legen, mit dem Gesicht nach unten, und wurde mit dem Beil enthauptet[7].

Ob dabei eine Art Block verwendet wurde, läßt sich aus den Quellen nicht mehr erkennen. Auch was mit dem Haupt geschah, erfahren wir nicht. In der Entkleidung und der Geißelung erkennen wir natürlich die uns bereits bekannten Relikte alter Kultvorstellungen. Der Pfahl ist der uns ebenfalls bekannte »Unglücksbaum«.

Unter den Cäsaren wurde das Beil immer öfter durch das Schwert ersetzt, wohl unter dem Einfluß des Kriegsrechts; denn in den besetzten Gebieten war das Schwert des Legionärs natürlich schneller zur Hand als das Liktorenbeil. Trotzdem hat sich das Beil als Hinrichtungsinstrument in verschiedenen Ländern behauptet, bisweilen sogar das Schwert wieder verdrängt. In England und zeitweise auch in Frankreich, in Dänemark und Schweden hat man mit dem Beil enthauptet, ebenso in manchen Gebieten Deutschlands; hier noch während der Hitlerzeit. Allerdings blieb dem Beil der Charakter des Altertümlichen anhaften.

Im Mittelalter und zu Beginn der Neuzeit wurde dann das Beil immer mehr durch das Schwert verdrängt, so daß schließlich das Schwert zum Symbol der hohen Gerichtsbarkeit überhaupt, also der obersten Macht im Staat über Leben und Tod aufstieg. Es geriet schließlich gar zum Attribut des Königs, das ihm bei der Krönung überreicht und von einem eigenen Beamten vorausgetragen wurde[8].

Auch der Göttin Justitia war das Richtschwert beigeordnet, zusammen mit der Waage, dem Symbol der Gerechtigkeit. Daß es in so vornehme Hände geriet, ist damit zu erklären, daß die Enthauptung anders als alle anderen Hinrichtungen keine entehrende Strafe war. Sie blieb bei den Römern dem freien Bürger vorbehalten und war auch in späteren Zeiten die Strafe der vornehmen Leute, falls diese einmal verurteilt wurden. Auf Diebe und ähnliches Gelichter wartete der schimpfliche Galgen. Das Schafott jedoch war für Landesverräter und politische Gegner, aber auch für ertappte Ehebrecher, Frauenräuber und Notzüchter bestimmt. Besonders die erstgenannten Anklagepunkte brachten allerhöchste Herrschaften auf das Schafott.

Später, zu Beginn der Neuzeit, kam es dann zu einer Art Abwertung des Köpfens. Immer mehr Delikte, auf die vorher andere, schimpflichere Hinrichtungsarten gestanden hatten, wurden schließlich durch Enthaupten bestraft. Straßenräuber, Brandstifter und Kindsmörde-

Enthaupten. D. Chodowiecki, um 1770

rinnen brachte man aufs Schafott, und selbst Dieben wurde in manchen Gebieten die »Ehre« des Köpfens zuteil. Die Enthauptung kam schließlich fast genauso häufig vor wie das Hängen. Man baute feste Hinrichtungsstätten auf, die im Volksmund den Namen »Rabenstein« oder auch »Köpfelstein« erhielten und oft unmittelbar neben dem Galgen lagen. Sie bestanden aus einem etwa mannshohen, meist rechteckigen gemauerten Podium, das über eine Treppe zu erreichen war. In einer Ecke stand ein Kruzifix, vor dem der Verurteilte ein letztes Mal beten durfte. Bekannt ist Fausts Frage an Mephisto aus der vorletzten Szene von Faust I: »Was weben die dort um den Rabenstein?« Mephisto drückt sich um eine klare Antwort und meint, es sei eine Hexenzunft. Aber es handelt sich wohl eher um die unerlösten Seelen der Hingerichteten, zu denen auch Gretchen bald gehören wird, denn hier, auf dem Rabenstein, soll sie am folgenden Morgen als Kindsmörderin enthauptet werden.
Übrigens kamen Frauen erst relativ spät unter das Schwert. Ursprünglich war auch das Enthaupten eine reine Männerstrafe. Der Nürnberger Scharfrichter Franntz Schmidt hat 1580 durchgesetzt, daß zum erstenmal in der Geschichte der Stadt drei Kindsmörderinnen nicht ertränkt, sondern enthauptet wurden[9].

Enthaupten.
Rembrandt, Hinrichtungsszene, um 1660

Er und die Stadtväter hielten dies für eine Gnade, worüber sich wohl streiten läßt. Auch später schreibt er in seinen Aufzeichnungen noch oft: »Aus Gnade mit dem Schwert gerichtet.« In Frankfurt sind erst seit 1618 Frauen enthauptet worden[10].
Hinter dieser Scheu, Frauen blutig zu richten, steckt die bei allen alten Völkern verbreitete Überzeugung, wonach es Unglück bringe, das Blut einer Frau zu sehen. Die Tötungshemmung wirkt eben gegenüber Frauen noch sehr viel stärker als bei Männern untereinander, weil sie hier wohl durch die natürliche Geschlechtsrivalität abgeschwächt wird.
Von allen Hinrichtungsarten hat die Enthauptung in ihrem pompösen Ritual die düstere Feierlichkeit einer alten Kulthandlung am getreuesten bewahrt. Der Vollzug glich der Aufführung eines tragischen, religiösen Weihespiels. Sein Held war der Verurteilte, sein Gegenspieler der Henker. Die Bühne, also das Schafott, war für hochstehende oder weitberühmte Übeltäter oft mitten auf dem Marktplatz errichtet und wurde von einer unübersehbaren Menschenmenge umlagert. »Der Platz, die Gassen können sie nicht fassen«, sagt Gretchen in der Kerkerszene. Das Blutgerüst ist bisweilen mit schwarzem Tuch verhangen und bei vornehmen Hauptakteuren

auch mit einem Teppich belegt und sogar mit einem Kissen versehen, auf das sich der Delinquent knien darf. Trommler, Pfeifer und Trompeter sind aufmarschiert und liefern die musikalische Umrahmung. Dann erscheint »der Held des Stückes«. In Begleitung eines Priesters fährt er in einer Kutsche vor und besteigt mit Gefolge die Bühne. Oben entledigt er sich seiner Oberbekleidung, wobei ihm die Henkersknechte helfen. Wenn er bis auf Hose und Hemd entkleidet ist, kniet er nieder, um zu beten. Der Priester spricht ihm Trost zu. Auch der Richter beobachtet die Exekution. Bisweilen steht auf dem Schafott ein Holzblock. Wird mit dem Beil gerichtet, so muß der Delinquent seinen Hals darauf legen. Aber auch beim Richten mit dem Schwert findet sich bisweilen noch der Block. Er dient offenbar dazu, dem Verurteilten ein Ausweichen zu erschweren.
Außer dem Block befindet sich auf dem Schafott sehr oft, später sogar obligatorisch, ein Sandhaufen, vor dem der Verurteilte dann niederkniet. Man fesselt ihm die Hände, meist auf dem Rücken, schneidet ihm die Nackenhaare und verbindet ihm die Augen mit einer weißen Binde. Alle diese vorbereitenden Tätigkeiten werden von den Knechten des Henkers ausgeführt. Der Meister selbst rührt dazu keine Hand. Er hat bis dahin abseits gestanden und die Vorbereitungen beobachtet. Nun tritt er vor und zieht unter seinem Mantel das Richtschwert hervor. Anders als beim Hängen, das er meist von seinem ersten Gehilfen, dem sogenannten Löw', ausführen läßt, vollstreckt er eine Enthauptung immer mit eigener Meisterhand.
Der Verurteilte, der bis zum letzten Augenblick betet, gibt oft dem Henker ein Zeichen, daß er bereit sei zu sterben. Man erwartet von ihm, daß er den Kopf hoch erhoben hält und so den Hals dem Schwertschlag preisgibt. Bringt er dazu nicht die Kraft auf, so muß ein Knecht des Henkers den Kopf an den Haaren hochhalten. Der Meister legt seinen Mantel ab, tritt hinter den Delinquenten, faßt das Schwert mit beiden Händen und läßt es blitzend durch die Luft sausen. Mit einem einzigen Streich – so lautet jedenfalls die Vorschrift – schlägt er dem Verurteilten den Kopf ab.
Der Körper des Enthaupteten sinkt nach vorn; aus dem Halsstumpf sprudelt in dickem Strahl das Blut. Der Kopf rollt über das Schafott. Der Henker hebt ihn an den Haaren hoch und zeigt ihn dem Volk. Dann wendet er sich an den Richter und fragt ihn, ob er recht gerichtet habe. Der Richter bestätigt ihm, daß sein Richten recht gewesen sei; er spricht ihn damit von aller Blutschuld frei.
Um das Schafott spielen sich unterdessen oft schaurige Szenen ab:

Das Volk drängt herbei und versucht in hemmungsloser Gier, das Blut des Enthaupteten aufzufangen. Es gilt als äußerst heilkräftig, zum Beispiel gegen Epilepsie, und ist daher heiß begehrt. Die Henkersknechte füllen kleine Becher mit dem aus dem Halsstumpf hervorquellenden Blut und verkaufen diese an die herandrängenden Kranken, die sich nicht scheuen, das dampfende Blut zu trinken. Läßt der Blutstrom nach, so werden immer noch Tücher damit getränkt und verkauft. Das Weihespiel endet mit einem Kannibalenakt. Noch aus dem vorigen Jahrhundert, solange es öffentliche Hinrichtungen gab, sind derartige Szenen überliefert[11].
Nach der Hinrichtung eines Raubmörders in Hanau im Jahre 1861 stürzten zahlreiche Menschen auf das Schafott und tranken vom rauchenden Blut. Und als im Jahre 1864 in Berlin zwei Mörder hingerichtet wurden, tauchten die Gehilfen des Scharfrichters zahllose weiße Tücher in das Blut und verkauften sie stückweise für zwei Taler[12].
Auch bei der Hinrichtung des bekannten Räuberhauptmanns Schinderhannes und seiner Gesellen sollen die Henkersknechte das Blut in Bechern aufgefangen und an die umstehenden Zuschauer verteilt haben, die davon tranken[13].
Wir werden später noch ausführlich auf den Aberglauben, der sich um Hinrichtungen rankte, zu sprechen kommen.
Damit eine Enthauptung reibungslos und ohne Zwischenfälle vollstreckt werden konnte, mußte der Verurteilte bereitwillig seine Rolle übernehmen und seinen Teil zum Gelingen beitragen. Dies erforderte von ihm natürlich sehr viel Kraft und seelische Größe. Brachte er diese nicht auf, so wurde die Enthauptung in der herkömmlichen Form unmöglich oder zu einer scheußlichen Metzelei; um im Bilde zu bleiben: Die Aufführung des Weihespiels platzte. Aber offensichtlich haben die allermeisten Verurteilten ihre Rolle als Hauptdarsteller begriffen, sie willig auf sich genommen und zur vollen Zufriedenheit des Publikums zu Ende gespielt. Es erhebt sich sogar der Verdacht, daß manche Verurteilte diese ihre pompöse Erhöhung in einer Art verzweifeltem Masochismus genossen. Für manche von ihnen mag dies der einzige Augenblick von Größe, aber auch von Bedeutung in ihrem sonst so armseligen Leben gewesen sein, und sie waren offensichtlich bereit, für diesen einen Augenblick den allerhöchsten Preis zu zahlen.
Trotzdem stellt sich nicht nur bei der Enthauptung, sondern auch bei anderen Hinrichtungsarten immer wieder die Frage, weshalb die

Enthauptung eines Missetäters, der verkehrt an einem Baum gehenkt ist.
Vor ihm der Richter. Im Hintergrund eine brennende Burg – die des Verurteilten?
Darstellung des 16. Jh.s

Verurteilten im allgemeinen so willig und ohne jede Spur von Widerstand ihr Los auf sich genommen haben und oft noch bereitwillig dem Tod entgegengeschritten sind. Nur äußerst selten finden sich in den Berichten Hinweise darauf, daß einmal ein Todgeweihter sich nicht in die Rolle des Schlachtopfers fügte. Die übergroße Mehrzahl aber schien sogar ihren Stolz darein zu setzen, sich möglichst stark und ihren natürlichen Instinkten überlegen zu zeigen. Wie ist das zu begreifen? Die Antwort darauf mag lauten, daß zunächst einmal die gesellschaftliche Konvention vom Verurteilten eine solche Haltung verlangte. Der Gedanke, die Erwartungen der Gesellschaft zu erfüllen, mag dem Verurteilten ein gewisser Trost gewesen sein und ihm Halt gespendet haben. Mir scheint aber, daß hinter diesen Gedanken noch ein anderes verborgenes Motiv steckte: Der Verurteilte wußte in seinem Unterbewußtsein, daß er für die Rolle des Sündenbocks auserwählt war. Diese Rolle war in gewissem Sinne »heilig«, denn sie erlöste die Menge der Mitmenschen von ihrem Schuld- und Unlustgefühl, vielleicht auch von ihrer Angst. Sein Tod erhielt also über die Sühne für eine mögliche Untat hinaus eine höhere Weihe, und dieses im Unterbewußtsein vorhandene Wissen mag jeden Versuch zur Auflehnung, jeden Ansatz zum Widerstand gebrochen haben.

Allerdings, auch wenn der Verurteilte bereitwillig seinen Part übernahm und alle in ihn gesetzten Erwartungen mustergültig erfüllte, war damit noch nicht garantiert, daß die Enthauptung auch wirklich reibungslos vonstatten ging. Der Vollzug enthielt einen Faktor von hohem Unsicherheitsgrad: den Henker. Es zeigte sich nämlich immer und immer wieder, daß es durchaus nicht leicht ist, einen menschlichen Kopf mit einem einzigen Hieb vom Rumpf zu trennen. Nicht einmal mit dem Beil gelang dies regelmäßig, noch viel weniger aber mit dem Schwert. Bemerkenswert oft mißlang die Enthauptung gerade bei Frauen, obwohl man doch eigentlich erwarten sollte, daß ein zarter weiblicher Hals dem Richtschwert weniger Widerstand bietet als ein muskulöser Männernacken. Aber natürlich spielte dort die Nervosität und Befangenheit des Henkers eine viel stärkere Rolle, ganz besonders, wenn die Delinquentin auch noch jung und hübsch war. Dies aber kam bei den Kategorien von verurteilten Frauen, die auf dem Schafott erscheinen mußten, also bei den Kindsmörderinnen und Ehebrecherinnen, naturgemäß recht häufig vor. In den Erinnerungen des Pariser Henkers Sanson finden wir den Fall der Madame Tiquet, die im Jahre 1699 wegen eines Anschlags auf das Leben ihres ältlichen Ehemannes zum Tode durch das Schwert verurteilt worden war[14]. Die Hinrichtung sollte auf dem Grèveplatz vor dem Pariser Rathaus stattfinden. Da der Prozeß große Aufmerksamkeit bei den Parisern gefunden hatte, erwartete eine gewaltige Menschenmenge auf dem Platz und in den Seitenstraßen die Hinrichtung der schönen Madame Tiquet. Doch als der Karren mit der Verurteilten vor dem Schafott ankam, ging ein schweres Gewitter über der Stadt nieder und verzögerte die Hinrichtung um etwa eine halbe Stunde. Diese quälende Wartezeit zehrte natürlich an der Nervenkraft der Verurteilten ebenso wie an der des Henkers. Besonders der Henker schien, nach seinen eigenen Aussagen, völlig zermürbt zu sein. Als schließlich der Augenblick des tödlichen Streichs gekommen war, fiel der erste Hieb zu schwach aus, der Kopf löste sich nicht vom Rumpf. Auch der zweite Schlag vermochte dieses »Strafziel« noch nicht zu erreichen. Da die Verurteilte jetzt auch noch Zeichen von Qual äußerte, begannen die Zuschauer wütend zu werden. Erst der dritte Schlag trennte dann den Kopf vom Rumpf und ließ ihn zu Boden rollen. Es ist ganz offensichtlich, daß hier die inneren Hemmungen des Henkers zum Ausdruck kamen. Sie hinderten ihn daran, gegenüber einer Frau, noch dazu einer attraktiven, die ganze brutale Kraft einzusetzen, die sein Amt eigentlich von ihm verlangt hätte.

Einen noch schlimmeren Fall erfahren wir aus Nürnberg aus dem

Enthaupten mit Diele und Schlegel.
Aus der handschriftlichen Chronik des Wolf Neubauer, Nürnberg, 1601.

Jahre 1665: »Da wurde von dem Henker die Wörnerin übel zugerichtet, indem sie nach gegebenen fünf Streichen noch geschrien und Letzterer der Kopf auf dem Rabenstein liegend abgeschnitten worden[15].«
Und noch ein Fall aus Nürnberg, bei dem 1641 der Henker fast gesteinigt worden wäre: »Diese arme Sünderin war sehr krank und schwach, daß man sie bis zum Krippelstein (der Hinrichtungsstätte) hat führen müssen. Und wie sie sich auf den Stuhl hat niedergesetzt, da ist Meister Valtin, der Henker, um sie herum wie eine Katz um den heißen Brei ... Dann zielte er, hieb zu und verfehlte den Hals und hauet ihr ein Stück so groß wie ein Taler von dem Kopf weg und schlug sie vom Stuhl herunter. Da ist die Arme frischer aufgestanden, als sie sich niedergesetzt hat ... und fing an zu bitten, weil sie sich so tapfer gehalten hat, solle man sie laufen lassen. Hat aber nichts geholfen, sie mußte sich noch einmal niedersetzen. Da wollte der Löw (der Gehilfe des Henkers) dem Meister Valtin das Schwert nehmen und damit zuhauen. Dies ließ aber der Meister nicht geschehen, sondern haut zu, ein wenig stärker, daß sie wieder auf die Erde fiel. Da schneidet er ihr den Kopf liegend auf der Erde ab, worüber er, der Nachrichter, erst im Heimgehen seinen Lohn empfangen, daß er bald wäre gesteinigt worden, wenn ihm die Stadtschützen nicht wären zu Hilfe gekommen[16].«
In diesem Fall hat offenbar die Schwäche und Hinfälligkeit der Verurteilten den Arm des Scharfrichters gelähmt. Die Frau hat stärker als andere Verurteilte an sein Mitgefühl gerührt und damit die ange-

borenen Tötungshemmungen aktiviert. Offenbar nur mit großer Selbstüberwindung hat er die Frau noch hinrichten können.
Aber auch bei männlichen Verurteilten gab es ähnliche »Fehlschläge«. Von der Hinrichtung des französischen Edelmannes Lally-Tollendal, der 1766 als Verräter zum Tode verurteilt wurde, erfahren wir aus den Erinnerungen der Pariser Henkerfamilie Sanson folgendes: Der erste Hieb mit dem Schwert, den der Sohn des greisen Henkers als dessen Amtsnachfolger führte, traf nicht den Hals, sondern spaltete den Kinnbacken und warf den Delinquenten zu Boden. Daraufhin ergriff der anwesende alte Henker selbst noch einmal das Richtschwert, das sein nervöser Sohn so schlecht geführt hatte, und schlug dem Verurteilten mit dem nächsten Hieb den Kopf ab[17].
Ein anderer Grund für schlecht ausgeführte Hinrichtungen lag darin, daß die Henker häufig betrunken auf dem Schafott erschienen. Natürlich sahen sie auch im Alkohol nur ein Mittel, ihre Tötungshemmungen zu überwinden. (Aus England stammt ein Bericht, wonach im Jahre 1738 zwei Einbrecher gehenkt werden sollten. Der Henker kam aber völlig betrunken zur Exekution und war der Annahme, er solle drei Verurteilte henken. Daher versuchte er beharrlich, auch dem anwesenden Pfarrer eine Schlinge um den Hals zu legen, und konnte nur mit Mühe daran gehindert werden, den geistlichen Herrn aufzuhängen[18].)
Fest steht jedenfalls, daß es immer wieder zu Fällen kam, bei denen die Enthauptung nicht mit einem einzigen Schwert- oder Beilhieb gelang. Häufig hing der Kopf noch mit Sehnen oder Muskelpartien am Rumpf und mußte mit dem Schwert abgeschnitten werden. »Putzen«, schrieb der Henker von Nürnberg, Meister Franntz Schmidt, lakonisch in sein Tagebuch, wenn ihm eine Enthauptung mißlungen war. Das geschah ihm nach eigenem Bekenntnis mindestens fünfmal. Die zuschauende Menge reagierte dann stets mit Murren, mit Spottrufen und oft auch mit Steinwürfen. Sie erwartete bei der Enthauptung noch mehr als beim Hängen, daß das Schauspiel reibungslos über die Bühne ging. Der äußerst labile Zustand der Massenpsyche konnte nur allzu leicht umschlagen. Ein rührendes Wort des Verurteilten, eine Roheit des Henkers genügten dafür bereits.
Daß der Verurteilte entsetzliche Augenblicke auszustehen hatte, wenn die Enthauptung nicht sofort gelang, ist leicht vorzustellen. Aber auch wenn der Kopf des Verurteilten sofort beim ersten Hieb fiel, ist keineswegs sicher, daß dieser Kopf dann auch sofort das Be-

wußtsein verlor, oder ob er nicht im Gegenteil für einige Augenblicke sich noch seines gräßlichen Zustandes bewußt blieb. Fast alle Henker berichten jedenfalls von abgetrennten Köpfen, die noch eine Weile Zeichen von Leben gaben, indem sich Mund- und Gesichtsmuskeln noch bewegt, die Augen noch Blick gehabt hätten. »Georg Praun allhier mit dem Schwert gerichtet«, schreibt Franntz Schmidt 1602 in sein Tagebuch. »Dessen Kopf hat sich auf dem Stein noch hin und her gekehrt, als ob er sich umsehen wollte, die Zunge bewegt, den Mund aufgetan, als ob er reden wollte, und das während einer guten halben Viertelstund', dessen ich niemals gesehen hab'.«

Die Mediziner sind sich nicht einig, ob ein abgetrennter Kopf noch Bewußtsein behalten kann. Es gibt aus neuerer Zeit einige Experimente zu dieser Frage, auf die wir im Kapitel über die Guillotine zurückkommen.

Die Unsicherheiten einer Enthauptung durch Schwert oder Beil, bei der die Geschicklichkeit oder Nervosität des Henkers, also das menschliche Element, stets ein maßgeblicher Faktor blieb, führte schließlich während der Französischen Revolution zur Einsetzung der Guillotine. Davon wird später noch zu berichten sein.

Die Guillotine war aber keineswegs die erste Enthauptungsmaschine und auch durchaus keine Neuerfindung. Sie hatte ihre Vorgänger in einer langen Entwicklungsreihe, die schließlich zur mechanisierten Köpfmaschine führte.

Der Anfang dieser Reihe liegt wieder in grauer Vorzeit; er ist möglicherweise mit dem Anfang des Köpfens überhaupt verbunden. Die Rede ist von der Enthauptung mit Barte und Schlegel. Sie unterschied sich von der normalen Enthauptung darin, daß der Verurteilte sich auf den Boden legen mußte, den Hals auf eine Bohle oder einen Block gestützt. Dann setzte ihm der Henker das Beil – die Barte – auf den Hals, und ein Gehilfe schlug wuchtig mit einem Schlegel auf das Beil. Dieses trennte dann den Kopf vom Rumpf. Eine solche Form der Enthauptung ist zweifellos sicherer als der direkte Hieb. Das hohe Alter dieser Methode leuchtet ein, wenn man bedenkt, daß eine Enthauptung mit Steinbeilen wahrscheinlich nur auf diese Art möglich wurde. Die Schneide von Steinbeilen war ansonsten nicht breit genug, um durch einen freien Hieb damit einen menschlichen Kopf vom Rumpf zu trennen.

Einen Schritt weiter in Richtung auf die Köpfmaschine führte die sogenannte Dille oder Diele. Es war dies ein Brett, das zwischen zwei Pfosten auf und ab laufen konnte, ganz wie das spätere Fallbeil. Der Verurteilte wurde unter das Brett gelegt und dieses ihm auf den Hals gesetzt. Dann wurde wiederum mit einem schweren Schlegel auf das Brett geschlagen, und dieses stieß dem Verurteilten den Kopf ab. Später erhielt das Brett an der Unterkante noch einen eisernen Vorstoß, noch später eine Eisenschneide, und damit war im Grundprinzip das Fallbeil erfunden.

Wir finden es seit dem fünfzehnten Jahrhundert in Deutschland und hundert Jahre später auch in England, Italien und Frankreich, allerdings nicht allgemein verbreitet, sondern nur an wenigen Orten. In England ist es der berühmt-berüchtigte *Halifax gibbet* – ein Fallbeil, das sich von der späteren Guillotine nur durch die Form der Schneide und die (fehlende) Halterung für den Hals des Verurteilten unterschied.

In Schottland hatte man ein sehr ähnliches Gerät, genannt *the maiden*, auf dem mehr als 120 Menschen hingerichtet worden sein sollen[19].

In Italien hieß das Fallbeil *mannaja*, in Frankreich *doloire*[20]. Alle diese Instrumente gerieten im achtzehnten Jahrhundert vorübergehend wieder in Vergessenheit. Zumindest die Dille (Diele) muß aber im mittelalterlichen Deutschland recht verbreitet gewesen sein. Darauf deuten oft vorkommende Henkernamen wie Dieler, Diller, Tiller hin.

Der Vollständigkeit halber sei noch kurz auf das Abpflügen des Kopfes eingegangen, eine Variante der Enthauptung, die Grenzsteinfrevlern drohte. Wer heimlich den Grenzstein eines Ackers versetzt hatte, wurde an der Stelle seines Frevels bis zum Hals eingegraben, dann pflügte man zweispännig gegen seinen Kopf. Überlebte er dies ein- oder dreimal, war er frei. Diese sehr altertümliche Sitte wird aus vielen Teilen Deutschlands, aus Österreich und aus Mähren berichtet[21].

Erstaunlich hart und abweichend vom normalen Verfahren wurde auch bis in die Neuzeit hinein Baumfrevel bestraft. Wer heimlich und unberechtigterweise einen Baum gefällt hatte, wurde zum Ort seiner Missetat hinausgeführt. Dort schlug man ihm den Kopf auf dem Baumstumpf ab. Der Kopf blieb anschließend auf dem Baumstumpf zurück: Der Kopf eines Missetäters »gebührte dem Baumgeist als Opfer[22]«.

Eine der berühmtesten Hinrichtungen in der Geschichte war die Enthauptung der Mary Stuart, Königin von Schottland. Da diese

Maria Stuart im Alter von neun Jahren, 1552

Die Hinrichtung Maria Stuarts am 8. Februar 1587.
Zeitgenössische, aber stilisierte, nicht korrekte Darstellung.

Exekution in mancher Hinsicht bemerkenswert war, soll hier ihr Ablauf kurz geschildert werden. Wir folgen dabei im wesentlichen Mary Stuarts Biographin Antonia Fraser[23].

Die Vorgeschichte zu berichten würde zuweit führen. Nur soviel sei gesagt: Mary Stuart war 1587, im Jahre ihres Todes, 44 Jahre alt; seit achtzehn Jahren befand sie sich in englischer Haft. Die englische Königin, Elizabeth I., sah in Mary eine gefährliche Rivalin um den Thron, und so war das Todesurteil über Mary gefällt worden, wozu Mary durch Ungeschicklichkeiten einige Vorwände geliefert hatte.

Mary Stuart wurde im Schloß Fotheringhay gefangengehalten. Es lag in Mittelengland, nördlich von London, und ist heute verfallen. Im Schloß, und zwar im großen Festsaal, sollte auch die Hinrichtung stattfinden. Das war ungewöhnlich, da Enthauptungen allgemein im Freien vollzogen wurden. Aber Königin Elizabeth selbst hatte diese Maßnahme angeordnet. Ihr schlechtes Gewissen ließ sie wohl die Öffentlichkeit bei dieser Hinrichtung fürchten. Am 7. Februar 1587, einem Dienstag, wurde Mary Stuart vor dem Abendessen eröffnet, daß für den kommenden Morgen um acht Uhr in der Früh die Hinrichtung angesetzt sei. Mary aß im kleinen Kreis ihres Personals zu Abend, verteilte ihre persönliche Habe und setzte danach ein Testament auf. Außerdem schrieb sie verschiedene Abschiedsbriefe. Erst gegen zwei Uhr morgens hatte sie ihre letzten Maßnahmen getroffen. Ohne sich auszukleiden, legte sie sich auf ihr Bett und ließ sich vorlesen. Von draußen, aus der großen Halle, tönten die Hammerschläge vom Bau des Schafotts herüber.

Um sechs Uhr morgens erhob sich die Königin und verabschiedete sich von ihren treuen Bediensteten. Sie betete lange allein und nahm dann zur Stärkung etwas Brot und Wein zu sich. Kurz nach acht Uhr wurde sie aufgefordert, in den großen Saal zu kommen.

Dort waren etwa dreihundert geladene und ausgewählte Zuschauer versammelt. Sie sahen eine große, noch immer anmutige Frau, die hoheitsvoll, mit eindrucksvoller Würde und bewunderswerter Kaltblütigkeit dem Schafott entgegenging. Das Blutgerüst stand mitten im Saal, war etwa einen halben Meter hoch und maß etwa drei Meter im Quadrat. Man hatte es mit schwarzem Tuch verhüllt, ebenso den Block, neben dem bereits das schwere Beil lag. Im Kamin des Saales brannte ein mächtiges Feuer.

Mary stieg die drei Stufen zum Schafott hinauf, und dann erhob sich eine letzte Diskussion mit einem protestantischen Dekan, der die katholische Mary noch in letzter Sekunde zum protestantischen Beten zwingen wollte. Mary setzte sich jedoch durch und bekannte sich mit Festigkeit zu ihrer Konfession. Nachdem sie lange gebetet hatte, traten die beiden Henker vor sie und baten sie nach uralter Sitte um Verzeihung dafür, daß sie ihr den Tod bringen müßten. Mary erwiderte, sie verzeihe ihnen von ganzem Herzen, weil sie hoffe, endlich Erlösung von Leid und Kummer zu finden.

Zwei Kammerfrauen halfen der Königin jetzt, ihre Oberkleidung abzulegen. Diese war ganz in Schwarz gehalten, doch darunter trug Mary ein purpurnes Unterkleid und ein Mieder von gleicher Farbe, das auf dem Rücken tief ausgeschnitten war. Es war die liturgische Farbe der Märtyrerschaft, in die sich die Königin gekleidet hatte.

Den Henkern stand nach altem Brauch die persönliche Habe der Verurteilten zu. Sie wollten sich den Rosenkranz und einen Anhänger nehmen, die Mary abgelegt hatte. Sie versprach ihnen jedoch Geld im gleichen Wert dafür und übergab die Gegenstände ihrer Kammerfrau Jane Kennedy. Die ganze Zeit über behielt die Königin ihre Fassung. Sie wandte sich nochmals mit Trostworten an ihr verzweifeltes, klagendes und weinendes Gefolge. Dann verband Jane Kennedy der Königin die Augen mit einem weißen, goldbestickten Tuch, das Mary selbst zu diesem Zweck ausgesucht hatte. Die Königin kniete vor dem Block nieder und betete laut auf lateinisch. Dann tastete sie nach dem Block und legte ihren Kopf darauf. Der Henker mußte ihre Hände beiseite nehmen, weil sie sonst dem Beil im Wege gewesen wären. Mary streckte sich aus, umarmte den Block und rief mehrmals laut: »In manus tuas, Domine, confide spiritum meum« – Deinen Händen, Herr, vertraue ich meine Seele an.

Der Henker hob das Beil, doch sein erster Hieb ging fehl. Er traf nicht den Hals, sondern den Hinterkopf der Königin. Sie bewegte die Lippen, und ihre Kammerfrauen glaubten die Worte »Sweet Jesus« zu hören. Der zweite Hieb traf zwar den Hals, doch der Kopf war immer noch nicht vom Rumpf getrennt. Der Henker mußte das Beil erst noch wie ein Schneidinstrument benutzen und die letzten Muskelpartien durchtrennen, ehe der Kopf zu Boden rollte. Es war unterdessen zehn Uhr geworden.

Der Henker hob den abgetrennten Kopf an den Haaren empor und rief: »Gott schütze die Königin!« Doch dann geschah etwas, das alle Anwesenden mit Grauen erfüllte: Der Kopf löste sich aus der Hand des Henkers und fiel zu Boden. Es zeigte sich, daß Mary Stu-

art zu ihrer Hinrichtung eine Perücke von prachtvollem kastanienbraunem Haar getragen hatte. Ihr eigenes Haar war sehr kurz geschnitten und völlig ergraut, ihr Gesicht plötzlich das einer alten Frau.
Die Zuschauer defilierten an der Hingerichteten vorbei. Die Lippen des abgetrennten Kopfes bewegten sich noch immer in krampfhaften Zuckungen. Erst nach einer Viertelstunde etwa kamen sie zur Ruhe, wie zahlreiche Augenzeugen bekundet haben.
Und noch ein makabrer Zwischenfall ereignete sich bei dieser Hinrichtung: Unter dem bodenlangen Kleid der toten Mary Stuart kroch plötzlich ihr winziger Schoßhund hervor und begann hysterisch zu bellen. Das Tier hatte seiner Herrin unbemerkt aufs Schafott folgen können. Erst die Witterung von Blut und Tod hatte es aufgescheucht. Winselnd hockte sich der Hund neben den abgeschlagenen Kopf seiner Herrin und konnte lange Zeit nicht verscheucht werden – ein Symbol jener treuen Anhänglichkeit, vor der Parteienhaß und Staatsräson zu häßlichen Chimären erstarren.
Der Leichnam der toten Mary Stuart wurde 22 Jahre später von ihrem Sohn James in die Londoner Westminster Abbey überführt, wo die Königin der Schotten ein prunkvolles Grabmal erhielt, ebenso wie ihre Todfeindin Elizabeth.

Fünftes Kapitel
Rädern, Vierteilen, Zerstücken

Das Rädern war bis Ende des achtzehnten, ja bis Anfang des neunzehnten Jahrhunderts eine in Deutschland, Österreich, Frankreich, Schweden, Spanien und Portugal, in der Schweiz und in Dänemark oft verhängte und auch vollstreckte Hinrichtungsart. Im Deutschen ist das »Sich-wie-gerädert-Fühlen« sogar sprichwörtlich geworden. Trotzdem haben wohl die allermeisten Menschen heute von dieser gräßlichen Strafe entweder gar keine oder doch nur sehr ungenaue Vorstellungen. Deshalb sei hier zunächst der Ablauf der komplizierten Exekution geschildert, damit der Leser seine Vorstellungen nötigenfalls ergänzen kann.
Das Rädern war noch mehr als die bisher beschriebenen Hinrichtungsarten eine reine Männerstrafe. Frauen sind in den alten Zeiten nie und in den letzten Jahrhunderten nur höchst selten gerädert worden, und auch dann nur, wenn es sich um besonders gemeine Mör-

derinnen handelte. (Aus der Stadt Zerbst wird 1533 ein solcher Fall berichtet[1], ebenso aus Mecklenburg-Strelitz die Hinrichtung der Dorothe Götterich[2].)
Der Delinquent wurde hinaus zum Hochgericht geführt, oft auch auf einem Gestell hinausgeschleift, wie wir es vom Hängen kennen. Draußen entkleidete man ihn völlig oder bis auf einen Lendenschurz. Danach wurde er auf die Erde geworfen; die ausgestreckten Arme und Beine band man an Pflöcken fest. Unter die Gliedmaßen wurden dreieckige Holzscheite geschoben, so daß die Extremitäten hohl lagen. Bisweilen band man den Verurteilten jedoch auch auf ein großes, liegendes Wagenrad.
Das eigentliche Strafinstrument war ein etwa halbmannshohes, schweres Wagenrad. Es sollte neu sein, noch nie gebraucht, und besaß an einer Seite einen eisernen Beschlag, eine Art Vorstoß. Mit diesem Rad trat der Henker nun vor den liegenden Verurteilten. Er hob das Rad und ließ es zunächst auf ein Schienbein niederfallen, wodurch die getroffenen Knochen gebrochen wurden. Danach brach der Stoß des Rades den Oberschenkel, anschließend in der gleichen Reihenfolge das andere Bein und schließlich die Arme an Unter- und Oberarm. Danach setzte der Henker einen Radstoß auf die Brust, in die Nähe des Herzens, was oft den Tod des Verurteilten herbeiführte. Bisweilen folgte auch noch ein Radstoß ins Genick. Ein solch tödlicher Stoß wurde »Gesellenstoß« genannt.
Das oben geschilderte Verfahren war das Rädern »von unten herauf«. Es bedeutete, daß der Delinquent die volle Qual der Radstöße durchzustehen hatte, bis er eventuell – und keinesfalls sicher – vom Tod erlöst wurde. Das Rädern »von unten herauf« war also die verschärfte Form dieser Strafart. Im Gegensatz dazu stand das Rädern »von oben herab«. Die Reihenfolge der Radstöße war hier genau umgekehrt. Der erste Stoß traf das Genick oder die Herzgegend und hatte den Tod oder wenigstens die Bewußtlosigkeit des Delinquenten zum Ziel. Danach folgte das Zerbrechen der Gliedmaßen. Das Rädern »von oben herab« war also die mildere Variante dieser grausamen Hinrichtungsart. Bisweilen wurde der Verurteilte auch »aus besonderer Gnade« vor Beginn des Räderns mit einer Schnur erdrosselt.
Nach der eben geschilderten Exekution folgte der obligatorische zweite Teil der Strafe. Er bestand darin, den Verurteilten auf ein zweites, etwas größeres Wagenrad zu legen und seine zerschlagenen Gliedmaßen zwischen den Speichen dieses Rades hindurch zu zie-

hen. »Aufs Rad flechten« nannte man diese Prozedur. Anschließend wurde das Rad mit dem Verurteilten auf die Spitze eines Pfahles gesteckt und dieser aufrechtstehend im Boden verankert. Der Verurteilte, der oft genug noch lebte, blieb nun da oben in luftiger Höhe seinem Sterben überlassen, was bisweilen lange dauerte. Aber auch wenn er endlich tot war, durfte der Leichnam noch nicht abgenommen werden, sondern mußte, den Vögeln und der Witterung überlassen, sich langsam auflösen. In dieser Hinsicht erinnert das Rädern ans Kreuzigen und Hängen. Wiederum handelt es sich eigentlich um eine Auslieferung an die Macht der Elemente. Allerdings hat das Rädern die Möglichkeiten, daß der Verurteilte sich dieser Macht vielleicht noch entziehen kann, von allen Versionen dieser Strafe auf die grausamste Weise vermindert.

Zwar hat es einige seltene Fälle gegeben, wo selbst Geräderte die Exekution überlebten. In einigen Gegenden war es erlaubt, dem Verurteilten Hilfe zu bringen, wenn er nach drei Tagen auf dem Rad noch lebte[3].

Die Chirurgen jener Zeit legten sogar ihren Stolz darein, einen Geräderten wieder zu heilen, und bisweilen soll ihnen das auch gelungen sein. Auch hier zeigt sich wieder die alte Überzeugung, wonach ein Verurteilter, falls er die Exekution überlebt, nicht noch einmal hingerichtet werden sollte.

Daß eine so komplizierte Hinrichtungsart auf eine alte Kultform, also auf ein Menschenopfer zurückgehen muß, liegt auf der Hand. Es gibt keinerlei rationalistische oder juristische Begründung, die das Rädern anders erklären könnte. Besonders das stets folgende Aufs-Rad-Flechten und das Aufstecken des Rades mit dem Verurteilten läßt das alte Opferritual noch fast unverfälscht erkennen.

Dieses Aufstecken wurde als ein Hauptbestandteil der Strafe angesehen und für so wichtig erachtet, daß bisweilen auch Übeltäter, die »aus Gnaden« vorher mit dem Schwert enthauptet worden waren, anschließend noch auf das Rad geflochten und aufgesteckt wurden. Man verzichtete also lieber auf den ersten als auf den zweiten Teil der Strafe, weil man diesen als wesentlicher empfand.

Die Gottheit, der einstmals der Geopferte auf dem Rad dargebracht wurde, ist leicht zu erkennen: In sehr vielen alten Kulturen ist das Rad oder die Scheibe das Symbol der Sonne. Das gilt für das alte Indien ebenso wie für Ägypten oder die nordischen Völker. Die Germanen stellten sich die Sonne selbst als glühendes Rad vor und verehrten sie als Gottheit. Auf alten skandinavischen Felszeichnungen

Vierteilung der Frankenkönigin Brunhilde.
Meister der Boccaccio-Illustrationen, 15. Jh.

wird die Sonne als einfaches Rad dargestellt, das von einem oder mehreren Pfählen getragen wird.
Im indischen Kulturkreis finden wir noch Opferbräuche, bei denen ebenfalls ein auf einem Pfosten liegendes Rad die Sonne symbolisiert[4]. Und bei früheren deutschen Sonnwendfeiern wurde oft ein auf einen Pfahl gestecktes Rad in Drehung versetzt und angezündet. An der Mosel hat man zur Sonnenwende große Räder mit Stroh um-

wickelt, dann angezündet und den Berg hinuntergerollt. Landeten sie im Fluß, so war dies ein glückverheißendes Zeichen[5].
Noch deutlicher tritt der alte Opferkult hervor, wenn auf das Rad eine Strohpuppe gebunden, angezündet und dann mit dem Rad den Berg hinuntergerollt wurde, wie dies im Thüringischen Sitte war[6]. Alle derartigen Bräuche, in denen Räder eine Rolle spielten, hatten ursprünglich magischen Charakter und sollten die Sonnengottheit beschwören, sollten ihr neue Kraft verleihen oder ihr auf magische Weise im Kampf gegen die Dämonen der Finsternis beistehen.
Der Geräderte ist also einstmals in vorgeschichtlichen Zeiten der Sonnengottheit geopfert worden; soviel kann man mit großer Sicherheit sagen. Wahrscheinlich sollte seine verströmende Lebenskraft der Sonne zufließen und sie stärken, wie wir dies beim Herzopfer der Azteken kennengelernt haben.
Das Rädern war die Strafe der Mörder, der Straßenräuber, der Gatten- und Elternmörder. Es stand also auf alle besonders gemeinen, brutalen und hinterhältigen Mordtaten. Warum dies jedoch so war: warum der Dieb gehängt und der Mörder gerädert, warum also ursprünglich gewisse Straftäter ganz bestimmten Gottheiten dargebracht wurden, kann nicht mehr erklärt werden. Die Motive dafür

Mischform zwischen Vierteilen und Kreuzigen. Anonymer Buchholzschnitt des 16. Jh.s

Rädern.
Aus Johann Stumpffs »Schweizer Chronik«, 1548

sind mit den Mythen und Urreligionen der Vorzeit untergegangen. Sie lassen sich auch nicht mehr rekonstruieren, da es uns dafür an hinreichenden Unterlagen fehlt.

In manchen Gegenden brach man die Knochen des Verurteilten nicht mit einem Rad, sondern mit einer Keule oder einer Eisenstange. In Frankreich war dies der Fall, ebenso aber auch im Hannoverschen. Die zerschlagenen Knochen sollten nach alter Überzeugung den Gerichteten an einer Rückkehr, aber auch an einer Auferstehung oder am Leben im Jenseits hindern.

Aus Bern wird uns von einem Ulmer Handwerksgesellen, der dort im Jahr 1534 Arbeit gefunden hatte, eine Hinrichtung durch Rädern berichtet[7]. Der Verurteilte war ein Straßenräuber, der vier Menschen überfallen und ermordet hatte. Nach seiner Verurteilung wurde er umgehend vom Henker auf ein Brett gebunden, vor dieses ein Roß gespannt, und dann ging's im Trab durch die Straßen der Stadt zur Richtstätte. Das holprige Buckelpflaster ließ den Verurteilten manchen harten Stoß erleiden, bis ihm ein barmherziger Zuschauer einen Hut unter den Kopf legte. Draußen auf dem Richtplatz standen bereits mehrere Räder aufgerichtet, auf denen die Körper von anderen, früher Verurteilten verwesten. Der Schock dieses Anblicks schien den Delinquenten zu erschüttern; er seufzte, schlug die Hände zusammen und blickte zum Himmel auf.

Nachdem der Henker ihn nun zu Boden geworfen und gefesselt hatte, wollte er ihm die Augen bedecken, doch der Verurteilte lehnte das ab. Hektisch begann er zu beten und nahm den ersten Radstoß ohne Schmerzensäußerung hin. Auch die weiteren Stöße entlockten ihm keine Schreie, was den Henker und alle Zuschauer verblüffte. Eine solche Standhaftigkeit hatten sie noch nicht erlebt.

Der Henker räderte »von unten herauf« und hatte den eisernen Beschlag des Rades so geschärft, »daß er ihm die Schenkel unterhalb dem Knie schier abgehauen hat«, wie der Augenzeuge schreibt. »Aber er führt sein Gebet so herzlich zu Gott, daß er der Stöß' des Henkers kein Acht nahm, ist auch also mannhaft gestorben, und ist solches geschehn zu Bern im 1534. Jahr, und hab' ich selbst mit meinen Augen gesehen.«

In Sachsen (in der Stadt Schneeberg) ist auf diese Weise noch im Jahr 1823 ein Raubmörder gerädert worden[8].

Auch das Vierteilen oder Zerstücken ist eine ursprünglich weitverbreitete und noch bis zum Anfang des neunzehnten Jahrhunderts geübte Strafe. Noch in der sogenannten Theresiana, dem im Jahr 1768, also unter der Herrschaft der Kaiserin Maria Theresia, erschienenen österreichischen Strafgesetzbuch ist das Vierteilen als Strafe für Hochverräter vorgesehen. Man kannte diese Strafe aber auch im ganzen sonstigen Europa, ebenso im Orient, dort vor allem im alten Indien und in China[9]. In Japan schließlich gab es ein Zerreißen durch Ochsen[10]. Überall war diese Strafe hauptsächlich für Hochverräter und Attentäter auf das Leben des Herrschers vorgesehen.

Vom Vierteilen hält sich noch die alte Vorstellung, daß der Verurteilte dabei an Pferde gebunden und von ihnen zerrissen wurde. Dies ist bisweilen auch so vorgesehen gewesen. Allerdings darf man die Stärke der menschlichen Sehnen nicht unterschätzen. Es hat sich mehrfach gezeigt, daß selbst vier kräftige Pferde nicht imstande waren, einen Männerkörper auseinanderzureißen. Wir werden noch einen dieser Fälle kennenlernen. Die Vierteilung durch Pferde gelang regelmäßig erst dann, wenn der Henker die Gelenke eingeschnitten hatte. Da im übrigen eine solche Hinrichtung durch Tiere recht aufwendig war, kam man zu einer einfacheren Version, die den »Regelfall« darstellte:

Das Schafott für die Hinrichtung war oftmals mitten in der Stadt,

auf dem Markt oder einem ähnlich großen Platz aufgebaut. Auf dem Schafott stand eine Art Pritsche aus Holz, auf die der Verurteilte gelegt wurde. Er war nackt. Man fesselte ihm die Gliedmaßen an die vier Ecken der Pritsche; dann heißt es weiter in einem alten Kommentar[11]: »Es wird dem Delinquenten von des Scharfrichters Knechten erstlich mit einem großen, dazu bereiteten Messer . . . die Brust gleich herunter von vorn aufgeschnitten, die Rippen herumgebrochen und herumgelegt, sodann das Eingeweide samt dem Herzen, Lunge und Leber, auch alles, was im Leibe ist, herausgenommen und in die Erde verscharret, anbei wohl dem armen Sünder vorhero aufs Maul geschmissen[12].
Nach diesem wird derselbe auf einen Tisch, Bank oder Klotz gelegt, und ihm mit einem besonderen Beil erstlich der Kopf abgehauen, nach diesem aber der Leib durch sothanes Beil in vier Teile zerhauen, welche sämtlich, neben dem Kopfe, an eichene Säulen oder Schnappgalgen an den Straßen aufgenagelt werden.«
Man sieht, es gab wohl kaum eine grausigere und blutigere Metzelei

Vierteilen. Aus Livius' »Römischen Historien«, 1514

als diese Art der Hinrichtung. Hier war der Verurteilte eindeutig zum Schlachtopfer und der Henker zum Schlächter geworden. Und all dies im Zeichen von Recht und Gerechtigkeit.
Es ist nicht mehr erkennbar, welcher Gottheit einstmals der Zerstükkelte geopfert wurde. Das Aufschneiden des Leibes erinnert aber unübersehbar an alte Opferrituale. Wir wissen, daß die römischen Opferpriester aus den Eingeweiden von Tieren weissagten, ebenso die Frauen der germanischen Kimbern aus den Eingeweiden der geschlachteten Kriegsgefangenen[13].
Auch an die Menschenopfer der Azteken ist hier zu erinnern, die ja in sehr ähnlichen Formen abliefen.
Neben dem Zerhacken (oder Vierteilen) kommt im Hochmittelalter auch das bloße Ausweiden vor. Es ist ebenfalls als Strafe für Hochverräter vorgesehen und erweist sich damit als eine einfachere Variante der Vierteilung. Die Eingeweide werden oft verbrannt, was an rituelles Verbrennen der Eingeweide von Opfertieren erinnert[14].
Neben dem Ausweiden findet man dann im Hochmittelalter noch das Ausdärmen, eine grausige Strafe, die in der Neuzeit nicht mehr vollzogen wurde. Bemerkenswert ist diese Strafe vor allem durch die Missetaten, für die sie verhängt wurde. Es waren dies Baumfrevel und Diebstahl von Bienenstöcken aus dem stehenden Baum. Besonders das Entrinden lebender Bäume wurde durch Ausdärmen bestraft. Man schnitt dem Delinquenten den Leib auf, heftete seinen Darm an die entrindete Stelle des Baumes und jagte ihn dann um den Stamm herum, bis seine Eingeweide am Baum aufgewickelt waren und die entrindete Stelle bedeckten. Lukas Cranach hat uns einen Kupferstich hinterlassen, auf dem die Ausdärmung des heiligen Erasmus dargestellt wird[15]. Der Heilige liegt angepflöckt auf dem Boden; seine Därme werden aus dem geöffneten Leib auf einer Haspel aufgewickelt. Eine derartige Darmhaspel ist zwar nicht überliefert, doch wirkt die Darstellung so realistisch und überzeugend, daß sie wohl nicht nur der Phantasie des Künstlers entstammen mag.
Auf die hohe, magische Wertschätzung von Bäumen sind wir schon verschiedentlich gestoßen.
In den alten Mythen jagte der Wilde Jäger, also Wotan, höchstpersönlich die Holzfrevler. Diese magische Überhöhung der Bäume hat sich bis ins vorige Jahrhundert erhalten. In England stand noch zu Anfang des neunzehnten Jahrhunderts die Todesstrafe auf unberechtigtes Fällen eines Baumes, und das war keineswegs eine leere Drohung[16].

Die verschiedenen Stadien der Hinrichtung des Attentäters Damiens in Paris, 1757

Diese uns heute so seltsam anmutende Verehrung von Bäumen ist noch nicht untersucht worden. Vielleicht hängt sie mit der Tatsache zusammen, daß in der Zeit des Animismus von den Seelen der Verstorbenen angenommen wurde, daß sie in Bäume oder Sträucher eingingen. Es wäre also, mit anderen Worten, ein tiefsitzendes Gefühl der Verwandtschaft, eine Art übertragener Tötungshemmung, die der Mensch dem Baum gegenüber empfindet oder zumindest früher empfand. Auch die Tatsache, daß die Bäume im Gegensatz zum kurzen Menschendasein ein sehr viel längeres, anscheinend ewiges Leben besitzen, mag zur Ehrfurcht vor ihnen beigetragen haben.

Die Berichte von zwei grauenvollen Hinrichtungen durch Vierteilung liegen uns aus Frankreich vor. Bei den Verurteilten handelte es sich jeweils um Attentäter. Der erste, François Ravaillac, hatte 1610 den französischen König Heinrich IV. erdolcht. Der zweite, François Damiens, verübte 1757 ebenfalls mit einem Dolch einen Attentatsversuch auf Ludwig XV., bei welchem der König jedoch nur leicht verwundet wurde. Trotzdem verurteilte man Damiens ebenso wie Ravaillac zum Tod durch Vierteilung. Der Ablauf der Hinrichtungen war in beiden Fällen fast gleich. Wir halten uns an die Memoiren des Pariser Henkers Sanson, in denen die Hinrichtung Damiens ausführlich geschildert wird[17].

Im Urteil über Damiens war bestimmt worden, daß der Delinquent

Rädern auf dem »Rabenstein«. Zeitgenössisches Flugblatt aus Augsburg, 1768

vor der Hinrichtung mit glühenden Zangen an Brust, Armen, Ober- und Unterschenkeln zu reißen sei. In die Wunden solle man geschmolzenes Blei, siedendes Öl, brennendes Harz, Wachs und Schwefel gießen. Die rechte Hand, mit der er den Dolch geführt hatte, sei bis auf die Handwurzel am lebenden Mann zu verbrennen. Danach solle der Körper durch ein Gespann von vier Pferden auseinandergerissen und die einzelnen Teile verbrannt werden. Man sieht, daß an Scheußlichkeiten nicht gespart wurde, um einen nur versuchten Königsmord zu sühnen.
Unmittelbar vor der Exekution wurde Damiens zu allem Überfluß noch einmal zweieinhalb Stunden lang gefoltert, um ihm Namen von Mitverschwörern zu entreißen. Die Folterung blieb ergebnislos. Daraufhin lud man ihn auf einen Karren, um ihn zum Grèveplatz – dem heutigen Place de l'Hotel de Ville – zu fahren, wo die Hinrichtung stattfinden sollte. Unterwegs mußte er vor dem Portal der Kirche von Notre Dame öffentlich Abbitte leisten. Das Schafott auf

dem Grèveplatz war wie immer bei solchen Anlässen von einer unübersehbaren Menschenmenge umlagert. Auch alle Fenster waren dicht von Zuschauern besetzt, unter ihnen viele Frauen. Einer der Zuschauer war übrigens der venezianische Abenteurer und Frauenheld Casanova, der mit einem Freund ein Fenster am Grèveplatz gemietet hatte, wie er in seinen Memoiren berichtet[18]. Er und sein Freund verfolgten bei einigen Damen, die sie zum Zuschauen eingeladen hatten, erotische Ziele, und in der Tat war zumindest der Freund erfolgreich, während sich Casanova immerhin von dem grausigen Schauspiel beeindruckt zeigte.

Gegen fünf Uhr nachmittags begann die Exekution. Zuerst verbrannte man über einer Pfanne mit glühenden Kohlen Damiens' rechte Hand, was dieser bei vollem Bewußtsein ertrug. Dann wurde er, wie vorgesehen, mit glühenden Zangen gerissen. Offenbar hatte Damiens immer schon an vorübergehender Geistesverwirrung gelitten, die sich auch jetzt wieder zeigte; möglicherweise aber trieb ihn auch unvorstellbarer Schmerz zum Wahnsinn: Jedenfalls feuerte er mit geiferndem Mund seine Peiniger an, ihm mehr und noch mehr Qualen zuzufügen.

Schließlich wurden die vier Gliedmaßen Damiens' an die Zugstränge von vier starken Pferden gebunden. Auf ein Zeichen des Henkers zogen die Pferde an. Der Ruck war so heftig, daß eines von ihnen ausrutschte und auf das Pflaster stürzte. Doch die Gelenke Damiens' hatten standgehalten. Dreimal zog das Gespann an; die Gelenke des Verurteilten dehnten sich zwar sehr stark, doch die Glieder lösten sich nicht vom Körper. Schließlich sah man ein, daß man auf diese Art keinen Erfolg haben würde, und holte die Erlaubnis ein, die Gelenke einschneiden und die Sehnen durchtrennen zu dürfen. So geschah es: Danach lösten sich erst die Beine, dann ein Arm. Damiens, der bis dahin gelebt hatte, wurde endlich die Gnade des Sterbens zuteil. »Wir hielten volle vier Stunden bei diesem haarsträubenden Schauspiel aus«, schreibt Casanova, wobei er allerdings die Vorbereitungszeit mit einrechnet. Aber zwei Stunden hatte die eigentliche Exekution, also die Marterung zum Tode, doch gedauert.

Dies alles geschah, es soll noch einmal betont werden, erst vor gut zweihundert Jahren und vor den Augen einer vieltausendköpfigen, gnadenlos-lüsternen Menschenmenge. Zur Ehre des Königs muß man vermelden, daß ihm allein, als man ihm vom Verlauf der Hinrichtung berichtete, die Tränen gekommen sein sollen.

Sechstes Kapitel

Ertränken, Lebend Begraben

Während alle bisher besprochenen Strafen in ihrer ursprünglichen Form reine Männerstrafen waren und Frauen ihnen nur selten und auch erst sehr spät unterworfen wurden, kommen wir jetzt zu zwei ausgeprägten Frauenstrafen. Das soll nicht heißen, daß nicht bisweilen auch Männer ertränkt oder lebendig begraben wurden. Doch für männliche Missetäter blieb im allgemeinen das reiche Arsenal der reinen Männerstrafen vorbehalten, während auf weibliche Straftäter, wenn sie nicht gerade als Hexen verurteilt waren, nur das Wasser oder die Grube warteten. Erst zu Beginn der Neuzeit wurden auch sie enthauptet.

Die Missetaten, für die Frauen zum Tode verurteilt wurden, waren hauptsächlich Kindsmord, wozu auch die Abtreibung zählte, ferner Giftmischerei, Ehebruch und wiederholter Diebstahl. Der Katalog der todeswürdigen Straftaten war für Frauen also weniger umfangreich als für Männer, was allerdings an den früheren Lebensverhältnissen lag. Die Frau führte, von diesen Verhältnissen dazu gezwungen, ein weit häuslicheres Leben als der Mann, wodurch sich ihr auch weniger Gelegenheiten boten, straffällig zu werden.

Dies ist der eine Grund, weshalb in der Geschichte der Todesstrafe die Zahl der hingerichteten Männer diejenige der Frauen weit übertrifft, und zwar gilt das vom Altertum bis zur Gegenwart. Der zweite Grund liegt in der bereits erwähnten Tötungshemmung, die gegenüber Frauen besonders stark ausgeprägt ist. Bei einer ganz bestimmten Kategorie von Straftaten jedoch wurde die Übeltäterin sehr viel strenger bestraft als ihr männlicher Partner, und zwar beim Ehebruch und damit verwandten Tatbeständen. Während die Ehebrecherin unweigerlich ertränkt oder lebendig begraben wurde, kam ihr Partner, der Ehebrecher, meist mit Auspeitschen und Stadtverweis davon. Wenn es ihn schlimm traf, wurde er entmannt, und nur selten lesen wir, daß er mit der Ehebrecherin lebendig begraben wurde. Man erkennt in diesen Strafen leicht die eifersüchtige Rachgier der patriarchalischen Richter, die sich mit dem beleidigten Ehemann identifizierten und seine Sache zu der ihren machten, obwohl doch Ehebruch zweifellos der Privatsphäre angehört und die Gemeinschaft in kaum einer Weise berührt.

Auch bei den recht häufigen Fällen von Kindsmord wurde mit sehr ungleichem Maß gemessen. Der Verführer ging meist ganz straffrei aus, schlimmstenfalls wurde er »mit Ruten gestrichen«, also ausgepeitscht oder der Stadt verwiesen. Die Kindesmutter jedoch – meist handelte es sich dabei um Mägde oder Mädchen aus den unteren Volksschichten – mußte die Folgen ihres Fehltritts allein verantworten. Die Verhältnisse ließen meistens eine Heirat nicht zu, weil dafür die finanziellen Voraussetzungen fehlten. Ein uneheliches Kind aber bedeutete einen untilgbaren Makel. Es hätte alle späteren Heiratschancen der Kindesmutter zerstört und ihr unweigerlich ein Leben in Elend und Unehre bereitet. Aus dieser verzweifelten Lage heraus ließen sich unverheiratete Mütter trotz der ihnen drohenden schrecklichen Strafen bisweilen zur Tötung ihres Kindes hinreißen. Die Gretchen-Tragödie im »Faust« schildert ein solches, früher alltägliches Frauenschicksal. Es endete entweder im Fluß oder in der Grube.

Das Ertränken ist ebenfalls wie alle bisher besprochenen Hinrichtungsarten uralt. Der einstige Opfercharakter blieb hier sogar faktisch bis zur Abschaffung dieser Strafe unübersehbar erhalten. In der frühen animistischen Zeit wurden alle Gewässer als eine Art Lebewesen angesehen; später dachte man sie sich als von Wassergeistern, Nixen und Wassermännern belebt. Diese Vorstellung hat sich im Volk noch bis ins vorige Jahrhundert hinein erhalten. Wenn man also einen Verurteilten gebunden ins Wasser warf, um ihn zu ertränken, so übergab man ihn damit auch nach den Vorstellungen neuerer Zeit noch unweigerlich den Wassergeistern. Sein Tod war also Strafe und Opfer zugleich.

Die großen Gewässer wie Ströme, Seen und gar das Meer müssen auf den frühen Menschen den allerstärksten Eindruck gemacht haben. Die unbezähmbare Gewalt dieses Elements, vor der alles Menschenwerk zu lächerlichem Spielzeug wurde, konnte nur Ausdruck überirdischer Kräfte sein. Unter der Wasseroberfläche aber lag ein Reich, das dem Menschen unzugänglich blieb, ein Zauberreich mit fremden Gesetzen und angsterregenden, fremdartigen Lebewesen. Eine andere Welt also, in der kein Mensch leben konnte, und die dennoch geheimnisvoll lockte und anzog. In Goethes »Fischer« ist diese Wirkung des Wassers unübertrefflich geschildert.

Am meisten aber mag der frühe Mensch wohl die Unberechenbarkeit, die plötzlich losbrechende Gewalt dieses Elements gefürchtet haben. Der See, der eben noch spiegelglatt liegt und dann unter der

Macht des Sturmes plötzlich zu toben beginnt; der ruhige Fluß, der im Hochwasser zum reißenden, zerstörenden Strom wird; dazu Strudel oder Untiefen, die der Schiffahrt Unglück bringen – das sind die tückischen Gefahren, mit denen dieses Element den Menschen ständig bedrohte. Wer am Wasser wohnte oder ihm als Fischer oder Seemann den Lebensunterhalt abrang, mußte stets die Launen dieses Elements fürchten. Das einzige Mittel, das dem Menschen blieb, um die Wassergeister zu besänftigen, war das Opfer: Menschenopfer zunächst, später dann Ersatzgaben, die noch an das alte Menschenopfer erinnerten.

Die Vorstellung, daß große Gewässer alljährlich ihr Opfer fordern, war noch im vorigen Jahrhundert im deutschen Volksglauben lebendig. An bestimmten Tagen, so zu Peter und Paul sowie am Tag vor Johannis, mußten viele Flüsse und Seen eine Gabe haben[1]. Man opferte ihnen dann ein schwarzes Huhn (im Bodetal im Harz) oder ein Brot (am Neckar). Auch Geld wird ins Wasser geworfen, oder ein Kinderkleid, das eindeutig noch auf das einstige Menschenopfer hinweist[2]. Im übrigen vermied man es, an den obenerwähnten »verrufenen« Tagen zu baden. Die Schiffe liefen nicht aus, und man hielt sich möglichst von allen Gewässern fern. Auch Brücken überquerte man an solchen Tagen möglichst nicht. All dies, wie gesagt, galt weithin noch im vorigen Jahrhundert. Die Vorstellung von den Opfer fordernden Wassergeistern hatte das Ertränken als Hinrichtungsart überlebt, denn ab Mitte des achtzehnten Jahrhunderts wurde dies kaum noch vollzogen.

Neben den Opfercharakter trat beim Ertränken jedoch auch noch eine uralte magische Qualität des Wassers. Die reinigende Wirkung dieses Elements wurde in der Frühzeit symbolhaft überhöht zu schuldabspülender Kraft. Die bekannte Handwaschung des Pilatus (Matthäus 27, 24) ist Zeugnis für diese Auffassung. Vor allem das fließende Wasser mit seiner hinwegschwemmenden Gewalt befreite die Gemeinschaft vom Übeltäter und von dessen Schuld, damit aber auch von etwaigem Zorn der Schicksalsmächte, der durch die Missetat erregt worden sein mochte. Der Fluß, der Strom oder auch das unergründliche Meer rissen alles mit sich fort in unzugängliche Tiefen. Sie hinterließen keine Spuren, weder des Schuldigen noch seiner Schuld; sie vertilgten beides, als ob es beides nie gegeben hätte, und schufen eine »neue Erde«.

Aus diesem Grund wurden die Verurteilten meist in fließende Gewässer oder ins Meer versenkt, selten jedoch in stehende Gewässer

Ertränken.
Meister der Boccaccio-Illustrationen, 15. Jh.

wie Teiche oder Seen. Nach den alten Anschauungen wären die Seelen der Verurteilten dann in den Teich bzw. den See gebannt gewesen; sie wären zu bösen Geistern geworden, und die Gemeinschaft hätte sich keineswegs von ihnen befreit fühlen können, sondern wäre von ihnen weiter geplagt worden.
Die Exekution ging im allgemeinen so vor sich, daß die Verurteilte auf eine Brücke geführt wurde. Seltener fand das Ertränken vom Boot aus statt. Die Delinquentin wurde entkleidet, man zwang sie in die Hocke, schob ihr einen Stock unter den Kniekehlen durch und band dann die unter dem Stock durchgeführten Hände an die Füße. Bisweilen klemmte man auch noch einen Knebel in den Mund, damit dieser nicht geschlossen werden konnte. Dann wurde die Delinquentin ins Wasser gestürzt, und die Henkersknechte drückten sie mit langen Stangen unter die Wasseroberfläche.
In den größeren Städten, die an einem Fluß lagen, wurden bestimmte Brücken mit der Zeit zu spezialisierten Hinrichtungsstätten. So zeigte man an der alten Elbbrücke zu Dresden einen hervorstehenden Balken, von dem aus die Verurteilten in den Fluß gestürzt wurden. Auch in Frankfurt, in Ulm, in Basel hat man Brücken häufig zu Exekutionen genutzt[3].

Eine merkwürdige Variante des Ertränkens war das noch aus dem alten Rom stammende sogenannte Säcken. Dort war dies die Strafe für einen Mord an einem freien Bürger gewesen[4]. Der Verurteilte wurde in einen rindsledernen Sack gesteckt, in den man auch noch vier Tiere gab: einen Hund, einen Hahn, eine Schlange und einen Affen. Dann wurde der Sack zugebunden, in den Fluß geworfen und mit Stangen unter das Wasser gedrückt. Diese römische Strafbestimmung ist seltsamerweise von vielen Gegenden übernommen und weiterhin angewendet worden, trotz des beträchtlichen Aufwands, den sie erforderte. Besonders im alten Sachsen hat man es mit dem Säcken noch bis ins achtzehnte Jahrhundert hinein sehr genau genommen[5].

Natürlich war es schwierig, die dazu erforderlichen Tiere aufzutreiben. Hund und Hahn zwar konnte man noch besorgen; woher aber sollte man im Bedarfsfall so schnell eine Schlange oder gar einen Affen nehmen? Man half sich auf sehr typische Art, indem man den Affen durch eine Katze ersetzte. Die Schlange malte man einfach auf ein Stück Papier und steckte es mit in den Sack. Das Symbol einer Sache ist für das naive Bewußtsein so gut wie die Sache selbst. (In Preußen hat übrigens Friedrich der Große im Jahr 1740 das Säcken für Kindsmörderinnen abgeschafft und durch Enthaupten ersetzt[6].)

Die mythologische Bedeutung der Tiere, die beim Säcken dem Verurteilten beigegeben wurden, reicht in vorgeschichtliche Zeit zurück und kann nicht mehr entschlüsselt werden. Möglicherweise schrieb man diesen Tieren eine schuldauflösende, schuldforttragende Kraft zu. Aber all diese Überlegungen sind nicht mehr exakt zu belegen. Auch die Frage, weshalb gerade das Ertränken (neben dem Lebendig-Begraben) zur Frauenstrafe wurde, läßt sich nicht mehr präzis beantworten. Manche Forscher meinen zwar, daß die Wassergeister ursprünglich weiblichen Geschlechts gewesen seien und die Verurteilten daher »den Müttern«, also Wesen gleichen Geschlechts geopfert wurden. Doch gibt es auch Gegenbeispiele zu dieser Theorie.

Da dem Ertränken der alte Opfercharakter noch so deutlich anhaftete, blieb es auch mehr als alle anderen Hinrichtungsarten eine Zufallsstrafe oder, besser gesagt, ein Gottesurteil.

Wurde die Verurteilte etwa noch lebend an Land getrieben, so kam sie in den meisten Fällen mit dem ausgestandenen Schrecken davon. Das Element oder die Wassergeister hatten das Opfer nicht angenommen; die Schuld aber war gesühnt und getilgt. Je unerklärlicher

die Rettung war, desto sicherer schien der Fingerzeig der Gottheit auf die Unschuld der Verurteilten, desto sicherer auch konnte die arme Sünderin mit ihrer Rettung rechnen.
Aus dieser Vorstellung heraus war es sehr folgerichtig, daß man das Wasser auch direkt als Mittel zum Schulderweis benutzte, so zum Beispiel bei der Hexenprobe. Sie bestand darin, daß man die Beschuldigte entkleidete, ihr den rechten Daumen an die linke und den linken Daumen an die rechte Zehe band und sie derart gefesselt ins Wasser warf. Schwamm sie oben, so wurde sie für schuldig erachtet, da nach alter Anschauung das Wasser alles Unreine, Schuldbeladene abstößt und nicht in sich aufnimmt. Diese magische Vorstellung wurde später christianisiert: Dem Wasser, so erklärten die Theologen, sei durch die Taufe Heiligkeit verliehen worden, daher stoße es alles ab, was durch die Berührung des Teufels befleckt sei[7].
Hier verwechselten die Herren Theologen jedoch Ursache und Wirkung. Weil dem Wasser eben aus uralter Anschauung Heiligkeit zukam, wurde seinerzeit der Akt der Taufe als symbolische Reinigung eingesetzt.
Die Wasserproben der angeblichen Hexen fanden stets vor zahlrei-

Ertränken eines Mannes.
Aus Johann Stumpffs »Schweizer Chronik«, 1548

chem Publikum statt; sie waren sadistische Schauspiele in höchster Potenz und darum sehr beliebt. Allerdings muß hier betont werden, daß die Wasserprobe keineswegs auf Hexen beschränkt war. Vielmehr ist diese Art Gottesurteil sehr viel älter als der Hexenwahn und reicht wahrscheinlich in vorgeschichtliche Zeit zurück. Im »Sachsenspiegel«, der um das Jahr 1230 entstand, heißt es, daß in einem Fall von strittigen, nicht klar zu entscheidenden Eigentumsverhältnissen die Wasserprobe helfen sollte[8].

Aus Bern ist uns einer der seltenen Fälle überliefert worden, in denen ein Mann zum Wassertod verurteilt worden war (1485). Der Übeltäter hatte eine Monstranz aus einer Kapelle gestohlen. Der Henker führte ihn nach der Verurteilung gebunden auf die Brücke über die Aare und warf ihn »an einem starken seyl wol geknüpft in grund des Wassers«. Dann »schwemmte« der Henker den Verurteilten wohl eine Stunde lang; das heißt, der gefesselte Verurteilte wurde an einem langen Seil vom Henker gehalten. Der Delinquent lag die ganze Zeit über auf dem Grund des Flusses, berichtet der Chronist. Schließlich zog ihn der Henker am Seil zum anderen Flußufer, wo man ihn verscharren wollte. Doch als die Henkersknechte ihn losbanden, gab er Lebenszeichen von sich; auch hielt er einen grünen Zweig in der Hand. Am wunderbarsten erschien den Knechten, daß die Lungen des Mannes nicht voller Wasser waren. Auch schien er das Bewußtsein lange Zeit nicht verloren zu haben, denn er hatte, auf dem Grund des Flusses liegend, die Reden des Richters und der Henker gehört und verstanden.
Natürlich schrieb man die Rettung des Mannes einem Wunder zu, und der Rat von Bern begnadigte ihn, der Mutter Gottes zu Ehren. »Wer durch sie aus Lebensgefahr befreit wurde, dürfe nicht weiter gestraft werden«, erklärten die Ratsherren[9]. Hier ist der uralte Opfergedanke und seine Konsequenz, »wenn das Opfer von der Gottheit zurückgewiesen werde, sei es frei!« in christliche Form gekleidet worden.
Im alten Basel wurde diese Rettungschance geradezu institutionalisiert, indem die Fischer am St.-Thomas-Turm auf die im Rhein treibenden Verurteilten warteten und sie dort aus dem Wasser zogen. Lebten sie noch, so wurden sie anschließend begnadigt[10]. In diesem Brauch hat der Baseler Rat aber schließlich so sehr eine Unterwanderung des Rechts gesehen, daß er vom Ertränken abkam und zum Schwert verurteilen ließ[11].

Daß das Ertränken ein qualvolles Sterben bedeutete, kann sich jeder leicht vorstellen. Doch daß der Tod bei dieser Hinrichtungsart bisweilen so lange auf sich warten ließ und somit die Exekution zur grauenhaften Quälerei wurde, mag manchen verblüffen. Aber moderne Untersuchungen haben gezeigt, daß Menschen unter gewissen, noch nicht geklärten Voraussetzungen – wahrscheinlich spielt schockartige Erregung dabei eine wichtige Rolle – bisweilen erstaunlich lange unter Wasser überleben können. Da man die Verurteilten, wenn sie aus dem Wasser geborgen wurden, natürlich nicht ärztlich untersuchte, mag es oft genug vorgekommen sein, daß sie klinisch noch nicht tot waren, wenn man sie verscharrte.

Ein berühmt gewordener Fall von Ertränken war die Hinrichtung – man sollte hier besser sagen Ermordung – der Agnes Bernauer, seinerzeit Geliebte und Ehefrau des bayerischen Herzogs Albrecht III.[12]. Der lebenslustige junge Herzog hatte die schöne Agnes im Fasching des Jahres 1428 in Augsburg kennengelernt. Sie war offenbar Tochter eines Badeknechts und diente wohl selbst als Bademagd, was eine etwas anrüchige Tätigkeit war. Jedenfalls muß man sich vor Augen halten, daß die Bader zu jener Zeit zu den »unehrlichen Leuten« gezählt und beispielsweise nicht in eine der »ehrbaren« Handwerkszünfte aufgenommen wurden, falls sie den Wunsch danach geäußert hätten.

Trotz dieser nicht gerade vornehmen Herkunft verliebte sich der Herzog aber so unrettbar in die schöne Agnes, daß er sie zu sich nahm und sie schließlich in einer geheimen Trauung heiratete. Dann zog er mit ihr auf das Schloß nach Straubing, um seinem Vater, dem in München residierenden Herzog Ernst, möglichst wenig unter die Augen zu kommen. Diesem blieb natürlich die Ernsthaftigkeit dieser Liebesbeziehung nicht verborgen, und so sah er große Gefahren für die Dynastie der Wittelsbacher heraufziehen! Albrecht war sein einziger Sohn; dessen Kinder mit der Bernauerin wären aber keinesfalls erbberechtigt gewesen, und somit bestand die Möglichkeit, daß das Land einer Seitenlinie des Hauses Wittelsbach zufallen würde. Der alte Herzog hielt dies für eine Katastrophe und sann auf Abhilfe um jeden Preis.

Da Albrecht sich auf die wiederholten und dringlichen Mahnungen seines Vaters störrisch gezeigt hatte, entschloß sich Herzog Ernst zur Tat: Er inszenierte eine Intrige, ließ Albrecht aus Straubing weglokken und Agnes noch am gleichen Tag verhaften. Ob ihr ein regulärer Prozeß gemacht wurde, läßt sich nicht mehr eindeutig feststellen. Jedenfalls beschuldigte Herzog Ernst die Frau seines Sohnes später vor dem Kaiser, sie hätte seinem Bruder und dessen Sohn mit Gift nach dem Leben getrachtet. Es war also nicht, wie man oft liest, der Vorwurf der Zauberei, der Agnes Bernauer gemacht wurde.

Das Todesurteil für Agnes stand natürlich schon vor ihrer Verhaftung fest, was immer sie zu ihrer Verteidigung auch vorgebracht haben mag. Noch am gleichen Tag, dem 12. Oktober 1435, wurde das Urteil vollstreckt. Vor einer großen Volksmenge, die sich rasch angesammelt hatte, führte man Agnes hinunter auf die Donaubrücke. Der Henker fesselte sie und stieß sie dann in den Fluß. Doch die Fesselung scheint nicht sehr sorgfältig gewesen zu sein. Ein Fuß löste sich aus den Stricken, und Agnes konnte, auf der Wasseroberfläche treibend, in die Nähe des Ufers gelangen. Die Todesangst entstellte ihre Stimme, als sie röchelnd nach Hilfe rief. Doch die Menge fürchtete sich vor dem Zorn des alten Herzogs. Stumm und betreten

Grabstein der Agnes Bernauer, Straubing-St. Peter

starrten die Menschen auf den Todeskampf der schönen jungen Frau. Unterdessen war ein Henkersknecht mit einer langen Stange herbeigelaufen. Er wickelte die langen blonden Haare der Bernauerin um die Stange und drückte ihren Kopf so lange unter Wasser, bis sie kein Lebenszeichen mehr von sich gab. Im Straubinger Karmelitenkloster wurde Agnes Bernauer beigesetzt. Noch heute wird für sie jährlich im August in der Karmelitenkirche eine Seelenmesse gelesen, die ihr Mann, Herzog Albrecht, dereinst für sie gestiftet hatte.
Des Interesses halber sei hier noch ein altes bayerisches Volkslied erwähnt, das einen romantischen, balladesken Zug zur Geschichte der Bernauerin beiträgt. Danach habe ein Henkersknecht der Agnes versprochen, sie loszubitten, wenn sie seine Frau werden wolle. Dies entsprach einem weitverbreiteten Brauch: Man konnte einen Verurteilten noch kurz vor der Exekution losbitten, wenn man versprach, ihn zur Ehe zu nehmen (und damit für sein ferneres Wohlverhalten zu bürgen). Auch der Henker konnte bisweilen Verurteilte losbitten. Agnes Bernauer jedoch soll, dem Volkslied zufolge, den Tod einem Leben als Henkersfrau vorgezogen haben[13].

Die zweite Frauenstrafe war das Lebendig-Begraben. Nur recht selten hat man auch Männer zu diesem grausigen Tod verurteilt. Wieder tappen wir im dunkeln, wenn wir nach einer mythologischen Begründung für diese Unterscheidung suchen, weil sich alle Spuren in der Vorgeschichte verlieren. Fest steht lediglich, daß auch mit dem Begraben ein endgültiges »Aus-der-Welt-Schaffen« beabsichtigt war. Nach uralter Überzeugung konnte das Böse in die Erde gebannt werden. Noch bis ins vorige Jahrhundert hinein kannte der Volksaberglaube das Vergraben von Krankheiten. Das Fieber etwa wollte man loswerden, indem man ein Loch in den Rasen schnitt, dreimal hineinhauchte und dann das Loch wieder mit Rasenscholle bedeckte[14]. Kranke Körperteile mußte man mit bestimmten Gegenständen bestreichen und diese, die dann den Krankheitsstoff »in sich aufgenommen hatten«, unter besonders zu beachtenden Ritualen vergraben[15]. Was unter der Erde war, gehörte nach dem Glauben jener Zeiten den Dämonen der Unterwelt und hatte seine Wirksamkeit über der Erde verloren.
Die älteste Überlieferung eines Falles von Lebendig-Begraben stammt aus dem alten Rom. Der Schriftsteller Plutarch[16] berichtet uns von der Bestrafung der Vestalinnen, die das Gelübde der Keuschheit verletzt hatten. Dieses Gelübde verpflichtete die Vesta-

linnen als Priesterinnen der Vesta, der Göttin des Heiligen Herdfeuers, für dreißig Jahre zur sexuellen Enthaltsamkeit. Vom Bruch dieses Gelübdes befürchtete das Volk großes Unheil für die Stadt; deshalb wurde er mit dem Tode durch Lebendig-Begraben geahndet. »Nicht weit vom collinischen Tor, noch innerhalb der Stadt, befindet sich ein Hügel von ziemlicher Länge«, schreibt Plutarch. »Hier wird eine nicht sehr große unterirdische Kammer gegraben, in die man von oben hinabsteigen muß. Es stehen darin ein Bett, eine brennende Lampe und einige wenige Lebensmittel wie Brot, Wasser, eine Flasche Milch und Öl, ganz als ob man sich Gewissensbisse machen würde, eine zum heiligsten Dienst geweihte Person durch Hunger zu töten[17].
Die schuldige Vestalin setzt man in eine dicht verhüllte, mit Riemen verschürte Sänfte, aus der kein Laut dringt. Dann trägt man sie über den Markt davon. Wer ihr begegnet, tritt stillschweigend zur Seite und begleitet sie schweigend, in tiefster Trauer. Ein solcher Tag ist für die ganze Stadt ein ernster Trauertag. Wenn die Sänfte an der Kammer angekommen ist, lösen die Gerichtsdiener die Riemen. Unterdessen verrichtet der Oberpriester ... ein Gebet, führt dann die Unglückliche ganz verhüllt aus der Sänfte und stellt sie auf die in die Kammer hinabführende Leiter. Hierauf wenden er und die anderen Priester das Gesicht ab, und sobald die Missetäterin hinabgestiegen ist, wird die Leiter heraufgezogen. Man verschließt die Kammer und überschüttet sie mit viel Erde.«
Der Liebhaber der unkeuschen Vestalin wurde übrigens vom Oberpriester zu Tode gegeißelt[18]. Wenn wir erfahren, daß bei kleineren Vergehen auch die Vestalin vom Oberpriester nackt ausgepeitscht wurde[19], so erweist sich ganz eindeutig das unterschwellig sexuelle Verhältnis zwischen Priester und Priesterin. Hinter dem vordergründigen religiösen Motiv, das in der Unkeuschheit der Priesterin eine Bedrohung der Gemeinschaft sieht, steckt also als wahres Motiv nichts anderes als Sexualneid. Was man selbst gern getan hätte, aber sich versagte, wird bei anderen um so unbarmherziger bestraft.
Diesen Charakter einer Strafe für Vergehen gegen sexuelle Normen hat das Lebendig-Begraben bis ins späte Mittelalter behalten. Oft sind es Ehebrecherinnen, die man lebendig begräbt. Auch Kindsmörderinnen, Notzüchter und seltener Mörderinnen kommen in die Grube. Während das Einmauern der Vestalin aber noch relativ human vor sich ging, war das später übliche Verfahren sehr viel brutaler. Die Verurteilte wurde gebunden in eine grabähnliche Grube ge-

Pfählung einer Frau.
Aus Wolf Neubauers handschriftlicher Chronik von Nürnberg, 1601.

legt, mit dem Gesicht nach oben. Dann begann der Henker von den Füßen her die Grube zuzuschütten. Bisweilen steckte man der Verurteilten ein Rohr in den Mund – was wie eine sadistische Verlängerung der Todesqualen erscheint, aber wohl magische Bedeutung hatte. Manchmal war das Begraben auch noch mit der Strafe des Pfählens verbunden; dann wurde der Verurteilten, bevor man sie verschüttete, ein zugespitzter Eichenpfahl mit starken Hammerschlägen durch das Herz oder durch den Leib getrieben. Diese Operation hatte ebenfalls eine magische Bedeutung; sie sollte die Seele des Übeltäters »festnageln« und sie daran hindern, als Wiedergänger zurückzukommen und die Lebenden zu beunruhigen.
Demselben magischen Zweck diente auch noch eine weitere, objektive Strafverschärfung: Bisweilen wurde unter und über die Verurteilten, bevor man sie zuschüttete, eine Lage Dornengestrüpp gepackt. Wir kennen diesen Brauch bereits von den nordischen Moorleichen her. Auch damit sollte die Seele festgehalten und daran gehindert werden, sich zu rächen.
Wir wissen, daß hinter der Angst vor den »bösen Geistern der Toten« immer das schlechte Gewissen der Lebenden steckt. In ihrem Unterbewußtsein ist ihnen klar, daß sie verwerflich gegen die Verstorbenen gehandelt haben; und nur deshalb fürchten sie deren Rache. Wenn gerade beim Lebendig-Begraben so viele Vorkehrungen gegen die Wiederkehr der Verurteilten getroffen wurden, so deutet dies nur darauf hin, daß auch die Exekutoren diese Strafe als beson-

ders grausam empfanden und von geheimer Reue und Schuldbewußtsein geplagt wurden.
Den Pfahl kennt man übrigens auch vom Vampirglauben her. Ein Vampir ist nach alter Volksüberlieferung ein Wiedergänger, der den Menschen das Blut aussaugt, um sie ins Totenreich nachzuholen. Er kann vernichtet werden, wenn man ihn in seinem Sarg aufspürt und ihm einen Eichenpfahl durch das Herz treibt. Die älteste Bedeutung dieser Handlung wird wohl im Bannen gelegen haben. Der böse Geist sollte in den Pfahl gebannt und für immer darin festgehalten werden.
Das Lebendig-Begraben war eine weitverbreitete Strafe. Man kannte und verhängte sie bei allen slawischen Stämmen, in Skandinavien und Dänemark, in Deutschland, Österreich, Frankreich, in den Niederlanden und im alten England. In Italien war eine Variante sehr verbreitet: Dort wurde der Delinquent mit dem Kopf nach unten in eine enge Grube gesteckt und diese dann zugeschüttet. Nur die Beine von der Wade ab ragten aus der Erde heraus. Dante gibt im XIX. Gesang des Inferno eine anschauliche Schilderung davon.
Neben dem Verscharren in der Grube schritt man aber bisweilen auch noch zum Einmauern, wie wir es von der Vestalin her kennen. Besonders in vornehmen Kreisen wurde diese Straftat den üblichen Hinrichtungsarten vorgezogen und daher im Bedarfsfall als Gnade erbeten. Aus Basel, Zürich, Frankfurt und Nürnberg sind Fälle von Lebend-Einmauern überliefert[20]: Dieses ging in aller Stille vor sich; der oder die Verurteilte wurde meist sogar im Haus der eigenen Familie vermauert. Da die Bestrafung also nicht öffentlich war, blieb die Familie vor Schande und der Delinquent vor der Berührung durch den schandebringenden Henker bewahrt. Aus Nürnberg etwa werden die Namen vornehmer Patrizier überliefert, die als angebliche Verräter in ihren Häusern eingemauert wurden.
In einer Chronik aus Eger heißt es: »1484, Kaspar Richters Tochter allhier erwürgt ein Kind, muß sie ihr Vater in seinem Haus einmauern lassen[21].« Dabei mußte sich der oder die Verurteilte in eine Wandnische hocken, die dann mit Ziegeln zugemauert wurde. Manchmal allerdings ließ man eine kleine Lücke offen, durch die Luft dringen und Speise und Trank gereicht werden konnten; in einem solchen Fall führte das Einmauern also zur Haft bis zum Tode. Es fällt schwer zu entscheiden, welche Version die grausigere war.
Wie sehr gerade diese Strafe die Phantasie des Volkes bewegte, ist an der Häufigkeit zu ersehen, mit der sie in Sagen und Märchen er-

wähnt wird. Auch dort sind es meist vornehme Personen, die eingemauert werden: Prinzessinnen, Ritterfräulein, Mönche und Nonnen. In den alten Überlieferungsschichten, aus denen Sagen und Märchen stammen, überlagern sich jedoch noch Bauopfer und Strafe, sind noch nicht klar voneinander geschieden. Daß derartige Volkserzählungen aber nicht nur Phantasieprodukte sind, sondern auf realen Geschehnissen basieren, haben manche Skelettfunde bewiesen, so etwa der eines weiblichen Skeletts, das im Schloß Hirschhorn am Neckar eingemauert gewesen war. Die Sage brachte es in Verbindung mit einem männlichen eingemauerten Skelett, das im nahen Schloß Handschuhsheim entdeckt wurde[22].

Siebtes Kapitel
Verbrennen

Die für den Menschen der Frühzeit vollkommenste Form der Zerstörung ist das Verbrennen. Was von den Flammen verschlungen wird, ist unrettbar und unwiederbringlich vernichtet. Nichts bleibt von ihm als ein Häuflein Asche, in dem sich das einstmalige Objekt nicht mehr erkennen läßt. Im aufsteigenden Rauch scheint sein Wesen, seine Seele in ferne, unerreichbare Sphären entschwebt zu sein. Wenn dann noch die Asche zerstreut wird, so erinnert nichts, aber gar nichts mehr an das, was einmal Form und Gestalt hatte, ein Ding oder ein Lebewesen war.

Das Feuer ist von den vier Urelementen das unheimlichste. Man kann es nicht berühren, nicht fassen; es ist unnahbar und ähnelt doch am meisten einem lebenden Wesen. Es bewegt sich, hat eine Stimme, mit der es knistert oder donnernd tobt, und es verschlingt, was sich ihm in den Weg stellt – wobei es vom kleinen Flämmchen zur gewaltigen Feuersbrunst anwächst und wieder in Asche erstirbt. Ein Ungeheuer offenbar, ein Dämon, gegen den man wenig vermag. In seinen gewaltigsten Erscheinungsformen, als Blitz oder als Vulkanausbruch, ist es von einer Eindruckskraft, die den Menschen zum hilflosen Gewürm degradiert.

Zunächst war es die furchtbare Zerstörungskraft dieses Elementes, die beeindruckte. Später erst trat die wohltuende Eigenschaft des Wärmens in den Vordergrund. Vulkanus als Gott des vernichtenden, unwiderstehlichen Feuers wurde sicher eher verehrt als Vesta, die Göttin des lebenserhaltenden Herdfeuers. So kann es nicht verwun-

dern, daß der Tod in den Flammen zu den ältesten Hinrichtungsarten zählt.
Die Zerstörungskraft des Feuers besaß in den Vorstellungen des frühen Menschen aber auch eine gute Seite. Das Feuer allein war imstande, Dämonen und böse Geister zu zerstören. Feuer konnte die Kraft eines bösen Zaubers brechen. Mit keinem anderen Mittel gelang das so vollkommen. Somit ist es naheliegend, daß der Verbrennungstod die Hinrichtungsart der Hexen, Zauberer und Ketzer wurde. Keine andere Exekutionsform hätte so zuverlässig deren bösen Zauber und ihre magischen Kräfte für immer und ewig vernichten können.
Einen Eindruck vom Glauben an die unheilabwehrende Kraft des Feuers erhalten wir, wenn wir von den sogenannten Notfeuern lesen. Sie waren in Nordeuropa wie auch im alten Indien bekannt. Ihr Brauch stammt offenbar aus urältesten Zeiten. Sie wurden zuletzt, das heißt noch im neunzehnten Jahrhundert, vornehmlich als Mittel gegen Viehseuchen angewandt. Das Notfeuer durfte nur durch Reibung entzündet werden; Stahl und Stein sollten dabei nicht verwendet werden – was darauf hinweist, daß dieser Brauch aus einer Zeit stammen muß, als der Stahl und das Feuermachen damit noch unbekannt waren. Diese »modernistischen« Neuerungen erschienen vor dem uralten Feuerzauber als profane Entweihung. Im übrigen mußten alle anderen Feuer im Ort gelöscht werden.
Das Notfeuer hieß auch »wildes« Feuer, im Gegensatz zum Herdfeuer. Man entzündete mit ihm einen Scheiterhaufen, und alles Vieh des Dorfes wurde dann dreimal durch die Glut getrieben. Solche Notfeuer werden schon aus dem achten Jahrhundert gemeldet. Die Kirche verbot sie damals, was darauf hinweist, daß man den uralten heidnischen Charakter dieses Brauchs sehr wohl erkannte[1].
Auch alle sonstigen zauberkräftigen Feuer mußten meist durch Reibung erzeugt werden. Ihr Rauch reinigte, heilte und wehrte Böses ab. Im kirchlichen Ritual finden wir noch Reste dieser Vorstellung. Der Glaube, daß böser Zauber durch Feuer vernichtet werden könne, ging so weit, daß man im Mittelalter bisweilen sogar Häuser abbrannte, weil es in ihnen »gespukt« hatte[2]. Auch der heute noch in Diktaturen geübte Brauch, verfemte Schriften und Bücher öffentlich zu verbrennen, geht natürlich auf diese magischen Vorstellungen zurück[3].
Neben der Zauberei gab es noch eine Kategorie von Straftaten, die oft durch Verbrennung geahndet wurden: sexuelle Abartigkeit. Homosexuelle und Leute, denen man sexuelle Betätigung mit Tieren

Sieden im Kessel. Eine seltene Strafe für Falschmünzer.
Aus Jacobus de Voragines, »Leben der Heiligen«, Augsburg, 1471.

vorwarf, mußten zur Strafe meist den Scheiterhaufen besteigen. Der Gott des Alten Testamentes hatte diese Bestrafung gewissermaßen vorbestimmt, als er die beiden Lasterstädte Sodom und Gomorrha mit Feuer und Schwefel vernichtete (1. Mose 19). Aus Bern erfahren wir, daß im Jahr 1482 ein Herr von Hohenburg und sein Knecht, die beide in einem homosexuellen Verhältnis miteinander lebten, gemeinsam den Scheiterhaufen besteigen mußten[4]. Auch Tiere wurden oft gemeinsam mit demjenigen, der sie mißbraucht hatte, verbrannt.

Das Hauptkontingent derer jedoch, die den Flammen übereignet wurden, stellten die Zauberer, Hexen und Ketzer. Dies ist offenbar seit den frühesten Zeiten der Todesstrafe so gewesen. Von den Babyloniern, den Ägyptern, den alten Israeliten erfahren wir, daß sie Gotteslästerung oder Götzendienst mit dem Feuertod bestraften[5]. Die alten Inder und Japaner kennen ebenfalls das Verbrennen. Auch von den alten Armeniern wissen wir, daß Götzendienst bei ihnen mit dem Flammentod geahndet wurde. Und der norwegische König Harald läßt um 950 seinen eigenen Sohn Rognvald mit sechzig Genossen als Zauberer verbrennen[6].

Aber auch einige nordamerikanische Indianerstämme, so die Wyandot und die Huronen, bestraften Zauberei noch um die Jahrhundertwende mit Verbrennen[7]. Im Märchen schließlich, das die Anschauungen der Frühzeit recht treu widerspiegelt, muß die böse Hexe meist den Feuertod erleiden.

Im Verbrennen haben wir wieder eine Variante der Urstrafe vor uns, die in der Auslieferung an die Macht der Elemente bestand. Als wichtigen Teil des Scheiterhaufens finden wir auch wieder den Pfahl oder »Unglücksbaum«. Bereits Nero hatte die Kombination von Kreuzigen und Verbrennen erfunden, indem er unter den Körpern von Gekreuzigten große Feuer entzünden ließ[8]. Wenn man so will, kann man im Scheiterhaufen auch eine Spezialform des alten Kreuzes sehen.

Die Exekution ging folgendermaßen vor sich:

Ein Pfahl wurde in den Boden gerammt und mit Reisigbündeln, Stroh und Holzscheiten umschichtet. Der Delinquent wird mit einer Eisenkette, die man ihm um den Hals oder um den Leib legt, an den Pfahl gefesselt. Auch die Hände sind gebunden. Bisweilen steht er auf dem Brennmaterial selbst, bisweilen auch auf einem kleinen Hocker. In den Spätzeiten hat man die Holzscheite manchmal rund um den Verurteilten so hoch aufgeschichtet, daß er in einer Art Laube sitzt und den Blicken der Zuschauer entzogen ist. Einen besonderen Gnadenerweis sah man darin, daß man ihm bisweilen ein kleines Säckchen mit Schießpulver an den Hals hing. Sobald dies von den Flammen erfaßt wurde, explodierte es und brachte dem Leidenden den erlösenden Tod.

Eine andere Form des Gnadenerweises bestand darin, daß der Henker den Verurteilten kurz vor dem Entzünden des Holzstoßes mit einer dünnen, um den Hals gelegten Schnur erdrosselte. Manchmal stieß er auch, während die Flammen bereits hoch aufloderten, dem vor Qual schreienden Todgeweihten mit raschem Stoß einen Spieß ins Herz und erlöste ihn so von seinen Leiden.

Solche Gnadenakte sollten aber möglichst unbemerkt bleiben. Das Publikum hätte sie unwillig aufgenommen, weil es sich um das Schauspiel eines bei lebendigem Leibe röstenden Menschen betrogen gefühlt hätte.

Die Verbrennung sollte stets so lange fortgesetzt werden, bis möglichst nur noch Asche zurückgeblieben war. Die verkohlten Knochen des Toten wurden von den Henkersknechten mit Knüppeln zerschlagen, die Asche in einen Fluß gestreut oder den Winden übergeben und von ihnen fortgeweht. Die Tötung des Verurteilten war also wirklich mit restloser Vernichtung und Auflösung verbunden. Dies deutet wiederum auf eine sehr starke Tendenz zur Verdrängung dieser Tat hin. Gerade jene Menschen, denen Zauberei oder Hexerei vorgeworfen wurde, waren nach heutigen Begriffen natürlich alle unschuldig. Unter den damaligen Bedingungen sah

man die Schuldfrage zwar anders, aber eine Ahnung von der Schuldlosigkeit der Verurteilten muß doch im Unterbewußtsein genagt und die Tendenz zur Verdrängung bewirkt haben.
Die Erinnerung an den Zauberer oder die Hexe sollte so vollkommen wie möglich ausgelöscht und damit die Selbstvorwürfe zum Schweigen gebracht werden. Das ging so weit, daß bisweilen sogar die Prozeßakten mitverbrannt wurden – Musterbeispiel einer totalen Verdrängung[9].

Die große Zeit der brennenden Scheiterhaufen beginnt in Europa mit dem dreizehnten Jahrhundert, als die herrschende Kirche von mehreren religiösen Reformbewegungen schwer erschüttert wird. Aus dem südosteuropäischen Raum dringen die Katharer zum Herzen Europas vor; in Südfrankreich sind es die Albigenser und die Waldenser, die zu Umkehr und Abwendung von der veräußerlichten, verflachten Lehre der römischen Kirche aufrufen. Die Päpste wissen kein anderes Mittel gegen diese Reformbewegungen einzusetzen als die Blutgerichtsbarkeit der Inquisition. Obwohl die Kirche in den ersten Jahrhunderten ihrer Existenz gegen die Todesstrafe auftrat und den Grundsatz aufstellte: »Ecclesia abhorret a sanguine« – zu deutsch: Die Kirche verabscheut Blut –, so wußte sie sich doch

Verbrennung des Jan Hus in Konstanz, 1415. Stilisierte Darstellung.

selbst kein anderes Mittel als blutige Unterdrückung, sobald sie ihre Macht gefährdet sah.
Da sich den Albigensern viele südfranzösische Adlige anschlossen und ganz Südfrankreich dem politischen Einfluß des Königs zu entgleiten drohte, fand die Kirche im Königtum einen mächtigen Verbündeten. Papst Innozenz III. rief zum Kreuzzug gegen die ketzerischen Albigenser auf, die in zwanzigjährigen Kämpfen (von 1209 bis 1229) niedergeworfen wurden. Ihr letzter Zufluchtsort war die Bergfestung des Montsegur, auf dem die Anführer der Albigenser einer langen Belagerung trotzten. Erst im Jahr 1244 ergaben sie sich den Belagerern. Man forderte sie auf, ihrem »Irrglauben« abzuschwören; als sie das ablehnten, wurden mehr als zweihundert Albigenser zum Feuertod verurteilt und, wie es heißt, auf einem einzigen riesigen Scheiterhaufen verbrannt. Die Inquisition hatte allerdings noch hundert Jahre lang damit zu tun, die versprengten Reste der Albigenser aufzuspüren und den Flammen zu überantworten.
Die Vernichtung der Waldenser und Katharer gelang der Kirche nicht so vollkommen. Die beiden Bewegungen verschmolzen zu einer einzigen, und obwohl sie der Inquisition beständig neue Opfer für die Scheiterhaufen lieferten, konnten doch die Waldenser zumindest in einigen abgelegenen Alpentälern überleben. Interessanterweise traten sie in ihrer Lehre unter anderem gegen die Todesstrafe auf, was sie natürlich nicht davor schützte, selbst verbrannt zu werden, sobald man ihrer habhaft werden konnte.

Der nächste Reformer, der für die römische Kirche gefährliche Ideen entwickelte, war der englische Bischof John Wycliff. Er hatte das Glück, unter dem Schutz mächtiger Gönner zu stehen, und konnte eines natürlichen Todes sterben, ehe die Kirche ihn in ihre Gewalt bekam. Aber noch auf dem Konzil zu Konstanz wurde 1415, also 31 Jahre nach Wycliffs Tod, angeordnet, daß dessen Überreste verbrannt werden sollten.
Diese Anordnung hatte ihren tieferen Sinn; sollte sich doch vor diesem gleichen Konzil ein Mann verantworten, der durch Wycliffs Lehre stark beeinflußt worden war: der tschechische Reformator Jan Hus. Der Kaiser selbst hatte ihm freies Geleit zugesichert, doch das hinderte die ehrwürdigen Konzilsväter nicht, Hus zu verhaften und zum Feuertod zu verurteilen. Einem Ketzer gegenüber sei man nicht an ein gegebenes Wort gebunden, so entschuldigten sie sich. »Die von Konstanz führten (den Jan Hus) mit mehr als tausend ge-

wappneten Männern hinaus«, heißt es in der Chronik des Ulrich von Richental, eines Augenzeugen jener Vorgänge. Infolge des großen Gedränges mußte man einen Umweg machen und auf der Brücke am Geltinger Tor die Menschen zurückhalten. Nur truppweise wurden sie über die Brücke gelassen, weil man befürchtete, daß die Brücke zusammenbräche ...

Ein Priester will Hus die Beichte abnehmen, doch nur unter der Bedingung, daß Hus seiner Ketzerei abschwört. Darauf erwidert Hus: »Es ist nicht nötig, ich bin kein Todsünder.« Als er darauf predigen will, läßt Herzog Ludwig von Bayern, der die Hinrichtung leitet, dies nicht zu, sondern befiehlt den Henkern, mit der Hinrichtung zu beginnen. »Da ergriff ihn der Henker und band ihn in seinem Gewand an einen Pfahl. Er stellte ihn auf einen Schemel, legte Holz und Stroh um ihn herum, schüttete etwas Pech hinein und brannte es an. Da begann (Hus) gewaltig zu schreien und war bald verbrannt ... Dann nahm man alles, was man an Asche fand, und warf es in den Rhein.«

Soweit Ulrich von Richental. Ein knappes Jahr nach Hus' Tod wurde sein Mitstreiter Hieronymus von Prag an derselben Stelle verbrannt. Der Tod dieser beiden Männer sollte jedoch dem Heiligen Römischen Reich und der Kirche keinen Segen bringen; er löste die Hussitenkriege mit ihren ungeahnten Verheerungen aus.

Sechzehn Jahre später, im Mai 1431, bestieg in Rouen Jeanne d'Arc, genannt die Jungfrau von Orleans, den Scheiterhaufen. Man war in der Endphase des hundertjährigen Krieges zwischen England und Frankreich. Die Jungfrau hatte, angeblich von göttlicher Eingebung inspiriert, dem französischen Heer zu glänzenden Siegen gegen die Engländer verholfen. Als sie im Jahre 1430 selbst in die Hände der Engländer fiel, sahen diese in ihr denn auch eine gefährliche Feindin und ließen sie vom willfährigen Klerus als Hexe und Ketzerin anklagen. Besonders Johannas Behauptung, in göttlichem Auftrag zu handeln und Stimmen gehört zu haben, mit denen Engel und Heilige zu ihr gesprochen hätten, schien in den Augen der geistlichen Herren arge Gotteslästerung. Nach einem ersten Widerruf, den Johanna bald zurückzog, wurde sie als rückfällige Ketzerin endgültig zum Feuertod verurteilt.

Am Morgen des 30. Mai kündigt man Johanna die bevorstehende Hinrichtung an. Sie bricht in verzweifeltes Weinen aus und empfindet den bevorstehenden Flammentod so sehr als schändliches Unrecht (weil sie damit als Zauberin und Ketzerin gekennzeichnet wird), daß sie ausruft, sie möchte siebenmal lieber enthauptet als verbrannt werden. Im Glauben an ihre göttliche Sendung wankt sie jedoch nicht. Gegen neun Uhr wird sie, an einen Karren gefesselt, von achtzig englischen Söldnern auf den Alten Marktplatz von Rouen gebracht. Dort stellt man sie auf ein Gerüst, wo sie fast eine Stunde lang warten muß, während ein Geistlicher eine Predigt hält und der Bischof, der das Tribunal leitete, noch einmal das Urteil verliest. Darin heißt es, daß sie wie ein vom Satan der Häresie angestecktes Glied aus dem Leib der Kirche ausgeschnitten werde, um nicht andere Glieder anzustecken.

Anschließend betet Johanna lange und verzeiht allen, die ihr Böses

Jeanne d'Arc wird 1431 in Rouen verbrannt.
Nach einem Gemälde von Senepoen.

getan haben. Die Henkersknechte setzen ihr eine Papiermütze auf mit der Aufschrift: Ketzerin, Abtrünnige, Götzendienerin. Dann wird sie auf den Scheiterhaufen gestellt. Er ist auf einem gemauerten Podium errichtet und ungewöhnlich hoch, so daß der Henker ihr nicht den Gnadenstoß geben kann. Als die ersten Flammen aufzüngeln, zieht sich das geistliche Tribunal, das Johanna zum Tod verurteilt hatte, in frommer Heuchelei zurück, weil ja die Kirche »Blut verabscheut«.

Johannas Beichtvater hält ihr, während die Flammen immer höher steigen, an einer langen Stange ein Kruzifix vor die Augen. Solange sie noch bei Bewußtsein ist, ruft sie immer wieder den Namen des Heilands. Dann verstummt ihre Stimme in Rauch und Flammen.

Die Asche der verbrannten Jeanne d'Arc wird in die Seine gestreut. Ihr Herz soll in der Glut des Scheiterhaufens unversehrt geblieben sein.

Fünfhundert Jahre nach ihrem Feuertod erhebt man die einstige Ketzerin zur Heiligen[10] . . .

Wir müssen uns noch mit einer Institution beschäftigen, deren Tätigkeit aufs engste mit der Vorstellung von brennenden Scheiterhaufen verknüpft ist: die heilige Inquisition. Sie wurde während des erwähnten Kampfes der Kirche gegen Katharer und Waldenser ins Leben gerufen. Als kirchliche Behörde zur Bekämpfung der Häresie lag die Durchführung ihrer Bestimmungen in den Händen von Dominikanern und Franziskanern. In einer von der päpstlichen Kanzlei entworfenen, von Kaiser Friedrich II. gebilligten Weisung wird für hartnäckige Ketzer ausdrücklich die Todesstrafe durch Verbrennen angeordnet. Nach der Niederwerfung und Ausrottung der Albigenser findet die Inquisition ihr Hauptbetätigungsfeld in Spanien, wo die Ketzerverfolgungen vom Ende des fünfzehnten Jahrhunderts an in einem Massenwahn münden. Besonders sind es die getauften Juden und Mauren, die von den Inquisitoren mit Mißtrauen betrachtet werden. Das geringste Zeichen dafür, daß diese Menschen insgeheim noch dem Glauben ihrer Väter anhängen, genügt, um sie in die Gefängnisse der Inquisition zu bringen. Dort sorgt dann die Folter dafür, daß sich die Gefangenen als Ketzer bekennen. Am Ende einer solchen traurigen Biographie wartet oft der Scheiterhaufen. Im Rahmen eines großen öffentlichen Schauspiels, das sich Autodafé nennt, zu deutsch »Glaubensakt«, wird der Verurteilte »zur höheren Ehre Gottes« verbrannt.

Der Vorwurf, insgeheim noch dem Glauben der Väter treu zu sein, war oft nicht völlig aus der Luft gegriffen. Bei der großen Judenaustreibung aus Spanien des Jahres 1492 war angeordnet worden, daß alle Juden, die sich nicht taufen ließen, bei Androhung der Todesstrafe das Land zu verlassen hätten. Es kam daraufhin zu einem Exodus von mindestens 160 000 Menschen[11], denen man ihre Wertsachen genommen hatte und die nicht wußten, wohin sie sich wenden sollten. Daß unter diesen Umständen eine nicht geringe Zahl von Juden sich dem unmenschlichen Druck beugte und das Christentum annahm, ist nur zu verständlich. Allerdings blieben wohl die meisten von ihnen insgeheim ihrem alten Glauben treu.

Deshalb schlief das Mißtrauen der Inquisitoren gegenüber den Judenchristen nie ein, selbst wenn diese es innerhalb der Geistlichkeit zu hohen Würden gebracht hatten. So ließ Torquemada, der erste Großinquisitor der spanischen Inquisition, die Bischöfe von Segovia und Calahorra verfolgen und schließlich in lebenslange Haft nehmen, nur weil sie Söhne von getauften Juden waren. Als schließlich auch die Moriskos, also die Nachfahren der Mauren, Anfang des sechzehnten Jahrhunderts vor die Entscheidung gestellt wurden, entweder das Christentum anzunehmen oder das Land zu verlassen, wurde dem Verfolgungsapparat der Inquisition ein weiterer Personenkreis unterworfen. Allein unter dem Großinquisitorat des Torquemada sollen von 1481 bis 1498, also in siebzehn Jahren, etwa 10 220 Menschen in Spanien lebendig verbrannt worden sein.

Während des folgenden Jahrhunderts mußten noch einmal mindestens sechzehntausend Menschen den Scheiterhaufen besteigen, während Hunderttausende zu Kerker oder Galeere verurteilt wurden und ihr Vermögen verloren[12].

Der Inquisitionsprozeß wurde im allgemeinen durch Denunziation in Gang gesetzt. Man verhaftete die der Ketzerei verdächtigte Person und warf sie in den Kerker, der zynischerweise »heiliges Haus« genannt wurde, *santa casa.* Leugnete der Angeklagte die ihm zur Last gelegte Ketzerei – was sicher der Normalfall war –, so wurde er der Folter unterworfen. Die Inquisitionsfolter bestand aus drei Graden, und zwar dem Aufziehen, der Wasser- und der Feuerfolter. Der Angeklagte wurde zunächst entkleidet, dann band man ihm die Arme auf den Rücken und zog ihn daran zur Decke empor. Dort mußte er einige Zeit hängen, bis man unerwartet das Seil freigab, wodurch der Gefolterte bis knapp über den Fußboden herabstürzte. Bei dem Ruck, mit dem er vom wieder gestrafften Seil aufgefangen

Verbrennung eines Ritters und seines Knechts wegen Homosexualität, Zürich 1482.
Aus Diebold Schillings »Amtlicher Berner Chronik«, 1478.

wurde, kugelten oft die Arme aus dem Schultergelenk. Diese Folter wurde so lange fortgesetzt, bis der anwesende Arzt Gefahr für das Leben des Angeklagten anmeldete. Man gönnte ihm dann einige Zeit der Ruhe, damit er sich für die anderen Grade der Tortur erholen konnte.

Die Wasserfolter bestand darin, den Angeklagten auf dem Rücken liegend zu fesseln, wobei der Kopf niedriger liegen sollte als die Füße. Dann stopfte man dem Delinquenten ein feines Leinentuch in die Nasenlöcher und tief in den Mund und beträufelte es mit Wasser, wodurch das Atmen auf qualvolle Weise erschwert wurde.

Bei der Feuerfolter wurden dem Unglücklichen die Fußsohlen mit Öl oder anderem Fett eingerieben und sie dann einem lodernden Feuer genähert, so daß sie zu schmoren begannen. Es leuchtet ein, daß viele Angeklagte bereits diesen unmenschlichen Foltern erlagen oder ihnen durch Selbstmord zu entfliehen suchten.

Daß es unter den geschilderten Umständen kaum je zu Freisprüchen kam, wird niemand verwundern. Etwa vier Fünftel der ausgesprochenen Urteile verfügten Freiheitsstrafen, oft lebenslängliche; der Rest lautete auf Todesstrafe, die regelmäßig durch Verbrennen vollzogen wurde. Alle, auch die milderen Strafen, waren mit Einziehung

des Vermögens verbunden, so daß die Inquisition auch eine nicht unbedeutende Finanzierungsquelle für die spanische Krone und die Inquisitoren selbst darstellte.
Man muß sich allerdings hüten, in der Habgier allein die Motivierung der Autodafés zu sehen. Habgier der Mächtigen hat es schließlich immer und überall gegeben; trotzdem ist es nicht überall zu Verfolgungsorgien wie denen der Inquisition gekommen. Was diese »auszeichnete« und zu einer ganz spezifischen historischen Erscheinung machte, ist die Verbindung von Macht mit fanatischer Überzeugung, allein im Besitz des rechten Glaubens zu sein. Diese Rechtgläubigkeit ist meist, wo immer man sie in der Geschichte antrifft, mit strengen Geboten verbunden, die von den Anhängern rigorose Einschränkungen und Entsagungen fordern. Im Spanien der Inquisition war es schon höchst verdächtig, Schweinefleisch zu meiden, samstags die Wäsche zu wechseln oder zu baden, weil dies auf geheime Sympathie mit dem mosaischen Glauben hindeutete.
Im übrigen ist für die Rechtgläubigkeit jeder Abweichler oder jeder Andersgläubige automatisch ein Todfeind, weil er ja die für allein gültig erkannte Wahrheit ablehnt. Er stellt sich gegen die Weltordnung, er will deren Sieg (und den Sieg des Guten) verhindern – wenn nicht bewußt, so doch objektiv durch seine falsche Einstellung. Es ist also im höheren Sinne ein gutes Werk, diesen Feind des Weltgeistes und der Weltordnung auszurotten. Da alle Rechtgläubigen durch selbstauferlegte strikte Entsagung auch unter vielen Verdrängungen leiden, haben sie ein starkes Bedürfnis nach Abladen ihrer heftigen Unlustgefühle. Sie brauchen also Feinde (besser gesagt Sündenböcke). Sie schaffen sie sich selbst, wenn diese nicht in der Realität zu finden sind.
Eine in den Wesenszügen übereinstimmende Parallele zur spanischen Inquisition läßt sich in den Stalinschen und anderen »Säuberungen« erblicken.
Obwohl natürlich die historischen Umstände grundverschieden sind, treffen wir doch in all diesen Fällen auf eine rigorose Rechtgläubigkeit, deren Fanatismus schon manische Züge angenommen hat und jeden Bezug zur Wirklichkeit verliert. Wir finden das Denunziantensystem und ein Feindbild, das, aus dem Wahn geboren, nur noch dem Wahn dient. Die Ablösung von der Realität ist in beiden Fällen vollkommen; die Vernichtungsmaschinerie dient nur noch der Aufrechterhaltung des sich selbst nährenden Wahns. – Ein Beispiel wiederum dafür, wie selbst unter wesentlich verschiedenen

historischen Umständen die Gesetzmäßigkeiten der menschlichen Psyche zu ähnlichen Erscheinungsformen im Leben der Völker führen können.

Kommen wir zu den Ereignissen zurück, die man als die wichtigsten Ergebnisse der Inquisition ansehen muß, den Autodafés. Es gab davon kleine und große; die kleinen Autodafés fanden mehrmals im Jahr statt, die großen legte man auf Festtage oder ließ sie zu Ehren einer Thronbesteigung oder eines Prinzengeburtstages stattfinden. Für einen solchen Anlaß hatte man eine größere Anzahl von verurteilten Ketzern »aufgespart«, die dann alle gemeinsam den Scheiterhaufen besteigen sollten.

Zum Ort des Mordfestes wählte man den größten Platz des Ortes, auf dem Tribünen für den König und die Großen des Reiches sowie eine Loge für den Großinquisitor errichtet wurden. Für die Delinquenten war eine Bühne mit hölzernen Käfigen vorgesehen. Bei Tagesanbruch läuteten die Kirchenglocken das Schauspiel ein. Der Hof erschien gegen sieben Uhr morgens in seinen Logen. Um acht Uhr öffnete sich das Tor des Inquisitionspalastes. Zuerst erschien ein Trupp von Köhlern, die das Holz für die Scheiterhaufen brachten. Ihnen folgten Dominikaner, denen ein weißes Kreuz vorangetragen wurde, und ein Großer des Reiches mit der Fahne der Inquisition. Sie war aus rotem Samt und trug auf der einen Seite das spanische Wappen, auf der anderen ein Kreuz, rechts mit einem Olivenzweig, links mit einem Schwert versehen. Das erbliche Recht, diese Fahne zu tragen, stand der Familie der Herzöge von Medina-Celi zu.

Hinter der Fahne gingen die Verurteilten, barfüßig und mit »Schandmänteln« bekleidet. Die zum Tode Verurteilten, denen die Gnade vorheriger Erdrosselung gewährt werden sollte, trugen »Schandhüte« mit aufgemalten Flammen, deren Spitzen nach unten zeigten. Bei denen, die lebendig verbrannt werden sollten, wiesen die Flammenspitzen nach oben.

Denjenigen, von denen man fürchtete, daß sie sich ans Volk wenden würden, hatte man Knebel in den Mund gestopft. Nach den Verurteilten kamen die Geistlichen, die Inquisitoren und zuletzt der Großinquisitor in violettem Ornat, von seiner Leibwache umgeben.

Vor Beginn der Exekution wurde eine Messe gelesen, dann nahm der Großinquisitor dem König einen feierlichen Eid ab, daß er den Glauben und die Inquisition stets beschützen werde. Ein Dominika-

Autodafé der Inquisition.
Zeitgenössisches Einzelblatt.

ner hielt dann eine Predigt gegen die Ketzerei; die Urteile wurden verlesen und die Verurteilten den Scharfrichtern übergeben. Man legte sie in Ketten und schleppte sie auf die Scheiterhaufen, an deren Pfähle sie angeschlossen wurden. Die Flammen loderten auf und erfüllten den weiten Platz mit Rauch, Gestank von schmorendem Menschenfleisch und dem Schreien der Sterbenden[13].

Man sieht, an Perversität kommt so leicht kein anderes Menschenschlachtfest einem Autodafé gleich.
Die Inquisition wütete zwar auch in anderen Ländern, besonders auf Sizilien, in Neapel und in Venedig. Doch nirgends sonst erreichte ihre düstere Tätigkeit das gleiche Ausmaß wie in Spanien. Als geistliches Blutgericht von monströsen Dimensionen, das zugleich der Krone unterworfen war und ihren Machtinteressen diente, blieb es eine typisch spanische Erscheinung.
Seine Tätigkeit erlosch erst nach fast dreihundertjährigem »Wirken«. Das letzte Opfer der Inquisition in Spanien starb 1781. Aber erst 1834 wurde sie endgültig aufgehoben.

Achtes Kapitel

Der Hexenwahn

Der Hexenprozeß ist mit dem Ketzerprozeß eng verwandt, denn stets gehört zu den Beschuldigungen, die man den Hexen vorwirft, das Verbrechen, mit dem Teufel einen Bund eingegangen zu sein. *Darin* liegt die (verbrecherische) Abwendung von Gott und von der Kirche.

Die Hexe ist ins Lager des Teufels übergelaufen und bekämpft mit ihm Gottes Werke. Erst der Teufelsbund setzt die Hexe in die Lage, schädlichen Zauber auszuführen. Ihr Geheimwissen und die zauberischen Fähigkeiten hat sie vom Teufel. Dafür mußte sie ihm ihre Seele verschreiben. Nach dem Verständnis jener Zeiten sind Hexen und Zauberer immer Teufelsbündner und damit »selbstverständliche« Feinde der Christenheit.

Beim *Ketzerprozeß* geht es vorwiegend um ideellen Schaden, indem der Ketzer eine Glaubensüberzeugung vertrat, die von der kirchlichen Lehrmeinung abwich. Vom Ketzer droht daher der Kirche die Gefahr der Spaltung, des Schismas, ja im Endeffekt der Zerstörung der Kirche selbst.

Daher wird der Ketzerprozeß im allgemeinen vor dem geistlichen Gericht der Inquisition geführt. Auch das Urteil fällt das geistliche Gericht, und nur die Ausführung der Strafe wird dem weltlichen Nach-Richter überlassen.

Anders beim *Hexenprozeß*: Hier geht es immer um handfesten materiellen Schaden, den die Hexe durch ihre bösen Zauberkräfte angerichtet haben soll. Als Folge ihres Bündnisses mit dem Teufel hat sie Unwetter gemacht, das Vieh verhext, Mißernte verursacht, Ungeziefer herbeigelockt, Krankheiten angezaubert, Impotenz und Unfruchtbarkeit bewirkt. Kein Geringerer als Martin Luther hat uns eine Definition dessen geliefert, was man unter einer Hexe verstand.

Sie »sind die bösen Teufelshuren, die da Milch stehlen, Wetter machen, auf Böcken und Besen reiten, auf Mänteln fahren, die Leute schießen, lähmen, verdorren, die Kinder in der Wiege martern, die ehelichen Gliedmaßen bezaubern und dergleichen[1]«.

Die Vorwürfe gegen die Hexen gehen meist bis zum Mord; sie sollen mißliebige Menschen behext oder vergiftet, Kinderleichen ausgegraben, zu Hexensalbe verkocht und mit dieser Salbe dann Krankhei-

ten verursacht haben. Wegen des materiellen Schadens, den die Hexen also angerichtet haben sollen, verfallen sie einem weltlichen Gericht. Der Kirche erscheinen sie weniger gefährlich als etwa Ketzer. Deshalb überläßt die Kirche den Hexenprozeß weltlichen Gerichten, allerdings mit geistlicher Beratung.
Im übrigen werden wir noch sehen, daß der Hexenwahn oftmals in Gebieten, die unter geistlicher Herrschaft standen, besonders arg wütete.

Während die Entartung der Inquisitionsprozesse zum Massenwahn im wesentlichen auf Spanien beschränkt blieb, ist der Hexenwahn ein internationales Phänomen, das die meisten europäischen Länder erfaßte und sogar in die Neue Welt übertragen wurde. Hier haben wir den ersten Fall einer Massenmordaktion vor uns, den wir an Hand der vorliegenden Dokumente recht genau verfolgen und rekonstruieren können.
Zunächst die überlieferten Tatsachen. Seinen offiziellen Anfang nimmt der Hexenwahn am 5. Dezember 1484, als Papst Innozenz VIII. seine berüchtigte Bulle *Summis desiderantes,* zu deutsch »Mit höchster Begierde ...« erläßt. Sie wird in der Folgezeit als »Hexenbulle« bekannt, denn in ihr drückt der Papst seine Betrübnis über die Tätigkeit der Ketzer und Zauberer, besonders in Deutschland, aus und befiehlt allen Bischöfen und Landesfürsten, die Maßnahmen der Inquisitoren zur Ausrottung dieser Pest mit heiligem Eifer zu unterstützen.
Diese Hexenbulle hatten die beiden deutschen Dominikaner Heinrich Institoris und Jacob Sprenger vom Papst erwirkt, um damit mehr Unterstützung für ihre Tätigkeit als Inquisitoren zu finden. So werden denn in der Bulle auch ihre Namen als eifrige Söhne der Kirche ausdrücklich genannt. Trotzdem hatte die Bulle nicht den durchschlagenden Erfolg, den sich die beiden Inquisitoren von ihr erhofft hatten. Sie veröffentlichten drei Jahre später, also 1487, ein Werk, das in den folgenden zwei Jahrhunderten zu einer Haupttriebfeder des Hexenwahns werden sollte. Die Rede ist vom berüchtigten »Hexenhammer«, dessen lateinischer Originaltitel *Malleus maleficarum* lautet.
Der »Hexenhammer« gliedert sich in drei Teile. Im ersten wird ausführlich und mit viel theologischer Spitzfindigkeit dargelegt, daß es Hexen und Zauberer gibt. Auch die Existenz von Buhlteufeln, *Incubus* und *Succubus* genannt, wird »bewiesen«, wobei der Incubus als

männlicher Teufel dargestellt wird, der mit den Hexen Unzucht treibt, während der Succubus die Zauberer als weiblicher Teufel sexuell verführt.

Ausführlich wird dann die Frage untersucht, ob die Teufel mit den Menschen Kinder zeugen können. Der »Hexenhammer« bejaht nachdrücklich diese Frage und stellt allerlei krude Behauptungen über die Art derartiger Teufelskinder auf. Sie sollen in Gestalt von Würmern oder Mißgeburten zur Welt kommen und Krankheiten und Unglück bringen, wenn man sie bei einem Feind unter der Türschwelle vergräbt.

Im Hexenprozeß hat das sexuelle Moment grundsätzlich eine sehr große Bedeutung. So gehört zu den Vorwürfen, die man den Hexen macht, stets auch die Anschuldigung, mit dem Teufel Unzucht getrieben zu haben. Diese »Straftat« steht gewöhnlich am Anfang der Hexenkarriere.

Wenn sich der Teufel einer Frau nähert und sie für sich gewinnen will, so beginnt er dies, jedenfalls nach den Aussagen der Hexen (die ihnen von ihren Folterern natürlich in den Mund gelegt werden) mit dem Mittel der sexuellen Verführung.

Im zweiten Teil des »Hexenhammers« wird dargelegt, auf welche Weise die Hexen ihre zauberischen Untaten vollbringen. Hier werden zahllose Hexenanekdoten und Histörchen berichtet, die meist von Beichtvätern, also Inquisitoren, überliefert sind und deshalb Beweiskraft für die jeweilige These haben sollen. So wird etwa behauptet, daß die Hexen ungetaufte Kinder kochen und essen, um dadurch Zauberkraft zu erlangen. Als Beweis für diese Behauptung werden die Aussagen gefolterter Hexen angeführt. Die Hexen sollen auch die Zeugungskraft hemmen, Frühgeburten bewirken, das männliche Glied verschwinden lassen können. All diese und andere Ausgeburten eines wild wuchernden Aberglaubens werden jeweils durch Erzählungen von »wirklich vorgefallenen« Ereignissen belegt.

Als Gegenmittel, mit denen den zauberischen Angriffen begegnet werden könne, nennt der »Hexenhammer« die religiösen Werke, wie Beten, Fasten, Beichten und dergleichen, aber auch die Anwendung von Weihwasser, Weihrauch, geweihten Amuletten und ähnlichem. Da derartige Dinge von den Klöstern verkauft wurden, ist hier also auch ein gewisses materielles Interesse zu erkennen.

Der dritte Teil des »Hexenhammers« befaßt sich mit der prozessualen Seite, also mit der Durchführung des Hexenprozesses. Hier

entwickeln die Autoren eine haßgetriebene Hinterlist und einen sadistischen Eifer, die sich in der Folgezeit als ganz besonders unheilvoll auswirken sollten.
Die eigentliche bösartige Wirkung des »Hexenhammers« resultiert vorwiegend aus diesem dritten Teil, der für zwei Jahrhunderte den meisten Hexenprozessen als Richtschnur diente.
Zunächst beanspruchen die Autoren den Hexenprozeß für die geistlichen Gerichte, da es sich bei der Hexerei ja um eindeutige Teufelsbündelei und somit um Ketzerei handle. Lediglich die Exekution wollen sie den weltlichen Behörden überlassen.
In der Praxis hat sich zunächst eine gemischte Gerichtsbarkeit ergeben; später dann fiel der Hexenprozeß völlig an die weltliche Justiz.
Des weiteren wird im »Hexenhammer« der Denunziation das Tor weit geöffnet und das Denunzieren nicht nur gelobt, sondern sogar als heilige Pflicht anbefohlen. Sobald jemand in den Geruch kommt, Hexe oder Zauberer zu sein, soll er verhaftet werden. Ihm soll zur Verteidigung zwar ein Advokat zugestanden sein, doch wenn der Advokat bei seiner Verteidigung zuviel Eifer entwickelt, macht er sich selbst höchst verdächtig. Ferner wird mit spitzfindiger Hinterlist erörtert, ob der Richter der Angeklagten das Leben versprechen dürfe, falls sie ihre Verbrechen eingestehe – obwohl doch diese Verbrechen die Todesstrafe erfordern. Als Lösung dieses Konflikts wird empfohlen, die Angeklagte noch eine Zeitlang nach ihrem Geständnis einzukerkern und sie dann erst einzuäschern; oder der Richter, der das Versprechen gegeben habe, solle zur Verurteilung einem anderen Richter Platz machen, der dann nicht mehr an das Versprechen gebunden sei. Bestreitet die Angeklagte hartnäckig die ihr zur Last gelegten Verbrechen, verfällt sie der Folter.
Die aus fünf Graden bestehende Folter darf nach den damaligen Rechtsnormen nicht wiederholt werden. Wer sie übersteht, ohne ein Geständnis abzulegen, hat sich damit exkulpiert und muß als unschuldig freigelassen werden. Um dieser »Gefahr« zu begegnen, wird im »Hexenhammer« vorgeschlagen, die Folter bei hartnäckigem Leugnen der Angeklagten zwar nicht zu wiederholen, aber »fortzusetzen«, und zwar mit härteren Methoden.
Es wird dann weiter dargelegt, was während der Folter zu beachten sei, vornehmlich wie sich der Richter gegen die Hexerei der Angeklagten und auch vor Anwandlungen von Mitleid oder gar Liebe schützen könne. Spitzelei wird vorgeschlagen sowie Täuschungsak-

tionen durch gute Bekannte. Man soll die Hexe fragen, ob sie sich der Feuerprobe unterziehen wolle[2]. Stimmt sie dem zu, so gilt gerade dies als Beweis für ihre Hexerei, da angeblich die Dämonen den Hexen bei der Feuerprobe beistehen.

Den Schluß des »Hexenhammers« bilden Erörterungen über die verschiedenen Arten, zu einem Urteil zu kommen, wobei die meisten Urteile natürlich auf Flammentod lauteten.

Dem »Hexenhammer« und seinen beiden Verfassern wird oft die Originalität des Bösen vorgeworfen. Die meisten Autoren, die sich mit dem Hexenwahn befaßten, scheinen den Standpunkt zu vertreten, als ob der »Hexenhammer« die auslösende Kraft für den Hexenwahn gewesen sei und es ohne ihn die Hexenverfolgungen nicht gegeben hätte. Diese Auffassung hält jedoch einer Nachprüfung nicht stand; man tut damit den Herren Sprenger und Institoris zuviel Ehre an, um es frivol auszudrücken. In der Tat haben aber die beiden Dominikaner nur zusammengetragen und geordnet, was längst an den verschiedensten Stellen bereits niedergeschrieben war. Ihr eigener Beitrag zum »Hexenhammer«, also dessen Originalität, ist nur sehr gering.

Im Vorwort weisen die Verfasser selbst darauf hin, daß alle ihre Meinungen den Schriften der Kirchenväter, Scholastiker oder gar der Heiligen Schrift selbst entnommen seien. Sie stützen ihren »Hexenhammer« mit deren Autorität, wo immer es sich als ratsam erweist. Lediglich zwei Punkte müssen als eigener Beitrag der beiden Inquisitoren angesehen werden; sie gereichen ihnen beide nicht zum Ruhm. Der erste behauptet, daß die Hexen wirklich und wahrhaftig ausfahren, nämlich zu Hexentänzen. Diese These war bis dahin umstritten gewesen. Der zweite Punkt wiegt unvergleichlich schwerer. Er stellt die Forderung auf, daß auch bußfertige, ihre Ketzerei abschwörende Hexen nicht wie bisher zu lebenslänglichem Kerker, sondern ihrer besonderen Bosheit willen zum Scheiterhaufen zu verurteilen seien. Die Zahl der aufflammenden Hexenbrände ist also zweifellos durch den „Hexenhammer« vervielfacht worden. Trotzdem kann man ihm die Rolle der auslösenden Ursache nicht zugestehen. Der Hexenwahn lag zweifellos zu jener Zeit »in der Luft«, er war durch die sozialpsychologischen Bedingungen wahrscheinlich geworden.

Andererseits hatte es zu allen Zeiten schon gewisse Formen des Hexenprozesses gegeben, wenn auch in sehr viel geringerer Zahl. Im Zusammenhang mit dem Kampf gegen die erwähnten Katharer er-

lebte Frankreich zum Beispiel schon im vierzehnten Jahrhundert, also rund hundert Jahre vor dem »Hexenhammer«, eine erste Welle von Hexenprozessen. So hören wir, daß in Carcassonne in den Jahren von 1320 bis 1350 mehr als zweihundert Zauberer zum Tode verurteilt wurden. Allein im Jahre 1357 fanden dort 31 Hinrichtungen statt, während in Toulouse innerhalb von dreißig Jahren rund sechshundert Urteile wegen Zauberei gefällt wurden[3]. Auch in den meisten anderen europäischen Ländern gab es bereits Hexenprozesse.
Der »Hexenhammer« faßt also nur eine allgemeine Zeitströmung zusammen und bündelt sie wie ein Brennglas. Seine Wirkung und Bedeutung besteht darin, für die diffusen Zeitströmungen, die gewisse Voraussetzungen für den Hexenwahn in sich trugen, den richtigen Katalysator und Verstärker dargestellt zu haben. Er trug viel zur Lawine des Wahns bei, die über der abendländischen Kultur hing und zerstörerische, mörderische Energien ansammelte. Doch sollte es nach dem Erscheinen des »Hexenhammers« immerhin noch rund hundert Jahre dauern, ehe diese Lawine mit voller Wucht losbrach und ihre ungeheuerlichen Verwüstungen anrichtete. Bis dahin war es immer nur bei vereinzelten Prozessen geblieben. Die Hexenverfolgungen wurden erst gegen Ende des sechzehnten Jahrhunderts zum epidemischen Massenwahn.

Verfolgen wir den Verlauf eines Hexenprozesses. Er beginnt stets mit einer Denunziation. Entweder ist es die Aussage einer bereits als Hexe verhafteten Angeklagten, die auf der Folterbank vor Schmerzen halb wahnsinnig irgendwelche Personen als Mitschuldige angibt, nur um endlich Erleichterung ihrer Qualen zu erreichen. Oder es ist die Anzeige eines böswilligen Nachbarn, die zur Verhaftung führt. Selbst Angaben von Kindern genügten bereits dazu. Auch wer aus unfaßbaren Gründen im Verruf steht, Hexe oder Zauberer zu sein, muß mit einer Verhaftung rechnen. Oft gibt irgendein Unglück dazu den Anlaß. Das Vieh ist an einer Seuche erkrankt, ein Unwetter hat der Ernte geschadet, jemand ist verunglückt oder ähnliches: stets wird sofort nach der Hexe oder dem bösen Zauberer Ausschau gehalten, die dieses Unheil geschickt haben könnten. Wir kennen dieses Verhaltensmuster bereits von den Menschen der Frühzeit her; es basiert auf animistischen Vorstellungen und ist, trotz religiöser Übertünchung, im wesentlichen bis weit in die Neuzeit hinein unverändert geblieben.
Da nun an Unglücksfällen bekanntlich nie Mangel herrscht, besteht

Verbrennung von drei Zauberinnen in Derneburg. Flugblatt, 1555.

auch bis zur Zeit der beginnenden Aufklärung stets ein »Bedarf« an Hexen, die für das Unglück verantwortlich zu machen sind.
Die Verhaftung erfolgt prompt nach der Denunziation, da der Richter verpflichtet ist, jeder Anzeige nachzugehen. Die Verhaftete wird zunächst gütlich verhört. Man drängt sie zuzugeben, daß sie eine Hexe sei und Schaden angerichtet habe. Natürlich bestreitet jede Verhaftete eine solche Beschuldigung aufs heftigste, weil sie sonst ihr Todesurteil unterschreiben würde. Daraufhin wird die Folter, auch peinliche Befragung genannt, vorbereitet. Man entkleidet die Angeklagte und schert alle Körperhaare ab, um ihr damit die Möglichkeit zu nehmen, vielleicht irgendein Hexenamulett zu verstecken. »Sie haben nämlich bisweilen ... irgendwelche abergläubische Amulette ... in den Haaren des Körpers und an den geheimsten, nicht namhaft zu machenden Orten«, heißt es im »Hexenhammer« (3. Teil, 15. Frage).
»Mag nun auch in den deutschen Landen ein solches Abscheren, besonders an den geheimen Stellen, für durchaus unanständig erachtet werden ..., so befehlen doch in anderen Ländern die Inquisitoren ein solches Abscheren am ganzen Körper. Daher hat auch der Inquisitor von Como uns wissen lassen, daß er im verflossenen Jahr, welches 1485 war, einundvierzig Hexen habe einäschern lassen, nachdem am ganzen Körper die Haare abrasiert worden waren ...«
Als nächstes hat der Henker am Körper der Angeklagten nach dem sogenannten Hexenmal zu suchen. Dies ist eine Art Zeichen, das der

Teufel angeblich seinen Anhängern aufdrückt. Es gibt sich dadurch zu erkennen, daß es schmerzunempfindlich ist und nicht blutet, wenn mit einer Nadel hineingestochen wird. Muttermale, Warzen oder Leberflecke eigneten sich gut für diesen Aberglauben. Ein geschickter Henker fand an jeder Angeklagten ein Hexenmal.

Da die Angeklagte noch immer die ihr zur Last gelegten Beschuldigungen leugnet, schreitet man zur sogenannten Territion. Unter furchteinflößenden Begleitumständen führt der Henker der Angeklagten alle Folterinstrumente vor und erklärt ausführlich ihre Wirkungsweise. Bleibt sie trotz dieser schreckenerregenden Demonstration weiter bei ihrem Leugnen, so beginnt nunmehr die »peinliche Frage«. Sie besteht aus fünf Graden, die sich von der leichteren zur schwersten Folter steigern.

Den Anfang macht man mit dem Anlegen von Daumenschrauben. Es sind dies zwei Schraubgeräte, in welche die Daumen eingelegt werden, dann schraubt man langsam zu und quetscht damit die Daumen, bis das Blut hervorquillt.

Der zweite Grad besteht im Schnüren, bisweilen auch Elevation genannt. Dabei werden die Arme der Angeklagten hinter ihrem Rükken mit einem Seil sehr fest umschnürt und das Seil dann nach beiden Seiten hin und her gezogen, so daß es tief ins Fleisch einschneidet. Meist wird die Angeklagte danach an den rückwärts gebundenen Armen noch zur Decke hinaufgezogen und dort längere Zeit hängen gelassen. Dabei kann man ihr auch noch zusätzliche Gewichte an die Füße hängen oder sie schnell herabfallen lassen und ruckartig am Seil auffangen. Wir kennen diese Foltermethode bereits vom Inquisitionsprozeß her. Sie führt oft zu ausgerenkten Armen, die der Henker dann nach Abschluß der Folter wieder einrenken muß.

Der dritte Grad besteht aus dem Strecken. Die Angeklagte wird auf eine Art Leiter gelegt und an Händen und Füßen festgebunden. Die Seile der Fesseln laufen über große Winden und können aufgespult werden, so daß die Angeklagte auf entsetzlichste Weise auseinandergezogen wird. In einem Kommentar zur Carolina, der Halsgerichtsordnung Kaiser Karls V., heißt es, daß der hartnäckige Inquisit so auseinandergezogen werden solle, daß man durch seinen Bauch ein Licht scheinen sieht, das hinter ihn gehalten wird[4].

Im vierten Grad werden der Angeklagten die sogenannten »spanischen Stiefel« angelegt. Dabei handelt es sich wiederum um Schraubvorrichtungen, mit denen die Waden und Schienbeine zusammengepreßt werden können, oftmals so sehr, daß die Knochen brechen. Der ohnehin entsetzliche Schmerz läßt sich jeweils noch steigern, indem man Keile unter die Schraubbacken treibt. Falls die Angeklagte ihren Prozeß lebend übersteht, bleiben doch meist Verkrüppelungen von diesem Foltergrad zurück.

Der fünfte und letzte Grad schließlich besteht aus der Feuerfolter. Dabei wird die Angeklagte mit ausgestreckten Armen festgebunden und sie durch die Flamme einer Fackel unter den Achselhöhlen versengt.

Neben diesen offiziellen Foltergraden gab es noch eine Menge anderer Methoden, die Menschen zu quälen. Die Phantasie der jeweiligen Richter und Henker war in dieser Hinsicht stets sehr fruchtbar und ist dies bis heute geblieben, nur unter anderen Vorzeichen. Doch sollen uns die Fragen der Folter hier nicht länger beschäftigen.

In den allermeisten Fällen führte die »peinliche Befragung«, wie nicht anders zu erwarten, zum gewünschten Geständnis. Nur äußerst selten ertrug eine Angeklagte standhaft alle Qualen der Tortur, ohne irgendwelche Hexentaten zu gestehen. Diese seltenen Fälle gelten in der Chronik der Hexenprozesse allesamt als Wunder, und dies zu Recht.

Für uns von großem Interesse sind die Fragen, die man den Angeklagten stellte. Die Richter gingen dabei mit beachtlichem Raffinement vor und scheuten auch vor Täuschungen nicht zurück.

Zunächst beginnen sie mit leichteren Vorwürfen: Ob die Angeklagte den Gottesdienst regelmäßig besucht oder manchmal versäumt habe? Ob sie an Hexen glaube? Ob sie etwas vom Hexentreiben wisse? Ob sie vielleicht geholfen, Nebel oder Raupen zu machen? – und in der Weise mehr. Später dann werden die Vorwürfe massiver: Ob sie ausgefahren und in welcher Gestalt der Teufel ihr begegnet sei? Ob sie Unzucht mit ihm getrieben? Wie das vorgegangen sei und wie sich der Teufel angefühlt? Ob sie von ihm Samen empfangen? – und so fort.

Schließlich, wenn die Angeklagte zusammengebrochen ist und zu gestehen begonnen hat, versteigen sich die Fragen zu den wüstesten Greueln: Wie oft sie nachts auf die Friedhöfe gegangen sei und habe Kinder ausgraben geholfen? Was sie mit dem Kind getan, ob sie es gekocht, gesotten oder gebraten? Wo sie es verzehrt, ob es ihnen wohlgeschmeckt habe? Was sie mit dem übriggebliebenen Fleisch und Bein angefangen? Wem sie alles Schaden gestiftet, Todkrankhei-

ten angezaubert, die Männlichkeit weggehext habe[5]? Und so weiter, und so fort. Die Fragen sind im allgemeinen stets die gleichen, daher ähneln sich auch die Antworten. Lediglich die Namen der Orte und Personen variieren.
In der Monotonie von Beschuldigung und Geständnis aber äußert sich, wenn man auch nichts sonst von den Begleitumständen wüßte, die ganze wahnhafte Befangenheit dieser Verfolgungsorgie. In manischer Besessenheit ging man dabei von vorgefaßten Meinungen aus und suchte die Wirklichkeit diesen Vor-Urteilen anzupassen; keinesfalls aber interessierten die real gegebenen Tatsachen.
Noch einmal sei hier der Hinweis auf die Stalinschen Säuberungen erlaubt, die gleiche Charakteristika des Wahns zeigten.

Die Zahl der Opfer, die der Hexenwahn gefordert hat, ist nicht mehr genau festzustellen. Die Schätzungen reichen von einigen Hunderttausend bis zu mehreren Millionen. Sicher muß man sich auch in diesem Fall vor Überschätzungen hüten. Doch selbst wenn es »nur« einige Hunderttausende gewesen sein sollten, die auf dem Scheiterhaufen endeten, so ist dies doch noch im Verhältnis zur damaligen sehr viel geringeren Bevölkerungsdichte eine ungeheuerliche Zahl.
Während es in Frankreich und auch in Italien bereits im fünfzehnten Jahrhrhundert zahlreiche Prozesse gegen Hexen und Zauberer gegeben hatte, weitet sich in Deutschland die Hexenverfolgung erst gegen Ende des sechzehnten Jahrhunderts zum Wahn aus und nimmt den Charakter einer ansteckenden Epidemie an.
So werden im Werdenfelser Land mit dem Hauptort Garmisch in den Jahren 1590 und 1591 ein Mann gerädert und 49 Frauen als Hexen verbrannt – bei einer Einwohnerschaft von nur 4 700 Seelen eine gewaltige Zahl. Die älteste der Frauen war 94 Jahre alt; auf der Folter hatte man ihr das Geständnis abgepreßt, mit dem Teufel Unzucht getrieben zu haben. In Schongau wurden seit 1589 mindestens 63 Frauen verbrannt[6]. Im Bistum Bamberg lodern von 1524 bis 1625 mehr als dreihundert Hexenbrände. Doch von 1625 bis 1633 werden es doppelt so viele. Unter den Verurteilten sind Kinder von sieben bis zehn Jahren. Besonders schlimm wütet der Wahn im Bistum Würzburg. Von 1625 bis 1631 brennen dort etwa neunhundert Scheiterhaufen. Unter den Verurteilten finden sich vier Chorherren, acht Vikare, ein Doktor, achtzehn minderjährige Knaben, ein blindes und zwei kleine Mädchen. Innerhalb von zwei Jahren werden allein in der Stadt Würzburg 157 Menschen verbrannt[7]. In Fulda sind es

Verbrennung der Hexe Lise Pleinacher.
Darstellung des 19. Jh.s

von 1608 bis 1618 etwa siebenhundert Menschen. In Paderborn hat ein einziger Hexenrichter etwa fünfhundert Frauen als Hexen verurteilt. In Salzburg beginnt der Wahn um 1580 und tobt etwa hundert Jahre lang. Dem letzten großen Hexenbrand im Jahr 1679 fallen 97 Menschen zum Opfer. Anlaß dieser Verfolgung war eine Viehseuche.

In Wyl wird die Mutter des großen Astronomen Kepler als Hexe verbrannt. Der berühmte Sohn kann sie nicht retten. In England läßt um das Jahr 1645 der Hexenrichter Hopkins Hunderte von Hexenbränden auflodern. In den schottischen Kirchen stehen Kästen, in welche die Zettel mit Denunziationen geworfen werden sollen. In Leith werden 1664 an einem einzigen Tag neun Frauen verbrannt.

In Genf hat der Reformator Calvin gelehrt, daß die Staatsregierung alle Zauberer zur Ehre Gottes ausrotten müsse.

Als 1542 die Pest in Genf ausbricht, beginnt das Brennen der »Pest-

bereiter«. Von Februar bis Mai muß der Henker 34 Personen richten, darunter seine eigene Mutter[8]. Innerhalb von sechzig Jahren werden in Genf etwa 150 Menschen verbrannt. In Dänemark zieht der erste protestantische Bischof, Peter Palladius, selbst im Land umher, um die Hexen aufzustöbern und dem Scheiterhaufen zu überantworten. In Schweden beginnt der Wahn erst ab 1669 zu wüten, doch erreicht er mit den Prozessen von Mora und Elfdale sofort einen entsetzlichen Höhepunkt. In diesen Prozessen werden unter anderem etwa dreihundert Kinder verhaftet und vernommen. Am Ende müssen 84 Erwachsene und fünfzehn Kinder wegen Hexerei und Teufelsbündelei die Scheiterhaufen besteigen[9].
Die Liste ließe sich beliebig mit Zahlen aus Böhmen, Polen, Ungarn, Rumänien, Italien, der Schweiz und den Niederlanden fortsetzen. Dem bekanntesten nordamerikanischen Hexenprozeß fallen 1645 in Salem neunzehn Personen zum Opfer. Doch hatte es vorher schon in Massachusetts einige Hinrichtungen wegen Hexerei gegeben.
Der letzte deutsche Hexenprozeß findet in Kempten statt; eine alte, kranke Landstreicherin wird als Teufelsbündnerin angeklagt und gesteht, mit dem Teufel jede Nacht Unzucht getrieben zu haben. Sie wird zum Tode verurteilt, aber nicht mehr verbrannt, sondern enthauptet.
Die letzte Schweizer Hexe stirbt 1782 in Glarus durch das Schwert. In Polen werden noch 1793 zwei Frauen verbrannt[10].
Um der Wahrheit die Ehre zu geben, muß man betonen, daß es in dem Meer des Wahns auch einige Inseln der Vernunft gab. Das alte Frankfurt gehört zu ihnen und Basel, wo nur wenige Hexenverurteilungen vorgekommen sind. Auch Rothenburg ob der Tauber und Nürnberg blieben vom Wahn weitgehend frei. Diese republikanisch verfaßten Reichsstädte besaßen zu ihrem Glück einen Rat, der der Stimme der Vernunft den Vorrang gab.
Nach diesem kurzen Überblick über das vielfältige Tatsachenmaterial erhebt sich nun um so drängender die Frage, wie es denn zu diesem so offenkundigen Wahn eigentlich kommen konnte. Uns heute Lebenden scheint die Tatsache, daß es sich bei allen Opfern der Hexenprozesse natürlich um völlig unschuldige Menschen gehandelt hat, so unbezweifelbar, daß wir fassungslos vor der ungeheuerlichen Breitenwirkung dieses Wahns stehen. Verwirrt fragen wir uns, wieso die realitätsferne Befangenheit der Richter nicht zum Aufstand der Vernunft führte, obwohl doch der Wahnwitz unüberhörbar zum Himmel schrie.

Die meisten Chronisten des Hexenwahns können sich nicht genug tun an moralischer Entrüstung über die abscheulichen Entartungen dieser sogenannten Rechtspflege. Und natürlich sind, zumindest aus heutiger Sicht, diese Entartungen auch ganz unfaßbar. Doch moralische Entrüstung hilft zum Verständnis des massenmörderischen Wahns nicht weiter. Im Gegenteil: moralische Entrüstung verhindert wohl eher den Zugang zum Begreifen, weil sie den Entrüsteten in dem Irrtum wiegt, ihm könne ähnliches nie zustoßen. Für künftige Verhütung derartigen Massenwahns ist es aber wichtiger, eine Antwort zu finden auf die Frage: Wie konnte es geschehen?, als sich in selbstgerechter Entrüstung zu wiegen. Nur wer die Mechanik der Wahnsysteme durchschaut, ist vor ihnen gefeit, nicht unbedingt der moralisch Entrüstete.

Im Zuge der Frauenemanzipation ist es modern geworden, den Hexenwahn als einen Vernichtungskrieg der Männer gegen die Frauen zu deuten. Der Hexenwahn habe sich, so sagen diese Kommentatoren, aus Frauenhaß genährt und sei nur so, als Ausdruck männlicher Frauenangst, die in Aggression umschlug, zu verstehen. Diese Deutung erhebt einen Teilaspekt zur angeblich einzigen Wahrheit und ist damit nur teilweise richtig. Durchaus nicht alle Erscheinungen des Hexenwahns werden durch diese These deutbar. Allein die Tatsache, daß ja nicht nur Frauen dem Wahn zum Opfer fielen, sondern auch Männer und Kinder, läßt die obige These schon fragwürdig werden. Die Zahl der Frauen unter den Opfern scheint bei etwa 70 bis 75 Prozent gelegen zu haben. Das ist zwar die klare Mehrheit, aber doch nicht so eindeutig, daß dieser Prozentsatz die These vom Vernichtungskrieg der Männer gegen die Frauen stützen würde.

Es ist ferner gesagt worden, daß die Frauen zu jenen Zeiten noch aus alter heidnischer Überlieferung über Geheimwissen auf dem Gebiet der Krankenpflege, der Kräuterkunde und ähnlichem verfügten. Ja, es ist sogar versucht worden, die auf der Folter gestandenen Hexenausfahrten und die orgiastischen Hexensabbats als Drogenhalluzinationen zu erklären. Damit, scheint mir, ergreift man nachträglich noch die Partei der Inquisitoren und stempelt die Opfer eben doch zu Hexen. Genau das aber waren sie nicht; sie waren im vollsten Sinne des Wortes unschuldig.

Zwar ist richtig, daß besonders Hebammen leicht in den Geruch der Zauberei kamen, weil diese viel von volkstümlicher Heilkunde verstanden. Doch dasselbe galt auch für Scharfrichter, Schmiede und Hirten, wie ein Gebot Herzog Maximilians von Bayern aus dem

Jahr 1611 zeigt, in dem ausdrücklich diese Personengruppen als der Zauberei verdächtig bezeichnet werden[11].

Wie also kam es zu dem so ungeheuerlichen Phänomen des Hexenwahns? Woher stammten die Energien an Haß und Aggression, die sich in dieser gewaltigen Eruption Bahn brachen? Man kann diese Frage nicht zufriedenstellend beantworten, wenn man sich nicht das Weltbild jener Menschen vor Augen hält und ihren Bewußtseinsstand zu vergegenwärtigen sucht.

Erinnern wir uns: Wir fanden, daß der Glaube an Hexen und Zauberer in der Epoche des Animismus ganz allgemein und geradezu notwendig ist. Im Grunde ist im Animismus eigentlich jeder Mensch ein Zauberer, denn er bedient sich ganz selbstverständlich magischer Techniken. Sie sind die einzigen ihm bekannten Methoden, mit denen er Einfluß auf die Geister und damit auf die Umwelt zu gewinnen sucht. Die magischenTechniken lassen sich aber sowohl zum Guten wie zum Bösen benutzen. Deshalb ist auch jeder Mensch ein potentieller Schadenszauberer. Dies gilt weltweit für alle frühen Gesellschaften. »Die Eipo glauben an Schwarze Magie und führen den Tod von Gruppenmitgliedern, die an Krankheiten sterben, oft auf das Wirken von Hexen zurück«, schreibt Eibl-Eibesfeldt von einem Bergvolk auf Neuguinea, das bis dahin noch fast ohne Kontakt zu Weißen gelebt hatte. »Seher pflegen in solchen Fällen die Hexe zu entlarven. Das kommt einem Todesurteil gleich. Sie mag noch so verzweifelt beteuern, sie sei unschuldig. Man erschießt sie mit Pfeilen und wirft sie in den Fluß.«

Hier zeigt sich die Mechanik des Hexenwahns im kleinen. Der Verhaltensforscher berichtet dann weiter, daß die unglückliche Frau von der Menge noch im Fluß treibend gesteinigt und gepfählt wurde. Sie war beschuldigt worden, durch Hexerei den Tod eines zehnjährigen Knaben verursacht zu haben.

Jede Frau könne der Hexerei bezichtigt werden, und Hexenmorde seien nicht selten, setzt Eibl-Eibesfeldt hinzu[12]. Auch zu Beginn der Neuzeit, also während der Zeit des Hexenwahns, beherrschten noch ganz allgemein und selbst bei hochgebildeten Leuten animistische Vorstellungen das Bewußtsein. Noch hatten die Menschen die natürlichen Ursachen vieler Erscheinungen nicht erkannt und konnten diese daher nicht anders erklären, als daß sie von Geistern bewirkt seien. Das galt besonders für alle Arten von Unglück. Wenn die Pest ausbrach, war dies entweder eine Strafe Gottes für irgendeine schwere Sünde oder ein Werk böser Dämonen. Von Bakterien ahnte man noch nichts; wie also sollte man sich den Ausbruch eines so unfaßbaren Unglücks – gegen das man ja auch keinerlei Mittel besaß – anders erklären als durch höhere Wesen gesandt? So kann es nicht überraschen, daß selbst die geistige Elite jener Zeit fest von der Existenz des Teufels und folglich auch der Hexen überzeugt war. Daran glaubten nicht nur Kleriker, sondern auch Gelehrte und Fürsten. Die drei Reformatoren Luther, Calvin und Zwingli waren eifrige Verkünder des Teufelsglaubens. Von Luther ist bekannt, daß er auf der Wartburg mit dem Tintenfaß nach dem Teufel warf. Er glaubte auch fest an die Möglichkeit, daß der Teufel mit Hexen Kinder zeugen könne.

Daß es Hexen wirklich gibt, ist für Luther keinen Augenblick zweifelhaft. Er behauptete sogar selbst eine Hexe gekannt zu haben, nämlich die Nachbarin seiner Eltern, die etliche seiner Geschwister behext habe, so daß sie sich zu Tode schrien[13].

Selbst der weltberühmte Astronom Kepler glaubte an die Existenz von Hexen, und mit ihm zahlreiche Fürsten, die durch Erlasse und Verordnungen gegen das »Hexenunwesen« vorzugehen suchten.

Nur sehr wenige aufgeklärte Geister begannen behutsam, am Hexenglauben zu zweifeln und sich aus animistischen Vorstellungen zu lösen. Doch blieb es zunächst noch lebensgefährlich, solche Meinungen zu äußern.

Auch die christliche Religion hatte daran nichts Grundsätzliches geändert, arbeitete doch die Kirche selbst mit magischen Mitteln. Segen oder Bannfluch, geweihte Amulette, Anrufung der Heiligen, Teufelsaustreibungen aus Menschen oder Häusern – all das waren ihrem Charakter nach natürlich alte magische Techniken, die lediglich in christlichem Gewand daherkamen.

Ein zweites Moment müssen wir uns noch eindringlich verdeutlichen: die Lebensumstände der Menschen jener Zeit. Der Alltag besonders der Bürger und Bauern war geprägt von Arbeit und Entsagung. Die tägliche Arbeitszeit währte vom frühen Morgen bis zur Dunkelheit, sie war nur von kärglichen Mahlzeiten unterbrochen. Irgendwelche Zerstreuungen oder gar Vergnügungsmöglichkeiten gab es nicht. Die meisten Menschen konnten nicht lesen. Ohnehin waren Bücher für das breite Volk viel zu teuer. Die einzige Ablenkung stellte der Gottesdienst dar. Arbeiten und Beten, das blieben die Richtpunkte eines solchen Lebens.

Hinzu kamen zahllose strenge Reglementierungen, die den verbliebenen knappen Freiheitsraum noch weiter einschränkten. So konnte

beispielsweise fast niemand den Beruf ergreifen, den er gern ausgeübt hätte. Die strengen Zunftgesetze zwangen im allgemeinen den Sohn, den Beruf des Vaters zu ergreifen. Frauen wurde ohnehin keine Willensäußerung zugestanden.
Aber die Knebelung ging auch bis in nichtige Kleinigkeiten. So durfte sich nicht jedermann kleiden, wie er es gern gewollt hätte. Strenge Kleidervorschriften achteten darauf, daß die Standesunterschiede auch im Äußeren sichtbar wurden. Wer sich abends nach Einbruch der Dunkelheit ohne Licht auf der Straße erwischen ließ, wurde als Dieb behandelt, und das bedeutete, beim dritten Mal, Aufknüpfen am Galgen. Wer am Sonntag nur einige Minuten zu spät zum Gottesdienst kam, mußte an den Pranger. Wer sich Gäste einlud, etwa zur Hochzeit oder zur Kindtaufe, dem wurde genau vorgeschrieben, was er vorsetzen und wie viele Gäste er einladen durfte[14]. Im übrigen drohten selbst bei kleinen Verfehlungen sehr harte Strafen. Mit Schandmasken am Pranger stehen, mit Ruten gestrichen oder aus der Stadt verbannt werden, das waren nur einige von ihnen.
Besonders rigoros waren die Einschränkungen, die das Sexualleben betrafen. Die asketischen, lustfeindlichen Vorstellungen der mittelalterlichen Kirche hatten sich unterdessen im bürgerlichen Leben weitgehend durchgesetzt. Ihnen wurde mit strengen Gesetzen Nachdruck verliehen. Wir haben gehört, daß Ehebruch als todeswürdiges Verbrechen galt. Aber auch außerehelichen Geschlechtsverkehr bestrafte man, falls er bekannt wurde. Andererseits hatten die besitzlosen Dienstboten, Knechte und Mägde nur geringe Aussichten, eine Ehe einzugehen, weil dazu meist die finanzielle Voraussetzung fehlte. Ein Knecht etwa erhielt im alten Rothenburg ob der Tauber als Lohn jährlich dreieinhalb Heller[15], das sind nach heutigem Geldwert nur einige Mark. Daß man davon keine Familie gründen und ernähren konnte, leuchtet ein. Aus dieser Sachlage erklären sich die zahlreichen unehelichen Geburten, die noch im vorigen Jahrhundert bisweilen die ehelichen an Zahl übertrafen und die so oft zu Kindsmord und zum Ende der Mutter auf dem Rabenstein führten.
Man ersieht daraus, daß die Sexualität in den spätmittelalterlichen Gemeinwesen unter ständigem starken Druck stand und nur wenige Möglichkeiten der Triebbefriedigung fand. Die zölibatäre Lebensweise des katholischen Klerus trug vieles dazu bei. Da sich die Priesterschaft des Sinnengenusses enthalten mußte, verteufelte sie die Sexualität und bewertete sie als Sünde, womit sie bei der Obrigkeit

offene Ohren und volle Unterstützung fand. Freies Ausleben von Sexualität widerspricht schließlich dem Prinzip von Ruhe und Ordnung.

Das Leben in einer der kleinen, engen Städte des späten Mittelalters war zum Verzweifeln freudlos und trist. Es war geprägt von ständiger Entbehrung, drückender Arbeit und Angst vor stets drohender Strafe. Es ermangelte jeder Hoffnung auf Besserung der Umstände, ausgenommen im Jenseits. Dazu hing über dieser grauen Ausweglosigkeit noch zusätzlich die Angst vor immer wieder hereinbrechenden Katastrophen, mochten dies nun länderentvölkernde Seuchen, Kriege, Hungersnöte oder Feuersbrünste sein. Diesem allen stand der Mensch völlig machtlos gegenüber. Nichts hatte er ihnen entgegenzusetzen als das Gebet und vielleicht magische Vorstellungen.

In einer solch drückenden Atmosphäre wucherten alle Formen von Aggression, Haß, Neid, Eifersucht und Rachgier. Der strengen städtischen Ordnung wegen mußten diese Regungen zwar unterdrückt werden, doch darum glühten sie trotzdem fort. Es war abzusehen, daß aus dieser verborgenen Glut helle Flammen auflodern mußten, sobald sich diesen unterdrückten Regungen eine legale Möglichkeit bot, sich auszutoben.

Als offizielle Vorbilder eines gottgefälligen und sündenfreien Lebens galten die Heiligen. Ihr Leben setzte die Maßstäbe, ihnen galt es nachzueifern. Doch einen gleichen Grad an Heiligkeit zu erreichen, blieb dem Durchschnittsmenschen unmöglich. Deshalb hatte er mit einem ständig nagenden Schuldbewußtsein zu kämpfen. Deshalb auch haßte er jenen »irdischen« Teil seines Wesens, der ihn ständig in Versuchung führte und ihn daran hinderte, ein heiligenmäßiges Leben zu führen. Deshalb auch brauchte der Durchschnittsmensch immer dringlicher einen Sündenbock, auf den er die eigene Schuld, also die verdrängten Triebregungen, abladen konnte. Denn das, was er gern getan hätte, aber ins Unbewußte verdrängte, bewirkte nagendes Schuldbewußtsein, genauso, als ob er diesen Regungen wirklich nachgegeben hätte.

Gegen Ende des sechzehnten Jahrhunderts hatte sich ein gewaltiges Potential an Aggressivität, Selbsthaß, Angst und Schuldbewußtsein angesammelt. Dazu hatte schließlich auch die Reformation mit ihrer Unterdrückung des jeweiligen weltanschaulichen Gegners noch zusätzliche Haßpotentiale eingebracht. Welches nun die letztlich auslösenden Momente des Hexenwahns waren, ist kaum noch festzustellen und auch genauso unwichtig wie die Frage, ob eine Schneela-

wine vom Tritt einer Gemse oder dem Flügelschlag eines Vogels ausgelöst wurde.
Das Zerstörungspotential hatte den kritischen Punkt erreicht; es wäre so oder so zur Entladung gekommen, der winzigste Anlaß mußte sie auslösen.
Wieder sehen wir auch im Hexenwahn die alten mörderischen Doppeltriebkräfte wirksam werden: das Bestreben, sich von eigener Schuld zu befreien, indem man sie einem anderen auflädt und sie mit diesem vernichtet; zum anderen der Neid darauf, daß der andere (angeblich) etwas gewagt hatte, was man selbst auch gern getan hätte, aber sich versagte.
In den Hexen bekämpfte man die eigene Sexualität mit ihren verdrängten Triebregungen, die im Unterbewußtsein zu »bösen« Wünschen geworden waren. Aus diesem Grunde waren es hauptsächlich Frauen, die dem Hexenwahn zum Opfer fielen. Man vernichtete sie um ihrer Weiblichkeit willen, die man als Versuchung zum Bösen, nämlich zum Abreagieren der verdrängten Sexualität auffaßte. Doch man neidete ihnen auch, daß sie auf den orgiastischen Teufelsfesten und Hexentänzen, die man ja für wirkliches Geschehen hielt, diese sexuellen Triebe ausgelebt hatten. Dies ist der Grund, weshalb in den Hexenverhören so viel von Unzucht und Teufelsbuhlschaft die Rede ist, der Grund auch für den sexuell betonten Sadismus, mit dem die Hexen gefoltert wurden. Hier bot sich dem glaubenseifrigen, frommen und sittenstrengen Richter endlich die Gelegenheit, seine verdrängten Triebe auf legalem Wege abzureagieren.
Der Hexenwahn wurde allerdings nicht nur von den Verfolgern getragen, sondern vom ganzen Volk. Das Bedürfnis nach Abladen eigener Schuld- und Unlustgefühle war in breiten Volksschichten sicher noch stärker als bei den Verfolgern, und ebenso die verborgenen Neidgefühle. Bezeichnenderweise erreichte der Hexenwahn in Deutschland während des Dreißigjährigen Krieges seinen Höhepunkt, als zu allen seelischen Problemen noch äußere Not und Gefahr hinzukamen.
Dem Katholizismus zur Ehre und dem Protestantismus, der doch stets als aufgeklärt gelten wollte, zur Schande muß man feststellen, daß die ersten Gegner des Hexenwahns zumeist aus der katholischen Kirche kamen und Priester oder Ordensleute waren. Der Bedeutendste von ihnen, Friedrich von Spee, gehörte dem Jesuitenorden an. Er hatte als Beichtvater mehr als zweihundert verurteilte Hexen oder Zauberer auf ihrem letzten Gang zur Richtstätte begleitet und dabei die Überzeugung gewonnen, daß sie alle völlig

unschuldig starben. In seinem Buch »Cautio Criminalis«, das 1631, als der Hexenwahn seinen Höhepunkt erreicht hatte, erschien, trat er als erster entschieden gegen die Hexenprozesse auf und kämpfte für eine Humanität, die bis dahin unbekannt gewesen war. Er erwarb sich damit einen Ruhmesplatz unter den deutschen Denkern.
Gegen Ende des siebzehnten Jahrhunderts begann der Hexenwahn langsam zu erlöschen. Die Aufklärung mit ihrem neuen Bewußtsein kündigte sich an; die alten, drückenden Lebensumstände hatte der Dreißigjährige Krieg hinweggefegt. Eine Epoche des Aufatmens, der vorsichtigen Lebensfreude begann. In ihr schmolzen die Aggressionen und die alten Unlustgefühle dahin. Das Bedürfnis nach Sündenböcken schwand. Zwar meldete sich bisweilen noch alter Aberglaube; Haß schlug manchmal noch durch und brachte hier und da vereinzelte Hexen auf den Scheiterhaufen. Doch das gewandelte Bewußtsein begann die Augen zu öffnen. Man fing an, den Hexenwahn als Verirrung anzusehen und sich seiner zu schämen. Ein Phänomen der Menschheitsgeschichte wurde als böser Schandfleck ausgemacht.
Was hatte nun der Hexenwahn bewirkt, zu welch höherem Zweck waren die zahllosen Opfer gestorben, das viele Blut vergossen? – Es fällt schwer einzugestehen, daß ein solch höherer Zweck kaum zu sehen ist, der Tod der Unschuldigen also sinnlos war, wenn man nicht die Überwindung des Wahns als höheren Zweck ansehen will. Da wir auch aus unserem Jahrhundert noch mörderische Wahnsysteme kennen, die zahllose unschuldige Opfer gefordert haben, bleibt uns nur eine Schlußfolgerung übrig: Das Keimen und Wachsen neuer Wahnsysteme muß frühzeitig verhindert werden, denn sie bergen allesamt mörderische Energien in sich. Wenn wir das begreifen, so ist dieser Lernprozeß zwar mit einem ungeheuren Preis bezahlt worden. Doch offensichtlich lernt »der Mensch« nicht anders als durch Blutvergießen, durch Not und Tod.

Die »modernen« Hinrichtungsarten

Erstes Kapitel

Die Guillotine

Die Guillotine ist ein Kind der Französischen Revolution, doch nicht deren Erfindung. Auch der Arzt und Abgeordnete Dr. Guillotin, dessen Namen sie trägt, hat sie weder erfunden noch konstruiert. Im Kapitel über die Enthauptung haben wir bereits erfahren, daß es schon im ausgehenden Mittelalter Varianten des mechanischen Fallbeils gab. Einige von ihnen kamen der späteren Guillotine in ihrer Form und Arbeitsweise bereits sehr nahe.

Dr. Guillotins Verdienst also bestand darin, die Einführung des Fallbeils vor der französischen Nationalversammlung gefordert und bereits am 10. Oktober 1789 einen entsprechenden Gesetzesvorschlag eingebracht zu haben. Man mag vielleicht heutzutage diese Initiative nicht mehr als Ruhmestat gelten lassen wollen; doch war sie seinerzeit durchaus von humanitären, fortschrittlichen Gedanken bestimmt gewesen.

Das Hauptgewicht dieses Gesetzesvorschlags lag nämlich in der Forderung, daß künftig die Enthauptung ohne vorhergehende Folterung die einzige Form der Todesstrafe sein sollte, gleichgültig, welchem Stand der Verurteilte angehörte oder welches Verbrechen er begangen hatte.

Diese Forderung nach Gleichheit im Sterben und nach einer Hinrichtungsart, die »zweckmäßig, für alle gleich und, soweit möglich, human sein solle«, wie es in der endgültigen Verordnung vom 20. März 1792 hieß, gereicht dem Dr. Guillotin sehr wohl zur Ehre, besonders wenn man an die grauenvollen Hinrichtungsarten denkt, die bis dahin verhängt wurden und die wir nun zur Genüge kennengelernt haben. Daß trotz dieser humanitären Forderung der Name des Dr. Guillotin ausgerechnet mit dem neuen Hinrichtungsgerät verknüpft wurde, gehört zur Ironie der Geschichte, die leider selten nach Gerechtigkeit fragt.

Während der Debatte über den Gesetzesvorschlag hatten sich übrigens einige Abgeordnete leidenschaftlich gegen die Todesstrafe ausgesprochen. Einer von ihnen war ein gewisser Robespierre, der wenig später, nachdem er zum Diktator aufgestiegen war, die Guillotine unermüdlich fütterte und als Blutsäufer in die Geschichte einging[1].

Die Bestrebungen zur Humanisierung der Todesstrafe – was natürlich ein Widerspruch in sich selbst ist – hatten auch einen Mann auf den Plan gerufen, der auf diesem Gebiet als höchste Kompetenz gelten mußte: Es handelte sich um den »Monsieur de Paris«, wie der Pariser Scharfrichter nach altem Brauch genannt wurde. In jenen Jahren hatte Charles-Henri Sanson das Amt inne. Er wurde später der »Große Sanson« genannt, weil er während der Schreckensjahre 1793 und 1794 die Berühmtheiten jener Zeit auf seinem Schafott begrüßen und hinrichten durfte.

Sanson wandte sich mit einer Eingabe an den Justizminister und mahnte, daß es notwendig sei, eine mechanische Vorrichtung zu finden, die den Verurteilten bewegungsunfähig macht und damit alle Ungewißheiten bei der Exekution ausschaltet. Eindringlich wies er auf die Schwächen des Schwertes als Hinrichtungsinstrument hin. »Nach jeder Exekution ist das Schwert unbrauchbar für eine weitere Hinrichtung«, schrieb er. »Es ist dann absolut notwendig, das schartig gewordene Schwert erneut zu schärfen und zu schleifen, wenn mehrere Personen hinzurichten sind ... Das bereitet sehr große und nahezu unüberwindliche Schwierigkeiten[2].«

Dies wurde im Jahr 1791 geschrieben. Noch war der revolutionäre Terror nicht entfesselt, noch bekämpfte man den politischen Gegner nicht dadurch, daß man ihm seinen Kopf vor die Füße legte. Doch dieser Sanson muß eine unheimliche Witterung für Blut gehabt haben. Hellsichtig ahnte er, daß die Zukunft viel Arbeit für ihn bereithielt.

Die Pariser Nationalversammlung beauftragte schließlich den damals sehr renommierten Chirurgen Dr. Louis, ein Gutachten über ein mechanisches Enthauptungsgerät zu erstellen. Dr. Louis war damals 69 Jahre alt und schien den Abgeordneten für diese Aufgabe kompetent zu sein, weil er bereits zahlreiche chirurgische Geräte konstruiert oder erfunden hatte.

Am 17. März 1792 legt Dr. Louis seine Arbeit vor, in der er nicht nur wissenschaftliche Sachlichkeit, sondern auch einen gewissen Sarkasmus beweist. Als Fazit seiner Überlegungen schlägt er ein Enthauptungsgerät nach dem Vorbild des Fallbeils von Halifax vor[3]. Er beschreibt dann dieses Gerät, das im wesentlichen der späteren Guillo-

Frühe Form des Fallbeils. Lukas Cranach, Martyrium des heiligen Matthias, um 1512.
Aus »Die Martern der Apostel«.

tine entspricht. Ihm fehlt lediglich noch die *bascule* – die Schaukel, ein Brett, auf das man den Verurteilten im Stehen schnallt. Es läßt sich umkippen, wodurch der Hals des Opfers genau zwischen die Pfosten gerät, zwischen denen das Beil auf und ab gleitet. Im übrigen hatte das Gerät des Dr. Louis noch eine halbmondförmige Schneide, die sich als nicht vorteilhaft erwies. In der späteren Ausführung erhielt das Beil eine schräge Schneide.

Der Vorschlag wurde angenommen, und nach einigem Hin und Her erhielt auf Wegen, die nicht mehr genau zu rekonstruieren sind, ein deutscher Klavierbauer namens Tobias Schmidt den Auftrag, das erste Fallbeil zu bauen.

Dieser Schmidt, der damals in Paris lebte und offenbar ein Erfinder von mancherlei skurrilen Geräten war, erkannte mit gutem Geschäftssinn die Chance seines Lebens. Angeblich war er auch mit Sanson bekannt und machte mit ihm bisweilen Hausmusik; so war ihm die Problematik nicht ganz fremd.

Mit Feuereifer begab sich Schmidt an die Arbeit, und Mitte April 1792 sollte das fertige Gerät zunächst an einigen lebenden Schafen und dann an toten Menschen ausprobiert werden. Die Köpfe der Schafe rollten ohne Komplikationen in den Sand. Bei den Leichen jedoch gab es Probleme: Einige männliche Nacken widerstanden der Schneide. Zwar konnte diese die Halswirbel durchtrennen, doch der Kopf blieb an Sehnen und Muskelpartien hängen, was natürlich einen schockierenden Eindruck hinterließ. Aus diesem Fehlschlag heraus scheint man zu der bis heute noch gültigen schrägen Form der Schneide gefunden zu haben; auch erhöhte man das Gewicht des Beiles. Bei einer erneuten Erprobung mit Leichen funktionierte das Gerät nunmehr einwandfrei, und wenige Tage später, am 25. April 1792, kommt es zum ersten Einsatz der Guillotine (die damals im Volksmund noch *Louisette* genannt wurde, nach ihrem Promotor Dr. Louis).

Ein zum Tode verurteilter Räuber namens Pelletier hatte bereits mehrere Monate im Gefängnis auf seine Hinrichtung warten müssen. Nun wurde ihm die Ehre zuteil, als erstes Opfer die Guillotine einzuweihen und damit in die Geschichte einzugehen. Die Hinrichtung fand auf dem Grève-Platz (dem heutigen Place d'Hôtel de Ville) statt, wohin die Kunde von der neuen Enthauptungsmaschine eine gewaltige Menschenmenge gelockt hatte. Die Zuschauer wurden jedoch arg enttäuscht; die Exekution ging viel zu schnell und ohne jeden gruselig-interessanten Zwischenfall vor sich und hielt in dieser Beziehung einem Vergleich mit den alten Hinrichtungsarten nicht stand. Genau dies hatte ja schließlich die Gesetzesinitiative des guten Dr. Guillotin beabsichtigt.

Von nun an wurde die Guillotine (diesen Namen erhielt sie schließlich in einem Spottlied, das auf den Straßen von Paris sehr populär war) immer öfter aufgebaut. Immer häufiger löste Sanson den verhängnisvollen kleinen Hebel, der das Fallbeil auslöste und es einen menschlichen Nacken durchschneiden ließ.

Das erste »Hochwild«, das der Guillotine zum Opfer fiel, war der König selbst. Ludwig XVI., Erbe einer tausendjährigen Dynastie, wurde vom Konvent des Verrats am Volk und an der Republik angeklagt. Seine Unentschlossenheit, seine Schwäche, sein Zögern hatten den König in diese für ihn hoffnungslose Situation gebracht.

Mit überwältigender Mehrheit sprechen die Abgeordneten ihn schuldig. Doch nun erhebt sich die Frage: Welche Strafe verdient ein König, der gegen das eigene Volk konspiriert hat? In einer vier Tage und Nächte währenden Abstimmung geben 721 Abgeordnete öffentlich ihr Votum ab. Jeder muß dabei seine Entscheidung auch öffentlich begründen. Am Ende der Abstimmungsschlacht haben 387 Abgeordnete für den Tod gestimmt; das ist eine Mehrheit von

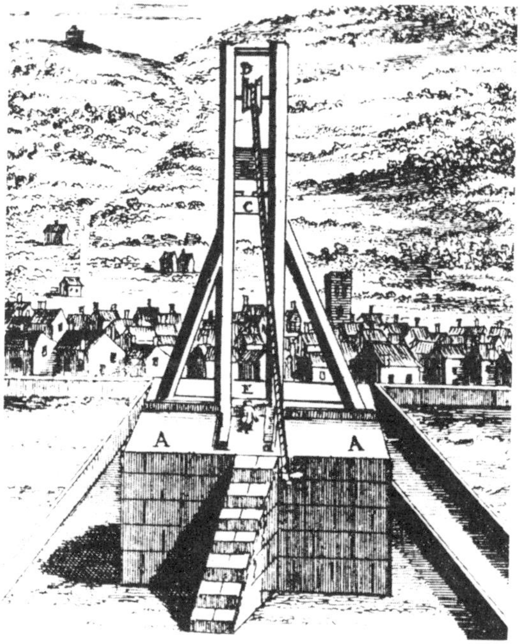

Das Fallbeil von Halifax

53 Stimmen. Von diesen haben jedoch 26 Abgeordnete ihre Stimme für den Tod mit der Forderung nach Gnade verbunden. Zieht man sie ab und schlägt sie der anderen Seite zu, so bleibt eine einzige Stimme Mehrheit für den Tod des Königs, den man jetzt nur noch den Bürger Louis Capet nennt. Wohl nie wieder wird der Parlamentarismus eine derartig dramatische, schicksalsträchtige Abstimmungsschlacht erleben.

Doch wie knapp auch das Ergebnis ausfiel: Der Tod des Königs steht fest, die Würfel sind gefallen, die Zeichen der Zeit verheißen Blut. Am 21. Januar 1793 wird Louis Capet, Nachfahre von sechzig Königen, morgens gegen 5 Uhr geweckt, weil das Schafott auf ihn wartet. Um 5 Uhr 30 nimmt er das Sakrament und verbringt noch etwa eine halbe Stunde im Gespräch mit dem Priester. Um 8 Uhr erscheinen einige Beamte, mit denen letzte Angelegenheiten geregelt werden. Um 9 Uhr verläßt der König sein Gefängnis, um nie wieder zurückzukehren. Von seiner Familie hat er sich am Vortag verabschiedet. Mit seinem Beichtvater besteigt er eine Kutsche und tritt seine letzte Fahrt an.

Die Straßen sind von Bewaffneten dicht gesäumt: das Volk von Paris, das sich hinter den Reihen des Militärs drängt, starrt schweigend

auf den düsteren Zug. Die Guillotine ist auf dem größten und schönsten Platz der Stadt, dem Place de la Révolution (heute Place de la Concorde) aufgebaut, und zwar auf einem etwa zwei Meter hohen Blutgerüst, von dem aus sie als düsteres Fanal weithin sichtbar ist.
Gegen 10 Uhr trifft der Zug ein und hält vor dem Schafott. Ludwig liest in der Kutsche die Sterbegebete. Dann steigt er aus. Die Trommeln schlagen ohrenbetäubend. Ludwig gebietet ihnen Schweigen, und verwirrt gehorchen die Trommler. Zögernd steigt Ludwig die Stufen zum Blutgerüst hinauf, noch immer von seinem Beichtvater begleitet. Oben angekommen, legt er den Rock ab. Man will ihm die Hände binden, er widersetzt sich empört. Der Priester muß ihn zur Geduld mahnen, daraufhin läßt sich Ludwig fesseln. Mit rotem Gesicht ruft er der Volksmenge zu, daß er unschuldig sterbe. Er will noch mehr sagen, doch der Leiter der Exekution läßt wieder Trommelwirbel schlagen, die des Königs Stimme übertönen. Ludwig wird von den Henkersknechten gepackt und auf das Brett gebunden. Der Priester beugt sich vor und ruft dem Verurteilten ins Ohr: »Sohn des heiligen Ludwig, fahre gen Himmel!« Dann saust das Beil herab, das Haupt eines Königs rollt in den Korb. Ein Henkersknecht hebt es heraus und zeigt es dem Volk, einige Besessene drängen heran, um ihre Finger in königliches Blut zu tauchen[4].

Nach dem Tod Ludwigs soll die Guillotine nicht wieder zur Ruhe kommen. Bereits am folgenden Tag wird ein Eisenhändler guillotiniert, anscheinend ein Wirtschaftsverbrecher. Drei Tage später rollen die Köpfe von Banknotenfälschern. So geht es mit kleineren Schüben und wenig bemerkenswerten Fällen weiter, bis Ende März 1793 das Revolutionstribunal gegründet wird. Von nun an hat die Guillotine kaum einen Tag mehr Pause. Seit dem 10. Mai ist ihr fester Standort auf dem Revolutionsplatz; sie macht ihn für mehr als ein Jahr zu einem Ort des Todes, auf dem die Blutlachen nicht mehr trocknen.

Am 17. Juli besteigt die schöne Charlotte Corday das Blutgerüst. Sie hat den Abgeordneten Marat erstochen, weil sie ihn für einen verbrecherischen Tyrannen hält. Ruhig und mit bewundernswerter Würde sieht sie dem Tod entgegen. Sie ist knapp fünfundzwanzig Jahre alt, als sie auf das Brett geschnallt wird. Ein Mann aus dem Pöbel läßt sich dazu hinreißen, den abgeschlagenen Kopf vor allem Volk zu ohrfeigen. Damit überzieht er jedoch das Maß an Haß, das vom Volk toleriert wird. Die Menge beginnt unwillig zu murren. Der Mann muß bestraft werden.

Mitte Oktober ist der Prozeß gegen die Königin, die Witwe Capet, wie sie jetzt heißt, abgeschlossen. Er endet mit dem Todesurteil. Am 16. Oktober 1793 geht für Marie Antoinette, die Tochter der Kaiserin Maria Theresia, zum letztenmal die Sonne auf. Gegen 10 Uhr beginnt die Fahrt zum Schafott. Man gewährt der Witwe Capet nicht mehr die Gunst einer geschlossenen Kalesche, die man noch ihrem Mann auf seinem letzten Weg gewährte. Auf dem üblichen Henkerskarren muß sie Platz nehmen wie eine ordinäre Verbrecherin. Sie erträgt es mit stoischer Gelassenheit. Die Fahrt geht durch eine vor Haß tobende Menschenmenge. Wenig fehlt, und die frühere Königin wäre noch tätlich angegriffen worden. Aber nichts kann ihrer Fassung Abbruch tun. Unterwegs hält sie Ausschau nach einer bestimmten Hausnummer; dort wartet ein unvereidigter, also kirchentreuer Priester. An einem verabredeten Zeichen erkennt sie ihn und beginnt zu beten; er erteilt ihr aus der Ferne die Absolution *in extremis*, wie sie die Kirche in äußersten Notlagen zuläßt. Mutig und gefaßt besteigt sie das Blutgerüst. Als sie auf das Brett geschnallt wird, ruft sie: »Lebt wohl, meine Kinder, ich gehe zu eurem Vater!« Gleich darauf saust das tödliche Beil herab. Sie ist 38 Jahre alt geworden, als man ihren Kopf dem Volke zeigt.

Marie Antoinette auf dem Karren, der sie zur Hinrichtung fährt.
Skizze von David, 16. Oktober 1793.

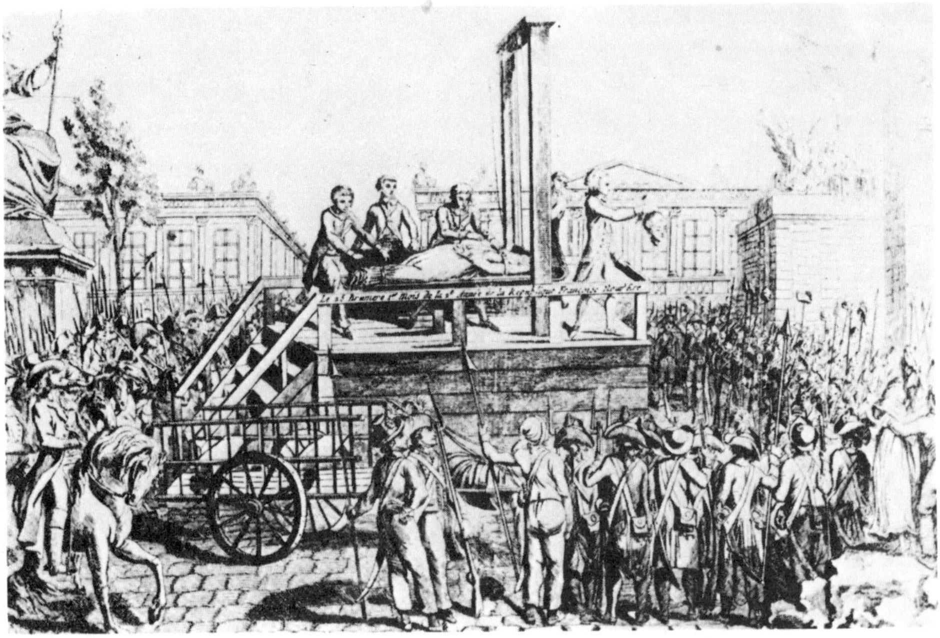

Die Hinrichtung Marie Antoinettes.
Zeitgenössisches Flugblatt.

Vierzehn Tage später folgen der einstigen Königin zwanzig Führer der Girondisten aufs Schafott. Sie sind Revolutionäre der ersten Stunde und treue Republikaner. Doch sie haben im Kampf um die Macht gegen die Jakobiner, die sogenannte Bergpartei, verloren. Die Revolution beginnt ihre Kinder zu fressen. Als die Girondisten vor dem Schafott Aufstellung nehmen, stimmen sie die Marseillaise an.
Die Metzelei dauert 43 Minuten, dann erst ist das Lied verstummt.
Am 5. November 1793 muß Philipp Egalité aufs Schafott. Er ist als früherer Herzog von Orléans ein naher Verwandter des Königshauses. Doch er hatte sich frühzeitig der Revolution und den Jakobinern angeschlossen. In der Nationalversammlung stimmte er, wohl zum Beweis seiner revolutionären Gesinnung, für den Tod des Königs. Doch das rettet ihn nicht davor, als ehemaliger Aristokrat ebenfalls guillotiniert zu werden.
Das Todesrad dreht sich immer schneller, immer hektischer. Die Gefängnisse sind überfüllt, die Guillotine kann nicht Schritt halten mit den Verhaftungen, die meist den Tod bedeuten. »Die Friedhöfe haben überfüllt zu sein, nicht die Gefängnisse«, dekretiert St-Just, der engste Mitarbeiter Robespierres.

Im Konvent nennt man die täglichen Guillotinierungen »die rote Messe«, und das Schafott ist »der Altar des Vaterlandes«.
Am 8. Dezember 1793 wird Madame Dubarry aufs Blutgerüst geschickt. Heute kennt man die Dame nur noch aus der Operette; sie war einst die Geliebte des Königs Ludwig XV. und führte ein liederliches Leben. Ihr Ende aber ist alles andere als operettenhaft. Die Dubarry ist unterdessen fünfzig Jahre alt geworden, eine beleibte Matrone. Im Gegensatz zu allen anderen Verurteilten wehrt sie sich verzweifelt gegen ihr Schicksal. Auf der Fahrt zum Schafott schreit sie ununterbrochen mit kreischender Stimme um Gnade. Beim Anblick der Guillotine fällt sie in Ohnmacht; als man sie aber aufs Gerüst tragen will, erwacht sie und verteidigt sich verzweifelt. Sie beißt und kratzt und schlägt um sich. Vier Männer brauchen mehrere Minuten, ehe sie die Frau festgeschnallt haben, deren Schreie immer noch weit über den Platz hallen. Bis zum letzten Augenblick bettelt sie um ein paar Sekunden Aufschub, ein paar Sekunden nur ... Als das Beil fällt, tauchen die Überlebenden aus einem Alptraum auf.
Am 24. März 1794 endet der radikale Revolutionsführer Hébert mit siebzehn Gefährten, bekannt geworden als die Cordeliers, unter dem Fallbeil. An den Zwischentagen vertilgt die Guillotine ganze Karrenladungen von Aristokraten oder einfachen Bürgern, die man für Feinde der neuen Ordnung hält. Unter dem Schafott ist eine Grube ausgehoben, in die das Blut der Hingerichteten ablaufen soll. Doch das Blut versickert nicht im Erdboden. Es gerinnt, geht schnell in Fäulnis über und verbreitet weithin Verwesungsgestank. Man muß die Grube vertiefen und mehrere zusätzliche anlegen. Trotzdem behält das Gerüst seine Anziehungskraft für streunende Hunde.
Am 5. April 1794 ist Danton an der Reihe. Mit vierzehn Gefährten besteigt er das Blutgerüst. Sein abgetrennter Kopf, vom Henker dem Volk gezeigt, löst nur noch schwachen Beifall aus. Man beginnt des Terrors müde zu werden. Haß und Begeisterung sind verflogen. Dumpfe Angst ist statt dessen aufgekommen. Die Todesmühle mahlt immer schneller. Zwanzig, dreißig, vierzig rollende Köpfe täglich sind jetzt schon die Norm. Am 17. Juni 1794 sind es 54 Hinrichtungen, an den anderen Tagen nicht viel weniger[5].
Am 28. Juli 1794 muß schließlich Robespierre, der Initiator des Terrors, selbst das Schafott besteigen. Die Furcht vor ihm einte seine sonst so zerstrittenen Gegner. Es gelingt ihnen, dem Diktator die Macht aus der Hand zu winden und ihn samt seinen Getreuen gefangenzunehmen. Wenige Stunden später fährt sie der Henkerskar-

ren zur Guillotine. Robespierre ist während der Gefangennahme durch einen Schuß am Kinn verletzt worden und trägt einen Verband um den Kopf. Als ihm der Henker diesen Verband abreißt, schreit Robespierre, genannt der Unbestechliche, vor Schmerz laut auf. Das ist das letzte, was die Welt von ihm hört. Die Menge aber tanzt um das Schafott und feiert jubelnd den Tod des Tyrannen.

Die große Revolution hat den Kulminationspunkt überschritten und neigt sich ihrem Ende zu. Sie hat ihre bedeutendsten Kinder gefressen. Jetzt läuft die Entwicklung wieder zurück ins restaurative Gleis. Das Volk sehnt sich nach bürgerlicher Ruhe und Ordnung. Ein gewisser Bonaparte, Revolutionsgeneral und Robespierrist, wartet bereits voll Ungeduld auf seine Stunde.

Die Guillotine jedenfalls verschwand nach Robespierres Sturz vom Revolutionsplatz. Die Karren voller Todgeweihter rollten nicht mehr täglich die Rue St-Honoré entlang zum Schafott; die Gefängnisse leerten sich, der ungezügelte Terror nahm ein Ende. Zwar wurde die Guillotine nicht völlig eingemottet. Ab und zu brauchte man sie noch, um mißliebige Köpfe rollen zu lassen. Doch ihre große Zeit war vorüber. Man begann, sich ihrer zu genieren. Das unverhohlene Prunken mit dem Hinrichtungsinstrument wurde mehr und mehr als peinliche Entgleisung empfunden. Die Zeiten der »roten Messen« waren vorüber.

Verweilen wir noch einen Augenblick beim Rückblick auf diese einzigartige, blutige Epoche, die einerseits von der Aufklärung geprägt war und die Göttin der Vernunft feierte, andererseits sich aber einem unvergleichlichem Blutrausch ergab und in einen Taumel des Tötens versank, der oft auf jeden Schein einer rationalen Begründung oder eines gerechten Urteils verzichtete. In Paris sind allein auf der heutigen Place de la Concorde während der Schreckenszeit ungefähr dreitausend Menschen guillotiniert worden. In ganz Frankreich schätzt man die Zahl der Opfer auf etwa vierzigtausend Menschen. In jedem der 83 Departements arbeitete eine Guillotine. In Bordeaux hatte man gar ein Gerät mit vier Beilen gebaut, das also die gleichzeitige Enthauptung von vier Menschen ermöglichte[6]. Ob es je angewandt wurde, läßt sich nicht mehr nachweisen. Doch spricht die Tatsache dieses blutdürstigen Erfindereifers für sich selbst.

Fragen wir uns endlich, wie dieser gewaltige Ausbruch von Aggression und Haß, von mörderischen Energien zu erklären ist; aus wel-

chen Quellen er sich speiste, welche massenpsychologischen Motivationen ihm zugrunde lagen.
Anders als beim Hexenwahn, dessen Triebkräfte wir in den Frustrationen eines bis zum äußersten reglementierten und disziplinierten Alltags erkannten, kann man im vorrevolutionären Frankreich eine solche Kneblung des Individuums nicht erkennen. Zwar wird oft die Verelendung der Volksmassen als Ursache der Revolution angeführt; doch kann diese, relativ gesehen, nicht so arg gewesen sein. So betrugen die Lehnsabgaben der Bauern lediglich zwei Prozent des Bodenertrags[7]. Man bedenke dagegen die heute in allen Ländern üblichen Steuerlasten. Auch die oft angesprochene Verschwendungssucht des Hofes, die zweifellos die Staatsfinanzen mit ruinieren half, muß relativ gesehen werden. Das für Prunk und Hofhaltung verschwendete Geld blieb schließlich im Lande und kam Unternehmern, Handwerkern, Künstlern zugute. Es wurde letztlich produktiv verwendet, produktiver jedenfalls als Geld, das für eine Militärmaschinerie ausgegeben wird.
Die Verelendung also kann nur mit großen Einschränkungen gesehen werden. Mir scheint sie als letzte Ursache für die Revolution auszuscheiden. Eine andere, sozialpsychologische Ursache scheint mir tiefere Wirkung gehabt zu haben und die vorliegenden Tatsachen besser zu erklären.
Erinnern wir uns noch einmal an das Tabu der Mächtigen, erinnern wir uns, daß dieses Tabu wie alle anderen Tabus von zwiespältigen Gefühlen genährt wird: Einerseits ist es Verehrung und Ehrfurcht, die man dem Mächtigen entgegenbringt, andererseits aber schwelt im Unbewußten tödlicher Haß auf ihn, den Mächtigen. Erinnern wir uns, daß viele Naturvölker ihren König oder Oberpriester erschlagen, wenn er alt und kraftlos geworden ist. Auch wenn er Unheil nicht abwenden kann, erschlägt man ihn: er hat sich damit als machtlos erwiesen; die Götter versagen ihm sichtbar ihre Hilfe. Er verfügt nicht mehr über *mana*. Erinnern wir uns auch noch an das von den frühen Königen erwartete Selbstopfer als höchste Form des Menschenopfers: Immer ist es letztlich der Haß auf den Mächtigen, der sich in diesen Verhaltensweisen Bahn bricht.
Nichts ist dem Mächtigen gefährlicher als Kraftlosigkeit oder mangelndes Glück. Der verdrängte Haß der Beherrschten läßt sich dann nicht länger hinter Dämmen halten. Er bricht in einer unkontrollierten Eruption aus und fegt den Mächtigen und seine Herrschaft hinweg.

Das *ancien régime* des französischen Absolutismus hatte sich in der vorrevolutionären Epoche als ein so charakterisiertes kraftloses System erwiesen. Ungestraft ließ es zu, daß die Aufklärer seine Wurzeln untergruben, sein Ansehen minderten, seine Autorität schwächten. Viele Angehörige der Aristokratie halfen selbst nach Kräften mit, das Königtum herabzusetzen. Es war modisch und schick, aufklärerischen Gedanken offen anzuhängen. Dagegen erschien es altmodisch und rückständig, die Monarchie und ihr System zu verteidigen.

Natürlich soll hier in keiner Weise der Absolutismus und sein System beschönigt werden. Ganz ohne Zweifel war die Aufklärung eine Großtat des humanistischen Denkens, und natürlich konnte sich jeder zu Recht als fortschrittlich empfinden, der aufklärerischen Ideen anhing. Was jedoch dann, während der Revolutionsjahre, an mörderischer Aggressivität freigesetzt wurde, das hatte mit Vernunft oder Aufklärung nicht die kleinste Verwandtschaft, ganz im Gegenteil: In den Schreckensjahren tobten sich Triebe aus, die aus dem kollektiven Unbewußten stammten und somit zur Vernunft in direktem Gegensatz standen – wie sich ja auch nur allzuoft erwies.

Der letzte König, Ludwig XVI., war in ganz besonderem Maß kraftlos und schwächlich gewesen. Unentschlossen schwankte er ständig zwischen Anerkennung der Revolution und ihrer Bekämpfung hin und her. Nie konnte er sich entscheiden, nie sich zu kraftvollen Entschlüssen aufraffen. Vom Volke Unheil abzuwehren, war er nicht in der Lage gewesen. Unübersehbar wurde die Zerrüttung des Staates. Ungestraft konnten sich die Volksvertreter dem König widersetzen; ungestraft auch durfte das Volk die Bastille, das Staatsgefängnis des Königs und Symbol seiner Macht, erstürmen. Die Götter hatten sich sichtbar vom König abgewandt. Der Machtverfall war unaufhaltsam geworden; eine neue Zeit und mit ihr eine neue Ordnungsmacht standen vor der Tür.

Fast ohne Gewalt war das alte Königtum zerbröckelt, der König schließlich ein ohnmächtiger Gefangener in der Hand seiner Feinde. Keine einzige rationale oder juristische Erwägung, ja nicht einmal ein Gebot der Staatsraison verlangten nach seinem Tod. Die Hinrichtung des Königs rief vielmehr die europäischen Länder auf den Plan und stürzte die junge Republik in gefährliche Kriege.

Was also einzig und allein den Tod des Königs (und der Aristokraten) forderte, das war der jetzt offen ausgebrochene Haß auf den glücklosen, gestürzten Mächtigen, der es nicht vermocht hatte, die

Macht zu bewahren und vom Volk Unheil abzuwenden. Dieser selbe Haß verlangte auch den Tod der gestürzten Revolutionäre: Sie waren vorübergehend mächtig, aber dann glücklos gewesen. Im Kampf um die Macht waren sie unterlegen. Die Schicksalsmächte hatten sich auch von ihnen abgewandt, ihr *mana* sie verlassen. Auch sie also traf der Haß, der eine Komponente im Tabu des Mächtigen darstellt. In den Tagen ihrer Macht mußte man sie ehren und fürchten; nach ihrem Sturz durfte man sie hassen. Nur so läßt sich erklären, daß König wie Revolutionäre auf ihrer letzten Fahrt von der gleichen Volksmenge beschimpft und verflucht wurden. Nur so auch läßt es sich erklären, daß die Revolutionen ihre Kinder fressen und das Volk ungerührt zuläßt, wie seine einstigen Helden liquidiert werden. Das Volk ist wankelmütig, heißt es; doch dieser Satz ist ungenau. Er müßte besser heißen: Des Volkes Gefühle sind immer zwiespältig; unter offener Verehrung und Liebe lauert immer noch verborgener Haß. Er läßt sich nur durch das *mana* des Mächtigen, also durch kraftvolle Entscheidungsfreude – und durch Glück – in Zaum halten.

Die Guillotine: trotz ihrer Diskreditierung während der Schreckensjahre blieb sie doch das gesetzliche Hinrichtungsgerät während aller Staatsformen, die Frankreich bis zum heutigen Tag erlebte. Erstaunlicherweise machte Napoleon recht selten von ihr Gebrauch. In dieser Hinsicht war er kein typischer Diktator. Jedesmal, wenn ihm ein Todesurteil vorgelegt wurde, quälte er sich mit Skrupeln und schob die Unterzeichnung so lange wie möglich hinaus. Doch »beglückten« seine Heere fast ganz Europa mit der Guillotine und sorgten für deren Verbreitung. Zumindest in Deutschland ist sie seit jenen Tagen in verschiedenen Ländern bis zur Abschaffung der Todesstrafe 1949 als offizielles Hinrichtungsinstrument üblich gewesen.
Die Hinrichtungen blieben in Frankreich zunächst öffentlich und lockten jeweils riesige Menschenmengen an. Als während der Pariser Weltausstellung von 1889 eine Guillotinierung stattfand, stellte sie eine weit interessantere Attraktion dar als der neuerbaute und gerade eingeweihte Eiffelturm.
Die letzte öffentliche Guillotinierung war die des Mörders Weidmann. Sie fand 1939 vor dem Gefängnis von Versailles statt und geriet, wie üblich, zum Volksfest und damit zu einem Skandal, den die Regierung nicht noch einmal riskieren wollte. Während der Nacht vor der Hinrichtung hatte sich eine gewaltige Menschenmenge ver-

sammelt. Man kletterte auf Bäume und Laternen und drängte sich in den Fenstern. Der Wein floß in Strömen; man vertrieb sich die Zeit mit Singen und Witzeerzählen; Spaßvögel sorgten für die rechte Stimmung und brachten die Menge zum Lachen, daß es der Verurteilte bis in seine Zelle hören konnte.

Als Folge dieses Spektakels wurden die Hinrichtungen endgültig auf die Höfe der jeweiligen Gefängnisse verlegt. Nur noch neun Amtspersonen, die als offizielle Zeugen gelten, dürfen ihnen seitdem beiwohnen. Die düstere Silhouette der Guillotine ist hinter Gefängnismauern verschwunden und wird hoffentlich nie wieder öffentliche Plätze verunzieren.

Eine jähe, zum Glück aber nur kurze Blütezeit erlebte die Guillotine noch einmal in Hitlers Reich. Während in der Weimarer Republik und vorher im Kaiserreich hauptsächlich mit dem Handbeil hingerichtet worden war – was relativ selten vorkam –, entsprach diese handwerkliche Tätigkeit nicht mehr den Anforderungen, die der Massenbetrieb in Hitlers Gefängnissen an die Henker stellte. Besonders seit Kriegsbeginn stieg die Zahl der Todesurteile steil an, und diesen Andrang konnte nur noch die Guillotine bewältigen. Allein in Berlin-Plötzensee sind etwa dreitausend Verurteilte durch das Fallbeil hingerichtet worden, darunter 250 Frauen[8]. In einer einzigen Septembernacht des Jahres 1943 starben hier 186 Menschen. Etwa die gleichen Zahlen muß man für Wien annehmen. In Brandenburg starben mindestens 2 500 Menschen. Offenbar waren alle größeren Zuchthäuser mit Fallbeilen ausgestattet.

In Wien gingen die Vorbereitungen und die Exekutionen wie folgt vonstatten: Der Verurteilte erfuhr am Vorabend, daß die Exekution für den nächsten Morgen festgesetzt sei. Er konnte sich dann noch den Beistand eines Pfarrers seiner Konfession erbitten. Das war die letzte Gnade, die man ihm gewährte. Kurz vor der Exekution werden dem Verurteilten, noch in seiner Zelle, die Hände auf den Rükken gefesselt und, falls nötig, die Haare geschnitten. Dann führt man ihn durch eine kleine schwarze Tür in einen kahlen Raum, in dem ihn der »Volksgerichtshof«, hinter einem Tisch stehend, erwartet.

Der Vorsitzende fragt den Verurteilten nach seinem Namen. Nachdem dieser ihn genannt hat, erklärt der Vorsitzende: »Sie wurden wegen Schwarzschlachtung (oder Wehrkraftzersetzung oder was auch immer) zum Tode verurteilt. Eine Begnadigung ist nicht erfolgt. Das Urteil wird jetzt vollstreckt.«

Hinrichtung in Frankreich, 1902

Während dieser Worte sind, vom Verurteilten meist unbemerkt, sechs schwarzgekleidete Männer hinter den Delinquenten getreten. Nach dem letzten Wort des Vorsitzenden legt sich eine Hand über die Augen des Opfers; zugleich packen kräftige Hände den Verurteilten. Ein schwarzer Vorhang, der den hinteren Teil des Raumes verbarg, wird zur Seite gezogen, eine offene Tür wird sichtbar, die in einen waschküchenähnlichen Raum führt. Dort steht die Guillotine. Der Verurteilte wird im Laufschritt in jenen Raum gezerrt und geschoben. Man stößt ihn auf das Brett, sein Kopf wird durch das zuklappende Halsbrett fixiert – und dann saust das schwere Beil herab. Sein dumpfer Aufschlag hallt weithin durch den Trakt der Todeskandidaten.

Nach der Beseitigung der Leiche wird das Fallbeil mit einem Gartenschlauch abgespritzt und vom Blut gesäubert. Dann ist es bereit für das nächste Opfer[9].

Man mag geneigt sein, die ungeheuerliche Brutalität dieses Vorganges und die Herabwürdigung der Opfer zu bloßem Schlachtvieh der nazistischen Ideologie zuzuschreiben. Doch darf man sich da keiner Täuschung hingeben. Eine Exekution ist immer, unter allen Regimen und bei jeder bekannten Hinrichtungsart ein Akt nicht zu verschleiernder Brutalität. Schließlich soll ein Menschenleben gewaltsam ausgelöscht werden. Und dieses Ziel ist nun einmal nicht ohne Brutalität zu erreichen.

Sehen wir uns zum Beweis dieses Satzes noch an, wie die Guillotinierung selbst in jüngster Zeit noch in Frankreich vollzogen wurde[10].

Der Todeskandidat erfährt in Frankreich nicht den Termin der Hinrichtung und auch nicht die Tatsache, daß sein Gnadengesuch vom Präsidenten der Republik bereits abgelehnt wurde. Jeden Abend, an dem er sich zum Schlafen legt, quält ihn daher der Gedanke, daß dies möglicherweise die letzte Nacht seines Lebens wird. Nur an Samstagabenden und vor Feiertagen kann er ruhig schlafen, weil an solchen Tagen und sonntags nicht exekutiert wird.

Der Henker, der den offiziellen Titel *maître des hautes-œuvres* trägt, baut mit seinen Gehilfen in der Nacht vor der für den frühen Morgen angesetzten Hinrichtung die Guillotine in einem Winkel des Gefängnishofes auf. Findet die Exekution in einem Provinzgefängnis statt, so benutzt der Henker eine kleinere, zusammenlegbare Version des Fallbeils. Skurrilerweise gehört dieses Hinrichtungsinstrument dem Henker und nicht etwa dem Staat. Im übrigen meiden sowohl der Henker wie auch die Justizbeamten den Ausdruck Guillotine. Deren offizielle Bezeichnung lautet *bois de justice* – Hölzer der Gerechtigkeit. Der Henker nennt sie meist kurz *la machine.*

Die einzelnen Teile des Fallbeils sind mit Gummi beschlagen, damit man sie nachts möglichst lautlos zusammensetzen kann. Die Zeiten der laut hallenden Hammerschläge, die dem Verurteilten den Aufbau des Schafotts ankündigten, sind vorbei.

Im Morgengrauen, meist gegen 4 Uhr 30 in der Frühe, schleichen sich einige Männer auf Strümpfen vor die Zelle des noch schlafenden Verurteilten. Sie haben ihre Schuhe ausgezogen, um den vor Furcht hellhörigen Todeskandidaten nicht zu früh zu wecken und in Panik zu stürzen. Erst vor seiner Zelle ziehen sie die Schuhe wieder an. Zu der Gruppe gehören der Gefängnisdirektor, zwei Richter, der Anwalt des Verurteilten, der Geistliche, der Arzt und zwei Wärter.

Die Tür der Zelle wird aufgerissen, die Wärter stürzen sich auf den

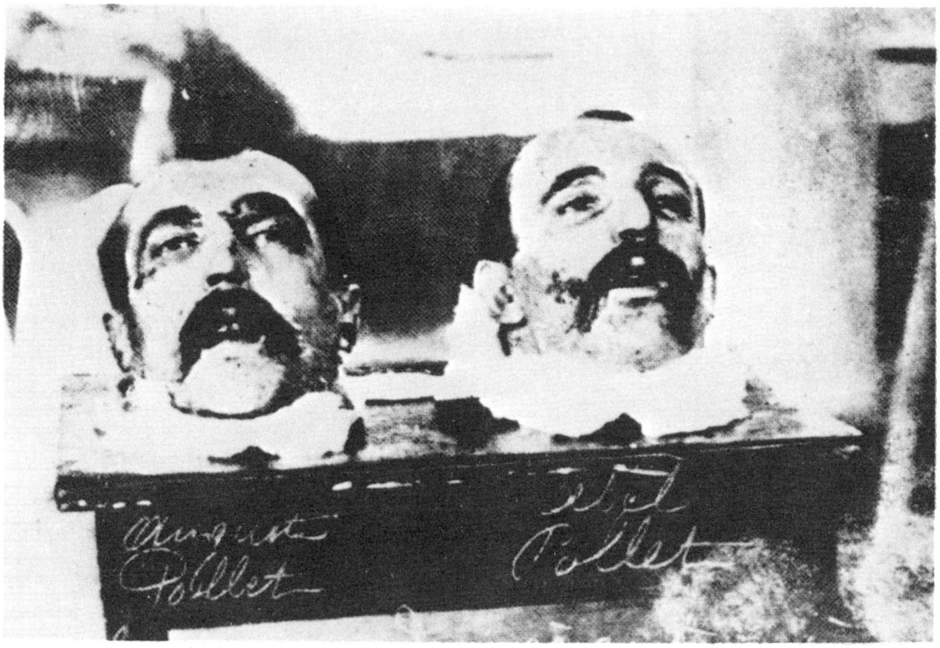

Die Köpfe zweier Guillotinierter, Anfang 20. Jh.

verwirrten Todeskandidaten, reißen ihn hoch und fesseln seine Hände auf dem Rücken. Der Gefängnisdirektor verkündet ihm: »Ihr Gnadengesuch ist abgelehnt worden. Seien Sie tapfer. Die Hinrichtung wird jetzt vollzogen.«

Dann schleppt man den Verurteilten auf den Hof, stößt ihn auf die *bascule,* die Schaukel. Die *lunette,* das Halsbrett, klappt zu, das Beil fällt . . . Der Gerechtigkeit ist – angeblich – Genüge getan.

Garantiert die Enthauptung durch die Guillotine wirklich jenes schnelle, humane Sterben, das der Dr. Guillotin im Sinne hatte? Von der Enthauptung mit dem Schwert her erinnern wir uns, daß verschiedentlich beobachtet wurde, wie sich die Gesichter der abgeschlagenen Köpfe noch einige Zeit lang bewegten. Die gleichen Beobachtungen wurden auch an Köpfen von Guillotinierten gemacht, wenn auch seltener, da ja die Köpfe meist im dafür vorgesehenen Korb verschwinden.

Im vorigen Jahrhundert hatten sich einige französische Ärzte die Erlaubnis eingeholt, an Köpfen frisch Guillotinierter gewisse Versuche vorzunehmen, die zu dieser Frage neue Erkenntnisse bringen sollten. Als daher im Jahr 1879 ein Frauenmörder guillotiniert wurde, nutzten zwei Ärzte die Gelegenheit und untersuchten den Kopf auf

Öffentliche Hinrichtung in Frankreich 1929:
Wenige Sekunden vor der Guillotinierung eines Raubmörders auf offenem Platz in Grenoble.

Reste von Leben. Der Kopf war jedoch erst fünf Minuten nach der Enthauptung in ihre Hände geraten; er zeigte keinerlei Spuren von Leben mehr, was sie auch mit ihm anstellen mochten[11].

Ein Jahr später führte ein Dr. de Lignières ein schockierendes Experiment durch: Drei Stunden nach der Enthauptung eines Mörders pumpte der Arzt das Blut eines lebenden Hundes in den abgetrennten Kopf. Dabei sollen sich gewisse Reflexe gezeigt haben. Das Gesicht rötete und straffte sich, Lippen und Augenlider zuckten für etwa zwei Sekunden lang[12] . . .

Natürlich kann es sich dabei nur um nervöse Reflexe gehandelt haben. Das Gehirn war auf jeden Fall nach einer dreistündigen Unterbrechung der Versorgung mit Sauerstoff längst tot und nicht mehr funktionsfähig. Immerhin haben diese Experimente den Dr. de Lignières zum überzeugten Gegner der Todesstrafe werden lassen.

Im Jahr 1905 kam es schließlich zu einem Test, der wirklich einige maßgebliche und höchst bemerkenswerte Ergebnisse brachte. Dem Arzt Dr. Beaurieux war die Gelegenheit gegeben worden, unmittelbar nach der Enthauptung eines Verurteilten desssen Kopf zu untersuchen. »Der Kopf fiel auf die durchschnittene Fläche des Nackens, und so brauchte ich ihn nicht in meine Hände zu nehmen, um ihn aufzurichten«, schrieb der Arzt in seinem Bericht. »Augenlider und Lippen des guillotinierten Mannes bewegten sich in unregelmäßigen, rhythmischen Zuckungen fünf oder sechs Sekunden lang ... Dann hörten die krampfhaften Zuckungen auf. Das Gesicht entspannte sich, die Lider schlossen sich halb über den Augäpfeln, so daß nur das Weiße der Netzhaut sichtbar blieb. Da rief ich mit lauter und scharfer Stimme: ›Languille!‹ (der Name des Guillotinierten). Ich sah, wie sich die Augenlider langsam hoben, ohne jede krampfartige Kontraktion – ich betone diese Tatsache absichtlich! –, sondern mit einer ruhigen, ganz deutlichen und normalen Bewegung, wie man es täglich erlebt, wenn Leute aus dem Schlaf oder aus ihren Gedanken gerissen werden. Anschließend fixierten Languilles Augen sehr bestimmt die meinen, und die Pupillen verengten sich. Ich hatte es mit keinem vagen, ausdruckslosen Blick zu tun, wie man ihn von Sterbenden kennt, mit denen man spricht. Mich blickten unzweifelhaft Augen an, die lebten.«

Der Doktor berichtet weiter, daß sich die Augen dann langsam schlossen. Noch einmal rief er laut den Namen des Enthaupteten. Wieder hoben sich die Lider, die Augen richteten sich mit sehr intensivem Blick auf den Arzt und schlossen sich dann wieder. Erst beim dritten Anruf folgte keine Reaktion mehr; als der Arzt dann die Lider hob, waren die Augen starr und glasig geworden. Seit der Enthauptung waren etwa dreißig Sekunden vergangen[13].

Die moderne Medizin ist sich nicht einig in der Frage, ob der vom Rumpf getrennte Kopf noch für einige Augenblicke lang Bewußtsein bewahren kann. Fest steht lediglich, daß ein Gehirn, das von der Sauerstoffzufuhr abgeschnitten ist, nach ein bis spätestens zwei Minuten abstirbt. Bis dahin allerdings besteht zumindest die Möglichkeit, daß sich der abgeschlagene Kopf noch seines grauenvollen Zustandes bewußt wird.

Man stelle sich vor: Als letzten klaren Gedanken vor dem Tod noch eine übermenschlich grauenhafte Erkenntnis zu haben und damit zu sterben – wer möchte das seinem schlimmsten Feind wünschen?

Die Absicht des Dr. Guillotin, dem Verurteilten, wenn er schon sterben soll, zu einem schnellen, qualfreien Tod zu verhelfen, ist wohl auch durch das Fallbeil noch nicht gewährleistet – falls sie sich überhaupt erfüllen läßt.

Zweites Kapitel

Der moderne Galgen

Das Hängen ist die einzige und letzte der uralten, archaischen Hinrichtungsformen, die bis in unsere Zeit überkommen ist und auch heute noch Anwendung findet.

Allerdings sind die allgemeinen Humanisierungstendenzen auch am Galgen nicht ganz spurlos vorübergegangen. So hat man bereits Ende des achtzehnten Jahrhunderts versucht, den langwierigen und qualvollen Erdrosselungstod durch eine schnellere und radikalere Methode zu ersetzen. Diese schien sich im sogenannten *long drop* anzubieten. Das Verfahren wurde in England erfunden und bestand darin, den Verurteilten, nachdem ihm die Schlinge um den Hals gelegt war, eine bestimmte Höhe abstürzen zu lassen. Der Fall bewirkt, daß dem Opfer das Genick gebrochen oder zumindest ausgerenkt wird. In beiden Fällen tritt augenblickliche Bewußtlosigkeit ein, der ein schneller Tod folgt. Das Hängen ist bei dieser Methode nicht mehr ein Erstickungstod, sondern ein Sterben durch Verletzung der Halswirbelsäule, mit Nebenerscheinungen, wie Hirntod durch Abschnürung der Blutzufuhr, oftmals auch Reißen der Halsschlagadern.

Zum erstenmal ist der *drop* im Jahr 1760 bei der Hinrichtung eines gewissen Earl Ferrers angewendet worden[1]. Allerdings war damals die Fallhöhe noch nicht beträchtlich; sie betrug nur gerade einen Fuß, also ungefähr dreißig Zentimeter. Man hatte den Verurteilten auf ein Brett gestellt, das von zwei Böcken getragen wurde. An diese Böcke waren Seile gebunden. Nachdem man nun dem Verurteilten die Schlinge um den Hals gelegt hatte, wurden auf ein Zeichen hin die Böcke fortgezogen, und der Verurteilte stürzte ab, soweit es die Seillänge zuließ. Allerdings war dieser Sturz längst nicht tief genug, um zu einer Ausrenkung oder gar zu einem Bruch der Halswirbelsäule zu führen. Er vermehrte wohl nur die Qualen des Verurteilten und schaffte ihm zusätzliche Schmerzen. Vielleicht führte er schneller zur Unterbindung der Blutversorgung des Gehirns und damit schneller zur Bewußtlosigkeit. Im übrigen blieb es aber beim dem alten, relativ langwierigen Erdrosselungstod, ganz wie vorher auch. Trotzdem wurde die Methode des mit Absturz verbundenen Hängens im Jahre 1783 in England zur offiziellen Hinrichtungsform erhoben.

Im gleichen Jahr verlegte man auch die öffentlichen Hinrichtungen von Tyburn nach Newgate, wo man nunmehr das Schafott auf einem Platz vor dem Gefängnistor aufbaute. Es waren besonders die Fahrt des Verurteilten zum Richtplatz und die damit verbundenen skandalösen Szenen gewesen, die den Behörden Anlaß zum Einschreiten gegeben hatten. Diese Szenen unverhohlener, ordinärer Volksbelustigung stimmten so gar nicht zum behaupteten Zweck der öffentlichen Hinrichtung, nämlich der Abschreckung. Zu offensichtlich war es, daß kein Mensch das traurige Beispiel des armen Sünders auf sich bezog oder bereit war, es läuternd wirken zu lassen. Trotzdem mochte man noch nicht ganz von der öffentlichen Hinrichtung lassen, und so fanden die Volksfeste aus Anlaß einer Exekution eben nicht mehr in Tyburn, sondern statt dessen vor den Gefängnistoren von Newgate statt.

Charles Dickens hat im Jahr 1849 einer solchen Jahrmarkt-Hinrichtung beigewohnt. Er war von den Szenen, deren Zeuge er wurde, so angewidert, daß er eine Reihe von empörten Briefen an die *Times* schrieb. Dadurch kam das Problem der öffentlichen Hinrichtungen wieder in die allgemeine Diskussion; doch erst 1868 wurden solche makabren Feste endgültig abgeschafft (in Österreich und in den meisten deutschen Staaten etwa zur gleichen Zeit).

Um die Mitte des vorigen Jahrhunderts setzte sich dann in England auch endgültig der *long drop* durch. Dabei stürzte der Verurteilte so tief, daß man erwarten konnte, ihm die Halswirbel ausgerenkt oder die Halswirbelsäule gar gebrochen zu haben.

Der tiefe Sturz ist jedoch für den Henker nicht ohne Probleme, da die Länge des Seiles sehr genau berechnet werden und dem Gewicht und Körperbau des Delinquenten entsprechen muß. Stürzt das Opfer zu tief, so kann leicht der Kopf abgerissen werden. Stürzt der Verurteilte jedoch nicht tief genug, so wird der Halswirbel nicht ausgerenkt. Der Verurteilte muß dann also doppelt leiden.

Der engliche Henker James Berry, der Ende des vorigen Jahrhunderts amtierte, stellte eine Tabelle zusammen, auf der sich, entsprechend dem Körpergewicht des Verurteilten, die jeweils nötige Länge des Seiles ablesen ließ.

Im allgemeinen stürzt der Delinquent etwa zwei Meter tief. Als Berry jedoch einmal zu der von ihm errechneten Seillänge auf amtliche Anweisung hin knapp fünfzig Zentimeter zugeben mußte, hatte das zur Folge, daß dem Opfer die Halsschlagadern platzten. Einem anderen Verurteilten wurde 1885 gar der Kopf abgerissen[2].

Alle englischen Henker seit Berry haben bei der Exekution den tiefen Sturz angewandt und verteidigten diese Methode als die humanste Art des Hängens, die angeblich einen schnellen und schmerzlosen Tod bringt. Auch in den zehn amerikanischen Bundesstaaten, in denen bis zur vorübergehenden Aussetzung der Todesstrafe im Jahr 1972 gehängt wurde, geschah dies nach der Methode des *long drop.* Von Medizinern hören wir jedoch, daß auch diese Hinrichtungsart durchaus nicht so schnell und sicher zum Tod führe, wie dies behauptet wird.

Ein ehemaliger britischer Kolonialarzt, der in seinem Amt verschiedentlich den Tod von gerichteten Rechtsbrechern festzustellen hatte, schreibt zu diesem Problem:

»Im allgemeinen hört man noch etwa zehn Minuten lang nach dem Sturz des Verurteilten sein Herz schlagen. So war es auch diesmal (nach der Hinrichtung von zwei Eingeborenen). Nach fünfzehn Minuten wurden die Körper abgeschnitten und in einem Vorraum aufgebahrt. Plötzlich hörte ich zu meinem Schrecken, wie einer der Verurteilten keuchte und krampfhaft nach Luft rang. Offensichtlich war er kurz davor, sein Bewußtsein wiederzuerlangen. Rasch wurden beide Körper noch einmal für eine weitere Viertelstunde an den Galgen gehangen. Der Henker war ein erfahrener Mann, und der Sturz durch die Falltür hatte ganz den Vorschriften und Regeln entsprochen. Nach meinen Erfahrungen, die sich auf zahlreiche Fälle von Leichenschau nach Hinrichtungen stützen, bleibt jedoch das Ausrenken des Genicks ein Ausnahmefall. In der Mehrzahl der Fälle tritt der Tod durch Erdrosselung und Ersticken ein[3].«

Der gleichen Meinung war übrigens auch der österreichische Scharfrichter Josef Lang, von dessen Methode des Hängens noch die Rede sein wird. Man kann wohl mit einiger Sicherheit sagen, daß dem Tod am Galgen noch immer ein relativ lang dauerndes, qualvolles Sterben vorangeht. Der Sturz durch die Falltür kürzt dieses Sterben offenbar nicht ab, sondern bringt dem Verurteilten nur zusätzliche Qualen.

»Ich wünschte, jeder Einwohner von Kalifornien könnte bei einer Hinrichtung dabei sein«, schrieb Clinton T. Duffy, langjähriger Direktor des kalifornischen Staatsgefängnisses St. Quentin, zum Tod durch Hängen. »Ich wünschte, alle könnten sehen, wie der Strick das Fleisch in Fetzen vom Gesicht des Verurteilten gerissen hat – den halb vom Rumpf getrennten Kopf, die durch den Druck herausgequollenen Augen mit den geplatzten Adern und die unförmige

Hinrichtung der Komplizen des Mörders von Abraham Lincoln,
unter ihnen eine Frau.
(Heimlich durch eine zerbrochene Fensterscheibe photographiert.)

Zunge. Ich wünschte, alle hätten die leblos baumelnden Beine gesehen, den Gestank der Exkremente und den widerlich-süßen Geruch des eingetrockneten Blutes gespürt[4].«

Der hier erwähnte Gestank ist darauf zurückzuführen, daß im Augenblick des Strangulierens die Schließmuskeln von Blase und Darm versagen und deren Inhalt austritt. Diese Erscheinung wurde sehr oft beobachtet. In England sollen weibliche Verurteilte vor der Exekution sogar gezwungen worden sein, wasserdichte Unterwäsche anzuziehen[5]. Jedenfalls zeugen auch diese krampfhaften Entleerungen nicht von einem leichten Sterben. Darüber hinaus will Josef Lang bei männlichen Exekutierten auch einen Samenerguß beobachtet haben – ein Phänomen, von dem zwar oft gerüchteweise berichtet wird, über das aber exakte Beobachtungen fehlen[6].

In England, wo die Todesstrafe für Mord im Oktober 1965 ausgesetzt wurde (auf schwere Seeräuberei, Hochverrat und Brandstiftung in den königlichen Werften steht sie nach wie vor), verlief die Exekution nach folgendem Ritual:

Der Henker und sein Gehilfe treffen am Nachmittag vor dem Exekutionstag im Gefängnis ein. Der Henker informiert sich über Gewicht und Größe des Verurteilten und beobachtet ihn heimlich, um dessen psychische Verfassung zu erkennen und danach sein mögliches Verhalten abzuschätzen[7].

Die Todeszelle befindet sich unmittelbar neben dem Hinrichtungsraum, was jedoch der Verurteilte nicht weiß. Der Delinquent wird unter einem Vorwand aus der Zelle geholt. Unterdessen probiert der Henker mit einem Sandsack das Seil und den Mechanismus der Falltür aus. Die Qualität des Seils hat eine große Bedeutung: es darf nicht zu dick sein, weil dann die Biegsamkeit zu wünschen übrigließe. Ist es zu dünn, so würde es ins Fleisch einschneiden. Seit 1890 liefert die Regierung das Seil, das jeweils nach der Exekution verbrannt wird. Vor diesem Datum mußte der Henker noch selbst das Seil besorgen. Als sparsamer Mann verwendete er es mehrfach. So soll Berry ein Seil besessen haben, mit dem er sechzehn Verurteilte gerichtet hatte[8].

Die Exekution findet im allgemeinen um acht Uhr morgens statt. Der Henker und einige Beamte versammeln sich vor der Tür des Verurteilten und betreten dann die Todeszelle. Man bietet dem Todeskandidaten noch einen Schluck Brandy an, dann werden ihm die Hände gebunden, und zwei Wärter führen ihn in den Nebenraum. Nach einem Verbesserungsvorschlag von James Berry befindet sich die Plattform des Schafotts zu ebener Erde. Darunter hat man eine tiefe Grube ausgehoben. Berry hatte es als ernste Störung der Exekution empfunden, daß viele Delinquenten nicht in der Lage waren, sich die (meist zehn oder dreizehn) Stufen zum Schafott hinaufzuschleppen und statt dessen getragen oder geschoben werden mußten.

Auf der Falltür des Schafotts ist eine Stelle mit Kreide markiert. Dorthin stellt man den Verurteilten. Der Henker streift ihm eine weiße (in den USA eine schwarze) Haube über Kopf und Gesicht, während ein Gehilfe ihm die Beine fesselt. Dann legt der Henker die Schlinge um den Hals des Todeskandidaten und zieht sie fest. Der Knoten soll möglichst unter dem linken Ohr liegen – angeblich die beste Position, um einen schnellen Tod zu gewährleisten (überzeugende Beweise dafür fehlen)[9].

Die Beamten treten zurück, der Henker öffnet durch einen Hebelgriff die Falltür, und der Verurteilte stürzt in die Grube, in Schmerz und Qual und Sterben.

Nachdem der anwesende Gefängnisarzt den Tod festgestellt hat, läßt man den Leichnam noch eine Stunde am Galgen hängen. Dann,

Unter dem Galgen, 1910

gegen Mittag, wird er auf dem Gefängnishof verscharrt. In den Höfen mancher englischer Anstalten sollen die Leichen der Hingerichteten schon zu dritt übereinanderliegen[10].

In den USA ähnelt das Ritual des Hängens etwa dem englischen. Der Todeskandidat wurde ein oder zwei Tage vor der Exekution in die Todeszelle verlegt, wo man ihm, soweit dies möglich war, allerlei Erleichterungen und Abwechslungen bot. Ein Priester seiner Konfession stand ständig für ihn zur Verfügung; seine Wünsche hinsichtlich Essen und Trinken wurden ihm, wenn sie nicht ganz ausgefallen waren, erfüllt; auch rauchen durfte er, soviel er wollte. Nur Alkohol wurde ihm versagt. Doch die beiden Wachen, die ständig neben seiner Zelle saßen, waren angewiesen, ihn zu unterhalten, mit ihm Karten zu spielen und ihn zu zerstreuen, soweit das die Verhältnisse zuließen. Er wurde also mit einer gewissen Ehrfurcht behandelt und mit einem Respekt, in dem wir – als Relikt sozusagen – eine ähnliche seelische Grundhaltung wie in der Verehrung erblicken, die einst den auserwählten menschlichen Opfern entgegengebracht wurde.

In einem einzigen Punkt unterschieden sich die amerikanischen Exekutionen – sei es durch Strang, Gas oder elektrischen Strom – von den Hinrichtungen anderer Länder: in der bis zur letzten Sekunde noch bleibenden Möglichkeit einer Begnadigung oder eines Hinrichtungsaufschubs. Man kennt aus Filmen und Reportagen die marternde Spannung, mit der alle Beteiligten auf das Schrillen des Telefons warten. Ex-Zuchthausdirektor Duffy berichtet, daß er bis zum letzten Augenblick eine Standleitung zum Büro des Gouverneurs offenhalten ließ. Einmal sei der rettende Anruf ein paar Minuten zu spät gekommen; der Delinquent war bereits tot. Daraufhin habe der Sekretär des Gouverneurs ihn beschworen, diesen Anruf zu vergessen. Er habe nie stattgefunden und würde von ihm, dem Sekretär, stets abgestritten werden[11].

Oft genug jedoch wird noch in letzter Minute ein Hinrichtungsaufschub erreicht, und der Delinquent, der bereits alle marternden Vorbereitungen erdulden mußte, darf in seine Zelle zurückkehren – um womöglich nach einigen Wochen oder Monaten dieselbe Prozedur wieder durchmachen zu müssen. So kommt es nicht selten vor, daß manche Verurteilte mehrere Jahre im Block der Todeskandidaten verbringen[12]. Den Rekord hält bis jetzt der durch seinen Kampf ums Überleben bekannt gewordene Caryl Chessman, dem es gelang, seine Hinrichtung um zwölf Jahre hinauszuschieben. Dabei mußte er acht Exekutionstermine und deren Präliminarien durchstehen. Erst der neunte Termin wurde sein letzter.

Man kann wohl lange darüber streiten, ob man ein solches Verfahren human findet – ein Verfahren, bei dem ein Mensch jahrelang in der Todeszelle leben und während dieser Zeit ständig zwischen Verzweiflung und Hoffnung schwanken muß. Ein derart zynisches Spiel mit der Todesangst scheint schon Strafe mehr als genug.

Eine der grauenvollsten Hinrichtungen, die der englische Scharfrichter John Ellis erlebte und an der dieser erfahrene Henker zerbrach, war die der Edith Thompson – einer hübschen Frau von 24 Jahren, die Ende 1932 wegen Mitschuld an der Ermordung ihres Mannes durch ihren Liebhaber zum Tod verurteilt worden war. Bis zuletzt beteuerte sie, vom Mordplan ihres Geliebten nichts gewußt zu haben; bis zuletzt wehrte sie sich verzweifelt gegen die Exekution. Als man sie zum Galgen holen wollte, tobte und raste sie und schrie

Garrottierung auf den Philippinen, um 1925

wie ein wildes Tier. Sie warf sich auf die Erde, flehte um Gnade, heulte schrill und verbiß sich in die Beine des Henkers. Man mußte sie in den Hinrichtungsraum schleifen, doch plötzlich verlor sie das Bewußtsein. Da hoben die Wärter sie auf das Schafott, und der Henker legte ihr rasch die Schlinge um den Hals. Gehenkt wurde eine Bewußtlose, die bis zuletzt ihre Unschuld beteuert hatte und von deren Schuldlosigkeit zahlreiche Menschen überzeugt waren.
Der Henker John Ellis litt von diesem Zeitpunkt an unter Wahnvorstellungen. Er glaubte sich von den Geistern derer, die er gerichtet hatte, verfolgt. Ganz besonders fürchtete er den Geist der Edith Thompson, die auch er für unschuldig gehalten hatte. In seinen Angstvorstellungen schien es ihm, als ob die Geister ihm den Hals zudrückten. Immer unerträglicher wurde ihm das Leben, und eines Tages beging er Selbstmord, indem er sich mit einem Rasiermesser die Kehle durchschnitt. Es stellte sich heraus, daß er an einem Kehlkopftumor gelitten hatte[13].

Hinrichtung eines als Kriegsverbrecher verurteilten Deutschen 1947 in Landsberg/Lech.

Der Fall der Edith Thompson ist einer unter vielen Belegen für die Erkenntnis, daß es vor allem Frauen sind, die sich bis zum letzten Augenblick gegen die Exekution wehren.
Von Frauen wird ein solches Verhalten relativ oft berichtet, wenn man bedenkt, daß der Anteil der weiblichen Exekutierten (die Hexenprozesse ausgenommen) nur ein bis zwei Prozent betrug. Das Phänomen ist bemerkenswert. Offensichtlich sind Frauen weit weniger dazu bereit, in dem Rollenspiel einer Exekution die ihnen zugedachte Rolle des Opfers zu übernehmen. Männer finden vielleicht ihren Halt darin, das anscheinend Unabänderliche mit Würde und Haltung zu ertragen. Derartige »ideologische« Argumente sind aber von Frauen sehr viel weniger verinnerlicht als von Männern – was kein Wunder ist, da es sich ja um Ideale »männlicher Tugend« handelt. Frauen haben sich sehr viel öfter den unverstellten Blick für den grauenhaften Un-Sinn einer Exekution bewahrt, und hier liegt die Quelle für ihren Widerstand bis zur letzten Sekunde. Es ist zu fürchten, daß gerade diese Frauen einen besonders schweren Tod zu sterben haben, weil ihnen auch noch die letzte Krücke fehlt, die eine Spur Trost geben könnte: einen Pseudo-Sinn in ihrem Tod zu sehen.

Im Gegensatz zum angloamerikanischen Verfahren des *long drop* stand die österreichische Methode des Hängens, wie sie bis zum Ende der k. u. k. Monarchie geübt wurde. Der bereits erwähnte Josef Lang, letzter k. u. k. Scharfrichter, rühmte sich, diese Methode eingeführt, ja erfunden zu haben. Er war ein entschiedener Gegner des angloamerikanischen Verfahrens und nannte den Sturz durch die Falltür eine beispiellose Grausamkeit[14]. Seine eigene Methode ging auf die alte Form des Strangulierens zurück. Lang brauchte dafür keine großen Aufbauten, keine Vorrichtungen, keine Tabellen. Er rammte am Tag vor der Exekution einen rechteckigen Pfosten in die Erde des Gefängnishofes; das war sein Galgen. Am oberen Ende trug der Pfosten einen eisernen Haken, in den man den Strick einhängen konnte. Zur Stunde der Exekution fesselte Lang dem Delinquenten die Hände mit einer dünnen, schwarzen Seidenschnur; dann führte man den Todeskandidaten hinaus auf den Galgenhof. An dem erwähnten Pfosten (wir erkennen hier wieder einmal den Unglücksbaum, – den *infelix arbor*) lehnte ein kleines Treppchen, auf dem der Henker stand. Dessen beide Gehilfen packten den Todeskandidaten an beiden Armen und hoben ihn hoch. Der Henker legte ihm schnell die Schlinge um den Hals und zog sie zu. Auf sein

Zeichen hin packten die Gehilfen die Beine des Verurteilten und rissen ihn mit einem kräftigen Ruck nach unten. Dadurch zog sich die Schlinge sehr fest zu. Die Blutzufuhr zum Gehirn wurde schlagartig unterbrochen, ebenso die Atmung. Nach Langs Angaben trat der Tod meist nach knapp einer Minute ein, und zwar entweder durch Gehirnlähmung oder Herzschlag. Selten soll der Todeskampf länger als eine Minute gedauert haben.

Eine Stellungnahme von medizinischer Seite steht aus. Wenn man allerdings die gerühmte Langsche Methode genau betrachtet, entpuppt sie sich als das alte Verfahren, das in England vor der Einführung des *long drop* üblich war. Auch damals schon durften die Freunde und Verwandten des Gehenkten »aus Gnade« an seinen Beinen ziehen oder ihm Schläge auf das Herz versetzen, um sein Sterben zu beschleunigen. Aber es nutzten eben auch diese Maßnahmen nicht immer. Sie konnten nicht verhindern, daß bisweilen Gehenkte wieder zum Leben erwachten, selbst wenn sie lange am Strick gehangen hatten. Eine gewisse Skepsis gegenüber den Angaben des Josef Lang ist sicher angebracht. Aber selbst wenn sie stimmen sollten, so bleibt doch immer rund eine Minute, die vom Gehenkten bei Bewußtsein, das heißt in grauenvoller Todesangst, durchlebt werden muß. Und eine Minute unter solchen Umständen kann zu einer Ewigkeit werden.

Josef Lang dagegen verstieg sich zu der grotesken Behauptung, daß die Strangulierung dem Todeskandidaten keinerlei Schmerzen bereite, sondern vielmehr wollüstige und angenehme Gefühle auslöse[15]. Um diese Behauptung selbst auf ihren Wahrheitsgehalt zu testen, unternahm Lang einen wohl einmaligen Versuch: Er ließ sich von seinen Gehilfen eine Schlinge um den Hals legen, die für eine Exekution bestimmt war, und probte damit eine Strangulierung – allerdings nicht bis zum bitteren Ende. Anschließend berichtete er, daß er zwar in Atemnot geraten sei; diese hätte aber schnell nachgelassen, und danach vernahm er Orgelklänge und Gesang . . [16]

Mit dem Ende der Monarchie arbeitslos geworden – die österreichische Republik hatte die Todesstrafe abgeschafft –, verfiel Lang wie viele alternde Henker dem Trübsinn und beging schließlich, in den dreißiger Jahren, Selbstmord.

Die österreichische Methode des Hängens, also das Strangulierverfahren des Josef Lang, sollte noch einmal vorübergehend Bedeutung erlangen und in das Schlaglicht der Geschichte gerückt werden: bei der Hinrichtung der Verschwörer vom 20. Juli 1944. Jene 89 Kämpfer

Als israelischer Spion 1965 in Syrien gehängt.

Hinrichtung in Pakistan, 1978. Phot. stern-Archiv

gegen Hitler, die nach dem gescheiterten Putschversuch in Berlin-Plötzensee hingerichtet wurden, hat man auf ausdrückliche Anweisung Hitlers nach dieser Methode gehenkt. Dahinter stand natürlich die Absicht, durch den noch immer als schändlich empfundenen Galgentod diesen Männern ein ehrenhaftes Motiv ihrer Tat abzusprechen, sie als Gesindel zu diffamieren.
Die Alliierten vergalten später die Verbrechen der Nazi-Clique durch Todesurteile, die ebenfalls am Galgen vollstreckt wurden. Dabei kam jedoch das angloamerikanische Verfahren zur Anwendung, also der Sturz durch die Falltür. Der englische Henker Albert Pierrepoint hat 1948 an einem einzigen Tag in Hameln 27 Kriegsverbrecher gehenkt. Die elf Hauptkriegsverbrecher, die am 16. Oktober 1946 in Nürnberg gerichtet wurden, hat der Henker der amerikanischen Armee, Hazel Woods, exekutiert.

Zur Zeit, da dieses Buch entsteht, sind Strick und Galgen noch im Vorderen Orient, in manchen Ländern Asiens und in Südafrika in Gebrauch. In Pakistan starb am 3. April 1979 der frühere Politiker und Premierminister Bhutto am Galgen. Welches Verfahren dabei gewählt wurde, ist nicht bekannt.

Drittes Kapitel

Elektrischer Stuhl, Gaskammer, Erschießen

Daß auch Guillotine und moderner Galgen noch nicht jenen blitzschnellen, schmerzlosen Tod des Verurteilten garantieren, den das schlechte Gewissen der Gesetzgeber forderte, ließ sich auf die Dauer nicht verheimlichen. Die Suche nach der »optimalen« Hinrichtungsmethode ging weiter. Zwar wurde noch immer von der Gesellschaft und deren Repräsentanten der Tod des Kapitalverbrechers gefordert, doch sollte das Sterben möglichst diskret vor sich gehen und frei bleiben von allen häßlichen, aufrüttelnden Begleiterscheinungen. Die Einstellung zur Todesstrafe war zu labil. Sie hätte durch störende Einflüsse zu leicht erschüttert werden können.

Im fortschrittsgläubigen, technikbesessenen Amerika mußte bei dieser Suche nach dem schnellen Tod der Geist der Erfinder fast automatisch auf die Elektrizität stoßen, von der schon frühzeitig bekannt war, daß sie bei genügender Stärke tödlich wirken kann. Die Konstruktion eines Tötungsgeräts, das mit elektrischem Strom arbeitet, lag also nahe. Und in der Tat ist der erste elektrische Stuhl schon im vorigen Jahrhundert in den USA etabliert worden.

Seine Einführung wurde angeblich durch ein mißlungenes Hängen beschleunigt, dem zufällig einige Abgeordnete als Zeugen beiwohnten[1].

Seine Premiere erlebte der elektrische Stuhl in Auburn im Staate New York. Dort hat man im August 1890 zum erstenmal einen Menschen durch einen Stromschlag hingerichtet: William Kemmler, wegen Mordes zum Tode verurteilt[2].

Die neuartige Exekutionsmethode scheint die Verantwortlichen zufriedengestellt zu haben, denn der elektrische Stuhl wurde beibehalten und im Staate New York in den Rang des offiziellen Hinrichtungsgeräts erhoben. Im Lauf der folgenden Jahre schlossen sich zwanzig weitere Bundesstaaten der USA an. Außerhalb der USA hat jedoch kein anderer Staat den elektrischen Stuhl eingeführt.

Das Verfahren scheint einfach und führt angeblich wieder einmal zu einem sehr schnellen und schmerzlosen Tod. Der elektrische Stuhl, in Ganovenkreisen auch »der Grill« genannt, steht fest montiert in dem ziemlich großen, fensterlosen Hinrichtungsraum. An den Wänden sind einige Bänke für die Zeugen und für das Personal aufgereiht. Das Hinrichtungsgerät besteht aus einem massiven hölzernen

Sessel mit Armstützen und hoher Rückenlehne. Der Verurteilte muß darauf Platz nehmen. Dann werden seine Arme und Beine sowie der Leib mit acht festen Ledergurten an den Sessel geschnallt. Ein Hosenbein des Todeskandidaten ist vorher bereits aufgeschlitzt worden, außerdem hat man ihm eine Stelle auf dem Hinterhaupt kahlgeschoren. Der Henker bindet ihm eine Art Maske vor das Gesicht – eine Maßnahme, die keinen rationalen Sinn hat und nur die Todesangst des Verurteilten verstärkt, da er nun nicht mehr sieht, was mit ihm geschieht, und sich auf das schreckliche Kommende konzentrieren muß. Die Maske kann daher nur den Zweck haben, die grauenerregenden Entstellungen, die der Stromschlag beim Verurteilten bewirkt, vor den Blicken der Exekutoren und der Zeugen zu verbergen.

Die Anzahl der offiziellen Zeugen muß übrigens meist zwölf betragen, ist aber nach oben nicht begrenzt und hängt vom Gutdünken des Gefängnisdirektors ab.

Dem Todeskandidaten wird nun an das nackte Bein eine Elektrode in Form einer Kupferplatte gebunden. Die andere Elektrode besteht aus einer kleinen kupfernen Kappe, die man ihm auf den geschorenen Teil des Kopfes setzt. Beide Elektroden sind über Kabel mit dem Stromgeber verbunden. Der Henker tritt an die Schalttafel, legt auf ein Nicken des anwesenden Direktors den Hebel um und schaltet damit den Strom ein. Der erste Stromstoß hat eine Spannung von zweitausend Volt.

»Der Verurteilte wirft sich beim ersten Schlag mit furchtbarer Wucht gegen die Riemen«, schreibt Dr. Squire, der im Zuchthaus Sing Sing als Anstaltsarzt arbeitete und vielen Hinrichtungen beiwohnen mußte[3]. »Was man vom Gesicht sehen kann, vom Mund bis zur Kehle, wird weinrot. Manchmal erhebt sich eine kleine Rauchfahne vom Scheitel des Kopfes, mit ihr verbreitet sich der Geruch nach Verbranntem.«

Nach dem ersten Stromstoß, der etwa fünfzig Sekunden anhält, wird die Spannung auf fünfhundert Volt zurückgenommen, dann aber noch zweimal wieder auf zweitausend Volt erhöht. (Zum Vergleich: die normale Spannung im Haushalt beträgt bekanntlich 220 Volt.) Die ganze Prozedur dauert etwa drei Minuten. Dann schaltet der Henker den Strom ab, und der anwesende Arzt kann im allgemeinen den Tod des Verurteilten feststellen. Er wird losgeschnallt und in einen anschließenden Raum gebracht, wo meist sofort eine Autopsie vorgenommen wird.

Der erste elektrische Stuhl, im Gefängnis von Sing-Sing

Die Verteidiger des elektrischen Stuhls behaupten, daß bei der Hinrichtung durch Strom – im offiziellen Sprachgebrauch Elektrokution genannt – eine Temperatur erreicht werde, die Kupfer zum Schmelzen bringe und im Gehirn zumindest den Siedepunkt erreiche. Da der Strom eine Geschwindigkeit erziele, die siebzigmal schneller ist, als das Gehirn Empfindungen registrieren könne, sei die Schmerzlosigkeit dieser Hinrichtungsart sicher[4]. Diese Argumente mögen generell richtig sein. Sie lassen aber zwei Fehlerquellen unberücksichtigt. Zunächst einmal kann das Gerät, also der elektrische Stuhl, wie jede technische Apparatur gewissen Störungen erliegen. Zwar probiert der Henker das Gerät vor der Hinrichtung aus (und benutzt dazu ein riesiges Stück Rindfleisch); doch im Jahr 1893 beispielsweise mußte ein Delinquent länger als eine Stunde auf seine Hinrichtung warten, weil der »Stuhl« nicht funktionieren wollte. Der Verurteilte erlitt während dieser entsetzlichen Wartezeit immer wieder Schwächeanfälle und mußte mit Medikamenten für seine Hinrichtung gestärkt werden[5].

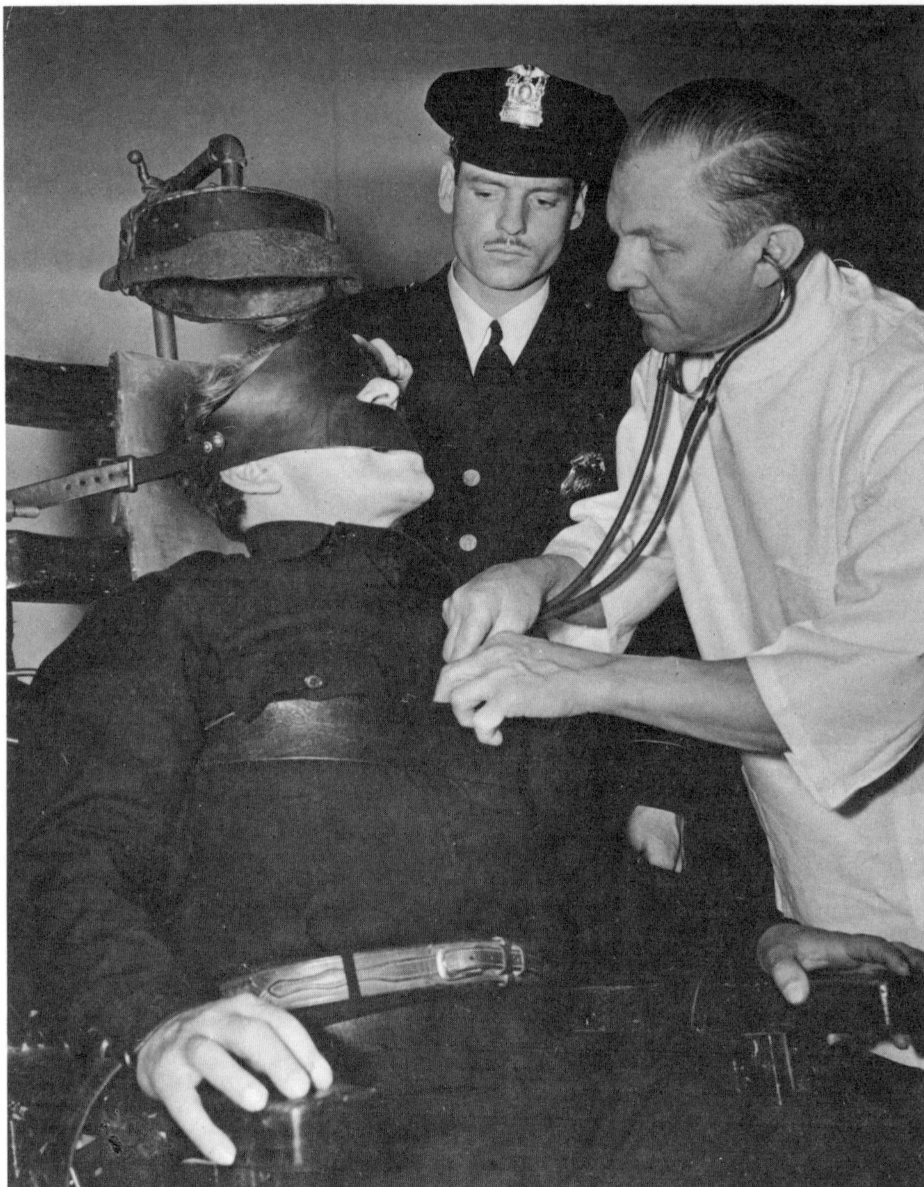

Nach dem Stromstoß auf dem elektrischen Stuhl, USA 1939.

Eine bedeutendere Fehlerquelle noch als die Störanfälligkeit des elektrischen Stuhls liegt aber in der Verschiedenartigkeit der menschlichen Konstitutionen begründet. Als erwiesen kann gelten, daß Menschen verschieden auf die Wirkung des elektrischen Stroms reagieren. Bisweilen werden ganz erstaunliche Spannungen ertragen, und so ist es denn auch vorgekommen, daß der Verurteilte nach der oben beschriebenen Prozedur noch nicht tot war.

»Freds Herz, größer als das irgendeiner bisher hingerichteten Person, schlug noch«, berichtet der frühere Henker des Staates New York, Elliott[6]. Man hatte den Verurteilten nach der Elektrokution in den Autopsieraum getragen, wo er noch deutliche Lebenszeichen von sich gab. »Man konnte nur eines tun: ihn wieder in den Stuhl setzen und den Strom durch seinen Körper jagen, bis er tot war.« In der Presse hieß es danach, die Exekution sei glatt und würdig verlaufen.

Anscheinend hatten die New Yorker Gesetzgeber derartige Pannen im Sinn, als sie durch Gesetz bestimmten, daß jede Hinrichtung durch eine Autopsie abzuschließen sei, »um jede Möglichkeit auszuschließen, daß der Verurteilte ins Leben zurückkehrt[7]«. Nach der Meinung eines erfahrenen Pathologen findet ohnehin die eigentliche Hinrichtung erst im Autopsieraum statt[8].

Jedenfalls sind trotz der Zurückhaltung der Behörden einige Fälle bekannt geworden, bei denen die Exekution durchaus nicht so reibungslos vonstatten ging, wie sie vorgesehen war. Daran können aber nicht nur die besondere körperliche Konstitution des Verurteilten Schuld tragen, sondern sogar Faktoren wie Temperatur und Luftfeuchtigkeit. Starkes Transpirieren des Todeskandidaten, das in dieser Situation fast normal zu nennen ist, kann dazu führen, daß der elektrische Strom nicht den Körper durchdringt, sondern auf dessen Oberfläche entlangläuft.

Bei einem gewissen Henry White, der in Ohio auf dem »Stuhl« hingerichtet werden sollte, schlug das Herz nach dem ersten Stromstoß noch regelmäßig. Als man daraufhin die Stromspannung verdreifachte, schlugen helle Flammen aus dem zuckenden Körper des Verurteilten, und der Gestank von verbranntem Fleisch erfüllte den Hinrichtungsraum. Der Tod war am Ende nicht durch Stromschlag, sondern durch Verbrennung eingetreten[9].

Zu einer grauenhaften Horrorszene wurde die Hinrichtung einer gewissen Mary Farmer, die wegen gemeinschaftlichen Mordes im April 1929 in Auburn auf dem elektrischen Stuhl Platz nehmen mußte. Sie war eine große, kräftige Frau und besaß offenbar eine sehr widerstandsfähige Natur. Nachdem ihr Körper eine Minute lang von den Stromstößen geschüttelt worden war, nahm der Scharfrichter den Hebel langsam zurück. Plötzlich drang unter der Maske der Verurteilten ein entsetzlicher Schrei hervor. Erschrocken legte der Scharfrichter den Hebel wieder um und jagte fünf Minuten lang Stromstöße von zweitausend Volt durch den Körper der Frau. Doch Mary Farmer lebte danach immer noch. Viermal noch mußte der Henker diese Prozedur wiederholen. Erst nach etwa einer Stunde konnte man sicher sein, daß die Verurteilte tot war[10]. Eine Hinrichtungsszene, die es an grauenhafter Quälerei sicher mit mancher mittelalterlichen Exekution aufnehmen konnte.

Auch von dem vorerst letzten Opfer des elektrischen Stuhls, dem am 24. Mai 1979 in Florida hingerichteten John Spenkelinks, wird berichtet, daß sein Sterben minutenlang gedauert habe. »Das Versengen des Fleisches beim ersten Voltstoß, die schwarz werdende Haut«, so schrieb die Washington Post, »dieses Schauspiel dient nicht der Abschreckung des Verbrechens, sondern unterhöhlt unsere besseren Werte[11].«

Also auch mit dem elektrischen Stuhl schien noch immer keine optimale Lösung erreicht. Nachdem im Ersten Weltkrieg bereits Giftgas im großen Ausmaß als Kampf- und Tötungsmittel zur Anwendung gekommen war, lag der Gedanke nahe, solche Substanzen auch dem Henker zur Erfüllung seiner Aufgaben in die Hand zu geben. Vielleicht bot sich hier endlich ein Mittel, das den schnellen und schmerzfreien Tod des Verurteilten garantierte und damit die Kritik der Todesstrafen-Gegner zumindest in diesem Punkt zum Schweigen bringen konnte.

Bereits im Jahr 1924, also lange vor Hitlers KZ-Gaskammern, wurde im US-Staat Nevada die erste »zivile« Gaskammer eingerichtet und eingeweiht. Dem Staat Nevada folgten dann noch sieben weitere US-Staaten, so daß bis 1972 in insgesamt acht Bundesstaaten mit Hilfe von Giftgas exekutiert wurde[12]. Die dabei verwendeten Chemikalien waren schweflige Säure und Natriumzyanid. Sobald die beiden Substanzen zusammengebracht werden, entwickelt sich Blausäure (HCN), die in Form von Gaswolken aus der Säure aufsteigt. Blausäure ist bekanntlich eine äußerst giftige Substanz. Bereits sechzig Milligramm davon eingeatmet wirken tödlich. Diese todbringende Eigenschaft der Blausäure beruht darauf, daß sie mit den Sauerstoff übertragenden Enzymen des Körpers eine Verbindung

eingeht und dadurch die Sauerstoffversorgung der Körperzellen verhindert: Eine Blausäurevergiftung ist inneres Ersticken.
Die Zeitdauer des Sterbens hängt allerdings von der Menge des eingeatmeten Giftgases ab. Ist dessen Konzentration in der Atemluft nicht hoch genug, so kommt es zunächst zu Angstgefühl, Schwindel, Erbrechen und Atemnot. Dann erst tritt Bewußtlosigkeit ein, und bald darauf Atemstillstand und Tod. Wieder also kann der Exekutionsverlauf von Zufälligkeiten und von der Konstitution des Verurteilten beeinflußt werden, denn natürlich reagieren verschiedene Menschen auf giftige Substanzen auch in verschiedener Weise, also zum Beispiel unterschiedlich schnell.
Die Gaskammer des bekannten kalifornischen Staatsgefängnisses St. Quentin ist ein kahler, achteckiger Raum, in dessen Mitte zwei massive Sessel für die Verurteilten stehen. Man könnte hier also notfalls eine Doppelhinrichtung durchführen.
In den Wänden der Gaskammer befinden sich Fenster, durch welche die Beamten, der Arzt und die offiziellen Zeugen die Exekution verfolgen können. Der Verurteilte wird auf dem Stuhl festgeschnallt. Dann bringt man auf seiner Brust ein Stethoskop an, von dem ein Kabel zu dem draußen stehenden Arzt führt, so daß dieser das Herz des Verurteilten auch aus der Entfernung abhören kann.
Die Gaskammer wird dann luftdicht verschlossen und auf etwaige undichte Stellen überprüft. Pünktlich zur festgesetzten Exekutionszeit läßt der Henker über einen von außen zu betätigenden Mechanismus die schweflige Säure in eine Schale einlaufen, die sich unter dem Sitz des Verurteilten befindet. Durch eine weitere Hebelbewegung senkt sich ein Gazebeutel mit Kugeln von Natriumzyanid (bisweilen auch von Zyankali) in die schweflige Säure. Sofort entwickeln sich Schwaden von Blausäuregas, die wie Dampf aufwallen. Sobald der Verurteilte das erste Gas eingeatmet hat, wird sein Körper von heftigen Zuckungen geschüttelt und der Kopf hin und her geworfen. Diese Zuckungen halten einige Minuten lang an; doch schwindet meist vorher schon das Bewußtsein. Immerhin dauert es im Durchschnitt etwa zehn Minuten, bisweilen auch länger, ehe das Herz stillsteht und der Arzt den Tod des Delinquenten erklären kann.
Auch hier ist natürlich die entscheidende Frage, ob die letzten Augenblicke des Todgeweihten möglichst frei von Qual und Schmerz bleiben und der Tod schnell genug eintritt. Beides kann nicht mit absoluter Sicherheit bejaht werden. Dagegen ist sicher, daß bei

geringer Giftkonzentration dem Sterben qualvolle Augenblicke vorausgehen und die Bewußtlosigkeit auf sich warten läßt.
Der frühere New Yorker Henker Elliott berichtet von einem Verurteilten, der sich minutenlang bei vollem Bewußtsein gegen das tödliche Gas wehrte[13]. Ein als Zeuge einer Exekution beiwohnender Journalist behauptete, sich mit dem Verurteilten durch das Fenster noch vier Minuten in der Lippensprache verständigt zu haben, nachdem bereits die Kugeln in die Säure getaucht waren[14]. Und ein Gefängnisgeistlicher erklärte, nachdem er in San Diego eine Gasexekution miterlebt hatte: »Das war das Schrecklichste, das ich je gesehen habe, und ich habe 52 Hinrichtungen durch Erhängen beigewohnt[15].«
In der Gaskammer von St. Quentin starb auch Caryl Chessman, der seinerzeit durch seinen zwölf Jahre währenden Kampf gegen sein Todesurteil internationale Berühmtheit erlangt hatte. Am 2. Mai 1960 mußte er endgültig auf dem Stuhl der Gaskammer von St. Quentin Platz nehmen.
Im offiziellen Protokoll wurde vermerkt:
»Um 10 Uhr 03 fielen die Zyanidkapseln in den Säuretank. Tödliche Blausäuredämpfe stiegen hoch. Caryl Chessman atmete zwanzig Sekunden lang ruhig. Dann starrte er zur Decke. Um 10 Uhr 05 begann er zu keuchen. Eine Minute später trat ihm Schweiß auf die Stirn, Speichel tropfte aus seinem Mund. Er fiel nach vorn in die Gurte, weinte, sein Körper bäumte sich auf. Um 10 Uhr 12 war er tot[16].«
Chessman war übrigens wegen Entführung verurteilt worden, hatte aber seine Schuld bis zuletzt bestritten. Zwölf Jahre mußte er in der Todeszelle auf seine Hinrichtung warten.
In den letzten Jahren hat es in den USA Bestrebungen gegeben, die bisherigen Hinrichtungsarten durch die sogenannte Todesspritze zu ersetzen. In den drei Staaten Texas, Oklahoma und Idaho sind diese Bestrebungen besonders weit gediehen. In Texas wurde durch Gesetzesänderung von 1977 der elektrische Stuhl abgeschafft und statt dessen »die intravenöse Injektion einer Substanz, die den Tod des Verurteilten herbeiführt«, vorgeschrieben[17]. Um welche Substanz es sich dabei handeln soll, ist nicht festgelegt worden. In der Diskussion stehen Barbiturate. Es gibt jedoch noch keinerlei Erfahrungen, da bis 1979 noch keine Exekution mit der Todesspritze vollzogen wurde.

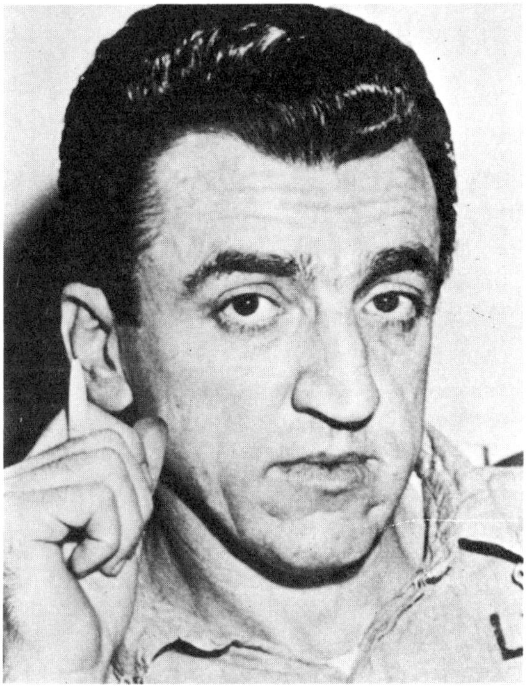

Caryl Whittier Chessman im Todesblock von San Quentin,
hingerichtet am 2. Mai 1960.

Der »Stuhl« in der Gaskammer von San Quentin.
Phot.Ihrt, stern-Archiv

»Die Erschießung.« Aus den »Großen Schrecken des Krieges« von Jacques Callot, 1633. Man beachte den Pfahl als letztes Rudiment des uralten »Unglücksbaumes«.

Eine allgemein verbreitete (und oft geübte) Hinrichtungsart ist die Erschießung. Sie stammt aus dem Bereich der Militärgerichtsbarkeit und blieb ursprünglich für verurteilte Soldaten, Spione, Aufrührer, Deserteure und ähnliche Rechtsbrecher vorgesehen, deren Taten in irgendeiner Weise mit dem Militärwesen in Beziehung standen.
Vorgänger der Erschießung war die alte Landsknechtsstrafe des Spießrutenlaufes, in dem wir eine späte Form der alten Hinrichtung zu gesamter Hand gesehen haben. Nachdem sich die Bewaffnung gewandelt hatte, der Landsknechtspieß verschwunden und an dessen Stelle die Muskete getreten war, lag es nahe, die Todesurteile der Militärgerichte durch ein Erschießungspeloton vollziehen zu lassen. Noch immer blieb dadurch der Charakter einer Hinrichtung zu gesamter Hand erhalten. Ein Henker war nicht nötig, wenn man von dem Offizier absieht, der den Gnadenschuß abgeben muß.
In der Hinrichtung zu gesamter Hand hatten wir schon bei früherer Gelegenheit das Bestreben entdeckt, die Blutschuld auf jedes Mitglied der Gemeinschaft oder des Pelotons zu verteilen. Eine solch gemeinsam getragene Blutschuld schafft ein besonderes Band der Zusammengehörigkeit: ein Band auch von starker Belastbarkeit, was für eine Truppe, ganz besonders im Krieg, eine erwünschte Nebenwirkung darstellt. Im übrigen ist die Erschießung ganz wie die archaische Steinigung ein Töten aus der Ferne. Man muß dem Verurteilten nicht zu nahe kommen. Die Wirkung seines Blickes, seiner Todesangst, seiner Appelle an das Mitleid gehen über die Entfernung verloren. Die Tötungshemmung verliert an Kraft. Andererseits besteht ein Erschießungskommando nicht nur aus Meisterschützen, ja die Vorgesetzten mußten sogar damit rechnen, daß vielfach bewußt vorbeigeschossen wird. Jedenfalls ist der Verurteilte nach der

Erschießung von Attentätern in Mexiko 1927.

Nach der Erschießung, Nigeria 1972.
Der Arzt stellt den Tod oder die Notwendigkeit eines Gnadenschusses fest.

ersten Salve meist nur verletzt, bisweilen schwer verletzt, aber selten schon tot. »Ach, wie schießt Ihr schlecht!« rief Andreas Hofer nach der ersten Salve 1810 zu Mantua. Es wird meist noch der Gnadenschuß nötig, aus nächster Nähe und mit einem Revolver vom Leiter des Erschießungskommandos abgegeben.

In seiner Benennung wird das Bemühen deutlich, diesen Akt größter Brutalität überhaupt erträglich und durchführbar zu machen. Der schönfärberische Ausdruck ermöglicht es dem Schützen sich einzureden, daß er statt eines brutalen Tötungsaktes eine fast gute Tat vollbringt und dem Verurteilten »eine Gnade erweist, indem er ihn von seinem Leiden erlöst«.

Ohnehin gehört es zum Kodex einer merkwürdigen Auffassung von Kameradschaft, sich als Freund des Verurteilten zum Erschießungskommando zu melden und den Freund gut zu treffen. »Ich aber, ich traf ihn mitten ins Herz«, heißt es im alten Soldatenlied. Diese Auffassung erinnert noch an die archaische Sitte der Frühzeit, einen Rechtsbrecher von der eigenen Sippe bestrafen zu lassen.

Die Aussicht auf eine normale Erschießung bietet dem Todeskandidaten insofern einen gewissen moralischen Halt, als diese Hinrichtungsart nicht als unehrenhaft gilt. Der Henker tritt nicht in Tätigkeit, seine entehrende Hand wird den Verurteilten nicht berühren. Dieser stirbt im Kreise von Kameraden, die ihm seine Unrechtstat verzeihen, indem sie ihm den Tod geben. Wenn nicht sein Leben, so ist doch wenigstens die Ehre gerettet – ein Trost sicher in einer Situation, in der ansonsten für den Verurteilten keinerlei Hoffnung mehr bleibt.

Im US-Bundesstaat Utah, wo seit 1851 die auf der Welt wohl einmalige Regelung besteht, daß die Todeskandidaten zwischen Hängen, Erschießen und Enthaupten wählen können, entschieden sich die meisten Verurteilten bisher dafür, erschossen zu werden[18]. Der letzte war jener Gary Gilmore, der am 17. Januar 1977 auf eigenes Drängen hin von einigen Freiwilligen im Gefängnis zu Utah erschossen wurde, obwohl zu dieser Zeit eigentlich der Oberste Gerichtshof der USA die Todesstrafe ausgesetzt hatte.

Der Hergang ist durch Norman Mailers Schilderung allgemein bekannt geworden. Zwei Momente fallen bei diesem ungeheuerlichen Vorgang besonders ins Auge: Da ist erstens die ganz unglaubliche Erhöhung des Angeklagten, dem eine rational nicht mehr zu erklärende Bedeutung zuwächst. Er ist für kurze Zeit zum Mittelpunkt einer hektischen Betriebsamkeit, ja eines Kults geworden, von dem

Der Stuhl auf dem Gary Gilmore erschossen wurde.
Phot.Ihrt, stern-Archiv.

sich kein Beteiligter mehr klar zu sein scheint, daß er der Tötung eben dieses Mannes dient – eines Mannes, den alle mit Ehrerbietung, Respekt, sogar mit Freundschaft behandeln. Seine Tat, für die er sterben soll, scheint weit zurück zu liegen, ja versunken zu sein. Sie hat jedenfalls keine Bedeutung mehr, ist völlig unwesentlich geworden. Man fühlt sich unwillkürlich an jenes aztekische Menschenopfer erinnert, bei dem der erwählte junge Mann für die Zeit vor seinem Tode zu einer Art Gottkönig avancierte und höchste Verehrung genoß. Gilt dies nicht auch im gleichen Maße für Gary Gilmore, den Todeskandidaten?

Die zweite Feststellung scheint zu der ersten in Widerspruch zu stehen: Trotz dieser gewissen »Hochachtung« haben alle, die bei dieser Hinrichtung anwesend waren, das erbarmungslose Ritual hingenommen, haben es ohne jede Spur von Widerstand bis zum bitteren Ende ablaufen lassen, obwohl doch vor ihren Augen etwas ganz und gar Widersinniges, die menschliche Natur zutiefst Empörendes geschehen sollte: Vor ihren Augen sollte ein Mitmensch umgebracht werden, und sie alle unterdrückten den naheliegendsten menschli-

chen Impuls zu helfen, zu schreien, zu protestieren, das Ungeheuerliche nicht hinzunehmen.
Doch der Widerspruch ist nur scheinbar: Nur aus der ihm bevorstehenden Tötung wächst dem Todeskandidaten Respekt und Verehrung zu; der nahe Tod adelt ihn – und nichts sonst. Die ihm dargebrachte Verehrung aber verurteilt ihn nur um so sicherer zum Sterben, denn beides bedingt einander.

Ist die Erschießung schon generell eine einfache Exekutionsform, weil man dafür außer der Waffe keinerlei Gerät braucht und sie überall vollstrecken kann, so war trotzdem noch eine weitere Vereinfachung möglich: Die Rede ist vom Genickschuß, der während der revolutionären Wirren nach dem Ersten Weltkrieg in Rußland eingeführt wurde und breite Anwendung fand. Beim Genickschuß erübrigt sich nun auch das Erschießungskommando. Ein einziger Schütze genügt für die Vollstreckung. In den Kellern der Tscheka, wie die sowjetischen Sicherheitskräfte damals hießen, soll die Erschießung so vor sich gegangen sein, daß der Verurteilte mit dem Rücken an die Zellentür treten mußte und der Schütze durch eine Klappe in der Tür den tödlichen Schuß abgab. Allerdings wurde in den Gefängnishöfen häufig auch durch Erschießungskommandos füsiliert, wie Solschenizyn im »Archipel Gulag« berichtet.
Die Erschießung durch ein Peloton ist die einzige Hinrichtungsart, die es ermöglicht, mehrere Verurteilte zu gleicher Zeit zu exekutieren (wenn man von Hitlers Massenvergasungskammern absieht, deren sich aber wohl kein Staat mehr wird bedienen wollen, um nicht in eine kompromittierende historische Nachbarschaft zu geraten). Vielleicht ist das einer der Gründe, weshalb die Erschießung in unserer unruhigen Zeit die bevorzugte Exekutionsform geworden ist.

Die meisten Hinrichtungen, von denen die internationale Presse während des ersten Halbjahrs 1979 berichtete, waren Erschießungen. Sie wurden hauptsächlich aus dem Iran gemeldet, der noch unter den Nachbeben eines großen revolutionären Umschwunges zittert. Aber auch aus Afghanistan, aus dem Irak, aus Ghana, Algier, Moçambique, aus der Sowjetunion, aus der Volksrepublik China und aus Nepal sind Erschießungen gemeldet worden. Diese Liste kann nicht den Anspruch auf Vollständigkeit erheben. Mittel- und Südamerika fehlen auf ihr sowie Südostasien, wo nach den jahrzehntelangen Kriegswirren die Menschenleben keinen so hohen

Rang mehr haben, daß über Erschießungen noch berichtet würde. Mit der Einfachheit und Formlosigkeit der Erschießung sind auch Barrieren gefallen, die ursprünglich vor einem allzu eilfertigen Auslöschen von Menschenleben errichtet waren. Daher ist die Erschießung das bequemste Herrschaftsinstrument aller Diktatoren geworden. Es ist leider sehr viel einfacher, einen politischen Gegner zu erschießen, als ihn zu überzeugen. So steht zu befürchten, daß wir in den kommenden unruhigen Jahren noch oft von Erschießungen lesen müssen.

Im Umfeld der Todesstrafe

Erstes Kapitel

Vom Henker

Die Todesstrafe gebiert einen der grauenhaftesten Berufe, den Menschen ausüben können – den des Henkers. Was immer zur Verteidigung dieses Berufs an Argumenten vorgetragen werden mag: daß der Henker nur das Urteil vollziehe, welches andere gefällt haben; daß er dem Gesetz diene und eine notwendige Pflicht erfülle – all das kann nicht über die Tatsache hinwegtäuschen, daß kaum ein Henker seinen furchtbaren Beruf psychisch zu bewältigen vermochte. Bemerkenswert viele von ihnen endeten durch Selbstmord, in den Tod getrieben durch die Geister oder, psychologisch ausgedrückt, durch die quälende Erinnerung an ihre Opfer, die umzubringen ihnen das Gesetz befahl. Andere Henker wurden trübsinnig, lebten zurückgezogen als Eigenbrötler oder führten eine Doppelexistenz unter falschem Namen. Denn alle Rechtfertigungsversuche konnten auch nicht über die Tatsache hinwegtäuschen, daß der Henker bis auf den heutigen Tag noch immer das Leben eines Geächteten führen muß, gemieden von den Mitmenschen, die mit Grauen vor ihm zurückweichen, sobald sie seinen Beruf erfahren.

Die Römer und Griechen kannten ihn bereits, diesen Beruf, und bei beiden Völkern war er schon verfemt. Der römische *carnifex,* ein Staatssklave, durfte nicht innerhalb der Bannmeile der Stadt wohnen und weder das Forum noch die Tempel betreten. Er mußte besondere, auffallende Kleidung tragen und mit einem Glöckchen alle »ehrlichen« Bürger vor seiner verunehrenden Nähe oder gar einer Berührung warnen. Eine Versammlung von Bürgern wurde bereits durch das Eintreten des Scharfrichters entehrt, wie Cicero schrieb. Auch das Grabrecht war dem *carnifex* versagt[1].
Bei den Griechen galt der Henker ebenfalls als ehrlos und hatte kein Wohnrecht in den Städten. Die alten Israeliten kannten das Amt des Scharfrichters nicht, da die bei ihnen am häufigsten geübte Exeku-

tionsmethode, die Steinigung, eine Hinrichtung zu gesamter Hand war. Die anderen Strafarten wurden von den Ältesten und Priestern vollstreckt. In den Despotien des Orients jedoch wurde der Henker im Gegensatz zu seinem römischen Kollegen hochgeachtet. Er weilte stets in unmittelbarer Nähe des Königs, war dessen ständiger Begleiter und auch stets bereit, dessen Todesurteile unverzüglich zu vollstrecken. Er verkörperte sichtbar die unumschränkte Macht des Herrschers, verstärkte dessen *mana* und wurde selbst vom Abglanz der Machtfülle erhöht.

Die nordischen Völker hatten ebenfalls ursprünglich kein berufsmäßiges Henkeramt. In germanischer Zeit wurden die öffentlichen Todesstrafen von Priestern vollstreckt, wobei die Exekution noch Opfercharakter trug. Später dann, in der Zeit der Frankenkönige, mußte entweder der Kläger oder Geschädigte selbst den Verurteilten hinrichten, oder der jüngste Schöffe übernahm diese Aufgabe. Kurios mag es einem erscheinen, daß bisweilen auch der jüngste Ehemann der Gemeinde das Urteil vollstrecken mußte. Aber auch die Hinrichtung zu gesamter Hand wurde noch geübt, indem etwa das gesamte Gerichtspersonal oder auch die anwesenden Gemeindemitglieder gemeinsam den Übeltäter am Galgen emporzogen. War dagegen eine Enthauptung vorgesehen, die naturgemäß nur von einem einzigen Mann durchgeführt werden kann, so übernahm oft der Fronbote, also der Gerichtsdiener, mancherorts auch Büttel genannt, diese Aufgaben[2].

Dieser Fronbote war ursprünglich ein hochgeachteter Beamter, der bisweilen sogar dem Richter gleichgesetzt wurde. Ihm oblagen zahlreiche organisatorische, aber auch exekutorische Aufgaben im mittelalterlichen Rechtsleben. Das mehrdeutige Wort »Fron« kann unter anderem auch die Bedeutung von »heilig« haben; es deutet auf die einstmals geheiligte Rolle des Sendboten der Gerechtigkeit hin (und ist noch durch unser Wort Fronleichnam allvertraut).

Je mehr allerdings der Fronbote, später kurz »der Fron« genannt, mit Hinrichtungen befaßt wurde, desto mehr trat eine Umwertung seiner einstmals so hochgeschätzten Stellung ein. Die alte Unehrenhaftigkeit des antiken Henkers meldete sich wieder und legte sich wie Aussatz auf den Fron. Aus dem einst geachteten Beamten wurde ein »Unehrlicher«, ein Schelm und Schinder, der innerhalb der spätmittelalterlichen Städte zu den verachtetsten Menschen überhaupt hinabsank.

Über diese frappierende Umwertung, die schließlich zu einer hyste-

Frühe Darstellung des Hängens.
Zwei Schöffen ziehen den Verurteilten an einem Gabelgalgen hinauf.
Handschrift des Klosters Prüfening bei Regensburg, 1158.

risch getönten Ächtung führte, ist viel geschrieben und diskutiert worden. Zunächst hat man ihren Grund im Eindringen des römischen Rechts gesehen, das im Hochmittelalter dank seiner Höherentwicklung die alten germanischen Volksrechte ablöste. Das römische Recht bot zweifellos sehr viel klarere, rationalere Rechtsbegriffe und gewährleistete damit eine erhöhte Rechtssicherheit. Andererseits aber brachte das römische Recht auch die Folter mit und führte sie, die vorher im Norden unbekannt gewesen war, als Mittel zur Wahrheitsfindung in den Strafprozeß ein. Die Folter wiederum erforderte einen Mann, der professionell und sachkundig mit den entsprechenden Geräten umgehen konnte; einen Mann also, der das Foltern und Hinrichten zu seinem Beruf gemacht hatte. Eine solche Fähigkeit war mit den alten Aufgaben des Fronboten nicht mehr vereinbar; das selbständige Amt des Scharfrichters entstand[3]. Noch im Sachsenspiegel, um 1230 aufgeschrieben, und im Schwabenspiegel (um 1275) wird der Fronbote als ein freier, begüterter Mann bezeichnet, der die freien Leute richten soll. Doch im Augsburger Stadtrecht von 1276 wird bereits der Henker erwähnt, zu dessen Aufgaben nun neben Foltern und Hinrichten auch die Aufsicht über die »fahrenden Fräulein«, also die Prostituierten, gehört[4], die es damals ziemlich zahlreich gegeben zu haben scheint. Mit dieser Aufsicht aber deutet sich auch schon eine Verfemung an, und hundert Jahre später nennt ihn wiederum das Augsburger Stadtrecht bereits den »Hurensohn den Henker«[5]. Er gehört nunmehr zu den »unehrlichen Leuten«, ja er ist der verachtetste dieser Gruppe, zu der neben dem Henker die Abdecker und Straßenreiniger, aber auch Müller, Schäfer, Leineweber, Töpfer, Bader, Bartscherer und vor allem die Gaukler und landfahrenden Leute gehörten. Aber auch Juden, Türken, Zigeuner und Heiden gelten als »unehrliche Leute«, ebenso alle Menschen, die unehelich geboren waren. Diese »Unehrlichkeit« ist ein heute nicht mehr ganz verständlicher Begriff; es sollte besser Verfemung oder Ehrlosigkeit heißen und ist am ehesten gleichzusetzen mit der Situation der indischen Parias, also der »Unberührbaren«. Die unehrlichen Leute waren im täglichen Leben mancherlei Beschränkungen unterworfen; vor allem aber wurden sie in keine Handwerkerzunft aufgenommen, ebensowenig ihre Kinder, so daß sich die Diskriminierung von einer Generation zur anderen vererbte. Weiterhin durften die Unehrlichen kein städtisches Amt ausüben und waren in mancher Hinsicht nur bedingt geschäftsfähig.

Von vielen der »unehrlichen« Berufe läßt sich nachweisen, daß ihre Tätigkeit einst, in der heidnischen Frühzeit als heilig galt oder zumindest in enger Beziehung zu einer Gottheit stand. Diese enge Beziehung blieb erhalten, wurde aber unter dem Einfluß der Christianisierung umgewertet und erhielt ein negatives Vorzeichen. Als gemeinsames Kennzeichen für die meisten »unehrlichen« Leute läßt sich sagen, daß sie als zauberkundig galten. Fast alle von ihnen wurden als Leute angesehen, »die mehr können als Brot essen«, und die man daher meiden müßte. In der Verachtung der Unehrlichen lagen also meist auch Furcht und Scheu verborgen.

Den meisten Beschränkungen unterlag in den Städten des Spätmittelalters der Henker. Er durfte oftmals nicht in der Stadt wohnen – oder wenn doch, dann in einem Winkel an der Stadtmauer[6]. Er und seine Familie mußten auffällige Kleidung tragen, die sie als »unehrlich« kennzeichnete. Der Henker mußte den ehrbaren Bürgern auf der Straße ausweichen und sich davor hüten, sie versehentlich zu berühren. Sein Vieh durfte nicht mit dem Gemeindevieh zusammen weiden. In der Kirche mußte er ganz hinten sitzen; zum Abendmahl wurde er oft nicht zugelassen. Eine Wirtsstube durfte er nur betreten, wenn keiner der Gäste dagegen Einwand erhob. Jedes andere Gewerbe, jedes Handwerk waren ihm und seinen Kindern verschlossen. Seine Söhne konnten nur wieder Henker werden;

seine Töchter mußten Henker heiraten. Lag seine Frau in den Wehen, so weigerte sich jede Hebamme, ihr in den Kindesnöten beizustehen, obwohl die Hebammen selbst als zauberkundig verdächtigt und verachtet wurden. War der Henker schließlich gestorben, so wollte niemand eine Hand rühren, ihn zu Grabe zu tragen. Verzweifelt eilte die Witwe dann in der Stadt herum und suchte unter dem verkommensten Gesindel die Sargträger zusammen, um endlich die Leiche des so sehr verachteten – und zugleich so sehr gefürchteten – Mannes in die Erde zu bringen.

Die Verfemung des Henkers übertrug sich nicht nur auf seine Angehörigen, sondern auch auf alle toten Gegenstände, die ihm gehörten. Selbst sein Geld mochte man nur annehmen, wenn man vorher darüber geblasen oder einige Kreuze darüber geschlagen hatte[7]. Sehr kurios ging es auch zu, wenn etwa der Galgen verwittert war und repariert werden mußte. Die gesamte Handwerkerschaft der Stadt wurde dazu aufgeboten und zog unter Begleitung von Stadtschützen sowie mit klingendem Spiel zum Hochgericht hinaus, voran der ehrbare Rat oder ein Richter. Erst nachdem die Handwerker vom Vorwurf etwaiger Unehrlichkeit (die sie durch die Berührung des Galgens hätten erwerben können) freigesprochen waren, begaben sie sich alle gemeinsam an die Arbeit. Sie wurden dabei auf Kosten der Stadt gespeist und mit Wein versorgt, und so nahm der Galgenbau oft den Charakter eines Volksfestes an[8].

Da sie alle zusammen »unehrlich« geworden waren, galt für keinen von ihnen dieser Makel; niemand konnte dem anderen Vorwürfe machen.

Obwohl also die Berührung des Galgens gescheut wurde wie die Berührung des Teufels selbst, standen andererseits Teile des Galgens in höchster, abergläubischer Verehrung. Dies traf besonders für den Strick zu, mit dem ein Verurteilter gehenkt worden war. Ein solcher Strick, oder auch nur Stücke von ihm, galten als äußerst wirksame Glücksbringer. Dasselbe glaubte man auch von Spänen, die vom Galgen stammten, ferner von dessen Ketten oder Eisenteilen, auch von Teilen des Rades, vom Richtschwert und ganz besonders von Knöchelchen, die unter dem Hochgericht gefunden worden waren und also von hier verscharrten armen Sündern stammen mußten. »Als in Breslau der alte Rabenstein abgebrochen wurde, trieben die Arbeiter einen sehr einträglichen Handel mit den bei der Aufgrabung vorgefundenen Knochen«, schreibt Wuttke[9]. »Jetzt ist wenig Gelegenheit mehr zur Erlangung solcher Glücksdinge, sie sind gesuchte und teure Ware, und es gilt wohl manches Glücksknöchelchen als das eines ›armen Sünders‹, was ... einem Kalbe gehört hat.«

Es zeigt sich auch hier wieder, daß nicht nur das Blut, sondern ganz allgemein alles, was zu den Hingerichteten in irgendeiner Beziehung stand, im Volke allerhöchste abergläubische Verehrung genoß. Dazu zählten der Henker, die Hinrichtungsstätte, die Exekutionsgeräte und alles das, was von dem Hingerichteten selbst übriggeblieben war. All diese Objekte und auch der Henker waren so stark von der Aura zauberischer Kräfte umgeben, wie es vergleichsweise höchstens noch von den Reliquien der Heiligen, die ja ohnehin meist Märtyrer, also Hingerichtete gewesen waren, galt.

Auf den ersten Blick scheint sich hier ein Widerspruch aufzutun: Einerseits finden wir die hysterische Berührungsangst, die den Henker wie einen Aussätzigen meidet und die Galgenstätte als einen Ort der Verunehrung scheut; auf der anderen Seite aber werden gerade Teile der Hinrichtungsstätte als wertvolle Glücksbringer gesucht, sogar teuer bezahlt, und auch der Henker gilt in vielfacher Hinsicht als glückbringender, zauberkundiger Mann – wie paßt das zusammen, wie ergibt das einen Sinn?

Die Berührungsangst, die im Umgang mit dem Henker so auffällig in Erscheinung tritt, weist den Weg. Was zu berühren gescheut wird, ist im allgemeinen das Tabuierte; und in der Tat ist der Henker nichts anderes als ein Tabuierter. Von allen Berufen oder Gruppen, die wir als »unehrlich« kennengelernt haben, wird er am allermeisten gemieden; bei ihm ist die Berührungsangst am größten – denn er darf etwas, was sonst keinem Menschen erlaubt ist: kraft seines Amtes straflos töten. Er darf damit eines der stärksten Tabus brechen, das Menschen auferlegt ist, und er steht in entsetzenerregender Weise über seinen Mitmenschen. Sein Amt macht ihn zu einem Erfüllungsgehilfen der Weltordnung; er ist, kurz gesagt, noch immer der alte Opferpriester, der mit den Schicksalsmächten verkehrt und ihnen Menschen opfert, um sie günstig zu stimmen und damit von der Allgemeinheit Unheil abzuwehren.

Von daher, von der Nähe des Henkers zu den Schicksalsmächten, stammt die magische Kraft, die man ihm zutraut. Jede Hinrichtung aber ist, wie Wuttke, der bedeutende Erforscher des Volksaberglaubens, schon im vorigen Jahrhundert erkannte[10], für das Volk im Unterbewußtsein nach wie vor ein Sühneopfer. Der Rechtsbrecher wird durch die Hinrichtung gereinigt, entsühnt, ja geheiligt. Von dieser

Erhängen. Aus Johann Stumpffs »Schweizer Chronik«, 1548

Überzeugung her erklärt es sich, daß seine Überreste, aber auch die Dinge, die mit ihm in Berührung gekommen sind, vielleicht sein Blut aufgefangen haben, als glückbringende Talismane, als eine Art Reliquien betrachtet werden. Und dies gilt keineswegs nur für Hingerichtete, denen die Sympathie des Volkes gehörte – die etwa gar in strengem Sinne unschuldig waren. Es gilt auch für die schlimmsten Scheusale, deren Untaten nur Entsetzen erregen können. Auch deren Überreste wurden nach der Hinrichtung zu Glücksbringern – eine Tatsache, die sich nur erklären läßt, wenn die Hinrichtung insgeheim noch immer als ein Opfer an die Schicksalsmächte verstanden wurde. Diese These wird unterstrichen durch die Beobachtung, daß sich all die oben kurz skizzierten Formen des Aberglaubens entweder gar nicht oder nur in sehr abgeschwächtem Grad auf andere Tote beziehen. Selbst Ermordete oder Selbstmörder, deren Leben ebenfalls vor seinem natürlichen Ziel gewaltsam beendet wurde, sind für den Aberglauben weniger interessant. Der Hingerichtete allein bleibt das wichtigste Objekt abergläubischer Vorstellungen; nur von ihm geht magische Kraft in besonderer Weise aus.

Die abergläubische Verklärung der Hinrichtung war keineswegs nur eine Sache des finsteren Mittelalters, sondern wir treffen sie noch in unserer Gegenwart an. So berichtet Josef Lang, der k. u. k. Scharfrichter, von zahlreichen interessanten Beispielen für diese verblüffende Tatsache. Einerseits zwar war Lang noch verfemt und wurde einmal aus einem Hotel ausgewiesen, als man von seinem Beruf erfuhr; auch gab man ihm sein Geld zurück[11]. Andererseits aber berichtet Lang, daß sich zahllose Menschen an ihn drängten und ihn um irgendeine Kleinigkeit baten, und sei es auch nur um die Visitenkarte mit dem Titel »k. k. Scharfrichter«. Natürlich wurde er auch immer wieder um Stücke des Stricks gebeten, und zwar so oft, daß der Vorrat an echten Stricken, mit denen wirklich gehenkt worden war, längst nicht ausreichte. Lang vergab dann einfach Stücke von ungebrauchtem Strick und war selbst davon überzeugt, daß auch diese Stücke bereits durch seine, also des Henkers Berührung eine magische Kraft erhalten hätten. Im übrigen war Lang selbst so abergläubisch, daß er einige Fasern der Stricke von jeder seiner Hinrichtungen bei sich trug[12].

Sehr aufschlußreich ist es zu erfahren, was die Hilfesuchenden alles von ihm erbaten. Von einer Berührung durch den Scharfrichter erhofften sich geschlechtskranke Männer eine Heilung ihres Leidens. Geschlechtskranke Frauen erwarteten dasselbe durch einen Beischlaf mit ihm. Man glaubte von ihm, daß er Eifersucht bannen, die Liebe herbeizwingen oder vertreiben könne und überhaupt eine magische Macht besäße. Selbst seinen Kot und Urin erbat man sich von ihm als zauberkräftige Mittel. Von großem psychologischem Interesse ist der Bittbrief einer Bäuerin, von dem Josef Lang berichtet. Der Brief enthielt u. a. ein Päckchen Friedhofserde; die Frau berichtete im Begleitschreiben, daß sie jede Nacht vom Geist ihres verstorbenen Kindes heimgesucht werde; wohl deshalb, weil sie das Kind kurz vor seiner tödlichen Erkrankung einmal so sehr geschlagen habe, daß sein Hinterteil blaue Flecken aufwies. Die Frau bat nun Lang inständig, über der Friedhofserde ein Zauberwort zu sprechen, weil dann der Geist des Kindes gebannt sei.

Nur allzu deutlich offenbaren sich in diesem Brief die Selbstvorwürfe der Frau, die von ihrem Gewissen beschuldigt wird, am Tod ihres Kindes Schuld zu tragen. Die Ursache für diese Selbstvorwürfe sind anscheinend die Schläge, in Wahrheit aber die Todeswünsche, die zu Lebzeiten des Kindes ins Unbewußte verdrängt wurden und sich nun in Gestalt des Geistes immer wieder melden. Es ist dies die gleiche seelische Mechanik, wie wir sie bereits als auslösendes Moment der Blutrache kennengelernt haben. Diese Frau hatte offenbar aber nicht die Möglichkeit gefunden, ihre Schuldgefühle auf irgendein geeignetes Objekt, also einen Sündenbock, zu übertragen. Bezeichnend ist, daß sie sich in ihrer seelischen Not an den Henker wandte und nicht etwa, wie doch vielleicht nahegelegen hätte, an einen Geistlichen. Tief im Untergrund psychischer Kräfte mag man hier eine Beziehung zwischen der eigenen, als real empfundenen Schuld und dem Sühner ahnen.

Als Kuriosum sei noch angefügt, daß Lang sich ganz besonders von Frauen umworben sah, und zwar reichte die Skala der Verehrerinnen von den Prostituierten, die ihm oft genug ihre Liebesdienste kostenlos anboten, bis zu Damen der höchsten Aristokratie[13]. Auch sie schreckten angeblich vor eindeutigen Angeboten nicht zurück. Lang ist ehrlich genug einzugestehen, daß diese Aufmerksamkeit nicht seiner Person, sondern nur seinem Amt galt.

Die zwiespältige Haltung gegenüber dem Henker leitet sich aus dem starken Tabu ab, das auf ihm lastet. Im Tabu vereinigen sich ja immer zwiespältige Empfindungen, die man mit Scheu und Abscheu umschreiben könnte. Der Henker darf eben straflos töten; dies ist ein Privileg, das nur höchsten Mächten zusteht. Von ihnen fällt ein Abglanz auf den Henker und stattet auch ihn mit dem Anschein einer Schicksalsmacht aus. Überwiegt diese Komponente, so genießt der Henker hohe Achtung wie etwa in den Despotien des Orients. Andererseits jedoch fürchtet man voll geheimen Entsetzens die Versuchung zur Nachahmung; daher die Verfemung des Henkers und die hysterische Berührungsangst. Was man von sich fernhalten will, ist die Versuchung zur Nachahmung, also zum Töten.

Diese Möglichkeit, diese Fähigkeit zum Verbrechen liegt keineswegs weltenweit entfernt, wie man gern glauben möchte, sondern lauert dicht unter der Oberfläche des Alltagsmenschen. »Ein Mensch, der einen anderen töten kann, muß nicht unbedingt ein außergewöhnlicher Typ sein«, schrieb der amerikanische Mörder David Moore – ein Oberschullehrer, der in einem Anfall von Streß und Überreizung fünf Menschen erschossen hatte. »Unter bestimmten Bedingungen und Umständen könnte beinahe jeder Mensch töten[14].« Genau so ist es. Und da die Menschen diese Wahrheit zwar verdrängt haben, aber dennoch von ihr wissen, empfinden sie solches Entsetzen vor dem Henker. Das Vorbild seines straflosen Tötens könnte die Dämme einbrechen lassen, die sie mühsam gegen ihre eigenen aggressiven Triebe aufrechterhalten.

Noch ein zweites Bedürfnis zur Verdrängung zeigt sich, wenn der

Henker soweit wie möglich aus dem Gesichtskreis der »anständigen« Bürger verbannt wird. Verdrängt werden soll offensichtlich auch ein Schuldbewußtsein, das tief im Innern nagt und beim Anblick des Henkers jeweils neu geweckt wird: Es rührt von dem Wissen her, daß man geholfen hat, diesem Manne ein Opfer zu überantworten, und sei es auch nur, indem man eigene Schuldgefühle auf jenes Opfer ablud. Auch hier muß wieder betont werden, daß die Verfemung des Henkers keineswegs nur eine Angelegenheit des finsteren Mittelalters war. Man findet sie noch ungebrochen in unserer Gegenwart. In San Quentin übte einer der Aufseher das Henkeramt aus. Er wohnte zusammen mit den anderen Wärtern und ihren Familien in einem der anstaltseigenen Häuser und tat zwischen den Hinrichtungen normalen Dienst. Trotzdem »war dieser Mann ein Ausgestoßener, sogar in der kleinen, engbegrenzten gesellschaftlichen Gruppe des Strafanstaltspersonals ... Nicht selten wurde er das Opfer seines Berufes: Das unablässige Grübeln um sein furchtbares Handwerk hatte ihn in geistige Umnachtung sinken lassen ...«, schreibt Duffy[15].

Die mittelalterliche Verfemung des Henkers führte dazu, daß ihm neben dem Scharfrichteramt noch mancherlei zusätzliche, unangenehme Aufgaben zugeschoben wurden. So mußte er meist noch die Funktion des Abdeckers übernehmen und für die Beseitigung des gefallenen Viehs sorgen. Oft oblag ihm auch die Straßenreinigung, bisweilen die Entleerung der Kloaken. Er führte die Aufsicht über die städtischen Bordelle, und in Hamburg war er sogar als Hundefänger tätig. Um herrenlose, streunende Straßenköter von den »ehrlichen« Hunden der Bürger zu unterscheiden, erfand er dort die Hundesteuer und auch die Hundemarke[16], womit er, wie es immer bei Steuern so geht, viele Nachahmer fand.
Die anrüchigen Nebentätigkeiten des Scharfrichters werden bisweilen als Gründe für seine Verfemung angesehen. Das bedeutet aber, Ursache und Wirkung zu vertauschen. Die Verfemung ist die frühere Ursache; nur wegen dieser allgemeinen Ächtung des Scharfrichters – die ja auf sein Tabu zurückgeht – konnte man ihm auch die verachteten Tätigkeiten zuschieben. Indem er sie notgedrungen ausübte, erhielt allerdings seine Ächtung nun noch einen vordergründigen, zusätzlichen Anlaß.
Daß der Scharfrichter von alters her zu den zauberkundigen Leuten gerechnet wurde, haben wir schon gehört. Daneben schrieb man

Verschiedene Hinrichtungsarten.
Aus Ulrich Tenglers »Laienspiegel«.

dem Henker aber auch handfeste Kenntnisse auf dem Gebiet der Heilkunst zu und suchte in Krankheitsfällen von Mensch und Tier gern seine Hilfe. Das ging so weit, daß König Friedrich I. von Preußen den Berliner Scharfrichter Coblenz zu seinem Leibarzt machte, einen Mann, der immerhin mehr als hundert Köpfe abgeschlagen hatte. Die Berliner Wundärzte protestierten vergeblich gegen diese Konkurrenz[17]. Später wurde vorübergehend den Scharfrichtern in Preußen die Heilbehandlung verboten, aber Friedrich der Große erlaubte es ihnen wieder und antwortete den erneut protestierenden Wundärzten mit einer geistreichen Spitze: Wenn die Herren Chirurgen so fähig seien, wie sie von sich behaupten, würde sich ja ohnehin jedermann lieber ihnen als den Scharfrichtern anvertrauen, schrieb der König. Falls jedoch unter den Chirurgen Ignoranten seien, so solle das Publikum nicht darunter leiden müssen, sondern solle sich lieber vom Scharfrichter kurieren lassen, als den Chirurgen zu Gefallen lahm und verkrüppelt zu bleiben. Also sollten sich die Chirurgen nur um Verbesserung ihrer Kenntnisse bemühen, dann würden die Kuren der Scharfrichter von selbst und ohne Verbot aufhören[18]! Ein köstliches Zeugnis liberalen, aufgeklärten Denkens, wie mir scheint. Daß man die Scharfrichter so gern in Krankheitsfällen aufsuchte, hängt insgeheim natürlich mit der Aura des zauberkundigen Mannes zusammen, die den Scharfrichter umgab. Heilen können ist ja bis auf den heutigen Tag eng verwandt geblieben mit Wunder tun können ...

Die öffentliche Verfemung des Scharfrichters brachte es mit sich, daß alle Angehörigen dieses Standes unter sich blieben und einen Ehepartner nur unter ihresgleichen suchen und finden mußten. Das Amt blieb meistens in der Familie und wurde auf den ältesten Sohn vererbt. So bildeten sich im Lauf der Zeit ganze Scharfrichterdynastien heraus, deren Stammbäume sich durchaus neben denen hochadeliger Familien sehen lassen können. Diese Sippen waren naturgemäß auch untereinander wieder verwandtschaftlich verbunden, so daß sich die europäischen Scharfrichter nicht zu Unrecht mit »Herr Vetter« anzureden pflegten. Wohl die berühmteste Scharfrichterfamilie war die der Sansons, die über sechs Generationen hinweg das Amt des »Monsieur de Paris« innehatte. Mit den Sansons weitläufig verwandt waren die meisten anderen französischen Scharfrichterfamilien. Über die Deiblers, eine ursprünglich in Süddeutschland und im Elsaß ansässige Scharfrichterfamilie, waren die französischen mit den deutschen und schweizerischen Sippen verwandt. Louis Deibler und dessen Sohn Anatole hatten vom Ende des vorigen Jahrhunderts bis in die dreißiger Jahre das Amt des französischen Scharfrichters inne; ihnen folgte ihr Neffe Desfourneaux, diesem ein weiterer Neffe, André Obrecht.

Die Desfourneaux wiederum sind eine der ältesten Henkerfamilien überhaupt; sie werden noch früher als die Sansons als Scharfrichter erwähnt. In der Schweiz hatten die Mitglieder der beiden Scharfrichterfamilien Grosholz und Vollmar in zahlreichen Städten über Generationen hinweg das blutige Amt inne, in Bern die Familie Hatz. In Lemgo verwaltete es die Familie Claus über acht Generationen hinweg; in Hamburg hatte es die Familie Asthusen über drei Generationen inne. Ihr folgte die Familie Hennings, die über 108 Jahre den Henker stellte.

Auch in der Familie des englischen Henkers Pierrepoint, die ursprünglich aus Frankreich stammte, wurde das Amt seit knapp hundert Jahren weitervererbt.

Bei aller Ächtung des Scharfrichters war das Amt doch recht einträglich, da vor Einführung des modernen Strafvollzugs der Henker nicht nur für Hinrichtungen, sondern auch für alle anderen Formen der Exekutive verantwortlich war und dafür entlohnt wurde. Auch seine anrüchigen Nebentätigkeiten brachten ihm gutes Geld, das bekanntlich nicht stinkt. So ist es nicht unbegreiflich, daß sich um eine verwaiste Scharfrichterstelle zahlreiche Bewerber drängten. Die Witwe eines Sanson, der im Jahr 1726 gestorben war, kämpfte bei den Behörden erbittert um das Nachfolgerecht ihres Sohnes Charles, obwohl dieser gerade erst sieben Jahre alt war. In der Tat erreichte sie es auch, daß der Knabe mit dem Amt des Scharfrichters von Paris betraut wurde. Zwar führte vorläufig sein Onkel die Exekutionen durch, aber der Knabe mußte doch mit auf das Schafott und aus rechtlichen Gründen die Blutarbeit beaufsichtigen, die erst durch seine Anwesenheit legitim wurde.

Merkwürdigerweise bleibt das Amt auch in unseren Tagen noch begehrt, obwohl es heute keineswegs mehr einträglich genannt werden kann. Der amerikanische Henker erhielt neben seinem Gehalt für jede Hinrichtung 25 Dollar; der französische Scharfrichter wird wie ein kleiner Beamter entlohnt. Trotzdem hatten sich 1951, nach dem Tod des damaligen Scharfrichters Desfourneaux[19], nicht weniger als 150 Interessenten beim Justizministerium um diesen Posten beworben. André Obrecht, der ihn schließlich erhielt, leidet heute, wie

Verschiedene Hinrichtungsarten.
Flugblatt des 16. Jh.s

einst seine Vorgänger, noch immer unter der alten Verfemung. Seine Nachbarn, die seinen Beruf kennen, meiden Obrecht und gehen ihm aus dem Weg. Sie sprechen kaum mit ihm und reichen ihm nicht die Hand. In seiner Jugend war ihm einst seines Berufes wegen die Hand eines geliebten Mädchens von deren Vater, einem »ehrlichen« Bürger, verweigert worden.

Wir erwähnten bereits, daß überdurchschnittlich viele Henker durch Selbstmord endeten. Andere wieder ergaben sich dem Alkohol, kamen sogar betrunken zur Exekution – konnten sie wohl anders nicht

ertragen. So erging es dem Henker der polnischen Vorkriegsrepublik, Maciejewski. Einmal kam er so betrunken zur Exekution, daß er dem Verurteilten nicht einmal die Schlinge um den Hals legen konnte. Die Hinrichtung mußte um acht Stunden verschoben werden, bis der Henker seinen Rausch ausgeschlafen hatte ... Als er für sich und sein Leben keinen Ausweg mehr sah, erhängte er sich[20].
Überraschend viele Henker endeten auch selbst auf dem Schafott oder am Galgen. Im alten München zum Beispiel ist es mehrfach vorgekommen, daß der neue Henker jeweils seinen Vorgänger hinrichten mußte, weil dieser in irgendeiner Weise kriminell geworden war.
Und manch ein Henker ist schließlich im frommen Mittelalter nach Rom gepilgert und hat den Papst selbst um Vergebung seiner Sünden gebeten – denn als Sünder haben sie sich alle empfunden, auch wenn sie sich als Vollstrecker der irdischen Gerechtigkeit sahen.
Dieses Amt geht über Menschenmaß hinaus; diese Aufgabe: kalten Blutes zu töten, wo keine feindselige Emotion vorhanden ist, auf Anordnung anderer die Blutschuld auf sich zu nehmen; Vollstrecker zu sein eines dumpfen Dranges, der sich Gerechtigkeit nennt – eine solche Aufgabe ist mehr, als ein Mensch tragen kann, ohne darunter unheilbaren Schaden zu nehmen an seiner Seele.

Wer die Todesstrafe fordert, darf nicht vergessen, daß er damit auch einen Mitmenschen zum grausigsten Beruf, der denkbar ist, und zu einem fluchbeladenen Leben verurteilt. Mir scheint, daß niemand das Recht hat, einem anderen Menschen das Henkeramt zuzumuten.

Der Streit um die Todesstrafe

Zweites Kapitel

Die Todesstrafe hat im Lauf der Geschichte ihre Gezeiten gehabt wie wechselnde Ebbe und Flut. Nicht immer war das Bedürfnis der Gesellschaft nach Blutopfern gleich groß. Es erwies sich als abhängig von der jeweiligen geschichtlichen Situation; abhängig also von äußeren Bedrohungen oder Erfolgen, abhängig auch von der inneren Verfassung des Gemeinwesens. Zwar überwogen im allgemeinen die blutrünstigen Zeiten, doch gab es dazwischen auch ruhige, menschlich gesonnene Epochen. Die Jahre der römischen Republik, genauer die Jahre nach der Niederwerfung Karthagos, gehörten zu einer dieser friedlichen Epochen. Damals wurde nach dem Zeugnis der Chronisten die Todesstrafe zumindest an römischen Bürgern nur selten vollstreckt. Erst die Cäsaren fanden in ihr ein probates Herrschaftmittel und nutzten sie um so mehr, je bedrohter sie ihre Macht sahen.

Auch während der Zeit der Frankenkönige zählten Hinrichtungen zu den Seltenheiten. Noch gab es in Europa nur wenige städtische Siedlungen. Der größere Teil der Bevölkerung lebte auf dem Land, in einer relativen Freiheit, nach patriarchalischen Gesetzen, die zwar streng, aber nicht grausam waren. Noch kannte man nicht die Folter, nicht den Henker. Noch gab es nicht so viele Tatbestände, die man für todeswürdig hielt.

Auch im oft verlästerten Byzantinischen Reich war zumindest im Hochmittelalter die Todesstrafe recht selten. So wurde unter dem Kaiser Johannes Comnenus (1118 bis 1142) kein einziges Todesurteil vollstreckt[1]. Das Reich hatte damals den Höhepunkt seiner Macht und Prosperität gerade überschritten; die türkische Gefahr war noch nicht am Horizont aufgetaucht, die Verhältnisse im Innern schienen stabil. Härte zu zeigen, bestand also keine Notwendigkeit; es herrschte keine geheime Angst, die nach Opfern verlangte.

Als im Hochmittelalter in Europa immer mehr Städte gegründet wurden und ein zunehmend größerer Teil der Bevölkerung in diesen Städten lebte, brachte das allerdings auch eine zunehmende Kriminalisierung mit sich, wie sie unvermeidbar scheint, wo viele Menschen auf engem Raum zusammen wohnen. Und die mittelalterlichen Städte waren sehr eng; aus Sicherheitsgründen drängten sich die Häuser – und die Menschen mit ihnen – auf allerkleinstem Raum zusammen. Bei der Untersuchung des Hexenwahns haben wir bereits gesehen, wie sehr ein solch enges, durch hundert Gesetze, Regeln und Rücksichtnahmen eingeschränktes Leben zum Brutplatz dumpfer Aggressionen werden muß. Es kann nicht verwundern, daß die Zahlen der Hinrichtungen seit dem Hochmittelalter beständig zunahmen und dann einige Jahrhunderte lang auf sehr hohem Stand blieben. In Augsburg kam es gegen Ende des vierzehnten Jahrhunderts durchschnittlich jeden Monat zu einer Hinrichtung, bei knapp zehntausend Einwohnern. Meister Franntz Schmidt von Nürnberg erwähnt in seinem Tagebuch 360 Hinrichtungen während seiner zweiundvierzigjährigen Dienstzeit. Das sind also etwa neun Hinrichtungen pro Jahr. Fast jeden Monat eine. Auch im alten Zürich kam es im Durchschnitt zu acht Hinrichtungen pro Jahr, bei nur sechs- bis siebentausend Einwohnern! In England sollen unter Heinrich VIII. von 1509 bis 1547 etwa 72 000 Todesurteile vollstreckt worden sein, also knapp zweitausend pro Jahr. Es herrschten sehr unruhige Verhältnisse. Der König hatte sich von der römischen Kirche gelöst und seine eigene gegründet. Im Lande gärte es. Insofern mag die Zahl nicht übertrieben sein. Königin Elisabeth I., die *Fairy Queen* des fröhlichen alten England, soll es in ihrer fast fünfzigjährigen Regierungszeit von 1558 bis 1603 sogar auf 89 000 Exekutionen gebracht haben[2].

Doch auch überall sonst auf dem alten Kontinent gärte und brodelte es in jenen Jahrzehnten. In allen Ländern tobten Glaubenskämpfe, rumorten revolutionäre Wirren. Das alte Weltbild zerfiel, ein neues wurde unter schweren Wehen geboren. Die Erosion alter Überzeugungen aber weckte Angst und Haß, und diese beiden übermächtigen Emotionen brauchten Ventile, um abreagiert zu werden. Nicht zufällig begann gerade in jenen Jahrzehnten der Hexenwahn zu toben. In Frankreich kulminierten die Glaubenskämpfe in dem Massaker der Bartholomäusnacht (24. August 1572), die fünf- bis zehntausend Opfer gefordert haben soll. In Deutschland schließlich führten die immer unversöhnlicher erscheinenden Widersprüche zur nationalen Katastrophe des Dreißigjährigen Krieges. Seine Folge war eine moralische Verwilderung, vor der menschliches Leben fast keinen Wert mehr zu haben schien. In solchen Zeiten gehen die legalen Hinrichtungen nur allzu schnell in die Greuel des Krieges über. Nach Schuld oder Unschuld wird nicht mehr gefragt; niemand zählt mehr die Opfer. Die Gewalt wirft alle juristische Verbrämung ab und regiert unverhüllt.

Ein derartiger Absturz in die Barbarei bewirkt jedoch oft in der Geschichte auch Besinnung und Umkehr. Als sich die Zeiten nach dem großen Krieg langsam wieder zu beruhigen begannen, kehrte man allgemein auch zu einer höheren Wertschätzung des menschlichen Lebens zurück. Aufklärung und Humanität wurden nun zur führenden Geisteshaltung des Jahrhunderts nach dem großen Krieg. Zum erstenmal hörte man Schlagworte wie Freiheit, Gleichheit und Brüderlichkeit. Ein Menschheitsfrühling schien sich anzukündigen, eine Zeit der Vernunft bevorzustehen.

Die Aufklärer wollten unter anderem das Verhältnis zwischen dem einzelnen und dem Staat auf eine »vernünftige«, also sachliche Basis stellen. Dabei konnte es nicht ausbleiben, daß auch die Frage der

Todesstrafe zur Diskussion gestellt wurde. Sie geriet plötzlich in den Mittelpunkt einer Auseinandersetzung, an der sich die größten Geister der Epoche beteiligten. Der Italiener Cesare Beccaria hatte sie mit seiner 1764 erschienenen Schrift »Über Verbrechen und Strafen« ausgelöst, in der er zur Abschaffung der Todesstrafe aufforderte. Er baute in seinen Überlegungen auf dem Gedankengebäude des »Gesellschaftsvertrags« auf, der in der Staatslehre der Aufklärung eine maßgebliche Rolle spielte. Beccarias Grundgedanke war, daß der Einzelmensch dem Staat in dem (fiktiven) Gesellschaftsvertrag nur möglichst wenig Rechte übertragen habe – so wenig wie nötig seien, um das Staatswesen zu erhalten. Keineswegs sei unter den übertragenen Rechten auch das, den jeweiligen Bürger töten zu dürfen. Der Staat habe also schlichtweg nicht das Recht, das Leben eines seiner Bürger zu nehmen.

Während die geistige Auseinandersetzung um die Todesstrafe in den Schriften der Philosophen zu toben begann, hatte ausgerechnet im rückständigen Rußland, das von den gebildeten Europäern als halbasiatische Despotie angesehen wurde, die Humanität einen ersten Sieg errungen. Mehr als zwanzig Jahre vor Beccarias Schrift bereits gelobte die Zarin Elisabeth, Tochter Peters des Großen, bei ihrer Thronbesteigung 1741, daß sie während ihrer Regierungszeit kein Todesurteil vollstrecken lassen würde. Dieses Versprechen hielt sie auch ein und erhärtete es noch durch zwei spätere Erlasse (1753), mit denen sie die Todesstrafe definitiv abschaffte. Die Zarin regierte zwanzig Jahre lang und verstarb 1761. Dieser zwanzigjährige Zeitraum war im neueren Europa die erste längere Epoche in einem großen Land ganz ohne Exekutionen. Alle Welt starrte verblüfft auf dieses anscheinend so gewagte Experiment und registrierte erstaunt, daß die allgemeine Kriminalität keineswegs anstieg, wie jedermann erwartet hatte. Standen doch zur damaligen Zeit auch die größten Geister völlig im Bann der Abschreckungstheorie und hielten für erwiesen, daß die Gesellschaft in Mord und Totschlag versinken würde, wenn die Abschreckungswirkung der Todesstrafe fortfiele.

Auch unter Elisabeths Nachfolgern, Peter III. und Katharina II., wurde die Todesstrafe in Rußland nur höchst selten vollstreckt. Der humanistische, aufklärerische Geist wirkte so weit nach, daß Katharina II. im Jahre 1766 eine Instruktion für eine Gesetzgebungsreform erließ, in der es hieß, »daß im gewöhnlichen Zustand der Gesellschaft der Tod eines Bürgers weder nützlich noch notwendig sei«.

Der Habsburger Joseph II., deutscher Kaiser von 1780 bis 1790, war von den aufklärerischen Ideen Beccarias ebenfalls so überzeugt worden, daß er 1786 in seinen österreichischen Ländern die Todesstrafe abschaffte. Sein Bruder Leopold, Großherzog der Toskana, veranlaßte dort das gleiche. Es schien, als ob die Humanität langsam, sehr langsam an Boden gewinne. Ihren ersten Rückschlag erlebte sie jedoch schon sehr bald in den Wirren der Französischen Revolution, in deren Blutrausch sie bisweilen vollends unterzugehen drohte. Zwar beschloß der Konvent noch am 26. Oktober 1795 in seiner letzten Sitzung vor dem bonapartischen Staatsstreich, daß die Todesstrafe »am Tag des allgemeinen Friedens« abgeschafft werden sollte; doch zu einem solchen Tag kam es leider nie. Napoleon, der unterdessen die Herrschaft in Frankreich an sich gerissen hatte, war nun einmal kein Mann des Friedens. In den Verwüstungen, die seine Feldzüge hinterließen, erscholl der Ruf nach der Todesstrafe mit erneuter Kraft. Die Einschätzung eines Menschenlebens war durch die allgemeinen Zeitläufe wieder einmal auf einen Wert nahe Null gesunken.

Erst im Revolutionsjahr 1848 wurde wieder die Forderung nach Abschaffung der Todesstrafe erhoben, und zwar sowohl in Frankreich als auch vom deutschen Paulskirchen-Parlament in Frankfurt. Auch die verfassunggebende preußische Nationalversammlung des gleichen Jahres nahm diese Forderung in ihre Artikel auf. Doch die Reaktion war bekanntlich stärker und überwand die bürgerlichen Revolutionäre; die Todesstrafe blieb erhalten. Nur dem Briefmarkenländchen San Marino gelang bereits 1848 die Abschaffung. Die Ehre, als erste größere europäische Macht von der Todesstrafe Abschied genommen zu haben, gebührt Rumänien, wo es 1865 zur Abschaffung kam (1939 wieder eingeführt). Ihm folgten 1867 Portugal und 1870 die Niederlande, dann 1905 Norwegen, 1919 Österreich, 1921 Schweden, 1930 Dänemark. In einigen Schweizer Kantonen war die Todesstrafe bereits Mitte des vorigen Jahrhunderts aufgehoben worden, in anderen blieb sie bis zum Jahr 1942 in Kraft. Die letzte Schweizer Exekution fand 1940 im Kanton Obwalden statt.

Unter dem Eindruck des Zweiten Weltkrieges haben einige der oben aufgezählten Staaten die Todesstrafe für Hochverrat, Kriegsverbrechen und ähnliche (politische) Delikte wieder eingeführt, so Norwegen, Dänemark und Holland. Dort sind auch in den Nachkriegsjahren zahlreiche Exekutionen vorgenommen worden. Die anderen aufgeführten Staaten haben die Todesstrafe noch im Militärstrafrecht erhalten. Das galt auch für Österreich für die Jahre 1919 bis 1934. In diesem Jahr wurde vom damaligen halbfaschistischen Regime die Todesstrafe generell wieder eingeführt, und noch im gleichen Jahr kam es zu 27 Exekutionen. Während der Jahre des Anschlusses an Hitler-Deutschland unterlag Österreich natürlich der nazistischen Gesetzgebung. Während dieser Zeit sollen allein 2 700 Todesurteile aus politischen Gründen vollstreckt worden sein. Nach dem Zweiten Weltkrieg hielt man es in Österreich zunächst noch für unumgänglich, die Todesstrafe beizubehalten. Erst 1950 wurde sie, zunächst für den Zivilbereich, wieder abgeschafft, und 1968 folgte dann auch die Abschaffung für den militärischen Bereich. Vom Ende des Zweiten Weltkrieges bis zum 1. Juli 1949 wurden in Österreich noch 43 Todesurteile vollstreckt[3]. Das sind fast doppelt soviel, wie während der gleichen Zeit in den westdeutschen Ländern und Berlin vollstreckt wurden, bei einem Bevölkerungsverhältnis von etwa eins zu zehn.

Besonders rigoros war die Todesstrafe zu allen Zeiten in England verhängt worden. Noch zu Beginn des neunzehnten Jahrhunderts lag die Zahl der als todeswürdig angesehenen Verbrechen zwischen 220 und 230; Genaues konnten nicht einmal die besten Rechtsexperten sagen. Mit dem Tode bedroht wurden damals »Untaten« wie etwa: unerlaubtes Bäumefällen, Diebstahl von weißen Rüben, Taschen- und Ladendiebstahl; ferner das Schreiben von Drohbriefen, das Zerstören von Fischteichen, Wildern, freundschaftlicher Verkehr mit Zigeunern und so fort[4]. Zu den Opfern dieser rigorosen »Rechtssprechung« zählten auch noch bis fast zur Mitte des vorigen Jahrhunderts Jugendliche und sogar Kinder. Im Jahr 1801 wurde ein dreizehnjähriger Junge gehängt, weil er in ein Haus eingebrochen war und einen Löffel gestohlen hatte. Einige Jahre später, 1808, wurde in Lynn sogar ein siebenjähriges Mädchen gehängt – der Grund ist nicht mehr zu klären. Und noch 1831 wurden ein Neunjähriger in Chelmsford und ein Dreizehnjähriger in Maidstone gehängt[5]. Man ersieht daraus, wie Prinzipien zum Wahn entarten, wenn sie nur konsequent genug vertreten werden.
Eine aufschlußreiche Statistik englischer Exekutionen liegt aus der letzten Nachkriegszeit vor. Demnach sind in England vom Januar 1949 bis zum Februar 1961 insgesam 123 Personen durch den Strang hingerichtet worden, alle wegen Mordes. Vier von ihnen waren Frauen, darunter eine Ausländerin. Unter den exekutierten Män-

nern waren fünfzehn Ausländer (darunter ein Deutscher), was einen Anteil von mehr als zehn Prozent bedeutet. Bei mindestens sechzig Fällen kann die Straftat als »Mord im Affekt« bezeichnet werden. Etwa die Hälfte der Täter wies irgendeine Form psychischen Defektes auf. Die Skala dieser Schäden reichte von leichten Formen der Schizophrenie und Paranoia über nervöse Reizbarkeit bis zu krankhaftem Sexualtrieb und Epilepsie. Einige Täter waren Analphabeten, viele hatten nur eine äußerst mangelhafte Schulbildung genossen, viele waren arbeitslos. Fast alle gehörten sie den untersten Gesellschaftsschichten an. Etwa vierzig Prozent der Exekutierten waren jünger als 25 Jahre. Fünfzehn Täter bekannten sich nachdrücklich zu ihrer Schuld und äußerten den Wunsch, so schnell wie möglich hingerichtet zu werden[6].

Eine weitere Statistik liegt aus den USA vor[7]. Dort sind von 1930 bis 1962 insgesamt 3 812 Personen hingerichtet worden; 32 von ihnen waren Frauen. Als todeswürdige Straftaten galten Mord, Vergewaltigung, bewaffneter Raub, Kidnapping, schwerer Einbruch, Spionage und schwere Körperverletzung. Allein wegen Mordes wurden 3 298 Personen exekutiert. 1 640 von ihnen waren Weiße, 1 619 Neger. Es ergibt sich also hier ein Verhältnis von fast eins zu eins, obwohl die Neger nur ein gutes Zehntel der amerikanischen Bevölkerung stellen. Noch krasser wird das Mißverhältnis beim Delikt Vergewaltigung. Unter den 446 Tätern, die in diesem Zeitraum wegen dieser Straftat exekutiert wurden, sind nur 45 Weiße, dagegen 399 Neger. Zwei Täter gehören anderen Rassen an.

Man muß zu dieser Statistik sagen, daß sie nur ein unvollständiges Bild der wirklichen Verhältnisse wiedergibt, da nur ein Teil der amerikanischen Hinrichtungen in Staatsgefängnissen vollzogen wurde. Andere Exekutionen, die statistisch nicht erfaßt sind, wurden von den Sheriffs der einzelnen Counties vollstreckt. Im übrigen muß man sich vor Augen halten, daß es in der Zeit von 1900 bis 1944 in den USA noch zu 4 709 Lynchakten kam. Diese Zahl reicht fast an die der legalen Hinrichtungen heran[8]. Die innere psychologische Verwandtschaft des Lynchens mit der offiziellen Exekution ist offensichtlich. Das Lynchen ist nichts anderes als die uralte Hinrichtung zu gesamter Hand; in der Steinigung fällt Lynchen und Hinrichten zusammen.

In Frankreich hat es seit 1848 bis in die Gegenwart keine nennenswerten Bestrebungen zur Abschaffung der Todesstrafe mehr gegeben. Bis zum Jahr 1860 wurden jährlich im Durchschnitt etwa zwei Dutzend Todesurteile vollstreckt. Dann sank die Zahl auf etwa zehn Exekutionen jährlich ab. Aus der Zeit des Ersten Weltkrieges liegen keine Zahlen vor. In der Zwischenkriegszeit wurden wieder jährlich etwa zehn Urteile vollstreckt.

Einen Boom erlebte die Todesstrafe in Frankreich während der Besatzungszeit und nach der Befreiung von den Deutschen. Eine französische Quelle nennt 8 348 Personen, die nach Kriegsende ohne Gerichtsverfahren »hingerichtet«, also gelyncht wurden. Von regulären Gerichten verurteilt und hingerichtet wurden 767 Personen. Hinzu kommen noch 1 325 Personen, die auf Veranlassung von Departement-Komitees exekutiert wurden[9]. Ganz ohne Zweifel ist aber die wirkliche Zahl aller in den Nachkriegswirren in Frankreich Getöteten noch höher, da zahlreiche Totschlags- und Lynchfälle einfach nicht registriert wurden und sehr bald in Vergessenheit gerieten. In den letzten Jahren kam es zu durchschnittlich einer Exekution in zwei Jahren. Zur Zeit wird erwogen, die Todesstrafe für fünf Jahre auszusetzen.

Ein erstaunlicher Gegensatz zwischen Theorie und Praxis bietet sich dem Betrachter in der Sowjetunion dar. Im ersten Strafgesetzbuch der Union von 1922 wird unter den zulässigen Strafarten die Todesstrafe nicht mit aufgezählt. Sie ist auch in späteren Verordnungen als höchstes Strafmaß für schwerste Vergehen nur vorläufig zugelassen. Im Jahr 1927 wird die Todesstrafe für Verbrechen gegen den Staat und für bewaffneten Raub festgesetzt, für alle anderen Straftaten aber abgeschafft. Im Mai 1947 schließlich wird sie völlig abgeschafft, ist also auch für politische Vergehen nicht mehr zulässig.

Diesen auf dem Papier so human klingenden Verordnungen steht allerdings eine düstere Praxis von unfaßbarer Brutalität gegenüber. Daß in den Jahren des Bürgerkrieges von 1917 bis 1922 kein großer Wert auf juristische Formalitäten gelegt wurde, sondern man den Gegner und vermeintlichen Feind kurzerhand an die Wand stellte, mag bis zu einem gewissen Grad noch aus der Situation heraus erklärbar sein. Damals sollen nach russischen Quellen 1 750 000 Menschen exekutiert worden sein[10]. Da die Geheimpolizei Tscheka die generelle Befugnis besaß, Gegner auch ohne Gerichtsverfahren zu liquidieren, und da auch jeder Truppenkommandant sich dieses Recht herausnahm, mag diese Zahl eher zu niedrig als zu hoch gegriffen sein.

In den späteren Jahren, als das Sowjetregime etabliert war, verwischt sich die Grenze zwischen Hinrichtung und Terror. So sind einerseits die prominenten Opfer der stalinistischen Schauprozesse zum Tode verurteilt und in den Höfen der GPU-Gefängnisse erschossen worden. Andererseits aber hat Stalin Millionen von sogenannten Kulaken, also Bauern, die sich seiner Kolchosierungsaktion widersetzten, ohne jedes Hilfsmittel in die Wildnis treiben lassen und sie dort dem sicheren Tod ausgesetzt[11]! Auch in den Straflagern und beim Bau des Weißmeerkanals sind ungezählte Menschen ums Leben gekommen. Die Massentötungen verzichteten natürlich auf jeden Anschein von Legalität, wie ja auch die berüchtigten Stalinschen Säuberungen nur eine ungeheuerliche Pervertierung des Rechtsgedankens darstellten.
Die Gesamtzahl der Opfer, die in der Sowjetunion von Staats wegen umgebracht wurden, schätzt man auf zehn bis zwölf Millionen. Ihre genaue Zahl wird sich nie mehr feststellen lassen.
Seit Januar 1950 ist die Todesstrafe in der Sowjetunion wieder eingeführt; zunächst für Vaterlandsverrat, Spionage und Sabotage. Später kamen schwere Wirtschaftsverbrechen und Devisenvergehen hinzu. In der letzten Zeit scheint sie wieder öfter verhängt zu werden.

Die Bestrebungen zur Abschaffung der Todesstrafe in Deutschland erlebten 1870 einen Aufschwung, als im Reichstag des Norddeutschen Bundes ein allgemeines Strafrecht verabschiedet wurde. Zur Debatte stand die Frage, ob in diesem Strafrecht die Todesstrafe erhalten bleiben sollte oder nicht.
Nach der zweiten Lesung stimmen 118 Abgeordnete gegen und nur 81 für die Beibehaltung der Todesstrafe. Unter anderen hatte der Sozialdemokrat Wilhelm Liebknecht leidenschaftlich gegen die Todesstrafe gesprochen. Als jedoch Bismarck in einer ebenso leidenschaftlichen Rede die Einheit der Nation beschwört, die durch die Frage der Todesstrafe in Gefahr sei, weil einige Bundesstaaten sie unbedingt bejahten, stimmt in der dritten Lesung eine knappe Mehrheit von 127 gegen 119 Abgeordneten für die Beibehaltung der Todesstrafe.
Obwohl also die konservative Führung des wilhelminischen deutschen Reiches die Todesstrafe für notwendig hält und verteidigt, bleiben die Zahlen der vollzogenen Hinrichtungen doch in relativ bescheidenem Rahmen. Von 1882 bis 1886 werden fünfzehn Todes-

urteile vollstreckt, im Durchschnitt also etwa vier pro Jahr. Von 1897 bis 1911 (von den vorhergehenden Jahren fehlen die Zahlen) sind es 69 Exekutionen, also ungefähr fünf im Jahr. Selbst in den schweren Kriegsjahren 1917/18 steigt die Zahl nur auf insgesamt zwanzig Hinrichtungen[12].

In der Weimarer Nationalversammlung, die nach dem Zusammenbruch des Kaiserreiches die Aufgabe hat, eine Verfassung für die junge deutsche Republik auszuarbeiten, unterliegen die Gegner der Todesstrafe ebenfalls nur knapp den Befürwortern. Gegen die Beibehaltung der Todesstrafe stimmen die Abgeordneten der SPD und die Unabhängigen Sozialdemokraten. Hinzu kommen noch einige Dissidenten aus anderen Parteien, so daß in der entscheidenden Abstimmung 128 Abgeordnete gegen die Todesstrafe, 153 Abgeordnete aber dafür stimmen.

Die Todesstrafe wird beibehalten, aber doch zunehmend seltener vollstreckt. In den ersten stürmischen Jahren der Republik zwar sind die Exekutionszahlen noch relativ hoch: 36 im Jahre 1920, 28 ein Jahr später. Doch 1927 sind es nur noch sechs Hinrichtungen, 1928 noch zwei, und im ganzen Jahr 1929 wird nicht ein einziges Todesurteil vollstreckt. Das Jahr 1930 bringt wieder eine Exekution, 1931 sind es vier, und ein Jahr später, im letzten Jahr der Weimarer Republik, noch einmal drei Hinrichtungen[13]. Nutznießer dieser Milde war unter anderen ein gewisser Adolf Hitler, der 1924 wegen Hochverrats eine lächerliche einjährige Festungshaft absitzen mußte, obwohl doch in den meisten anderen Ländern auf ein solches Delikt die Todesstrafe gestanden hätte.

Hitler seinerseits hatte jedoch vom Anfang seiner politischen Laufbahn an nie daran Zweifel gelassen, daß für ihn die Todesstrafe ein maßgebliches machtpolitisches Instrument darstellte. In ihm erhielt die Todesstrafe ihren fürchterlichsten Verteidiger. »Gemeine Volksverbrecher, Wucherer, Schieber usw. sind mit dem Tod zu bestrafen«, hieß es im Punkt 18 des Parteiprogramms der NSDAP. Besonders die drei Buchstaben »usw.« ließen Raum für schlimmste Befürchtungen, denn in seinem Buch »Mein Kampf« hatte Hitler geschrieben, daß man Volksfeinde »bei ihren langen Ohren nehmen und zu einem langen Pfahl hin und an einem Strick aufziehen« werde[14]. Diese blutrünstigen Phantasien erhielten leider von nicht wenigen konservativen Rechtswissenschaftlern noch eine pseudowissenschaftliche Argumentationshilfe.

Kaum waren die Nationalsozialisten 1933 an die Macht gekommen, gingen sie daran, ihre Theorien in die Tat umzusetzen. Männer wie Roland Freisler, der spätere Präsident des Volksgerichtshofes, der Ideologe Alfred Rosenberg, die Minister Hans Frank und Hanns Kerrl, standen dabei in vorderster Linie. Bereits vier Wochen nach der Machtübernahme wird eine »Verordnung zum Schutze von Volk und Staat« erlassen; in ihr wird die Todesstrafe für ein knappes Dutzend von Delikten angedroht, auf die bis dahin nur Zuchthaus stand. Durch eine weitere, noch am selben Tag ergangene »Verordnung gegen Verrat am deutschen Volke und hochverräterische Umtriebe« werden weitere drei Delikte mit dem Tode bedroht. Unter anderem kann auch eine Straftat, die unter Mißbrauch einer Uniform begangen wurde, mit dem Tod bestraft werden. Der Hauptmann von Köpenick, jene weltberühmte Schelmenfigur, wäre unter Hitlers Herrschaft wahrscheinlich gehängt worden, denn noch im März 1933 führt eine Verordnung für Verbrechen, die »gegen die öffentliche Sicherheit« gerichtet sind, das Hängen ein[15].

Die Jahre 1934, 1935 und 1936 bringen weitere Gesetze, in denen die Todesstrafe auf zusätzliche Delikte ausgedehnt wird; so unter anderem auch auf sogenannte »Wirtschaftssabotage«. Auch im Jahr 1938 wird der Geltungsbereich der Todesstrafe noch erweitert. Im Lauf des am 1. September 1939 beginnenden Krieges schließlich bricht eine solche Flut von Verordnungen und Gesetzen, die alle die Todesstrafe androhen, über das Volk herein, daß am Ende niemand mehr die Zahl der todeswürdigen Delikte genau kennt.

Einige der brutalsten Verordnungen sind die zum »Schutze der Metallsammlung des deutschen Volkes« und zum »Schutze der Sammlung von Wintersachen für die Front«. Im Rahmen dieser Verordnungen werden zum Beispiel ein Mann, der einen Suppenlöffel im Wert von 75 Pfennig entwendet hatte, sowie die Mutter von vier Kindern, die aus der Wintersachensammlung Wollsachen für etwa dreißig Mark an sich genommen hatte, hingerichtet. In Wien wird ein Mann enthauptet, der unter Ausnutzung der Verdunklung ein paar Hühner gestohlen hatte; in Berlin ein Briefträger, der sechs Zigaretten aus einem Feldpostpäckchen entwendete – wenige Beispiele von Tausenden. Übrigens war das Strafbarkeitsalter für die Todesstrafe auf sechzehn Jahre herabgesetzt worden; in Sonderfällen konnten auch noch jüngere Straftäter exekutiert werden.

Schon in Friedenszeiten war nach den milden Jahren der Weimarer Republik die Zahl der Exekutionen rapid in die Höhe geschossen.

Hier sei eine kurze Aufstellung über die Jahre von 1933 bis 1939 wiedergegeben[16]:

Jahr	*Erfolgte Hinrichtungen*	*Prozentanteil der Todesurteile*
1933	64	82,0
1934	79	77,4
1935	94	95,9
1936	68	89,5
1937	106	123,2
1938	117	131,6
1939	219	157,5

Es zeigt sich die überraschende Tatsache, daß von 1937 bis 1939 mehr Exekutionen vorgenommen als Todesurteile bekannt wurden. Das kann nur zu bedeuten haben, daß man offenbar zahlreiche (politische) Todesurteile nicht mehr veröffentlichte und sie somit nicht mehr in die Statistik eingingen. Hier ist selbstverständlich immer nur von den »legalen« Todesurteilen die Rede; die »illegalen« Tötungen in den Konzentrationslagern und Gestapokellern blieben hier unberücksichtigt.

Während der Kriegsjahre sind keine Gesamtstatistiken mehr geführt worden; zahlreiche Unterlagen sind vernichtet. Die Zahl der während der fünfeinhalb Kriegsjahre exekutierten Opfer läßt sich also nur noch schätzen oder aus Einzelangaben mühsam rekonstruieren. So hat der ehemalige Scharfrichter Johann Reichhart von 1940 bis 1945 laut eigenen Tagebucheintragungen 2 805 Hinrichtungen vollzogen. Reichhart war einer von drei traditionellen deutschen Scharfrichtern, deren Arbeitsgebiete gleichmäßig aufgeteilt waren. Ein anderer Scharfrichtergehilfe hat allein in Halle im letzten Kriegsjahr bei 931 Exekutionen mitgewirkt. Reichhart berichtet, daß 1940 einige weitere »Parteihenker« eingestellt wurden, weil die drei bisherigen Scharfrichter den Anforderungen nicht mehr gewachsen waren. Allein in Berlin-Plötzensee starben etwa dreitausend Verurteilte. Eine Hochrechnung auf Grund der vorliegenden Unterlagen ergibt von 1933 bis 1945 eine Summe von etwa 16 500 »legalen« Hinrichtungen[17]. Doch muß man eher mit mehr als mit weniger rechnen. Zählt man die von der Wehrmacht nach dem Militärstrafrecht vollzogenen Hinrichtungen hinzu – es waren bis Ende Februar 1945 mehr als sechstausend –, und berücksichtigt man auch noch die Exekutionen der anderen Verbände, also der Kriegsmarine, Luftwaffe, SS- und Polizeieinheiten, von denen keine Zahlen vorliegen, so wird bei aller Vorsicht und Zurückhaltung eine Zahl von dreißigtausend Opfern der NS-Gerichtsbarkeit sicher nicht zu hoch geschätzt sein. Zum Vergleich: Während des Ersten Weltkriegs wurden vom deutschen Landheer nur insgesamt 48 Todesurteile vollstreckt!

Ein Fall sei hier noch mitgeteilt, der ein bezeichnendes Licht auf die psychische Verfassung großer Teile des deutschen Volkes und der Wehrmacht während des Krieges wirft[18].
Eine Artillerieeinheit in der Steiermark kapituliert erst am 10. Mai 1945 und wird nicht sofort entwaffnet. Ein Obergefreiter war bereits am 3. Mai von der Truppe desertiert, wird aber nach der Kapitulation wieder ergriffen. Der Batteriechef tritt vor seine Truppe und erklärt, der Deserteur sei fahnenflüchtig geworden und habe damit sein Leben verwirkt. Wer auch dieser Meinung sei, solle rechts heraustreten. Daraufhin treten die Unteroffiziere und die überwiegende Zahl der Mannschaften, etwa siebzig Mann, nach rechts. Lediglich acht oder zehn Mann gehen nach links, zwei oder drei bleiben unentschlossen in der Mitte stehen. Auf diese eindeutige Verurteilung durch seine Kameraden hin wird der Deserteur am 14. Mai 1945, also eine Woche nach der deutschen Kapitulation, ohne Kriegsgerichtsurteil erschossen. Er war ein norddeutscher Pfarrerssohn gewesen, die Einheit dagegen hatte vorwiegend aus Württembergern und Badensern bestanden.
Ähnliche Fälle von Exekutionen nach der Kapitulation sind auch aus Norwegen, aus dem Bereich der damals noch intakten Truppenverbände bekanntgeworden; sie haben jedesmal bei Bekanntwerden in der Nachkriegsöffentlichkeit für beträchtliche Verwirrung gesorgt. Besonders im vorliegenden Fall aber erhebt sich die quälende Frage, wie ein so unfaßbares Verhalten zu begreifen sei? Handelte es sich denn bei diesen Soldaten, die noch Tage nach der Kapitulation für den Tod eines Kameraden stimmten, um fanatische Nationalsozialisten? Waren sie noch immer vom Wahn Goebbelsscher Durchhalteparolen umnebelt? Ganz sicher nicht. Diese Annahme kann man absolut ausschließen. Die nazistische Ideologie war gegen Kriegsende schon weitgehend tot. Von den einfachen Soldaten der Wehrmacht waren nur die allerwenigsten von ihr infiziert; die meisten beherrschte nur noch das Streben, den Krieg zu überleben. Ein anderes, weltweit verbreitetes Motiv bestimmte diese Männer, für

den Tod ihres Kameraden zu stimmen; ein Motiv, das überall und zu allen Zeiten mit zur Forderung nach der Todesstrafe beigetragen hat: Dieses Motiv war der geheime Neid auf den Erfolg einer Tat, die all diese Männer auch nur zu gern begangen hätten, aber sich versagten. Sie alle – und das ganze deutsche Volk – wußten sich auf einem Wagen, der in immer rasenderer Fahrt dem Abgrund zujagte. Diese Fahrt mußte notwendigerweise in einer unvorstellbaren Katastrophe enden, das ahnten sie alle, und davor empfanden sie dumpfe Angst. Sie selber wagten nicht mehr den Absprung, der vielleicht dem einzelnen noch die Rettung hätte bringen können. Doch sie gönnten auch keinem anderen diesen Rettungsversuch. Wenn schon die Katastrophe drohte, so sollte sich keiner vorher davonstehlen dürfen. Sie alle glaubten, längst den Augenblick verpaßt zu haben, an dem ihnen der Absprung noch möglich gewesen wäre. Deshalb empfanden sie sich als »verschworene Gemeinschaft«. Jeder, der noch den Versuch wagte, aus dieser Schicksalsgemeinschaft der Verlorenen und Schuldigen auszusteigen, wurde von ihnen als Verräter empfunden. In normalen Zeiten hätte diese Haltung lediglich Feindseligkeit und Animosität geweckt. In den chaotischen Wochen des Kriegsendes jedoch steigerte die allgemeine Weltuntergangsstimmung diese »normale« Feindseligkeit zum mörderischen Wahn, wobei die Tatsache, daß es sich beim Täter um einen »Fremden« (Norddeutschen) und einen Mann höheren Bildungsgrades handelte, zusätzliche Reizwirkung beitrug.
In der psychischen Situation dieser Soldaten läßt sich als Triebkraft wieder der alte, Gemeinsamkeit schaffende Begriff der Entsagung entdecken. Je rigoroser eine Gemeinschaft von ihren Mitgliedern Opfer fordert, desto unduldsamer werden diese Mitglieder gegen denjenigen, der es wagt, sich diesen Forderungen zu entziehen. Auf diese Weise wird Terror ganz ohne (nazistische) Ideologie geboren. Er bedarf ihrer höchstens als oberflächliche Tünche. Doch die Wurzeln jeden Terrors stecken in der Psyche, nicht im Hirn.

Trotz der nazistischen Blutorgien und der damit verbundenen Diskreditierung der Todesstrafe blieb diese auch im Nachkriegsdeutschland zunächst noch in Kraft. In einigen Ländern wurden bis Mitte 1949 sogar noch einige Todesurteile vollstreckt, und zwar in Nordrhein-Westfalen insgesamt dreizehn, in Berlin neun und in Hamburg eines[19]. Zu berücksichtigen ist jedoch, daß sich die Besatzungsmächte die Gerichtsbarkeit über Gewaltverbrechen meist vorbehiel-

ten. So sollen allein die Briten in ihrer Zone mehr als fünfhundert Todesurteile vollstreckt haben.
Als es darum ging, für den neu zu gründenden (west-)deutschen Staat eine Verfassung auszuarbeiten, stellte sich erneut das Problem der Todesstrafe und verlangte nach einer grundsätzlichen Lösung.
Alle 65 Abgeordneten des Parlamentarischen Rates, die im Herbst 1948 mit der Ausarbeitung der neuen Verfassung (des späteren Grundgesetzes) begannen, wußten sich darin einig, daß die Todesstrafe nie wieder auf politische Delikte angewendet werden dürfe.
Es blieb jedoch die Frage strittig, ob der Staat in den damaligen unruhigen Zeiten mit ihren verwilderten Sitten auch im Falle von Gewaltverbrechen auf die Todesstrafe verzichten könne. Der Deutschen Partei, insbesondere ihrem Abgeordneten Seebohm, gebührt das Verdienst, den Antrag eingebracht zu haben, wonach die uneingeschränkte Abschaffung der Todesstrafe als Artikel in die neue Verfassung aufgenommen werden solle. Seebohm begründete diesen Antrag damit, daß in einem modernen Rechtsstaat die Vollstreckung einer Todesstrafe nicht mehr möglich sein dürfe. Die Abschaffungsbestimmung gehöre in die Verfassung, um ein eindeutiges Bekenntnis zum Recht auf körperliche Unversehrtheit abzulegen.
Erstaunlicherweise findet der Antrag zunächst bei den Sozialdemokraten keine Unterstützung. Auch Theodor Heuß ist gegen die Aufnahme der Abschaffungsbestimmung ins Grundgesetz. Die Abgeordneten der CDU zeigen sich noch unentschlossen. In der entscheidenden Abstimmung im Plenum stimmt dann jedoch eine überwiegende Mehrheit der Abgeordneten für die Abschaffung der Todesstrafe. Dagegen stimmen vier Mitglieder der FDP und einige CDU-Abgeordnete, unter ihnen der spätere Bundeskanzler Adenauer[20].
Am 24. Mai 1949 tritt das Grundgesetz in Kraft. Von diesem Tage an ist die Todesstrafe in Westdeutschland ohne jede Einschränkung abgeschafft.
Im östlichen Teil Deutschlands dagegen wird sie nach wie vor angedroht. Genaue Zahlen sind nicht zu erhalten; doch sollen seit 1949 in der DDR mindestens 150 Todesurteile vollstreckt worden sein.

Was die heutige Verbreitung der Todesstrafe auf der Welt betrifft, so stellt sich die nicht sehr übersichtliche Lage wie folgt dar[21]:
Von den europäischen Staaten haben die Bundesrepublik Deutschland, Österreich, Finnland, Island, Portugal, Luxemburg, Norwegen

und Schweden die Todesstrafe ohne jede Einschränkung abgeschafft. Für Belgien, die Niederlande, Italien, die Schweiz und Spanien gilt die Abschaffung für den Zivilbereich; im Militärstrafrecht ist die Todesstrafe noch möglich. In Großbritannien wird die Todesstrafe nur noch für schwere Piraterie, Hochverrat und Brandstiftung in den königlichen Werften angedroht. In Frankreich ist sie generell noch in Kraft, zur Zeit aber für fünf Jahre ausgesetzt. – In allen Ostblockstaaten, in Griechenland, der Türkei, in Jugoslawien und Irland ist die Todesstrafe ebenfalls noch in Kraft. Dasselbe gilt für alle Länder Afrikas und des Nahen Ostens sowie für die asiatischen Länder. In Australien gibt es die Todesstrafe noch in zwei Bundesstaaten; in Neuseeland ist sie nur noch im Militärstrafrecht vorgesehen. In den USA gibt es in drei Bundesstaaten die Todesstrafe, aber weitere 29 wollen ihre Gesetze entsprechend ändern, so daß auch sie wieder exekutieren können.

Von den mittel- und südamerikanischen Staaten hat Uruguay grundsätzlich und ohne jede Einschränkung auf die Todesstrafe verzichtet, ebenso Venezuela. Einige weitere Länder haben sie für den Zivilbereich abgeschafft, doch müssen leider ihre politischen Verhältnisse als so instabil angesehen werden, daß sich ein klares Bild über die wirklichen Verhältnisse nicht gewinnen läßt. So hat zwar Brasilien ebenfalls die Todesstrafe abgeschafft, doch die sogenannten »Todesschwadronen« ermordeten als selbsternannte Henker zahllose mißliebige Personen. Ihre Aktivitäten wurden von der Regierung zumindest geduldet. Fest steht nur die Tatsache, daß auch heute noch weitaus die meisten Menschen auf unserer Erde unter der Drohung der Todesstrafe stehen.

Befassen wir uns mit den Argumenten, die im Streit um die Todesstrafe von deren Anhängern und Gegnern vorgetragen werden.

Zunächst sollen die Anhänger zu Worte kommen. Das älteste ihrer Argumente ist das Gesetz der Vergeltung, auch die Talion genannt. Es ist bis in unsere Tage auch einer ihrer stärksten Gründe geblieben. »Seele um Seele, Auge um Auge, Zahn um Zahn«, heißt es schon im 2. Buch Mosis 21, 24, und diese Formulierung ist seitdem zum klassischen Ausdruck der Vergeltungsforderung geworden. Wer Blut vergießt, dessen Blut soll wieder vergossen werden; wer tötet, der soll selbst sein Leben verlieren. Das scheint eine naheliegende Wahrheit zu sein, und so wäre wohl auch das zu formulieren, was von den Verteidigern der Todesstrafe immer wieder als das »natürliche Rechtsempfinden des Volkes« angeführt wird.

Es soll nicht verkannt werden, daß die Forderung nach Vergeltung von Bösem mit Bösem eine einleuchtende Kraft besitzt. Sie scheint dem Ideal der Gerechtigkeit sehr nahe zu kommen und wurde daher von einigen bedeutenden Geistern vertreten. Einer von ihnen war Immanuel Kant, der gegen Beccaria die Todesstrafe geradezu mit Verbissenheit verteidigte. »Nur das Wiedervergeltungsrecht kann die Qualität und Quantität der Strafe bestimmt angeben«, schrieb er in seiner »Metaphysik der Sitten« und setzte hinzu: »Hat er (der Täter) gemordet, so muß er sterben. Es gibt hier kein Surrogat zur Befriedigung der Gerechtigkeit. Es ist keine Gleichheit zwischen einem noch so kummervollen Leben und dem Tode . . .«
Allerdings fragte Kant in seiner Rechtslehre ebensowenig nach der individuellen Schuld des Täters wie die frühen Gemeinschaften. So kam er beispielsweise im Falle von Kindstötung zu der merkwürdigen Ansicht, daß diese nicht als Mord zu bestrafen sei, wenn es sich um die Tötung eines unehelichen Kindes handele, denn dieses sei außerhalb des Gesetzes, somit auch außerhalb dessen Schutz geboren; das Kind habe sich in die Gemeinschaft gleichsam eingeschlichen, und diese könne seine Existenz und auch seine Vernichtung ignorieren, weil es eigentlich gar nicht hätte existieren dürfen[22].
Man sieht, auch große Denker sind bisweilen nur allzusehr im Geist ihrer Zeit gefangen gewesen. Doch soll zugestanden sein, daß gerade für den sogenannten »Mann auf der Straße« die Wiedervergeltung sehr einleuchtend bleibt und fast eine Art Naturrecht darstellt.

Das nächste starke Argument, das für die Todesstrafe ins Feld geführt wird, ist die angeblich abschreckende Wirkung dieser Strafe.
In der Frühzeit war dieses Argument noch unbekannt gewesen. Da man noch nicht nach der persönlichen Schuld des Täters fragte, sondern nur die böse Tat sah, bestand auch kein Bedürfnis nach abschreckender Wirkung. Der Täter konnte bis dahin auch ohne bösen Willen schuldig werden. Erst als im Hochmittelalter die persönliche Schuld als Begriff entdeckt wurde und eine Rolle zu spielen begann, wurde mit ihr auch der Gedanke der Abschreckung geboren. Wenn zum Begehen einer bösen Tat ein böser (krimineller) Wille gehört, so muß man diesen bösen Willen durch Androhung einer schweren Strafe abschrecken – so ungefähr ist der Gedankengang, der auch heute noch den meisten Strafsystemen zugrunde liegt und der in bezug auf die allgemeine Kriminalität sicher unverzichtbar ist. Die meisten Befürworter der Todesstrafe halten die Abschreckung aber

auch in bezug auf Mord und Gewaltkriminalität für wirkungsvoll. Noch im Frühjahr 1979 hat der französische Justizminister Peyrefitte die abschreckende Wirkung der Todesstrafe in einem Interview behauptet[23] und die Befürchtung ausgedrückt, daß die französische Gesellschaft wieder in ein Chaos von privater Rache zurückfallen würde, wenn man die Todesstrafe abschaffte.

Auch das nächste Argument der Todesstrafen-Anhänger wurde von Peyrefitte bei diesem Interview vorgetragen: Es ist das Bedürfnis der Gesellschaft nach dauerhafter Sicherheit vor gefährlichen Gewaltverbrechern. Eine solche Sicherheit könne nur durch die unabänderlichen Tatsachen, die eine Exekution schafft, erreicht werden. Solange der Gewaltverbrecher noch lebe, bestehe die Möglichkeit, daß er wieder in Freiheit gerate und erneut Gewalttaten begehe. Selbst im Gefängnis sei er dazu noch in der Lage. Es gäbe gegen diese Gefahr eben nur eine Vorsorge: die Todesstrafe.

Das Argument des dauerhaften Schutzes der Gesellschaft ist besonders in Verbindung mit dem Terrorismus und politisch motivierten Gewalttaten nachdrücklich vorgetragen worden. Gerade in diesem Zusammenhang aber erweist sich die Todesstrafe auch als besonders fragwürdig.

Ein letztes Argument für die Todesstrafe ist ihre Billigkeit gegenüber einer langjährigen Verwahrung des Täters, die den Steuerzahler viel Geld kosten müsse. Mit der Behauptung, daß die Herren Mörder als Staatspensionäre auf Kosten des Steuerzahlers ein ruhiges und sorgenfreies Leben führen könnten, gelingt es den Anhängern der Todesstrafe immer wieder, die Emotionen wenig nachdenklicher Zeitgenossen aufzuputschen.

In den parlamentarischen Debatten wurden von den Anhängern der Todesstrafe, so oft deren Abschaffung diskutiert wurde – also 1848, 1870, 1919 und 1949 –, neben der Vergeltung und der Abschreckungswirkung nur noch zwei Argumente vorgebracht: Zum einen zitierten die Befürworter immer das sogenannte Rechtsempfinden des Volkes (übrigens auch Minister Peyrefitte), zum anderen aber beriefen sie sich jedesmal auf die schlimmen Zeiten und erklärten, daß diese noch nicht reif seien für eine Abschaffung der Todesstrafe, weil der Gemeinschaft sonst eine Welle von Gewalttätigkeiten drohe.

Im übrigen sind die allermeisten Verteidiger der Todesstrafe darin einig, daß diese nur für Mord in Betracht kommen dürfe.

Hierin aber liegt wieder eine neue Schwierigkeit, weil sich der Be-

griff »Mord« nicht eindeutig vom Totschlag abgrenzen läßt. Nach dem deutschen Strafrecht ist ein Mörder, »wer aus Mordlust, zur Befriedigung des Geschlechtstriebes, aus Habgier oder sonst aus niedrigen Beweggründen, heimtückisch oder grausam oder mit gemeingefährlichen Mitteln, oder um eine andere Straftat zu ermöglichen oder zu verdecken, einen Menschen tötet« (§ 211 StGB).
Trotz dieser Fülle von Einzelkennzeichen aber wird es immer wieder Grenzfälle geben, die sich nicht klar in die beiden Begriffskategorien »Mord« oder »Totschlag« einordnen lassen. Die Forderung nach dem Tod eines Gewalttäters wird – fast verständlich – um so lauter erhoben, je gräßlicher dessen Tat war. Gerade in einem solchen Fall aber sollte man bedenken, daß ein Täter, je grauenvoller sich dessen Tat darstellt, um so weniger der Justiz gehört, um so sicherer aber der Psychiatrie, denn derartige Taten können wohl nur von psychisch Kranken begangen werden.

Die Gegner der Todesstrafe bemühen sich zunächst, die Argumente, die zu deren Verteidigung vorgebracht werden, zu widerlegen oder zu zerpflücken.
Der Forderung nach Vergeltung, also dem Satz »Auge um Auge, Zahn um Zahn«, wird entgegengehalten, daß es sich dabei um ein archaisches Gesetz handele, das dem primitiven Rachebedürfnis nachgebe und moderner Rechtsauffassung nicht mehr entspreche.
Das eigentlich Primitive an der Vergeltung ist, daß sie nicht nach der persönlichen Schuld des Täters fragt. Die Umstände der Tat, das Persönlichkeitsbild des Täters spielen für sie keine Rolle. Die böse Tat allein zählt; für sie muß Vergeltung geübt werden. In dieser Hinsicht nehmen die Anhänger der Vergeltung also eine Haltung ein wie seinerzeit der Bluträcher oder die Gemeinschaften des Altertums. Für eine objektive Abwägung der Schuld bleibt dabei kein Raum.
Nun ist aber Mord, auf den sich die Vergeltungsforderung hauptsächlich bezieht, ein Verbrechen, das nur in den seltensten Fällen kalten Blutes und mit ruhiger Überlegung ausgeführt wird. Die meisten Morde dagegen werden im Affekt begangen, also in einem Zustand psychischer Übererregung, die alles ruhige Denken ausschaltet. In einen solchen Zustand der Übererregung kann aber grundsätzlich jeder Mensch kommen; dazu bedarf es keiner kriminellen Energie und keines »bösen« Willens, sondern nur ganz bestimmter, förderlicher Umstände.

Der Mord als Straftat muß also ganz besonders sorgfältig untersucht und abgewogen werden, um zu einem objektiven, gerechten Urteil zu kommen. Gerade er dürfte nicht der blindwütigen Vergeltung unterliegen.

Noch ein anderes Argument erscheint im Zusammenhang mit der Vergeltung wichtig. Besonders auffällig ist die Tatsache, daß sich in konkreten Fällen sehr oft völlig unbeteiligte Menschen stark für die Vergeltung engagieren und mit einer Erregung, die eigentlich weit über das verständliche Maß hinausgeht, die berüchtigte Forderung »Rübe ab!« ausstoßen. Wenn man ihnen die Gelegenheit dazu gäbe, würden sie diese Forderung auch unzweifelhaft selbst in die Tat umsetzen. Wir treffen hier also auf die psychischen Voraussetzungen, die nur allzuoft schon zu Lynchakten geführt haben – den wohl abscheulichsten Formen der Volksjustiz, die in ihren Einzelheiten sicher weit greulicher sind als das zu rächende Verbrechen. Wer je einen Lynchakt miterlebte, wird das Maß an Haß und an freigesetzter ungezügelter Blutgier, die sich dabei austoben, sein Leben lang nie wieder vergessen[24]. Wohlgemerkt: es sind gewöhnlich nicht die Geschädigten, die dabei ihren vielleicht verständlichen Gefühlen freien Lauf lassen, sondern völlig Unbeteiligte tun sich mit unglaublicher Brutalität hervor. Was ist es, was aus diesen ganz normalen, braven Bürgern bei solchen Anlässen – seien es nun Lynchakte, Judenpogrome oder andere Fälle von »Volkszorn« – hervorbricht? Die Antwort kennen wir bereits: Es ist wieder der alte Mechanismus der Projizierung eigener Schuldgefühle auf den »Sündenbock«. Was jener getan, dazu besteht auch in den Mitbürgern eine – verdrängte – Neigung, die steter Anlaß zu Schuldgefühlen ist. Daher sind zum Beispiel Sexualdelikte, etwa Vergewaltigung, so häufiger Anlaß zu Lynchakten. Indem man die eigenen verdrängten »bösen« Neigungen auf den Sündenbock abladen und mit ihm vernichten kann, befreit man sich selbst von ihnen. Das Lynchen also als ein Akt des Selbsthasses und zugleich der Selbstbefreiung.

Doch noch etwas anderes steckt hinter der Forderung, Böses mit Gleichem zu vergelten: Das ist der unverhohlene Wunsch, unter dem Deckmantel des Rechts, also straflos, die gleiche Missetat begehen zu dürfen wie der Rechtsbrecher. Nicht also Suche nach Gerechtigkeit, sondern schlecht zu verbergende eigene Aggression – das drückt der Satz »Auge um Auge, Zahn um Zahn« aus.

Daß die Todesstrafe auf mögliche Gewalttäter keinerlei abschrekkende Wirkung hat, ist schon hundertfach bewiesen und eigentlich eine Binsenweisheit. Trotzdem wird die Abschreckungskraft immer wieder von neuem behauptet. Die Tatsachen belegen das Gegenteil. Wir haben schon gehört, daß früher die Taschendiebe stets während der öffentlichen Hinrichtungen besonders aktiv waren, obwohl ihnen für ihre Tätigkeit genau dasselbe drohte, was gerade dem armen Sünder geschah. Es gibt zahllose andere Beispiele von Leuten, die genau wußten, daß auf Mord die Todesstrafe steht, und die trotzdem zum Mörder wurden. Doch jene seltenen Täter, die mit ruhiger Überlegung morden, halten es für sicher, daß sie nicht gefaßt werden. Und jener andere weit überwiegende Teil der Täter, die im Affekt morden, sind zum Tatzeitpunkt natürlich ganz unfähig, an mögliche Folgen zu denken. Für sie existiert keinerlei Abschrekkung, in welcher Form auch immer, weil es für sie kein Nachher gibt.

Wer wirklich mit voller Überzeugung an die abschreckende Kraft der Todesstrafe glaubt, müßte konsequenterweise auch für öffentliche Hinrichtungen eintreten, denn damit wäre logischerweise die größte Breitenwirkung und somit der stärkste Abschreckungseffekt zu erreichen. Oder wie wäre es mit Fernsehübertragungen? Ein solches Programm brächte zweifellos einen Rekord an Sehbeteiligung. Früher sind die Lehrer mit ihren Schulklassen zur öffentlichen Hinrichtung gepilgert, um ihren Schülern das Beispiel schlimmen Lebenswandels und dessen Bestrafung vor Augen zu führen. Soweit will heute natürlich kein Verantwortlicher mehr gehen. Galgen und Guillotine wurden hinter Gefängnismauern verbannt, weil insgeheim wohl doch niemand mehr an die Abschreckungskraft der Todesstrafe glaubt.

Es besteht vielmehr begründeter Anlaß, die gegenteilige Wirkung zu befürchten. Die ungeheuerliche Aufmerksamkeit, die ein Todeskandidat genießt – jene rauschhafte Erhöhung, die ihn für kurze Zeit zum Mittelpunkt der Gemeinschaft macht (man denke etwa an die letzten Stunden des Gary Gilmore), diese einmalige Bedeutung und Wichtigkeit mag für manche labile Charaktere durchaus eine Faszination besitzen. Unbewußt mögen sie ahnen, daß der Verurteilte noch immer die Rolle eines Opfers spielt und in gewissem Sinne »heilig« ist; und diese Bedeutung, die zu erlangen ihnen anders niemals möglich wäre, mag sie durchaus reizen, etwas zu tun, wodurch sie zu einer solchen Rolle gelangen – wenn sie auch ihr Leben dafür einsetzen müssen.

Abgesehen von solchen Erwägungen gibt es jedoch genügend statistische Unterlagen, die ein fundiertes Urteil über die behauptete abschreckende Wirkung der Todesstrafe erlauben. Sowohl aus Schweden als auch aus Norwegen, Holland, Finnland, Österreich und anderen Staaten liegen entsprechende Statistiken vor, aus denen ganz unzweifelhaft hervorgeht, daß die Entwicklung der Mordkriminalität von der Abschaffung der Todesstrafe nicht beeinflußt wird[25]. Zumindest zeigt sich nach der Abschaffung kein Anstieg der Mordkriminalität, wie es von den Anhängern der Todesstrafe vorhergesagt wurde; vielmehr sinkt meist sogar die absolute Zahl der Mordtaten. Ob in einer Gemeinschaft viel oder wenig Neigung zur Gewalt vorhanden ist, hängt eben nicht von der Todesstrafe ab, sondern von der inneren Verfassung der Gemeinschaft; die Todesstrafe ist dann nur ein Indikator, keinesfalls aber ein Regulativ dafür, so wie ein Uhrzeiger wohl den Gang der Uhr anzeigt, aber keinen Einfluß auf ihn hat.

Der nächste Punkt, also die Behauptung, daß die Gesellschaft am sichersten vor Gewaltverbrechern geschützt sei, wenn man diese hinrichte, erweist sich als besonders anfällig. Einmal ist es heute technisch gesehen kein Problem mehr, äußerst sichere Haftanstalten zu bauen und ein Entweichen von Gewaltverbrechern fast unmöglich zu machen. Zum zweiten hat sich immer wieder gezeigt, daß entlassene Mörder – sei es, daß sie ihre Strafe abbüßten, sei es, daß man sie vorher begnadigte – äußerst selten wieder straffällig wurden. In den überwiegenden Fällen entwickelten sie sich zu ordentlichen, gesetzestreuen Bürgern. Die Rückfallquote bei ehemaligen Häftlingen mit langjährigen Strafen ist überall auf der Welt sehr niedrig und sicher kein hinreichender Grund für die Todesstrafe.
Andererseits aber erweist sich die Endgültigkeit einer Exekution insofern als höchst problematisch, als sie eben leider auch Justizirrtümer endgültig fixiert. Man sage nicht, daß der Prozentsatz an Justizirrtümern belanglos sei. Fehlurteile bleiben grundsätzlich immer möglich, und leider ist deren Zahl auch gar nicht so klein, wie man annehmen möchte. Menschen irren öfter, als sie gern zugeben; auch Richter. So ist wahrscheinlich die Hinrichtung der beiden italo-amerikanischen Anarchisten Sacco und Vanzetti der klassische Fall eines Justizmordes. Der einstige Leiter der Strafanstalt Sing-Sing, Lawes, erlebte während seiner Amtszeit die Einlieferung von 409 männlichen und sechs weiblichen Todeskandidaten. Davon

wurden 261, unter ihnen eine Frau, exekutiert. Die Verurteilung von 53 Männern und zwei Frauen wurde aufgehoben, dreißig sprach man völlig frei, die anderen erhielten eine mildere Strafe. »Es scheint also, daß Geschworene und Richter in elf Prozent der ursprünglichen Verurteilungen wegen ›schweren Mordes‹ irrten«, schreibt Lawes[26].

Die Geschichte der Justizmorde ist ein besonders düsteres Kapitel der Rechtssprechung, an dessen Aufhellung keine Justiz interessiert ist. Sicher mögen die Maßnahmen, die als Sperren gegen die Möglichkeiten von Justizmorden errichtet wurden, sehr ausgeklügelt sein. Doch in England ist noch 1949 ein gewisser Timothy Evans gehängt worden, obwohl er, wie sich später herausstellte, höchstwahrscheinlich unschuldig war. Ein einziger Justizmord aber wäre schon hinreichend, um die gesamte Einrichtung der Todesstrafe unmöglich erscheinen zu lassen.

Eine besondere Erwähnung verdient noch das Problem des Terrorismus. Gerade bei Terroristen wird oft die Meinung vertreten, daß sie eine öffentliche Gefahr darstellen, solange sie leben – sei dies auch hinter Gittern. Ihre Genossen können sie freipressen und dabei zu immer brutaleren Verbrechen schreiten; die freigepreßten Terroristen aber würden wieder in den Kampf gegen die von ihnen gehaßte Gesellschaft eingreifen und sich für alle erlittene Unbill zu rächen versuchen.

Diese Gedankengänge sind nicht ganz von der Hand zu weisen. Andererseits ist zu bedenken, daß ein hingerichteter Terrorist sich weit besser zum Märtyrer eignet als ein im Gefängnis sitzender. Das Aufsehen, das eine Terroristenhinrichtung erregen würde, wäre zweifellos der beste Nährboden für neuen Terrorismus und würde viele junge Leute radikalisieren, die sich ansonsten mit verbalen Protesten zufriedengeben. Auch würde die Zeit vor der Hinrichtung die aktiven Terroristen noch zu Gewaltaktionen stimulieren, um ihren Genossen vielleicht durch einen letzten Verzweiflungsakt zu retten.

Ganz generell läßt sich sagen: Nichts nährt radikales Denken und damit den Terrorismus besser als Brutalität des Staates; denn diese scheint Terrorismus zu rechtfertigen. Nichts dagegen wird sicherer zu seiner Austrocknung führen, als Milde und Humanität des Staates, denn diese nehmen dem Terrorismus seine Existenzberechtigung und schneiden ihn dauerhaft von seinem Nachwuchs ab.

Das letzte Argument der Todesstrafen-Anhänger – die Billigkeit der

Hinrichtung gegenüber langjähriger Verwahrung – sollte kein ernsthafter Einwand sein, wo es um grundsätzliche Fragen der Menschlichkeit geht. Schließlich bringen wir unsere Alten und unheilbar Kranken auch nicht um, nur weil sie den Steuerzahler viel Geld kosten. Im übrigen scheint mir das Argument der Billigkeit nur vorgeschoben; dahinter steckt wohl nichts anderes als das altbekannte Streben nach Vergeltung, das sich hier mit einem scheinbar rationalen Argument getarnt hat.

Man sieht also, von den Argumenten, die für die Todesstrafe vorgebracht werden, bleibt nach nüchterner Untersuchung nicht viel übrig. Zumindest gibt es keinen einzigen rationalen Grund, der zwingend nach der Todesstrafe verlangen ließe. Daraus leitet sich die Folgerung ab, daß die Forderung nach der Todesstrafe hauptsächlich aus irrationalen Schichten der Massenpsyche genährt wird – was uns von der Entwicklungsgeschichte der Todesstrafe her ohnehin schon klar war.

Betrachten wir uns nun die Argumente, die von den Gegnern der Todesstrafe vorgetragen werden.

An der Spitze steht die Forderung, daß der Staat kein Leben nehmen dürfe, da er das Leben nicht gegeben habe und nicht geben könne. Diese Forderung klingt wie ein Glaubenssatz, dem man entweder anhängt oder nicht und der nicht weiter diskutiert werden könnte. Sie ist jedoch im Gegenteil die Konsequenz rationaler Überlegungen. Der moderne Staat ist nach unserem heutigen Verständnis keine göttliche Einrichtung mehr; er wird nicht mehr durch das Gottesgnadentum geheiligt und führt auch nicht mehr an Gottes Stelle das Richtschwert – so wie es Luther und die Kirchenlehrer einst verstanden. Vielmehr ist der Staat für uns heute eine sehr menschliche, das bedeutet sehr fehlerhafte Einrichtung, die sehr oft irren kann und viele Schwächen aufweist. Einer solchen säkularisierten, fehlerbehafteten Institution das Recht über das einzig Heilige, was allgemein noch anerkannt wird – über das Leben –, anzuvertrauen, ist in der Tat völlig unzeitgemäß. Eine Institution, die sich das Recht anmaßen dürfte, Leben zu fordern, müßte unfehlbar sein oder heilig. Wer zeigt uns heute noch eine solche Institution, die allgemein anerkannt würde?

Da im übrigen der Staat selbst die Heiligkeit menschlichen Lebens in seinen Gesetzen anerkennt und die Respektierung dieser Heiligkeit von allen Bürgern verlangt, steht es ihm schlecht an, diesen

Grundsatz selbst zu verletzen. Die Unlogik einer solchen Handlungsweise und ihre moralische Doppelbödigkeit lassen sich durch keinerlei rationale Argumente verschleiern. Wenn das Leben heilig ist, dann muß es dies immer und unter allen Umständen sein. Oder es wird zum Objekt von allerlei Nützlichkeitserwägungen; dann jedoch sind dem staatlichen Mißbrauch alle Tore geöffnet.

Die Unabänderlichkeit des vollstreckten Urteils wird von den Anhängern der Todesstrafe als Vorteil angesehen, wobei sie die Möglichkeit des Justizirrtums in Kauf nehmen. Diese Unabänderlichkeit bedingt aber auch, daß man dem Täter die Möglichkeit zur Sühne, zur tätigen Reue, zur Besserung nimmt. Wer hätte dazu ein Recht? Ist nicht vielmehr die Möglichkeit, eine Untat – und sei es die schlimmste – sühnen zu dürfen, den Versuch zu wagen, sie wieder gutzumachen, ein unveräußerliches Menschenrecht? Der Philosoph Johann Gottlieb Fichte jedenfalls vertrat mit Nachdruck diesen Standpunkt; und da die Exekution jede Möglichkeit einer Besserung völlig ausschließt, kam Fichte im Gegensatz zu Kant zu dem Schluß, daß die Todesstrafe in keinem Fall zulässig sei.

Ein weiteres gewichtiges Argument gegen die Todesstrafe ist deren grundsätzliche Ungerechtigkeit. Alle Unterlagen zeigen eindeutig, daß die Todesstrafe immer nur die Strafe der kleinen Leute, der Unterprivilegierten, der Analphabeten, der rassischen Minderheiten war und noch ist.

»Das Bildungsniveau der Todeszelleninsassen ist niedriger als das der Durchschnittshäftlinge und weit niedriger noch als das des Durchschnittsbürgers draußen«, schreibt Duffy[27].

Das rührt nicht etwa daher, daß klügere und wohlhabendere Leute weniger Gewaltverbrechen begehen. Sie können sich aber besser verteidigen und mehr Geld für gute Anwälte ausgeben, und ganz allgemein wird eine Untat, von ihnen begangen, meist gnädiger bewertet als bei einem Täter, der einer weniger geschätzten Gruppe angehört.

»Wenn ein Neger eine weiße Frau vergewaltigt, droht ihm die Todesstrafe«, schreibt Duffy ebenfalls. »Dagegen kann ein Weißer, der einen Neger ermordet, durchaus straffrei ausgehen.«

Auch Frauen werden meist gnädig beurteilt, besonders wenn sie jung und hübsch sind. Ausländer dagegen sind unter den Opfern der Todesstrafe stets überrepräsentiert, wie wir aus der englischen Statistik gesehen haben. Dieser Zug der Ungerechtigkeit hat der Todesstrafe seit eh und je angehaftet. Schon aus dem Tagebuch des Meisters Franntz Schmidt aus Nürnberg läßt sich herauslesen, daß er überwiegend »kleine Leute« zum Galgen führte. Ein einziges Mal hat er einen hohen Herrn, einen Notar des ehrbaren Rates zu Nürnberg, richten müssen; der Mann hatte – neben anderen Missetaten – die Ungeschicklichkeit begangen, seine Herren zu verraten. Das ist so ziemlich das einzige Verbrechen, das auch hohen Herrschaften nicht verziehen wird.

Die Todesstrafe ist eine ungerechte Strafe, und das wird sie bleiben, solange sie existiert, weil Menschen eben nicht unfehlbar sind und das Ideal vollkommener Gerechtigkeit nicht erreichen können. Diese Tatsache wäre überall hinzunehmen, nur nicht im Bereich der Todesstrafe.

Auch die Tatsache, daß bei der Exekution ein gewisses Maß an Unmenschlichkeit nicht auszuschließen ist, bleibt ein schwerwiegendes Argument gegen die Todesstrafe. Wir haben gesehen, daß es bis heute keine Exekutionsmethode gibt, die eine qualfreie Tötung gewährleisten würde. Und selbst wenn es sie gäbe, so bliebe doch noch immer die Todesangst, die Qual der letzten Stunden, Minuten, Sekunden. Niemals wird man dem Todeskandidaten die Angst vor dem Sterben nehmen können. Es ist etwas anderes, einen normalen Tod zu sterben, vielleicht von einer Krankheit oder einem Unfall hinweggerafft zu werden, als dieses rituelle Sterben nach der Uhr. Nicht einmal die Mordopfer werden so viel psychischen Qualen ausgesetzt gewesen sein. Niemand tötet so kalten Blutes wie der Staat. In dieser kaltblütigen Brutalität liegt eine Unmenschlichkeit, wie sie einem modernen Staat nicht mehr erlaubt ist.

Soweit die herkömmlichen Argumente der Todesstrafengegner. Zwei weitere Punkte jedoch halte ich noch für gewichtig und möchte sie in den Meinungsstreit einbringen. Zum ersten: Solange es die Todesstrafe gibt, wird sie von Diktatoren und diktatorischen Regimen mißbraucht. Das war so seit Beginn der Geschichte; von bestürzenden Beispielen dafür müssen wir noch immer täglich hören. Sollte es aber einmal zu einer internationalen Ächtung der Todesstrafe kommen, sollte sie also dem allgemeinen Bewußtsein so unerträglich werden wie etwa die Sklaverei, dann wäre auch ihrem Mißbrauch ein entscheidender Riegel vorgeschoben. Zwar könnte man noch nicht ausschließen, daß manche Diktatoren ihre Gegner nicht doch lieber ermorden, als sich mit ihnen auseinanderzusetzen. Aber diesen Morden könnte doch nicht mehr der Mantel der Legalität umgehängt werden; die Herren Diktatoren könnten nicht mehr auf andere – schlechte – Beispiele verweisen; sie sähen sich von vornherein von der Weltmeinung geächtet und auf die Seite des Unrechts gestellt. Morde blieben Morde und ließen sich nicht mehr als Akte irgendeiner Form von Gerechtigkeit deklarieren. Die Zeit ist überreif für eine solche Entwicklung.

Das letzte Argument gegen die Todesstrafe scheint mir das gewichtigste zu sein und alle anderen in sich einzuschließen.

Die Forderung nach der Todesstrafe entstammt, wie die Entwicklung dieser Strafe zur Genüge erweist, nicht dem Bedürfnis nach Gerechtigkeit. Sie entstammt psychischen Schichten, in denen verdrängte Triebregungen nach Möglichkeiten der Abreaktion suchen. Die Todesstrafe ist also nichts anderes als ein Ventil für kollektive Schuld- und Angstgefühle, die auf dem Weg über den Verurteilten abreagiert werden sollen. Grundsätzlich und ihrem innersten Wesen nach geht es der Forderung nach der Todesstrafe nicht um fremde Schuld, sondern um eigene Schuldgefühle, für die ein Sündenbock gesucht wird. Ist dieser zufällig selbst schuldig – um so besser. Ist er unschuldig – auch nicht schlimm. Seine Rolle als Schuldträger für die Gemeinschaft heiligt ihn.

Die Todesstrafe ist also kein Instrument einer rationalen Rechtspflege und kann dies auch nie sein. Sie ist Ausdruck eines blutdürstigen Irrationalismus, und jeder Versuch, sie in ein rationales System einzubauen, muß scheitern.

Wenn man diese Erkenntnis vorbehaltslos akzeptiert, wenn die Todesstrafe ihrer Maskierung als Rechtsmittel endgültig beraubt wird, dann schließt sich ihre Anwendung ganz selbstverständlich und ohne jede Einschränkung aus.

Schlußbetrachtung

Ihre Wurzeln reichen hinab in Zeiten und Schichten, die noch von keinem Strahl der Vernunft erhellt wurden. Aus dem Menschenopfer hat sich dereinst die Todesstrafe entwickelt. Selbst der Kannibalismus stand bisweilen Pate bei ihrer Geburt. Und Menschenopfer ist sie ihrem innersten Wesen nach geblieben bis auf den heutigen Tag – allen Versuchen, sie in ein System der Vernunft einzubauen, zum Trotz.

Die allermeisten ihrer Opfer sind unschuldig gewesen, wenn man deren Taten an objektiven sachlichen Maßstäben mißt. Schlimmstenfalls hätten sie eine geringfügige Strafe verdient. Nur ein winziger Bruchteil aller jemals Hingerichteten beging Taten, die auch objektiv als »todeswürdig« gelten könnten — falls es das überhaupt gibt.

Die Geschichte der Todesstrafe – das ist die Geschichte unschuldig vergossenen Blutes. Es ist die Geschichte mörderischer Wahnsysteme, die nichts mit Gerechtigkeit oder dem Wohl der Menschen gemein hatten, sondern die nur unerträglich gewordenen Spannungen innerhalb der Gemeinschaft zum systematisierten Ausbruch verhelfen wollten. Es ist eine Geschichte der vielfältigen Gewalt der Gesellschaft gegen den einzelnen; eine Gewalt, die sich stets mit hehren Begriffen tarnte und doch nichts anderes war als der Ausbruch kollektiver Schuldgefühle und gemeinschaftlicher Angst.

Und es ist schließlich eine Geschichte des Mißbrauchs der Vernunft, die sich oft genug prostituieren mußte, um puren Mord als gerechte Sühne darzustellen.

Nein, sie ist kein Zierstück der menschlichen Entwicklung, die Todesstrafe. Doch ein direkter Gradmesser ist sie für die innere Unfreiheit, die in einer Gesellschaft herrscht. Gradmesser ist sie auch für den gesellschaftlichen Druck, der auf dem einzelnen lastet und ihn zu Konformität, zu Anpassung, zu Entsagung und Leistung zwingt. Und Gradmesser ist sie schließlich noch für das Maß an dumpfer Aggressivität, an Haß, Schuldgefühlen und Angst, die sich im einzelnen und in der Gesellschaft angestaut haben. Für alle diese Triebkräfte ist sie Indikator, wohl auch Ventil; doch keineswegs ist sie ein Heilmittel gegen sie, als das sie oft mißverstanden wird. Sie kann die innergesellschaftliche Aggressivität nur zum Ausdruck bringen, nicht aber bekämpfen und schon gar nicht abbauen.

Niemand wird erwarten, daß die Menschen sich in absehbarer Zeit von ihren psychischen Spannungen befreien können. Aber kontrollierbar und beherrschbar werden diese Spannungen in dem Augenblick, da man sie kennt. Sie müssen sich also nicht länger als mörderischer Wahn manifestieren; wir müssen sie nicht länger mit Blut zum Schweigen bringen. Nehmen wir endlich entschlossenen und endgültigen Abschied von der Todesstrafe. Verbannen wir sie in das Museum menschlicher Monstrositäten, in dem ihr ein Platz gebührt als Beispiel dafür, aus welchen Abgründen des Wahns sich die Menschlichkeit heraufkämpfen mußte. Und brandmarken wir die Todesstrafe als Verblendung, wo immer wir sie noch antreffen. Sie ist der heutigen Menschheit zutiefst unwürdig.

Bibliographie

Achter, Viktor, *Geburt der Strafe,* Frankfurt am Main 1951
Amira, Karl von, *Die germanischen Todesstrafen,* München 1922
Andrews, William, *Old-time Punishments,* Detroit 1970
Angstmann, Else, *Der Henker in der Volksmeinung,* Bonn 1928
Ankermann, Bernhard, *Das Eingeborenenrecht,* Stuttgart 1929
Babington, Anthony, *The Power to Silence,* London 1968
Barring, Ludwig, *Götterspruch und Henkerhand,* Bergisch-Gladbach 1967
Beccaria, Cesare, *Über Verbrechen und Strafen,* Frankfurt 1966
Bedau, Hugo A., *The Death Penalty in America,* Chikago 1968
Beneke, Otto, *Von unehrlichen Leuten,* Berlin 1889 (2. Auflage)
Binde, Wolfgang, *Tabu. Die magische Welt und Wir,* Bern 1954
Brandt, Otto und Ulrich v. Richentals, *Chronik des Konzils zu Konstanz 1414–1418,* Leipzig 1913
Brinkmann, Rudolf, *Aus dem deutschen Rechtsleben,* Kiel 1862
Brunner, Heinrich, *Deutsche Rechtsgeschichte,* 2 Bände, Leipzig 1906
Büchert Herbert, *Die Todesstrafe,* Berlin 1956
Carlyle, Thomas, *Die Französische Revolution,* Berlin 1948
Crooker, John Wilson, *Essays on the early period of the French Revolution,* New York 1970
Dahm, Georg, *Das Strafrecht Italiens im ausgehenden Mittelalter,* Berlin 1931
Danckert, Werner, *Unehrliche Leute,* Bern - München 1963
Dieck, Alfred, *Die europäischen Moorleichenfunde,* Neumünster 1965
Diefenbach, Johann, *Der Hexenwahn,* Mainz 1886
Döbler, Hannsferdinand, *Hexenwahn,* München 1977
Düsing, Bernhard, *Die Geschichte der Abschaffung der Todesstrafe in der Bundesrepublik Deutschland,* Offenbach 1952
Duffy, Clinton D. und Al Hirshberg, *Exekution,* Köln 1964
Ehrenberg, Viktor, *Die Rechtsidee im frühen Griechentum,* Leipzig 1921
Eibl-Eibesfeldt, Irenäus, *Menschenforschung auf neuen Wegen,* Wien 1976
Fehr, Hans, *Das Recht im Bilde,* Erlenbach 1923
Fehr, Hans, *Deutsche Rechtsgeschichte,* Berlin 1948
Feucht, Dieter, *Grube und Pfahl* (Diss.), Tübingen 1967
Flake, Otto, *Die Französische Revolution,* Gütersloh 1967
Fraser, Antonia, *Mary Queen of Scots,* London 1969

Freud, Sigmund, *Totem und Tabu,* Frankfurt am Main 1956
Freud, Sigmund, *Allgemeine Neurosenlehre,* in: Vorlesungen zur Einführung in die Psychoanalyse, Wien 1930
Freud, Sigmund, *Massenpsychologie und Ich-Analyse,* Frankfurt am Main 1967
Frölich, Karl, *Stätten mittelalterlicher Rechtspflege auf südwestdeutschem Boden,* Tübingen 1938
Frölich, Karl, *Denkmäler mittelalterlicher Strafrechtspflege in Ost- und Mitteldeutschland,* Gießen 1946
Fulda, Hermann, *Das Kreuz und die Kreuzigung,* Breslau 1878
Glob, Peter V., *Die Schläfer im Moor,* München 1966
Grimm, Jacob, *Deutsche Rechtsaltertümer,* Leipzig 1899
Grupen, Ulricus Christianus (Ulrich Christian), *Observatio Juris Criminalis De Applicatione Tormentorum,* Hannover 1754
Hagen, Viktor W. von, *Die Kultur der Maya,* Hamburg - Wien 1960
Hagen, Viktor W. von, *Das Reich der Inka,* Hamburg - Wien 1958
Hansen, Josef, *Quellen und Untersuchungen zur Geschichte des Hexenwahns und der Hexenverfolgungen,* Bonn 1901
Haussig, Hans-Wilhelm, *Kulturgeschichte von Byzanz,* Stuttgart 1959
Heinemann, F., *Der Richter und die Rechtspflege in der deutschen Vergangenheit,* Jena 1924
Heinrich, Paul, *Das alte Rothenburg ob der Tauber,* Rothenburg 1926
Henderson, E., *Verbrechen und Strafen in England von Wilhem dem Eroberer bis Edward I.* (Diss.), Berlin 1890
Hentig, Hans von, *Über den Ursprung der Henkersmahlzeit,* Tübingen 1958
Hentig, Hans von, *Die Strafe,* 2 Bände, Berlin 1954
Hirschfeld, Magnus, *Sexualität und Kriminalität,* Wien 1924
His, Rudolf, *Das Strafrecht des deutschen Mittelalters,* Leipzig 1920
His, Rudolf, *Geschichte des deutschen Strafrechts bis zur Carolina,* München 1967
Hogg, Garry, *Cannibalism and Human Sacrifice,* New York 1966
Kardiner, Abram, *The Individual and his Society,* Westport 1974
Keller, Albrecht, *Der Scharfrichter in der deutschen Kulturgeschichte,* Bonn 1921
Keller, Albrecht (Herausgeber), *Maister Franntzen Schmidts Nachrichter in Nürnberg all sein Richten,* Leipzig 1913
Kershaw, Alister, *Die Guillotine,* Hamburg 1959
Klusemann, Kurt, *Das Bauopfer,* Graz 1919

Knapp, H., *Das alte Nürnberger Kriminalrecht,* Berlin 1896
Knobloch, Joseph, *Der deutsche Scharfrichter und die Schelmensippe,* Naumburg an der Saale 1921
Knox, John, *The Death of Christ,* London 1959
König, B. Emil, *Ausgeburten des Menschenwahns,* Berlin-Schöneberg o. J.
Koestler, Arthur, *Reflections on Hanging,* London 1956
Koestler, Arthur und C. H. Rolph, *Hanged by the Neck.* Harmondsworth 1961
Kohler, Josef, *Die Anfänge des Rechts und das Recht der primitiven Völker,* Leipzig 1914
Kohler, Josef, *Das Recht der orientalischen Völker,* Leipzig 1914
Kohler, Josef und G. degli Azzi, *Das Florentiner Strafrecht des 14. Jahrhunderts,* Mannheim 1909
Lang, Josef (Herausgeber Oskar Schalk), *Erinnerungen des letzten k. u. k. Scharfrichters,* Wien 1920
Lasaulx, E. von, *Die Sühnopfer der Griechen und Römer,* Regensb. 1841
Latte, Kurt, *Heiliges Recht,* Aalen 1964
Liepmann, Moritz, *Die Todesstrafe.* Ein Gutachten, Berlin 1912
Löher, von, *Das Menschenopfer bei den Germanen,* München 1882
Maringer, Johannes, *Vorgeschichtliche Religion,* Köln 1956
Mergen, A. (Herausgeber), *Dokumentation über die Todesstrafe,* Darmstadt 1963
Mommsen, Theodor, *Römisches Strafrecht,* Leipzig 1899 (in Carl Binding, *Systematisches Handbuch der deutschen Rechtswissenschaft)*
Mommsen, Theodor, *Zum ältesten Strafrecht der Kulturvölker,* Leipzig 1905
Monatsschrift für Kriminalpsychologie und Strafrechtsreform, Heidelberg 1926
Mortimer, John F., *Henker,* Genf 1976
Müller, Curt, *Hexenaberglaube und Hexenprozesse in Deutschland,* Leipzig o. J.
Naegeli, Eduard, *Das Böse und das Strafrecht,* München o. J.
Nagler, Johannes, *Die Strafe,* Leipzig 1918
Nette, Herbert, *Jeanne d'Arc,* Hamburg 1977
Neumann, Erich, *Tiefenpsychologie und neue Ethik,* München 1964
Nilsson, Martin P., *Griechische Feste von religiöser Bedeutung,* Darmstadt 1957
Osenbrüggen, Eduard, *Alem. Strafrecht im dt. Mittelalter,* Schaffh. 1860

Pauly-Wissowa, *Reallexikon der klassischen Altertumswissenschaften,* Stuttgart 1901
Pettifer, Ernest W., *Punishments of Former Days,* Yorkshire 1974
Plutarch, *Lebensbeschreibungen,* Herausgeber Hanns Floerke, Klassiker des Altertums, 5 Bände, München — Leipzig 1913
Post, Albert Hermann, *Grundriß der ethnologischen Jurisprudenz,* Aalen 1970 (Nachdruck der Ausgabe 1895)
Quanter, Rudolf, *Die Leibes- und Lebensstrafen bei allen Völkern und zu allen Zeiten,* Leipzig 1906
Report from the Select Committee on Capital Punishment, London 1930
Rieger, Hans, *Das Urteil wird jetzt vollstreckt,* Wien 1977
Riezler, Sigmund, *Geschichte der Hexenprozesse in Bayern,* Stuttgart 1896
Róheim, Geza, *Die Panik der Götter,* München 1975
Róheim, Geza, *Psychoanalyse und Anthropologie,* Frankfurt am Main 1977
Sanson, *Die Henker von Paris,* Herausgeber K. B. Leder, Gütersloh o. J. (1968)
Schulz-Ewerth, E. und L. Adam (Herausgeber), *Eingeborenenrecht,* 2 Bände, Stuttgart 1930
Schwenn, Friedrich, *Die Menschenopfer bei den Griechen und Römern,* Gießen 1915
Scott, George R., *The History of Capital Punishment,* London 1950
Sidler, Nikolaus, *Zur Universalität des Inzesttabus,* Stuttgart 1971
Soldan-Heppe, *Geschichte der Hexenprozesse,* Lübeck 1938, (Neuauflage)
Solleder, Fridolin, *München im Mittelalter,* München - Berlin 1938
Sommer, Peter, *Scharfrichter von Bern,* Bern 1969
Speicher, Günter, *Die großen Tabus,* Düsseldorf 1969
Steinmetz, Seb. Rud., *Ethnologische Studien zur ersten Entwicklung der Strafe,* 2 Bände, Groningen 1928
Strack, Hermann L., *Das Blut in Glauben und Aberglauben der Menschheit,* München 1900
Sueton, *Die zwölf Cäsaren,* nach der Übersetzung v. Adolf Stahr, Klassiker des Altertums, Berlin o. J.
Tozzer, Alfred M., *Chichen Itzá and its Cenote of Sacrifice,* Cambrigde/Mass. 1957
Weber, Max, *Gesammelte Aufsätze zur Religionssoziologie* 1–3, Tübingen 1920–1921

Anmerkungen

Erster Teil

Erstes Kapitel
Der Nährboden

[1] Freud, Sigmund, *Animismus, Magie und Allmacht der Gedanken,* in: *Totem und Tabu,* Frankfurt am Main 1956, S. 83.
[2] Freud, a. a. O., S. 82. – Róheim, Géza, *Die Panik der Götter,* München 1975, S. 201: »Die Primitiven verwandeln das Anorganische in eine personifizierte Umwelt.« Siehe auch die Ausführungen über den Glauben an die Seelenwanderung, S. 196.
[3] Freud, *Animismus . . .,* S. 82.
[4] Freud, *Das Tabu und die Ambivalenz der Gefühlsregungen,* in: *Totem und Tabu,* Frankfurt am Main 1956, S. 65.
[5] Freud, *Das Tabu . . .,* S. 26.
[6] Freud, *Das Tabu . . .,* S. 43.
[7] Noch die alten kirchlichen Eheverbote faßten das Inzestverbot sehr viel weiter als die heutige Gesetzgebung. – Nach Róheim (a. a. O., S. 53) werden auf Celebes die Götter sogar durch Inzest von Tieren erzürnt und schicken Unwetter. Die meisten Tabuverbote meinen den Inzest, nach Róheim.
[8] Freud, *Das Tabu . . .,* S. 45.
[9] Freud, *Das Tabu . . .,* S. 46.
[10] Freud, *Das Tabu . . .,* S. 46. – Siehe auch Steinmetz, S. R., *Ethnologische Studien zur ersten Entwicklung der Strafe,* 2 Bände, Groningen 1928, Bd. II, S. 327 ff. über die verschiedenen Tabus. – »Das Gesetz ist die Herrschaft der Toten über die Lebenden«, Bd. II, S. 357.
[11] Freud, *Das Tabu . . .,* S. 48.
[12] Freud, *Das Tabu . . .,* S. 46.
[13] Siehe hier besonders Lorenz, Konrad, *Das sogenannte Böse,* Wien 1963, sowie Eibl-Eibesfeldt, Irenäus, *Menschenforschung auf neuen Wegen,* Wien 1976.
[14] Freud, *Das Tabu . . .,* S. 44.
[15] Freud, *Das Tabu . . .,* S. 59.
[16] Freud, *Das Tabu . . .,* S. 61.
[17] Freud, *Das Tabu . . .,* S. 62. – Siehe auch Steinmetz, Bd. II, S. 155.
[18] Freud, *Das Tabu . . .,* S. 62.
[19] Freud, *Das Tabu . . .,* S. 69.
[20] Freud, *Das Tabu . . .,* S. 50.
[21] Binde, Wolfgang, *Tabu. Die magische Welt und Wir,* Bern 1954, S. 77.
[22] Binde, S. 78.
[23] Binde, S. 78. So bei den Stämmen am Kongo. Andere Stämme verprügeln am Vorabend vor der Inthronisation den künftigen König. Im alten China hatte der Kaiser hauptsächlich für die Wahrung des Kalenders und der Maßeinheiten zu sorgen. (S. 81).
[24] Steinmetz, a. a. O., Bd. II, S. 349.
[25] Steinmetz, Bd. II, S. 353.
[26] Róheim, a. a. O., S. 39.
[27] Róheim, S. 42.
[28] Róheim, S. 52.
[29] Wuttke, Adolf, *Der deutsche Volksaberglaube der Gegenwart,* Leipzig 1970 (Nachdruck der Ausgabe 1900), S. 309.
[30] Wuttke, S. 313.
[31] Freud, *Das Tabu . . .,* S. 75.
[32] Freud, *Das Tabu . . .,* S. 34 ff.
[33] Freud, *Das Tabu . . .,* S. 78.

Zweites Kapitel
Die Blutrache

[1] Die folgenden Beispiele sind dem Standardwerk *Ethnologische Studien zur ersten Entwicklung der Strafe* von S. R. Steinmetz, Groningen 1928, entnommen. – Steinmetz hat eine unübersehbare Fülle von Material gesammelt, kommt aber in der Deutung nicht zu befriedigenden Ergebnissen.
[2] Steinmetz, Bd. I., S. 358.
[3] Steinmetz, Bd. I, S. 358.
[4] Steinmetz, Bd. I, S. 375.

[5] Steinmetz, Bd. I, S. 339.

[6] Steinmetz, Bd. I, S. 380. – Bereits im Gesetz Hammurabis (um 1700 v. Chr.) wird verfügt, daß derjenige, der eines anderen Tochter tötet, seine eigene Tochter verlieren soll. Er selbst wird nicht bestraft. (Hentig, Hans v., *Die Strafe,* 2 Bände, Berlin 1954, Bd. I, S. 1).

[7] Steinmetz, Bd. I, S. 390. – Im Papuastamm der Buin wurde ein junger Mann erst dann voll anerkannt, wenn er als Bluträcher einen Menschen getötet hatte.

[8] Steinmetz, Bd. I, S. 320.

[9] Steinmetz, Bd. I, S. 386.

[10] Steinmetz, Bd. I, S. 340–341.

[11] Steinmetz, Bd. II, S. 155.

[12] Steinmetz, Bd. I, S. 337.

[13] Steinmetz, Bd. I, S. 395.

[14] Steinmetz, Bd. II, S. 161–162.

[15] Steinmetz, Bd. II, S. 119.

[16] Freud, Sigmund, *Totem und Tabu,* Frankfurt am Main 1956, S. 68. – Géza Róheim (*Die Panik der Götter,* München 1975) schreibt, Menschsein sei gleichbedeutend mit Disharmonie. (S. 165.) Der Glaube an Dämonen sei für Primitive notwendig, damit sie selbst gut bleiben könnten.

[17] Freud, a. a. O., S. 69.

Drittes Kapitel
Das Menschenopfer

[1] Plutarch, *Lebensbeschreibungen,* herausgegeben von Hanns Floerke, Klassiker des Altertums, 5 Bände München – Leipzig 1913. – Bd. 1, Themistokles 13.

[2] Plutarch, *Lebensbeschreibungen.* – Der Herausgeber Hanns Floerke weist an dieser Stelle (S. 305) darauf hin, daß ein Dionysos Omadios in Chios von alters durch Menschenopfer verehrt wurde.

[3] Dem Feigenbaum mit allen seinen Teilen wurde wohl eine magische, und zwar unheilabwehrende (kathartische) Wirkung zugeschrieben.

[4] Lasaulx, E. v., *Die Sühnopfer der Griechen und Römer,* Regensburg 1854 (Studien d. Klass. Altert.), S. 245.

[5] Zu diesem Gedankengang siehe Herders Untersuchung *Über den Ursprung der Sprache.*

[6] Lasaulx, S. 245.

[7] Nilsson, Martin P., *Griechische Feste von religiöser Bedeutung,* Darmstadt 1957, S. 110/111.

[8] Lasaulx, S. 245. – Einer Pressemeldung vom 18./19. 8. 1979 zufolge wurde auf Kreta ein 3600 Jahre alter Altar ausgegraben, auf dem ein menschliches Skelett mit einem Bronzeschwert in der Brust lag. Die Umstände deuten nach Ansicht der Fachleute eindeutig darauf hin, daß es sich hier um die Relikte eines Menschenopfers handelt.

[9] Lasaulx, S. 254.

[10] Lasaulx, S. 248.

[11] Lasaulx, S. 248.

[12] Lasaulx, S. 248.

[13] Lasaulx, S. 249.

[14] Hentig, Hans v., *Die Strafe,* 2 Bände, Berlin 1954, Bd. I, S. 141.

[15] Plinius der Ältere, *Naturalis Historia,* XXVI 1,8.

[16] Diodorus XX, 14, zitiert bei Lasaulx, S. 250.

[17] Zitiert bei Lasaulx, S. 250.

[18] Lasaulx, S. 250.

[19] Lasaulx, S. 251.

[20] Löher, v., *Das Menschenopfer bei den Germanen,* Sitzungsbericht d. phil.-histor. Gesellschaft der k.-bayr. Akademie der Wissenschaften, München 1882, S. 381.

[21] Hentig, Bd. I, S. 142.

[22] Zum Problem der europäischen Moorleichen siehe die Untersuchungen von Glob, Peter V., *Die Schläfer im Moor,* München 1966, sowie von Dieck, Alfred, *Die europäischen Moorleichenfunde,* Neumünster 1965.

[23] Lasaulx, S. 252–253.

[24] Hogg, Garry, *Cannibalism and Human Sacrifice,* New York 1966, S. 44.

[25] Tozzer, Alfred M., *Chichen Itzá and its Cenote of Sacrifice,* Cambridge/Mass. 1957, S. 216, 218–220. Ebenso Hogg, S. 46.

[26] Hogg, S. 47.
[27] Hogg, S. 48.
[28] Tozzer, S. 205; Hentig, Bd. I, S. 139.
[29] Hentig, Bd. I, S. 141.
[30] Lasaulx, S. 250.
[31] Lasaulx, S. 256.

Viertes Kapitel Die ältesten todeswürdigen Verbrechen

[1] Kohler, Josef, *Das Recht der orientalischen Völker,* Leipzig 1914, S. 4: »Das Recht ist eine Verwirklichungsform des religiösen Gedankens.« – Siehe auch Mommsen, Theodor, *Zum ältesten Strafrecht der Kulturvölker,* Leipzig 1905.
[2] Siehe hierzu die Arbeit von Latte, Kurt, *Heiliges Recht,* Aalen 1964.
[3] Steinmetz, S. R., *Ethnologische Studien zur ersten Entwicklung der Strafe,* 2 Bände, Groningen 1928, Bd. II, S. 339.
[4] Róheim, Géza, *Die Panik der Götter,* München 1975, S. 53 ff.
[5] Kohler, S. 6.
[6] Steinmetz, Bd. II, S. 334–335.
[7] Steinmetz, Bd. II, S. 335–336.
[8] Im Alten Testament wird die Todesstrafe für Inzest, Ehebruch, Päderastie, Sodomie und Sexualverkehr mit einer menstruierenden Frau angedroht; 3. Mose 20, 10–21.
[9] Steinmetz, Bd. II, S. 342.
[10] Steinmetz, Bd. II, S. 344.
[11] Freud, Sigmund, *Animismus, Magie und Allmacht der Gedanken,* in: *Totem und Tabu,* Frankfurt 1956, S. 89.
[12] Freud, *Animismus . . .,* S. 85.
[13] Zitiert in *Totem und Tabu,* Frankfurt am Main 1956, S. 86, Fußnote.
[14] Steinmetz, Bd. II, S. 327.
[15] Steinmetz, Bd. II, S. 332.
[16] Steinmetz, Bd. II, S. 331.
[17] Steinmetz, Bd. II, S. 339.
[18] Steinmetz, Bd. II, S. 344.
[19] Steinmetz, Bd. II, S. 350.
[20] 3. Buch Mose 4.2,3.
[21] Siehe die Arbeit von Viktor Achter, *Geburt der Strafe,* Frankfurt am Main 1951.

Zweiter Teil

Erstes Kapitel Friedlosigkeit, Steinigung, Felssturz

[1] Post, Albert Hermann, *Grundriß der ethnologischen Jurisprudenz,* Aalen 1970 (Nachdruck der Ausgabe 1895), S. 248.
[2] Siehe die Arbeit von Irenäus Eibl-Eibesfeldt, *Menschenforschung auf neuen Wegen,* Wien 1976, S. 263 ff.
[3] Hentig, Hans v., *Die Strafe,* 2 Bände, Berlin 1954, Bd. I, S. 95.
[4] Hentig, Bd. I, S. 96, Fußnote.
[5] Brunner, Heinrich, *Deutsche Rechtsgeschichte,* 2 Bände, Leipzig 1906, Bd. I, S. 236.
[6] Brunner, Bd. I, S. 237.
[7] Brunner, in Mommsen, Theodor, *Zum ältesten Strafrecht der Kulturvölker,* Leipzig 1905, S. 60.
[8] Hentig, Bd I, S. 99.
[9] 5. Mose 17, 7: »Die Hand der Zeugen soll die erste sein, ihn zu töten, und danach die Hand allen Volkes, daß du das Böse von dir tuest.«
[10] Wuttke, Adolf, *Der deutsche Volksaberglaube der Gegenwart,* Leipzig 1970 (Nachdruck der Ausgabe 1900), S. 349.
[11] Kohler, Josef, *Das Recht der orientalischen Völker,* Leipzig 1914, S. 80.
[12] Amira, Karl v., *Die germanischen Todesstrafen,* München 1922, S. 156 ff.
[13] Hentig, Bd. I, S. 361; ebenso Amira, S. 157.
[14] Amira, S. 158.
[15] Hentig, Bd. I, S. 362.
[16] Nach einer Pressemeldung (Süddeutsche Zeitung) vom 12. 2. 1979.
[17] Amira, S. 218.
[18] Mommsen, Theodor, *Römisches Strafrecht,* Leipzig 1899 (in Binding,

Carl, *Systematisches Handbuch der deutschen Rechtswissenschaft),* S. 932.
[19] Sueton, *Tiberius* 61.
[20] Sueton, *Tiberius* 62.
[21] Post, S. 272.
[22] Post, S. 273.

Zweites Kapitel
Kreuz und Kreuzigung

[1] Cicero, *Pro Rabirio perduellionis reo,* 5.
[2] Mommsen, Theodor, *Römisches Strafrecht,* Leipzig 1899, S. 914, auch Fußnote 4.
[3] Sueton, *Claudius* 25.
[4] Noch das französische Expeditionskorps in Ägypten ließ nach der Ermordung des Generals Kléber im Jahr 1800 den moslemischen Attentäter pfählen. – Besonders im Osmanischen Reich war das Pfählen sehr verbreitet.
[5] Wuttke, a. a. O., S. 15.
[6] Hentig, Hans v., Die *Strafe,* 2 Bände, Berlin 1954, Bd. I, S. 276.
[7] Freud, Sigmund, *Das Tabu und die Ambivalenz der Gefühlsregungen,* in: *Totem und Tabu,* Frankfurt am Main 1956, S. 57.
[8] Herodot, 3, 39–44.
[9] Mommsen, S. 918 ff.
[10] Livius 1. 26.
[11] Nach der Abschaffung der Kreuzigung wurde die *furca* im Mittelmeerraum zu einem galgenähnlichen Strafwerkzeug.
[12] Fulda, Hermann, *Das Kreuz und die Kreuzigung,* Breslau 1878, S. 150.
[13] Augstein, Rudolf, *Jesus Menschensohn,* Reinbek 1974, S. 162.
[14] Fulda, S. 269. [15] Fulda, S. 155.
[16] Fulda, S. 141.
[17] Fulda, S. 310.
[18] Cicero, *Verres* 5, 4–6. – Siehe Fulda, S. 268.
[19] Josephus Flavius, zitiert bei Fulda, S. 180/181.
[20] Fulda, S. 167.
[21] Tertullian, Adversus Marcionem 3, 19. »Christus tam insigniter crucifixus est.«

Drittes Kapitel
Hängen

[1] Amira, Karl v., *Die germanischen Todesstrafen,* München 1922, S. 90.
[2] Tacitus, *Annales* I, 61.
[3] Amira, S. 91.
[4] Hentig, Hans v., *Die Strafe,* 2 Bände, Berlin 1954, Bd. I, S. 220.
[5] *Gesta hammaburgensis ecclesie pontificum,* eine Geschichte des hamburgisch-bremer Gebiets mit zahlreichen Nachrichten aus Nordeuropa.
[6] Zitiert nach Hentig, Bd. I, S. 247.
[7] Amira, S. 95. – Auch bei den alten Tschechen waren zusammengedrehte Eichenzweige als Mittel zum Hängen in Gebrauch (S. 165). Sie deuten auf das hohe Alter dieser Hinrichtungs-(Opfer-)Form, die offenbar in eine Zeit zurückreicht, als Stricke noch unbekannt waren.
[8] Amira, S. 176. [9] Amira, S. 178.
[10] Amira, S. 93.
[11] Barring, Ludwig, *Götterspruch und Henkerhand,* Bergisch-Gladbach 1967, S. 102.
[12] Zitiert aus *Die sehr respektlosen Lieder des Francois Villon,* übertragen von K. L. Ammer, Leipzig (Reclam) o. J., S. 18. – Villon ist übrigens nicht gehängt, sondern begnadigt worden.
[13] Pettifer, Ernest W., *Punishments of Former Days,* Yorkshire 1974, S. 90 ff.
[14] Scott, George R., *The History of Capital Punishment,* London 1950, S. 204.
[15] Zitiert nach Pettifer, S. 85.
[16] Pettifer, S. 86.
[17] Amira, Abb. 323a.
[18] Hentig, Bd. I, S. 213.
[19] Sommer, Peter, *Scharfrichter von Bern,* Bern 1969, S. 11 ff.
[20] Amira, Abb. 51.
[21] Beneke, Otto, *Von unehrlichen Leuten,* Berlin 1889 (2. Auflage), S. 295.
[22] Hentig, Bd. I, S. 209.
[23] Hentig, Bd. I, S. 208.
[24] Rother, Johann Heinrich, zitiert bei Wrede, Richard, *Die Körperstrafen zu allen Zeiten und bei allen Völkern,* Dresden 1898, S. 383.

[25] Scott, S. 194.
[26] Zitiert nach Scott, S. 137.
[27] Zitiert nach Scott, S. 138.
[28] Babington, Anthony, *The Power to Silence,* London 1968, S. 57.
[29] Scott, S. 200.
[30] Scott, S. 195.
[31] Scott, S. 196.
[32] Babington, S. 53.
[33] Babington, S. 54.
[34] Fehr, Hans, *Das Recht im Bilde,* Erlenbach 1923, S. 86/87 sowie Abb. 103.
[35] Hentig, Bd. I, S. 253.
[36] Amira, S. 105.
[37] Fehr, S. 87.
[38] Amira, S. 98.
[39] Scott, S. 206.

Viertes Kapitel
Enthaupten

[1] Amira, a. a. O., S. 209.
[2] Freud, Sigmund, *Das Tabu und die Ambivalenz der Gefühlsregungen,* in: *Totem und Tabu,* Frankfurt am Main 1956, S. 44.
[3] Amira, S. 209.
[4] Amira, S. 208.
[5] Amira, S. 208. – Von vielen Jägervölkern ist bekannt, daß sie den Kopf des erlegten Wildes dem Jagdgott opfern. Schon mittel- und jungsteinzeitliche Jäger- und Bauernvölker kannten einen Schädelkult. (Maringer, Johannes, *Vorgeschichtliche Religion,* Zürich – Köln 1956, S. 220 ff. und 249.)
[6] Tacitus, *Annales* XIII, 57.
[7] Mommsen, Theodor, *Römisches Strafrecht,* Leipzig 1899, S. 916 ff.
[8] Amira, S. 123.
[9] Keller, Albrecht (Herausgeber), *Maister Franntzen Schmidts Nachrichter in Nürnberg all sein Richten,* Leipzig 1913, S. 9.
[10] Keller, Albrecht, *Der Scharfrichter in der deutschen Kulturgeschichte,* S. 161.
[11] Sommer, Peter, *Scharfrichter von Bern,* Bern 1969, S. 86.
[12] Wuttke, a. a. O., S. 138. – Bereits Plinius der Ältere erwähnt die Heilkraft des Gladiatorenblutes.
[13] Elwenspoek, Curt, *Schinderhannes,* Stuttgart 1925, S. 233.
[14] Sanson, Henri, *Die Henker von Paris* (herausgegeben von K. B. Leder), Gütersloh o. J., S. 111 ff.
[15] Keller, Albrecht, *Maister Franntzen Schmidts* . . . XIII.
[16] Keller, Albrecht, *Maister Franntzen Schmidts* . . . XII.
[17] Moreck, Curt (Herausgeber), *Der Henker von Paris,* Wiesbaden o. J., S. 81.
[18] Andrews, William, *Old-time Punishments,* Detroit 1970, S. 217.
[19] Andrews, S. 244.
[20] Amira, S. 126.
[21] Amira, S. 127.
[22] Amira, S. 130.
[23] Fraser, Antonia, *Mary Queen of Scots,* London 1969, S. 628 ff.

Fünftes Kapitel
Rädern, Vierteilen, Zerstücken

[1] Keller, Albrecht, *Der Scharfrichter in der deutschen Kulturgeschichte,* Bonn 1921, S. 180.
[2] Hentig, a. a. O., Bd. I, S. 288.
[3] Amira, a. a. O., S. 113.
[4] Hentig, Bd. I, S. 291.
[5] Grimm, Jacob, *Deutsche Mythologie,* zitiert bei Hentig, Bd. I, S. 292.
[6] Amira, S. 206.
[7] Sommer, a. a. O., S. 34.
[8] Strack, Hermann L., *Das Blut in Glauben und Aberglauben der Menschheit,* München 1900, S. 79.
[9] Kohler, a. a. O., S. 143.
[10] Kohler, S. 145.
[11] Rother, Joh. Heinrich, *Erläuterungen zur Carolina,* zitiert bei Wrede, Richard, *Die Körperstrafen zu allen Zeiten und bei allen Völkern,* Dresden 1898, S. 389 ff.
[12] Bei der Zerstückung des Ritters Wilhelm v. Grumbach 1567 in Gotha schlägt der Henker dem Delinquenten das Herz ums Maul mit den Worten: »Siehe, Grumbach, dein falsches Herz!« (Nach Hentig, Bd. I, S. 345.)

[13] Amira, S. 221.
[14] Fehr, *Das Recht im Bilde,* Erlenbach 1923, S. 94.
[15] Fehr, Abb. 117.
[16] Koestler, Arthur, und C. H. Rolph, *Hanged by the Neck,* Harmondsworth 1961, S. 28.
[17] Sanson, Henri, *Die Henker von Paris* (Herausgeber K. B. Leder), Gütersloh o. J., S. 142 ff.
[18] Casanova, Giacomo, *Geschichte meines Lebens,* übersetzt von Heinz von Sauter, 12 Bände, Berlin o. J., Bd. V, S. 82.

Sechstes Kapitel
Ertränken, Lebend begraben

[1] Wuttke, a. a. O., S. 39.
[2] Wuttke, S. 293.
[3] Hentig, a. a. O., Bd I, S. 299.
[4] Mommsen, Theodor, *Römisches Strafrecht,* Leipzig 1899, S. 922.
[5] Rother, Joh. Heinrich, zitiert bei Wrede, Richard, *Die Körperstrafen zu allen Zeiten und bei allen Völkern,* Dresden 1898, S. 387.
[6] Keller, a. a. O., S. 185.
[7] König, B. Emil, *Ausgeburten des Menschenwahns,* Berlin-Schöneberg o. J., S. 100.
[8] König, S. 98.
[9] Sommer, a. a. O., S. 27.
[10] Hentig, S. 300.
[11] Keller, S. 186.
[12] Wir folgen hier der Darstellung von Felix Joseph Lipowsky, *Agnes Bernauerin historisch geschildert,* München 1801.
[13] Angstmann, Else, *Der Henker in der Volksmeinung,* Bonn 1928, S. 86.
[14] Wuttke, S. 229.
[15] Wuttke ebenda.
[16] Plutarch, *Numa* 16.
[17] Hentig weist darauf hin, daß es sich bei diesen Lebensmitteln um nichts anderes als das allbekannte Henkersmahl handele (Hentig, Bd. I, S. 322).
[18] Hentig, S. 322. – Steinmetz berichtet vom Stamm der Pasemaker, daß sie bei Inzest die Schuldigen lebend begraben, über dem Mund ein Bambusrohr. Sind sie nach sieben Tagen noch am Leben, dann werden sie begnadigt. (Bd. II, S. 334.)
[19] Plutarch, *Numa* 10.
[20] Hentig, Bd. I, S. 323.
[21] Zitiert nach Hentig, Bd. I, S. 324.
[22] Hentig, Bd. I, S. 323.

Siebentes Kapitel
Verbrennen

[1] Wuttke, a. a. O., S. 93.
[2] Hentig, a. a. O., Bd. I, S. 317, Fußnote. – Siehe auch die Novelle *Der Horla* von Maupassant, in welcher der Ich-Erzähler sein eigenes Haus niederbrennt, weil er darin einen Dämon gefangen glaubt.
[3] Die berüchtigte Bücherverbrennung der Nationalsozialisten 1933, die ja die Ähnlichkeit mit einem Scheiterhaufen keineswegs scheute, deutet eindringlich auf den atavistischen Charakter dieser Ideologie hin. Was in den Büchern gefürchtet wurde und auf quasi magische Weise vernichtet werden sollte, war ein fremder, als feindlich empfundener Geist – die Rationalität, die Vernunft. Und man fürchtete deren Virulenz; ihre Fähigkeit anzustecken.
[4] Aus der Berner Chronik des Valerius Anshelm, nach Hentig, Bd. I, S. 318.
[5] Kohler, a. a. O., S. 69 und 80.
[6] Amira, a. a. O., S. 76.
[7] Steinmetz, a. a. O., Bd. II, S. 330.
[8] Tacitus, *Annales* XV, 44.
[9] Hentig, Bd. I, S. 318.
[10] Wir folgen bei der Darstellung von Johannas Tod der Biografie von Herbert Nette, *Jeanne d'Arc,* Hamburg 1977.
[11] Diese Zahl bei König, B. Emil, *Ausgeburten des Menschenwahns,* Berlin-Schöneberg o. J., S. 674.
[12] König, S. 677 und 729.
[13] Wir folgen hier der Darstellung bei König, S. 684 ff.

Achtes Kapitel
Der Hexenwahn

[1] Zitiert bei Diefenbach, Johann, *Der Hexenwahn,* Mainz 1886, S. 294.
[2] Die Feuerprobe besteht darin, mit einem rotglühenden Eisen in den bloßen Händen eine bestimmte Anzahl Schritte zu laufen. Die Hände dürfen anschließend keine Brandwunden aufweisen.
[3] König, B. Emil, *Ausgeburten des Menschenwahns,* Berlin-Schöneberg o. J., S. 66. (Leider nennt König seine Quellen nicht.) Er erwähnt weitere Hexen- und Zaubererprozesse der gleichen Zeit aus England, Spanien, den Niederlanden, der Lombardei, der Schweiz, aus Ungarn und Tirol.
[4] Nach Grupen, Christian Ulrich, *Observatio juris criminalis de applicatione tormentorum,* Hannover 1754, droht dies der Henker dem zu Verhörenden in der Territion an (S. 176). Siehe auch Döbler, Jacob, *Schauplatz von den Lebensstrafen,* Sondershausen 1693, § 122.
[5] Die Fragen sind dem *Kelheimer Hexenhammer* entnommen, dem Faksimile eines originalen Verhörsprotokolls aus dem Kelheimer Stadtarchiv, München 1966.
[6] Riezler, Sigmund, *Geschichte der Hexenprozesse in Bayern,* Stuttgart 1896, S. 179 und 166.
[7] König, S. 304 ff.
[8] Diefenbach, S. 298 ff.
[9] König, S. 432.
[10] Soldan-Heppe, *Geschichte der Hexenprozesse,* Neuausgabe Lübeck 1938, S. 293 ff.
[11] Riezler, S. 208.
[12] Eibl-Eibesfeldt, Irenäus, *Menschenforschung auf neuen Wegen,* Wien 1976, S. 207.
[13] Diefenbach, S. 295.
[14] Heinrich, Paul, *Das alte Rothenburg ob der Tauber,* Rothenburg 1926, S. 131 ff.
[15] Heinrich, S. 131.

Dritter Teil

Erstes Kapitel
Die Guillotine

[1] Kershaw, Alister, *Die Guillotine,* Hamburg 1959, S. 32. – Die Debatte fand im Juni 1791 statt. Ein anderer Redner gegen die Todesstrafe war der Abgeordnete Duport-Dutertre, späterer Justizminister und noch später selbst Opfer der Guillotine.
[2] Kershaw, S. 46.
[3] Kershaw, S. 61. – Das Fallbeil von Halifax und die schottische *maiden* waren zwar zur Zeit des Dr. Louis längst außer Gebrauch, was dieser jedoch nicht gewußt zu haben scheint.
[4] Diese Schilderung folgt Carlyle, Thomas, *Die Französische Revolution,* Berlin 1948.
[5] Sanson, Henri, *Die Henker von Paris,* Herausgeber K. B. Leder, Gütersloh o. J., S. 298 ff.
[6] Kershaw, S. 77.
[7] Kershaw, S. 22.
[8] Siehe *Der Spiegel,* Nr. 8 vom 19. 2. 1979, S. 100. – Die in Plötzensee hingerichteten Verschwörer des 20. Juli 1944 sind nicht in dieser Zahl enthalten; sie wurden gehängt.
[9] Diese Darstellung stützt sich auf die Erinnerungen des Wiener Gefängnispfarrers Hans Rieger, niedergelegt in seinem Buch *Das Urteil wird jetzt vollstreckt,* Wien 1977, S. 21 ff.
[10] Nach einer Pressemeldung vom 17. 7. 1979 soll die Todesstrafe in Frankreich teilweise abgeschafft werden und nur für Geiselnahme mit Mord

sowie Polizistenmord weiter angedroht bleiben.

[11] Kershaw, S. 102.

[12] Kershaw, S. 102.

[13] Kershaw, S. 104.

Zweites Kapitel
Der moderne Galgen

[1] Babington, Anthony, *The Power to Silence,* London 1968, S. 58.

[2] Scott, George R., *The History of Capital Punishment,* London 1950, S. 208 und 213. – Ein Henker in Kanada verlor seinen Job, als ihm dies bei einer Frau zustieß.

[3] British Medical Journal vom 17. 2. 1927, zitiert bei Scott, S. 213/214.

[4] Duffy, Clinton D. und Al Hirshberg, *Exekution,* Köln 1964, S. 14.

[5] Nach einer Meldung der *Lancet* vom 20. 8. 1955, zitiert bei Babington, S. 68.

[6] Lang, Josef, *Erinnerungen des letzten k. u. k. Scharfrichters,* herausgegeben von Oskar Schalk, Wien 1920, S. 30. – Im mittelalterlichen Aberglauben werden die »Galgenmännlein« oder Alraunen, die man angeblich unter dem Galgen fand, auf derartige Samenergüsse Gehenkter zurückgeführt.

[7] Der letzte englische Henker, Albert Pierrepoint, und dessen Vater, der den Decknamen John Ellis trug, versuchten möglichst, durch einen schnellen Griff in den Nacken des Verurteilten sich ein Bild von der Beschaffenheit der Nackenwirbel zu machen.

[8] Scott, S. 208.

[9] Nach John Ellis und Albert Pierrepoint muß die Schlinge unbedingt durch einen fünffachen Knoten laufen. Bei James Berry dagegen lief sie durch einen Messingring, der durch eine Ledermanschette festgehalten wurde. (Scott, S. 208.)

[10] Hentig, Hans v., *Die Strafe,* 2 Bände, Berlin 1954, Bd. II, S. 70. – In den USA stand der Henker neben dem Verurteilten und gab das Zeichen zum Öffnen der Falltür an drei Beamte weiter, die an einem kleinen Tisch saßen. Jeder von ihnen mußte eine Schnur durchschneiden, die vor ihm gespannt war. Nur der Henker wußte, welche dieser Schnüre den Mechanismus der Falltür betätigte. (Duffy, S. 47.)

[11] Duffy, S. 86.

[12] Als durchschnittliche Wartezeit in den Todeszellen von San Quentin nennt Duffy knapp zwei Jahre. (Duffy, S. 225.)

[13] Mortimer, John F., *Henker,* Genf 1976, S. 228 ff.

[14] Lang, S. 70.

[15] Lang, S. 71.

[16] Lang, S. 71.

Drittes Kapitel
Elektrischer Stuhl, Gaskammer, Erschießen

[1] Hentig, Hans v., *Die Strafe,* 2 Bände, Berlin 1954, Bd. II, S. 66.

[2] Encyclopedia Americana, New York 1978, Bd. 10, S. 125.

[3] Zitiert nach Hentig, Bd. II, S. 69, Fußnote.

[4] Hentig, Bd. II, S. 65.

[5] Scott, George R., *The History of Capital Punishment,* London 1950, S. 216.

[6] Zitiert nach Hentig, Bd. II, S. 67.

[7] Nach Hentig, Bd. II, S. 70.

[8] Nach Scott, S. 219.

[9] Barring, Ludwig, *Götterspruch und Henkerhand,* Bergisch-Gladbach 1967, S. 185.

[10] Mortimer, John F., *Henker,* Genf 1976, S. 303.

[11] Zitiert nach *Süddeutsche Zeitung* vom 28. 5. 1979.

[12] Die Gaskammmer blieb jedoch wie der elektrische Stuhl auf die USA beschränkt.

[13] Hentig, Bd. II, S. 68.

[14] Scott, S. 221.

[15] Hentig, Bd. II, S. 68.

[16] Zitiert nach Mortimer, S. 301.

[17] Laut Gesetzesänderung vom 29. August 1977.

[18] Hentig, Bd. II, S. 61.

Vierter Teil

Erstes Kapitel
Vom Henker

1 Knobloch, Joseph, *Der deutsche Scharfrichter und die Schelmensippe,* Naumburg an der Saale 1921, S. 32. – Siehe auch Mommsen, a. a. O., S. 915.
2 Manche Forscher vertreten die Meinung, daß die Enthauptung mit Barte und Schlegel deshalb so verbreitet gewesen sei, weil nur sie allein einem Ungeübten, nämlich dem Kläger oder Geschädigten, ausführbar gewesen sei, nicht aber die Enthauptung mit dem Schwert.
3 Die »scharfe Frage«, auch »peinliche Frage« genannt, war nichts anderes als die Folter. Der Titel »Scharfrichter« leitet sich also vom Foltern ab.
4 Danckert, Werner, *Unehrliche Leute,* Bern - München 1963, S. 41.
5 Knobloch, S. 30.
6 Das ehemalige Henkerhaus in Rothenburg ob der Tauber ist ein winziger, an die nördliche Stadtmauer geklebter Verschlag.
7 Knobloch, S. 41.
8 Keller, Albrecht, *Der Scharfrichter in der deutschen Kulturgeschichte,* Bonn 1921, S. 211.
9 Wuttke, a. a. O., S. 137.
10 Wuttke, S. 138. – Wuttke macht hier sehr interessante Ausführungen über die Hinrichtung als Sühnopfer.
11 Lang, a. a. O., S. 42.
12 Lang, S. 80 ff.
13 Das gilt auch für andere Henker, so für Albert Pierrepoint.
14 Zitiert bei Duffy, a. a. O., S. 193.
15 Duffy, S. 39 und 245.
16 Beneke, Otto, *Von unehrlichen Leuten,* Berlin 1889 (zweite Auflage), S. 231 ff.
17 Knobloch, S. 88.
18 Zitiert bei Knobloch, S. 88.
19 Dieser Desfourneaux hatte das Amt seit 1939 innegehabt, also über drei verschiedene Regime hinweg. Er richtete Patrioten wie Kollaborateure und blieb doch selbst völlig unangefochten, gab sich auch stets überzeugt, daß er »immer nur seine Pflicht gegenüber dem Gesetz« getan habe.
20 Mortimer, a. a. O., S. 307.

Zweites Kapitel
Der Streit um die Todesstrafe

1 Zachariä v. Lingenthal, D. Karl Eduard, *Geschichte des griechisch-römischen Rechts,* Neudruck, Aalen 1955, S. 334.
2 Büchert, Herbert, *Die Todesstrafe,* Berlin 1956, S. 11.
3 Düsing, Bernhard, *Die Geschichte der Abschaffung der Todesstrafe in der Bundesrepublik Deutschland,* Offenbach 1952, S. 260.
4 Koestler, Arthur und Rolph, C. H., *Hanged by the Neck,* Harmondsworth 1961, S. 29.
5 Koestler, S. 33.
6 Koestler, S. 105 ff.
7 Bedau, Hugo A., *The Death Penalty in America,* Chicago 1968, S. 110.
8 Hentig, a. a. O., Bd. II, S. 58.
9 Hentig, Bd. II, S. 57.
10 Düsing, S. 272.
11 Solschenizyn, Alexander, *Archipel Gulag,* Deutsch von Anna Peturnig, Bern 1974, Bd. I, S. 35.
12 Düsing, S. 132.
13 Düsing, S.175.
14 Zitiert nach Düsing, S. 162.
15 In der Praxis scheint jedoch mehr mit dem Handbeil und später, im Krieg, mit der Guillotine exekutiert worden zu sein.
16 Nach Düsing, S. 211.
17 Düsing, S. 219.
18 Düsing, S. 222.
19 Düsing, S. 232.
20 Düsing, S. 286.

[21] Diese Angaben beruhen auf Erhebungen von Amnesty International, Stand Ende 1979.

[22] Zitiert nach Büchert, S. 43.

[23] Interview Peyrefittes in *Der Spiegel,* Nr. 15, vom 9. 4. 1979.

[24] Ehemalige Kriegsgefangene werden sich an lynchähnliche Akte aus Anlaß von »Kameradendiebstahl« oder ähnlichen Vergehen erinnern. Die Jüngeren aber haben wenigstens in der Form der altbekannten »Klassenkeile« eine mildere Abart der gemeinschaftlichen Gewalt gegen den einzelnen kennengelernt. Dessen Funktion als Sündenbock ist immer ganz offensichtlich.

[25] Düsing, S. 233 ff.

[26] Zitiert nach Hentig, Bd. II, S. 147.

[27] Duffy, a. a. O., S. 253.

Register